主編 賀聖遂 錢振民
學術顧問 陳先行

上海歷代著述總目·晚清傳統著述卷

曹鑫 著

復旦大學出版社

本書爲「十四五」時期國家重點出版物出版專項規劃項目
上海文化發展基金會圖書出版專項基金資助項目
復旦大學「九八五工程」三期人文科學重大項目（2011RWXKZD035）成果

《上海歷代著述總目》弁言

陳先行

庚子新春，獲悉老友賀聖遂、錢振民兩兄經年主編的《上海歷代著述總目》即將付梓，頗感欣喜。本人因忝爲顧問，於該書之編纂及其意義有所瞭解，乃趁防控新冠病毒疫情偷閒之際寫此小文以表祝賀。

這是迄今爲止第一部歷代上海地方文獻專目，主編的初衷，是想在此目的基礎上，選輯出版一部大型上海文獻叢書，這原本是出版家賀聖遂擔任復旦大學出版社社長兼總編時的宏願，可惜未獲及時落實，計畫擱置。但令人感到慶倖的是，由復旦大學古籍所博士生導師錢振民直接指導的這部至關重要的目録畢竟編纂成功了，既然有了它，相信其他相關舉措一旦條件成熟就可以從容實施。

從目録學及史學史角度論，類此目録照理早就應當編纂並出現在上海史之中，因爲在我國史學界有一個傳統，即自《漢書》以降，正史、通史乃至地方史志中每設有「藝文志」（或稱「經籍志」）一門（正史中凡所缺者，清代、近代學者多予以補撰），後人將此類目録統稱爲「史志目録」。史志目録通常被認爲具有揭示國家或地方學術史的功能，歷來都很受重視。然而，在現當代史學界出現的若干種包括有政府支持背景撰寫的上海史著作，無論卷帙多寡，皆未列「藝文志」，即没人對歷代上海人的著述進行搜集編目，這樣的上海史其實是不完整的。人們不禁要問，難道那些編撰上海史的學者無視史志目録傳統、不識其重要意義嗎？恐怕不能如此貿然推斷，或許有種種主觀與客觀原因無法克服，纔導致他們對該選項的回避或放棄。譬如有一個原因不用多講大家心裏都清楚，即在當今作學術研究動輒以某種「工程」爲目的的氛圍之下，編纂「藝文志」是件吃力不討好的事情，如果嚴肅認真對待，一時半會難以弄出什麼「階段性成果」，達不到現時流行的「項目考核標準」，而經過長年累月嘔心瀝血一旦搞成，也未必會獲得學術上的認可。因此，這種苦哈哈的差事是很難受到青睞的，即使真有憨憨之士想做，可能也是舉步維艱，阻力重重。如此這般，業已發表的上海史不設「藝文志」洵屬正常，明白人都能體諒。不過，話又要説回來，既然有關方面下足本錢編撰上海史，却又置「藝文志」於度外，無論從哪方面講，終究是一個缺憾：如果没有一部反映客觀實際的上海地方文獻目録爲依據，不能瞭然上海歷代著述全貌，人們如何能够科學地認識與勾敕出上海的歷史文脉呢？而「傳承文脉」之類的詞語，今人又是那麼喜歡掛在嘴邊，總不能信口雌黄吧？因此，《上海歷代著述總目》編纂出版的重要性是毋容置疑的。

我們强調史志目録的意義，並不意味將這部《上海歷代著述總目》的價值等同于以往史志目録，僅僅視其爲對已出版的上海史的補缺，這樣的認識也未免太膚淺了。略相比較，它至少有兩方面的成就超過以往史志目録。

首先是收録求全，編纂得體。如果要做到客觀全面地反映上海歷史文化面貌，搜羅完備是第一要務。《上海歷代著述總目》通過對歷代地方志、各類綜合與專題目録以及相關文獻資料的抉剔爬梳、考辨釐訂，結合各藏書機構的實地艱辛調查，共輯得三千二百餘位作者凡一萬三千餘種著述，搜采之豐，前所未有，基本摸清了上海歷代著作的家底，以「總目」稱之，名副其實。由於所收録者，既有編纂者經眼的存世之書流傳之本，又包括有歷史文獻記載但已難尋蹤迹或已亡佚之作，編者以實事求是的態度纂輯爲《現存著述簡目》與《未見著述簡目》兩大部分（後者又具有待訪書目功能）；在《元代以前卷》中，更列有《存疑著述簡目》，並略述存疑緣由，充分體現了該目録之編纂科學合理的特點。而曩昔的史志目録，往往連存書面貌也未完整反映，佚書則更不會作考訂著録，也從來不作如此明確的交代。

必須指出，舊時學術界之所以對史志目録一直頗爲推崇，認爲史志目録（包括地方史志目録）反映了國家或地方學術史的脉絡，多半是人們將眼光聚焦於目録的分類及其演變之上的緣故，因爲從目録的分類可窺學術的發展。但大家似乎忽略了另外一個極爲重要的問題：歷代史志目録是否爲當時所存全部學術文獻的實録？如果不是，或因訪書困難而只能收録現成的政府藏書及根據某些公開的私家藏書目録著録，或出於撰史者的主觀意志只是編纂一個選目，那麽，在不能反映一代或歷代著述、學術成果全貌的前提下，如何能説這些史志目録客觀全面地反映了學術史的脉絡呢？

事實上，不管出於什麽原因，以前的史志目録可能多爲選目，或者説僅僅是部分文獻的記録。譬如首創的《漢書·藝文志》，班固除了對西漢末年若干名家著述有所增補外，大體框架是根據劉歆《七略》「删其要」構成，而《七略》本身之著録對象主要是朝廷政府機構的藏書，鮮有涉及與利用各地方政府機構與民間的收藏，因而不太可能反映當時學術成果的全部。或以爲《漢書·藝文志》是一部記録上古至西漢圖書的完整目録，並不確切。再如相對晚近的《明史·藝文志》，係由王鴻緒、張廷玉輩依據黄虞稷初撰之《明史藝文志稿》删削而成。黄氏之志稿雖已不傳，但它是根據自撰《千頃堂書目》稍加增損編就。若將《千頃堂書目》與《明史·藝文志》相較，可知前者所收明人著作多達一萬二千餘種，而後者著録僅四千六百餘種，删削六成有加。因是之故，凡欲瞭解明人著述及其相關學術動態，我們首先想到要檢覽的是《千頃堂書目》而非《明史·藝文志》。由此可見，無論出於什麼原因，過往的史志目録（包括地方史志目録）所記録的文獻缺失頗多，其所反映的學術，很可能只是編目者的主觀認識，是否客觀反映、科學概括了整個時代或某一地方的學術面貌與特點，是要打問號的。然而，後人由於對史志目録的編纂情況（諸如卷帙篇幅的確定、著録物件的選擇標準以及對不同編纂意見的定奪等）不甚清楚，往往是被動接受其成果，並没有作深入思考，於是學術界便有諸如「把正史藝文志和經籍志、各種補志、《清史稿·藝文志》進行整理彙編，就構成我國自古以來一部比較完整而正規的圖書總目」，從而「構成一部完整的中國學術史」之類簡單片面的説法。

在此，我們不妨再以當前正在編撰的《清史》爲例，或許對史志目録能有更直接的認識。《清史》遵循傳統，也設「藝文志」一門（據説現在改稱「典籍志」，尚未正式發表），因編委會考慮到與其他各門類卷帙篇幅的平衡，故《清史·藝文志》一開始的定位就是一個選目（這種考慮卷帙篇幅平衡的因素，恐怕過往的史志目録都會存在）。關鍵在於如何選，依據何在。爲此，編纂《清史·藝文志》的專家以嚴謹的態度，先花大力氣編纂了一部《清代著述總目》，著録多達二十二萬七千種，清人著作幾乎搜羅殆盡，通過分類編次，清代學術面貌可謂一覽無遺，據其選編一部切合實際的《清史・藝文志》想必没有太大問題。然而，當編纂者提交選目初稿時，各路專家意見不一，争論甚至還有點激烈。看得出來，專家們多基於不同的研究背景，從各自的治學專長與愛好出發臧否選目（參見二〇一三年八月第三期《清史研究》刊載的《〈清史・藝文志〉編纂及審改工作實録》一文）。這種見仁見智的學術討論固然很有必要，但有一點似乎應該達成共識，即對選目收録對象的討論，不能無視或偏離《清代著述總目》這個基本前提，只有對一代著述作全面瞭解，纔能對一代學術的特點（包括繼承與發展）作合符客觀的揭示。倘若人們的視野與認知到今天仍然停留在《清代著述總目》出現之前，甚至凝滯於《四庫全書總目》之上，或者只是略作新學方面的補充，那麼這部《清史・藝文志》的意義與作用就不會太大。

不知遞經壓縮篇幅的《清史・藝文志》最終會是一個什麼模樣，但説句實話，我們更期待的是《清人著述總目》的早日出版，因爲該目避免了主觀局限，反而更具實用價值。同樣道理，由於這部《上海歷代著述總目》於著録對象力求客觀，不事斧鑿，其所反映歷史上的上海學術面貌全面完整，堪當信今傳後，一經問世，以往的上海地方史志目録不足論矣。

《上海歷代著述總目》另一個令人矚目的高光之處，便是著力於版本的考訂著録。由於古籍在流傳過程中往往出現多種版本，形成不同的版本系統，而人們所見所聞的每一種書，很可能只是該書的某一種版本，鑒別其版本面目，辨識其版本源流，判斷其版本優劣，是歷史發展到一定時期必然會出現的需求，由是而產生版本學與版本目録，這是一種學術進步。

當然，由於版本學晚至明代中後期纔發端，故明代及以前的史志目録不著録版本可以理解。但到了清朝乾隆時代，版本學的演進得到了官方的有力推動，隨着第一部官修善本書目《天禄琳琅書目》的問世，著録版本流行於各種藏書之目，版本目録形成風氣。而這時開始出現的補撰史志目録却未能與時俱進，仍然墨守成規不著録版本，不得不説，人們在肯定其于史學、目録學所作貢獻的同時，不能無視其於版本學的滯後。據説《清史·藝文志》也因篇幅太大而被要求删去版本之項，那麽之前所花功夫便白費了，編目者或許會有一肚子的委屈，我聞之則並未感到奇怪，因爲看到專家們提出的有關編目的意見，都集中於分類之上而忽略版本著録。他們習慣性地以章學誠所云「辨章學術，考鏡源流」爲要旨，視分類爲編目重點，這當然没錯。但時代在發展，學術應進步。自從四庫分類得到認可並普遍施行之後，出於古籍研究深入的需要，能否準確地鑒定著録版本，已成爲古籍編目必須解決的主要問題，倘若版本的來龍去脉未明，其文本面貌不清，「辨章學術，考鏡源流」又從何談起？如果章學誠活在當下，應該也會持此發展眼光而不是固執陳見。故放棄著録版本，《清史·藝文志》的功用將會減弱是可以預料的。

有人以爲，當今古籍編目著録版本並不煩難，因爲有《中國古籍善本書目》與《中國古籍總目》等成果可以利用。誠然，這些目録尤其是《中國古籍善本書目》頗具權威，足資參考，但若一味坐享現成，徑自抄撮，則並不妥當。須知當年《中國古籍善本書目》之編纂，雖然也先事普查，但受歷史條件限制，加之各地編目人員的水準參差不齊，普查的品質不能盡如人意，而後來任事彙編的專家每每連書影都看不到，遑論檢覽原本，故存在鑒定著録問題難以避免。至於《中國古籍總目》，雖然有的參與單位與編目人員也花了不少心血以敬其業，但就整體而言，它是從目録到目録的産物，大部分的著録未能與原書校核，錯誤自然更多。《上海歷代著述總目》的編纂者正是對此有所認知，故力求對所著録的每部書、每個版本都過目核對，從而避免了重蹈《中國古籍善本書目》《中國古籍總目》之誤現象的發生。最值得稱道者，《上海歷代著述總目》並不是一部單純的簡式版本目録，其立意於版本學發展的高度，從實用出發，對現存上海各時代衆多的善本要籍以藏書志體式撰寫成經眼録，從形制到文本進行了詳細著録與考訂，辨識其版本，闡述其源流，發現並揭示了一批具有重要價值却被前人所忽略的珍貴文獻，同時又糾正了不少《中國古籍善本書目》《中國古籍總目》以及其他專門目録的著録訛誤。尤其要指出，編纂者爲了對一部書的版本能有全面的認識，不惜花費巨大的心力，四處搜羅不同的印本，比勘其異同，揭示其優劣。竊以爲，考察一部書的版本，不論同版與否，只要印本不同，形式和内容都可能存在差異。不目睹各本，作仔細觀察、認真比較，就難知其詳。然而囿於識見，或限於條件，或憚於煩難，歷來編撰古籍目録、撰寫藏書志者於此鮮有身體力行。因此，這部《上海歷代著述總目》不僅遠優於舊時上海地方史志目録，即便置之當今各家編撰包括藏書志在内的各種古籍目録，也是處於前沿地位。

最後想談談編纂這部《上海歷代著述總目》的來龍去脉。該目録按時代分爲元代以前、明代、清代中前期、晚清傳統及晚清新學著述五個部分，作者多爲曾經就讀於復旦大學古籍所中國古典文獻學專業的碩士、博士，他們各自所承擔的部分，實際就是以其畢業論文爲基礎修改而成。由於他們對版本目録學頗有興趣，作爲復旦古籍所的兼任教授，我曾多次給他們作有關版本學的講座，或請他們到上海圖書館來，由我就館藏古籍實物講版本鑒賞知識。這樣做雖取得些微效果，但他們終究因缺乏實踐經驗，一時難成氣候。振民兄遂結合教學，委諸生參與編纂《上海歷代著述總目》，使之理論聯繫實際，不數年學得真正本領。我先後參加了該目作者楊婧、杜怡順、曹鑫等同學的論文答辯，看到他們於版本目録學方面所具有的良好素養與追求，不禁爲之擊節叫好。我很清楚，類此古籍編目能否作爲碩博生的論文，在教育界是有争議的；甚至連圖書館界也有人認爲古籍編目不是學問。但振民兄力排異議，矢志於是，最終獲得成功，令人欽佩——這難道不是可資借鑒的一條大學培養版本目録學人才的有效途徑嗎？

庚子二月，於海上學思齋

總序

賀聖遂　錢振民

一個多世紀以來，上海作爲一個國際大都市矗立於世界東方。當我們從文獻學的視角審視其歷史時，會發現它（以現行政區域回溯）不僅僅是一般人心目中的近代新興魔都，亦具有悠久而燦爛的歷史文化。其文化源頭可以追溯至數千年前的馬家浜文化、崧澤文化和良渚文化。就其歷代産生的著者與著述而言，可謂著者林立，名家輩出，著述豐富多彩，影響深遠，爲中華文明建設作出了突出的貢獻。

西晉時期，作爲一代文學名家的陸機、陸雲兄弟，開啓了上海著述的精彩序幕。

元末明初，産生了一批頗有影響文學名家、著名學者與著述。如：文學名家袁凱著有《海叟集》，王彝著有《王常宗集》。文學大家楊維禎（寓賢）著有《鐵崖古樂府》、《復古詩集》等，著名學者陶宗儀（寓賢）著有《南村輟耕録》《説郛》等。

明代中期，隨着社會經濟的發展，這一地區進入了教育與文化繁榮的時代，産生了一大批名家與名著。如文學家、書法家張弼著有《張東海先生集》，文學家、學者陸深著有《儼山集》《儼山外集》等，文學家、名宦顧清著有《東江家藏集》《松江府志》等，學者王圻著有《續文獻通考》《三才圖會》等，文學家歸有光（寓賢）著有《震川文集》等，何良俊著有《四友齋叢説》等。

晚明時期，名家名著湧現，聲名遠播。如書法家、名宦董其昌著有《畫禪室隨筆》《容臺集》等，文學家陳子龍著有《安雅堂稿》《陳忠裕公全集》，編有《皇明經世文編》等，文學家、書畫家陳繼儒著有《陳眉公全集》，文學家「嘉定四先生」程嘉燧（寓賢）、唐時升、李流芳、婁堅著有《嘉定四先生集》（謝三賓合刊）等，農學家、名宦徐光啓著有《農政全書》，譯有《幾何原本》《泰西水法》等。

進入清代，著者激增，大家輩出，巨著疊現。中前期，史學家王鴻緒與張玉書（江蘇人）等共纂《明史》，自纂有《明史稿》；陸錫熊任《四庫全書》總纂官，與紀昀（河北人）等共纂《四庫全書》；史學、漢學大家錢大昕、王鳴盛分别撰有《廿二史考異》《十七史商榷》等考史名著；王昶編撰的《金石萃編》，則是清代金石學史上繼往開來的一部巨著。

晚清以降，西風東漸，新學日興，上海地區的新學著述與傳統著述並駕齊驅，成就了上海作爲中西文明融匯的重要視窗。

如上所述，上海古代著者林立，著述甚富，而到底産生過多少著者和著述，却一直缺少一本明細帳目。現行各種古籍目録，主要爲各圖書館的藏書目録，其體例一般不著録著者籍貫，難以窺見上海地區的著者與著述概貌。全面系統地考察著録這些著者與著述，對於研究整理與保護這些珍貴歷史文獻，對於上海的學術文化乃至全國的學術文化研究，無疑都具有重要意義。

有鑑於此，在初步考察的基礎上，筆者與復旦大學出版社一起於二〇〇九年九月以「上海古籍總目」

之目申報並於二〇一一年四月獲批列入「十二五」時期（二〇一一—二〇一五年）國家重點圖書出版規劃（新出字［2011］93號），此後又獲列入復旦大學「九八五工程」三期人文科學重大項目（2011RWXKZD035）。

項目主題部分設計爲五卷，即《元代以前卷》《明代卷》《清代中前期卷》《晚清傳統著述卷》《晚清新學著述卷》。

項目自二〇一〇年春啓動，先後有復旦大學古籍所中國古典文獻學專業的六位青年學人加盟。《總目》五卷共著録各類著述近一萬三千（其中現存約五千九百）餘種，作者三千二百餘人。對存世的九百五十餘種主要善本、稀見本撰寫了書志體式的經眼録。

《元代以前卷》，楊婧編著〔一〕。該卷著録了上海元代以前（含元代）各階層著者（含本籍、寓賢、仕宦）撰、注、纂、輯的除單篇以外的各類著述。共考得著者約一百三十四人、著述約三百四十二種。

《明代卷》，孫麒、陳金林、張霞編著〔二〕。該卷著録了上海地區明代各階層著者（含本籍、流寓、仕宦）撰、注、纂、輯的除單篇以外的各類著述。《現存著述簡目》著録二百二十八人，約一千三百種著述、二千四

〔一〕楊婧，復旦大學古籍所中國古典文獻學專業博士，現任上海通志館館員。

〔二〕孫麒，復旦大學古籍所中國古典文獻學專業博士，現任上海師範大學圖書館副研究館員；陳金林，上海師範大學圖書館館員；張霞，復旦大學古籍所中國古典文獻學專業碩士，現供職於上海歷史博物館。

百個版本；《未見著述簡目》著録七百三十人、約一千五百種著述；《經眼録》對約三百種著述、四百個版本撰寫了書志體式的經眼録。

《清代中前期卷》，杜怡順編著[一]。該卷著録了上海地區清代中前期各階層著者（含本籍、流寓、仕宦）撰、注、纂、輯的除單篇以外的各類著述。著録著者六百四十人、現存著述一千六百餘種、未見著述三千八百餘種，爲二百六十三種善本或稀見本撰寫了書志體式的經眼録。

《晚清傳統著述卷》，曹鑫編著[二]。該卷著録了上海地區晚清時期各階層著者（含本籍、流寓、仕宦）撰、注、纂、輯的除單篇以外的各類傳統著述。著録著者一千二百餘人、現存著述九百餘種，未見著述一千四百餘種，爲二百〇八種善本或稀見本撰寫了書志體式的經眼録。

《晚清新學著述卷》，欒曉明編著[三]。該卷著録了晚清時期上海地區各類著者（含本籍、流寓、機構）使用漢語撰、注、編、譯的除單篇以外的新學類著作以及單幅或多幅地圖，報紙期刊上連載而未單行刊印者暫不著録。共著録著者約二百二十四人、著述一千八百餘種。

作爲一部地方文獻目録，本總目的注重點主要放在下述五方面。

[一] 杜怡順，復旦大學古籍所中國古典文獻學專業博士，現任復旦大學出版社編輯。
[二] 曹鑫，復旦大學古籍所中國古典文獻學專業博士，現任復旦大學圖書館副研究館員。
[三] 欒曉明，復旦大學古籍所中國古典文獻學專業碩士，現任上海市閔行區圖書館館員。

一、全面考察著録。首次對上海地區的著者和著述進行了全面而深入的考察著録。

本目各位作者既注重使用傳統的方法，又充分利用現代新技術帶來的便利條件，廣搜各種史料和已有的研究成果，全面考察著録了除單篇以外可以考見的全部著述及其版本。本目雖不敢妄言無所遺漏，但無疑可以説，上海地區的歷代著述有了一本可以信賴的明細帳目。

二、以書志體式經眼録、簡目、表格三種體式進行著録。

經眼録是學者閲覽古籍常用的目録學著録體式，其突出特點是靈活性；善本書藏書志是成熟於清代中期的一種目録學著録體式，其最突出的特點是注重著録的客觀性。限於我國大陸各圖書館現行的古籍管理制度，《總目》各卷的作者在查閲善本時，往往只能閲覽膠捲或掃描版，因而《總目》決定吸收善本藏書志和經眼録之長，爲上海歷代著述中的主要善本和尚未列入善本目録的稀見本撰寫書志體式的經眼録。各卷作者不辭辛苦，親赴各大圖書館察考原書，不能看到原書者，則查閲其縮微膠卷、掃描件、影印本，並搜集研讀學界有關研究成果，在此基礎上撰寫書志體式經眼録。經眼録客觀地著録所閲每一種善本或稀見本圖書的書名、卷數、著者（含籍貫）、版本、册數、行款、版式、牌記（含封面）、序跋、印記等，記述其文本構成，節録其與内容或版本有關序跋中的文字，考辨了部分著述的版本源流，並摘要著録其館藏現狀。希望這一部分文字對於研究、保護上海歷代著述中的珍品能發揮一定作用。《晚清新學著述卷》所著録的著述大多較易見，因而未撰寫經眼録。

簡目是古籍著録中常用的一種目録學體式，簡潔扼要，便於泛覽把握。本目以該體式著録了可以考見現在仍然存世的全部著述及其主要版本。對於每一種著述，著録其書名、卷數、版本、版式行款、依據及館藏等情況；不同版本，分别予以著録。

表格亦是文獻學或史志類著作用以著録圖書的一種體式，直观明瞭，重在統計。大量史料有記載曾經存世而早已亡佚或暫不能確定是否存世的著述，畢竟也是可以揭示曾經出現過的文化繁榮的寶貴資料，本目以表格體式著録之。簡略著録每種著述的書名、卷數、著者、出處等。

如上所述，經眼録、簡目、表格三種體式各有特長。《總目》酌用其特長，以便於更全面、系統、深入地揭示上海地區歷代的著述情況。

三、爲著者撰寫傳略。各卷皆盡可能地搜集史傳、碑銘、方志等資料，以及現當代人的研究成果，爲著者撰寫一傳略，略述其姓名、字號、生卒年、科名、仕履、主要成就等，並注明出處。著者籍貫具體到縣籍，流寓、仕宦類著者于其傳略中略述其流寓信息。凡著者須出現於多處之著者項者，將傳略列於所著録其第一部著述的第一個版本之條目中，《現存簡目》將傳略列於其著述之前，其餘情況採用互見法，説明該著者傳略所在條目。

四、規範體例，注重學術性著録。各時代的著者及其著述各有特點，各卷著録，不强求完全一致，但主要體例，如著録範圍、對象、體式等，則要求一致，注重學術性著録。如對於一些雖有上海地區舊志著録的著述，無論其著者是否名家，但經考辨，没有可靠史料證明其爲本籍或曾寓居過上海地區者，如唐代陸贄、陸龜蒙、元代趙孟頫、明代高啓等，一律不予著録。全目主要著録體例如下：

（一）著録上海地區著者（含本籍、流寓、仕宦）所撰、注、纂、輯的除單篇以外的各類著述。寓賢著述，著録從寬。仕宦者著述，一般僅著録其成書於上海地區之著述；其著述雖非成書於上海，而内容與上海地區有較多關聯者，則酌予著録；上海地區的史志曾經記述的著者，無論是否名家，但經考辨，沒有可靠史料證明其爲本籍或曾寓居過上海地區者，其著述一律不予著録。

（二）每卷主要由《經眼録》《現存著述簡目》《未見著述簡目》三部分構成〔二〕。《經眼録》以書志體式著録筆者所經眼的善本及稀見本，《現存著述簡目》以簡目體式著録可以考見現在仍然存世的全部著述及其主要版本，《未見著述簡目》以表格體式著録已經亡佚或暫不能確定是否存世的著述。

（三）《經眼録》以四部分類法編次，每一類下先本籍，後寓賢、仕宦，各以著者時代先後爲序；《現存著述簡目》以朝代或縣級行政區編次，同一朝代或縣籍的著者先本籍，後寓賢、仕宦，同一類著者以時代先後爲序，同一著者的著述以四部分類法編排。《未見著述簡目》略以著者姓氏之音序編次。

（四）《現存著述簡目》中各縣籍的各類著者首以生年爲序，生年相同或不詳者以卒年爲序，卒年相同或不詳者以科名年份爲序，復相同或不詳者以主要活動時間爲序，活動時間無考者列于該類著者

〔二〕晚清的新學著述現在大多易見，因而《晚清新學著述卷》僅由《現存著述簡目》《未見著述簡目》兩部分構成。

之末。

（五）凡身歷二朝之著者，循陶潛書晉例或學術界慣例，酌予著録。

（六）《經眼録》撰寫主要以實際目驗的古籍刻本及稿抄本（一般不含《四庫全書》抄本）爲依據；部分條目依據縮微膠卷、掃描件、影印本撰寫，皆予以注明。所據個別抄本可以確切考知其所據底本者，僅於其底本之後附加按語，不另立條目。極個別近代才刊刻或抄録成書者，亦注意收録。同一版本，已目驗原書，又有通行影印本者，或影印底本與目驗原書分屬兩家收藏單位，或影印底本即目驗之書，皆以按語形式加以説明。

（七）《經眼録》著録的内容，主要包含五方面：一爲該版本外在特徵，二爲著者傳略，三爲該著述主要内容，四爲序跋中所涉成書及版本源流之文字節録，五爲館藏地信息。同一版本著述若多館皆有收藏，並且有兩種以上影印本者，則盡可能比較不同館藏本之差異。

（八）《經眼録》中描述的版本外在特徵包括書名、卷數、著者（含籍貫）、版本、册數、行款、版式、牌記（含封面）、序跋、目録、印記等項，根據各版本具體情況酌予增損。

（九）《經眼録》中所節録之序跋題記，皆有關於本書之形成原委、版本源流或主要内容等文字。

（十）《經眼録》《現存著述簡目》所涉之《四庫全書》本，若無特殊説明，均指文淵閣《四庫全書》本。

（十一）《現存著述簡目》著録之内容，除筆者實際目驗者外，主要依據近年編纂出版的各種古籍目録以及各藏館提供的目録。包含以下各項：著者、傳略、書名、版本及出處、館藏地。書名項著録書目的書名、卷數，同一種著述有異名者，於書名後加括弧列出異名。版本項著録現存版本的出版時間、出版者、出版地、類型、行款；叢書本只著録叢書名，其版本情况以表格體式列於附録中。出處項以簡稱列於每條目後之括號内，於附録中列出《出處全簡稱對照表》。

（十二）《現存著述簡目》中對於著述方式的著録依各目録著録或原書所題作相應處理：若爲「撰」，一律不著録；若爲「編」、「纂」、「輯」、「注」等，則於標題後加括弧注明。著述若有他人編、輯、注等，則於該書目卷數後空一格著録編、輯、注者之朝代、姓名及加工方式。

（十三）《現存著述簡目》中，凡某館藏本有殘存情况或有他人手書批校題跋，於該館名後加括弧注明。若同一館藏地有多部此類情况之本，其注文相互間以分號隔開；若同一版本含多種此類情况，其注文相互間以逗號隔開。

（十四）著者傳略概述著者生卒年、字號、科名、仕履、主要成就等，主要依據史傳、碑銘、方志等資料綜括而成，並注明主要資料來源。一般以一手材料爲准，部分生平資料較少的著者則適當參考今人研究成果。著者籍貫具體到縣籍，流寓、仕宦類著者于其傳略中略述其流寓信息。凡著者須出現於多處之著者項者，《經眼録》將傳略列於所著録其第一部著述的第一個版本之條目中，《現存簡目》將傳略列於其著述之前，其餘情况採用互見法，説明該著者傳略所在條目。

（十五）叢書編者爲上海著者，其子目一併著録。

（十六）凡引用文字中的異體字、俗體字，一般轉换爲規範字。避諱字酌予回改。書名、著者姓名、字號及印文等專用名稱，則以宋體保留原字。序跋題記、印記、正文等模糊、破損等不可辨識之處，以「□」標記，疑似文字者，在□後用括弧注明。原爲墨釘或因個人能力不識之處，以「■」標記。題記、印記等多行分欄，以「/」標記。校勘文字，以圓括號「（）」標記删字、誤字，以方括號「［］」標記增字、正字。

（十七）《經眼録》《現存著述簡目》所考察的藏館以國内各大公共圖書館及高校圖書館爲主。對於藏館較多者，僅列五個主要藏館。《經眼録》中對於同一版本有多處館藏者，以筆者經眼而據以著録之本的藏館列於首位。藏書單位正文中使用簡稱，於附録中列出《藏館全簡稱對照表》。

（十八）凡是各館書目著録及各館檢索系統中收録者，《現存著述簡目》全部予以著録。但在實地調閲原書過程中，個别版本不能目驗，或已經散失，或未在架上，或因歷史原因已不在此館收藏，而原始資料尚存者，亦予以著録，並注明館方所回饋的原因。

考慮各時段的著述多寡不一、類型有别，因而要求各卷根據該時段著述的具體情況，在著録時略作調整，並分别於各卷卷首列一大同小異的《凡例》。

五、注重考訂，辨僞正誤。各卷作者在編著過程中，無論是撰寫經眼録、編制簡目，還是爲著者撰寫傳略，皆注重使用一手資料和吸收已有的研究成果，並注意對所用資料的考辨，力求言必有據，客觀準確。實際上在此過程中，發現並糾正了過去一些目録著作、藏書目録，以及史志著作中的記載之誤。例如：

在對圖書的著録方面：上海圖書館藏本王廣心《蘭雪堂詩稿》，《中國古籍善本書目》及該館書目皆著録爲康熙刻本，實際則爲道光間刻本；施何牧的《明詩去浮》，歷來都認爲是康熙四年刻本，實際則爲雍正間刻本；中國國家圖書館藏《三國志辨疑》抄本三卷，該館書目、《中國古籍善本書目》及《中國古籍總目》皆誤爲二卷。

在對著者的著録方面：《松江府志》著録李先芳，字茂實，萬曆己丑進士，撰有《讀詩私記》《諫垣疏草》《李氏山房詩選》。按明代有兩位李先芳，均有名聲。一爲嘉定人，字茂實，萬曆己丑進士，《江南通志》稱其「爲給事中，屢有建白」。此李先芳並無著述傳世。另一爲湖北監利人，其祖遷居濮州，字伯承，號北山，嘉靖二十七年進士。此李先芳以詩名世，其著述有《東岱山房稿》《李氏山房詩選》《江右詩稿》《來禽館集》《讀書私記》《李先芳雜撰》《清平歌集》《十三省歌謡》《周易折衷録》《醫學須知》《急救方》等。本目已將這些誤署嘉定李先芳之書剔除不收；《山暉稿》著者王度即是王鴻緒，《自知集》著者姚廷謙即是姚培謙，《清人別集總目》及《清人詩文集總目提要》皆作爲二人著録；董俞生年諸説不一，本目確定爲天啓七年，並證明諸家説法皆誤。

在本總目各卷的成稿過程中，上海圖書館陳先行先生鼎力相助，提供了寶貴指導性意見以及個人擁有的珍貴資料，並幫助審閲了傳統著述目録的各卷稿件；復旦大學古籍所陳正宏先生、復旦大學圖書館吴格先生多次提供了寶貴指導性意見，並幫助審閲了部分稿件；上海大學孫小力先生，上海古籍出版社高克勤先生，華東師範大學嚴佐之先生，山東大學杜澤遜先生，浙江大學徐永明先生，南京師範大學江慶柏先生，（美國）佛羅里達大學王崗先生，復旦大學蘇傑先生、韓結根先生、楊光輝先生、眭駿先生、季忠平先生、王亮先生、欒怡女士，以及至今尚不知尊姓大名的多位盲審專家，都曾幫助審閲了部分稿件，提供了寶貴意見。復旦大學陳思和先生、上海社科院熊月之先生亦對本總目的編纂出版提供了有力支援。復旦大學出版社責編杜怡順、顧雷兩位先生爲本總目成書亦頗費心力。值此出版之際，謹向以上諸位先生致以誠摯謝意。

本總目雖然收獲良多，而遺憾亦不少。如尚有一些著述的重要善本未能撰寫經眼録；對有些著述的多種版本撰寫了經眼録，而未能理清其版本源流；有些條目的著録項待進一步完善……祈方家不吝賜教。

目録

下編

附録

前言

上海自元末建縣以來，經過近千年的不斷發展，行政區劃歷經調整，逐漸形成目前的區域分佈，分爲黄浦區、徐滙區、長寧區、静安區、普陀區、虹口區、楊浦區、閔行區、寶山區、嘉定區、浦東新區、金山區、松江區、青浦區、奉賢區、崇明區等十六區，其區域相當于晚清時期松江府的華亭縣、上海縣、南滙縣、奉賢縣、金山縣、婁縣、青浦縣、川沙廳等區域，以及清代隸屬于太倉州的寶山縣、嘉定縣、崇明縣等區域。

在漫長的歷史長河中，隨著經濟中心的南移和文化中心的多元化，作爲文化江南的一部分，上海地區也湧現出衆多著者，著述隨之日盛。晚清以降，上海日益成爲中西文化交融的窗口和出版中心、印刷中心，該地區著者（本籍、流寓、仕宦、機構等）在這一時期所撰、注、纂、輯、譯的各類著述成幾何式增長趨勢。

本卷主要對上海地區晚清著者（本籍、流寓、仕宦、機構）所撰、注、纂、輯而成書於此時期的傳統著述之現存善本〔一〕和稀見本〔二〕進行查考，並爲之撰寫書志體經眼録；同時注意收録主要内容撰寫成書於晚清

〔一〕據各館善本書目、已出版古籍善本書目等書目資料。

〔二〕現知見館藏一般不超過五處者。

而編集出版於民國間傳統著述之現存善本和稀見本；新學類著述不收；同一著者既著有傳統著述又著有新學著述者，僅收録其傳統著述，其西學著述於傳略中予以説明；流寓、仕宦類著者，僅收録其撰著成書於上海晚清時期之著述。

一

目前，學界對上海地區晚清時期各種類、各階層著者的各種著述的研究，各學科都取得了不少成果，或進行文獻考察并梳理編目，或對文本進行整理研究。謹概舉書志目録以及專題研究方面的成果：

綜合目録方面，前人所編撰《清史稿藝文志》（章鈺等撰）、《金山藝文志》（姚光撰），以及《松江府志》《上海縣志》《南匯縣志》《川沙廳志》等府縣舊志中的藝文志；今人編撰有《圜鐵盦鄉賢文物過眼録》《中國叢書綜録》《江蘇藝文志》《中國古籍善本書目》《中國古籍總目》，以及各大圖書館、博物館藏書目録等綜合性目録。

專題目録方面，前人編撰有《增版東西學書録》《譯書經眼録》《新學書目提要》《西學書目問答》等；今人編撰有《上海方志資料考録》《清人別集總目》《清人詩文集總目提要》《新編清末民初小説目録》《晚清小説目録》《清末民初小説版本經眼録》《上海晚清新學著述目録》等。

在目驗原書的基礎上，經過考訂辨析，發現部分書目著録有誤，對此進行考辨糾謬。

例如《清人詩文集總目提要》著録《蒔花居詩存》〔一〕一書，云：「有《壬寅除夕》詩，此壬寅當爲道光二十二年。松江季錫勳齋名蒔花居，姚椿爲婁縣人，二人爲同鄉。姚椿題識所謂『棕橋丈』者，當是季錫勳。」《清代松江府文學世家述考》「蔣季勳世家」〔二〕條云：「蔣季勳，號棱橋，齋名蒔花居，婁縣人。……前有題識云，……署『道光乙巳孟冬二日通家子姚椿病中記』。……有《壬寅除夕》詩，此壬寅爲道光二十二年，而乙巳爲道光二十五年。」而實際上，《蒔花居詩存》之作者既非季錫勳，亦非蔣季勳，而是李錫勳，係乾嘉時人，非晚清時人。按李錫勳，字瑞五，號棕橋，婁縣人。縣學生。年未三十以羸疾卒。同學輯其遺詩若干首爲《蒔花居詩存》，陸副憲錫熊序以行世。事迹具嘉慶《松江府志》卷六十、光緒《婁縣續志》卷十六。所著《蒔花居詩存》，復旦大學圖書館藏有稿本一部，一函一册。半頁九行，行二十五字，小字雙行同。無欄綫。外封墨筆題「蒔花居詩存」五字。卷首有姚椿（一七七七—一八五三）題記，云：「讀卷中悼亡諸詩，使人增伉儷之重者。册〔三〕似出棕橋丈手書，尤當寶之。道光乙巳〔四〕孟冬二日，通家子姚椿病中記。」鈐有「無悶／老人」白文方印、「庸／盦」白文方印、

〔一〕《清人詩文集總目提要》，第一一六四頁。
〔二〕《清代松江府文學世家述考》，第八七三頁。
〔三〕《清人詩文集總目提要》《清代松江府文學世家述考》均過録爲「此册」，「此」字衍。
〔四〕道光乙巳孟冬二日，即道光二十五年十月二日（一八四五年十一月一日）。

「格簃/劫後/藏書」[一]朱文方印、「復旦大學/圖書館藏」朱文方印。是書收録作者所撰各體詩凡五十八首，中多題贈之作，而《悼亡詩》情意尤切。因陸錫熊（一七三四—一七九二）《寶奎堂集》卷七《蒔花居詩存序》云：「婁縣有高才生曰李君錫勳，……其所著《蒔花居詩存》爲若干卷，將刻以傳之。」且《蒔花居詩存・雨中集錢妙珊丕祖齋即席》《蒔花居詩存・留别丁香城秉仁》等詩中之錢妙珊、丁香城諸君，皆乾嘉時人。故未《蒔花居詩存・壬寅除夕》《蒔花居詩存・入春後風雨兼旬村居無賴排悶口占》二詩，壬寅爲乾隆四十七年（一七八二），非道光二十二年（一八四二），「入春八九日」即乾隆四十八年（一七八三），非道光二十三年（一八四三）。是書蓋編集於清乾隆四十八年（一七八三），非上海晚清著者著述，故未予收録。

專題研究方面，在單個著者、單種著述、單一事件等專題研究方面多有成果。

單個著者方面，對著者或進行綜合研究，整體評價，例如《王韜評傳》；或編以年譜，以叙生平，例如《張文虎年譜》；或研究詩文，專題討論，例如《王韜散文文體研究》。

單種著述方面，或進行點校整理，例如《張文虎日記》《王韜日記》《墨餘録》；或進行版本學、目録學等相關研究，此處僅以學界對上海毛祥麟《對山書屋墨餘録》之研究爲例。《對山書屋墨餘録》原刻本爲

[一] 高燮藏書印。

十六卷，刊行之後，即出現翻刻本。「是書之出甫及四載，而他省翻刻已有七八。」〔一〕關於《對山書屋墨餘録》版本之考察，諸書目論著多有著録。例如，《讀〈墨餘録〉》〔二〕、《上海方志資料考録》〔三〕、《依然集》〔四〕、《晚清民國志怪傳奇小説集研究》〔五〕、《〈墨餘録〉研究》〔六〕等論著均認爲，《對山書屋墨餘録》有「清同治庚午年（一八七〇）湖州醉六堂吴氏刻本」「同治甲戌年（一八七四）毛氏重新編定該書」「民國二年（一九一三）上海中華文藝社〔七〕鉛印本」三種主要版本。而實際上，醉六堂本并非《墨餘録》十六卷之原刻本（最早版本），僅係當時翻刻本之一種。《墨餘録》十六卷原刻本係清同治庚午（一八七〇）毛氏亦可居自刻本，醉六堂本即依據毛氏自刻本翻刻而成。後四年即清同治十三年甲戌（一八七四），毛氏又重新審定，增删文字，補版（或换版）刷印，即甲戌定本，係是書之較好版本。後又有選編之四卷本、一卷本行世。因此，前人對其版本源流的描述并不準確，醉六堂刻本僅僅是毛氏刻本之翻刻本，并非《對山書屋墨餘録》十六卷之最初刻本。

〔一〕清同治甲戌定本《墨餘録》卷首毛祥麟題識。
〔二〕《讀〈墨餘録〉》，畢萬忱，《文史哲》，一九八四年第一期。
〔三〕《上海方志資料考録》，上海師範大學圖書館編，上海書店出版社，一九八七年。
〔四〕《依然集》，來新夏著，三晉出版社，二〇一〇年。
〔五〕《晚清民國志怪傳奇小説集研究》，張振國著，鳳凰出版社，二〇一一年。
〔六〕《〈墨餘録〉研究》，劉懷香，四川師範大學碩士學位論文，二〇一三年。
〔七〕畢萬忱誤爲「文藝社」，實爲藝文社。

單一事件方面，例如有關小刀會起義的史實，或進行點校整理，例如《三略彙編》；或進行史料彙編，例如《太平軍、小刀會亂滬史料》《上海小刀會起義史料彙編》《福建・上海小刀會檔案史料彙編》等；或進行相關研究，例如《毛祥麟與〈三略彙編〉》《上海小刀會起義》《上海小刀會起義與太平天國關係重考》《東南民衆運動與上海小刀會》等。

這些著作，皆依其各自體例，不同程度地著録、研究了上海地區晚清時期各階層著者的各種著述。

二

從存世著作來看，在晚清時期的七十餘年裏，上海地區至少湧現出二百六十餘位著者。在著者群體中，至少有十名進士，二十多名舉人，近十名拔貢，四名貢生，二名秀才。雖然並不能稱爲功名鼎沸、文人淵藪，但數量規模亦尤爲可觀。

上海縣、嘉定縣、青浦縣寶山縣著者數量較多。在著者群體中，上海縣至少有六十八位著者，嘉定縣至少有三十八位著者，青浦縣寶山縣至少有二十八位著者，而崇明縣、川沙撫民廳著者數量則相對較少。

在著者群體中，大部分著者原籍即爲上海籍，例如南滙于鬯、金山顧觀光等。亦有流寓仕宦等非上海籍著者，例如長洲王韜、德清俞樾等，均係流寓上海著者，在滬期間留下了不少著述。

在著者群體中，部分著者著述頗豐，傳世著述較多。例如于鬯、張錫恭、顧觀光、王韜等，多有稿本、刻本著述傳世。而且，部分著者不僅著有傳統著述，也編著、翻譯不少新學著述。

上海地區晚清時期的著者，至少產生了兩千種傳統著述。經初步考察，這些著述中的傳統著述已經大量散佚，至今仍然傳世者已不足十之三四。在本卷《未見著述總目》中，即收録未見著述一千餘種。遺憾的是，學界迄今尚未從文獻學角度對這些寶貴文獻進行系統而全面地梳理，本卷即是为此而作出的嘗試和努力。

善本稀見本有二百〇八種，其中，經部九種，包含易類、詩類、禮類、四書類、小學類凡五大類；史部六十一種，包含編年類、雜史類、傳記類、政書類、詔令奏議類、時令類、地理類、金石類、目録類凡九大類；子部三十七種，包含儒家類、兵家類、醫家類、天文算法類、術數類、藝術類、雜家類、小説家類凡八大類；集部八十八種，包含楚辭類、别集類、總集類、詩文評類、詞曲類凡五大類；叢書部十三種，包含雜纂類、郡邑類、氏族類、獨撰類凡四大類。

表一　各部類著述分佈表

	經部	史部	子部	集部	叢書部	合計
大類	五	九	八	五	四	三一
著述（種）	九	六一	三七	八八	一三	二一〇

在這些著述中，史部、集部著述較多。雖然晚清至今僅百餘年，但由於歷經諸多歷史事件，得以保存的文獻僅有十之三四。所以很多稿本都得以保留，比如日記、硃卷等一手文獻資料。其中，王韜日記、張錫恭

日記、張文虎日記等，都是研究晚清時期著名人物往還、重要歷史事件的重要資料。例如，王韜原係長洲人，曾在上海墨海書館從事編譯工作，其一生中最具争議的事件是化名「黄畹」上書太平軍，後轉至香港，繼續從事翻譯工作。現存的王韜日記比較分散，上海圖書館、臺灣地區均藏有稿本日記，《新聲》期刊也曾刊登過王韜日記。這些較爲連續的日記，爲了解王韜的生平思想提供了珍貴的原始資料。

雖然晚清時期出現了新式學堂，以及新學機構，編纂、翻譯、出版了諸多新學文獻，形成了數量頗多的新學著述，但傳統著述仍然是文人學者著述的重要形式。詩文集，作爲傳統文人學者的著述總集，亦在晚清上海文人學者身上得到體現。

在這些著述中，關於本地内容的文獻較多。如史部地理類中包含不少有關上海的地方志，而且不少行政區劃多有方志稿本留存。此外，《三略彙編》等史部雜史類著作，《對山書屋墨餘録》等子部小説類著作，對江浙滬一帶風土人情、歷史人物、重大事件等多有載録，通過不同體裁保留了重要的地方文獻，例如太平軍對江浙滬的影響等等，不僅可以了解當時的歷史進程在上海的發展和體現，而且也可以補充正史之不足。

清代乾嘉以降，考據學風日盛，衆多學人引經據典，考據文獻，上海晚清時期的著者亦是如此，子部雜家類即包含于鬯、顧觀光、鍾文烝等所撰之論學著述。

在現存上海晚清傳統著述中，包含稿本、抄本、刻本、活字本（木活字印本、鉛活字印本）、石印本、影印本等不同版本。其中，刻本仍然是主流，鉛活字印本僅一百餘種，木活字本僅十餘種。

綜上所述，上海地區晚清時期正處新舊交替的窗口，在新學著述不斷湧現的同時，仍然留下了衆多傳統著述，而且多以稿本、刻本傳世，不僅是傳統著述的衍伸、傳統文化的延續，而且也爲認識中國近代學術史和歷史提供了直接的文獻資料。

由於個人能力所限，在目録查檢、原書目驗、版本比勘、源流考訂、著者傳略等方面尚存在諸多不足之處，有待進一步修訂補充。

凡例

一、本卷著録上海地區晚清時期著者（含本籍、流寓、仕宦等）所撰、注、纂、輯的除單篇以外的各類著述。流寓、仕宦類著者，一般僅著録其成書於上海地區之著述。但對於寓賢著述中雖非成書於上海，而該著述内容與上海地區有較多關聯者，亦酌予著録。

二、本卷主要由《善本稀見本經眼録》《現存著述簡目》《未見著述總目》三部分構成。《善本稀見本經眼録》以書志體式著録筆者所經眼之善本及稀見本，《現存著述簡目》以簡目體式著録可以考見仍然存世之全部著述及其版本，《未見著述總目》以表格體式著録已經亡佚或暫未確定是否存世之著述。

三、《善本稀見本經眼録》以四部分類法編次，每一類下先本籍，後寓賢、仕宦，各以著者時代先後爲序；《現存著述簡目》以晚清縣級行政區編次，同一縣籍的著者先本籍，後寓賢、仕宦，同一類著者以時代先後爲序，同一著者之著述按四部分類法編排。《未見著述總目》略以著者姓名之音序編次。

四、《現存著述簡目》中各縣籍之各類著者首以生年爲序，生年相同或不詳者以卒年爲序，卒年相同或不詳者以科名年份爲序，復相同或不詳者以主要活動時間爲序，活動時間無考者列於該類著者之末。

五、凡身歷二朝之著者，循陶潛書晉例或學術界慣例，酌予去取。

六、《善本稀見本經眼録》撰寫主要以實際目驗之古籍刻本及稿抄本（不含《四庫全書》抄本）爲依據；部分條目依據縮微膠捲、掃描件、影印本撰寫，皆予以注明。所據個別抄本可以確切考知其所據底本者，僅於其底本之後附加按語，不另立條目。極個别近代才刊刻或抄録成書者，亦注意收録。同一版本，已目驗原書，又有通行影印本者，或影印底本與目驗原書分屬兩家收藏單位，或影印底本即目驗之書，皆以按語加以説明。

七、《善本稀見本經眼録》著録之内容，主要包含五方面：一爲該版本外在形製的描述，二爲著者傳略，三爲該著述主要内容，四爲序跋中所涉成書及版本源流之文字節録，五爲館藏地信息。同一版本著述，若多館皆有收藏，并且有兩種以上影印本者，則盡可能比較不同館藏本之差異。

八、《善本稀見本經眼録》中之版本外在形製描述包括書名、卷數、著者（含籍貫）、版本、册數、行款、版式、牌記（或封面）、序跋、目録、印記等項，根據各版本具體情況略以增損。

九、著者傳略概述著者生卒年、字號、科名、仕履、主要成就等，主要依據史傳、碑銘、方志等資料綜括而成，并注明主要資料來源。原則上以一手材料爲準，部分生平資料較少之著者則適當參考今人研究成果。著者籍貫具體到縣籍，流寓、仕宦類著者於其傳略中略述其流寓信息。凡著者須出現於多處之著者項者，《善本稀見本經眼録》將傳略列於所著録其第一部著述之第一個版本之條目中，《現存著述簡目》將傳略列於其著述之前，其餘情況採用互見法，説明該著者傳略所在條目。

十、《善本稀見本經眼録》中所節録之序跋題記，皆有關於本書之形成原委、版本源流或主要内容等内容。

十一、凡引用文字中的異體字、俗體字，一般轉換爲規範字。避諱字一律回改。書名、著者姓名、字號及印文等專用名稱，則以宋體保留原字。序跋題記、印記、正文等模糊、破損等不可辨識之處，以「□」標記，疑似文字者，在□後用括號注明。原爲墨釘或因個人能力不識之處，以「■」標記。題記、印記等多行分欄，以「/」標記。校勘文字，以圓括號「（）」標記删字、誤字，以方括號「［］」標記增字、正字。

十二、《現存著述簡目》著録之内容，除筆者實際目驗者外，主要依據近年編纂出版之各種古籍目録以及各藏館提供之各式目録。包含以下各項：著者、傳略、書名、版本及出處、館藏地。書名項著録書目之書名、卷數，同一種著述有異名者，於書名後加括號列出異名。版本項著録現存版本之出版時間、出版者、出版地、類型、行款。

十三、《現存著述簡目》中對於著述方式之著録依各目録著録或原書所題作相應處理：若爲「撰」，則不贅録；若爲「編」「纂」「輯」「注」等，則於標題後加括號注明。著述若有他人編、輯、注等，則於該書目卷數後空一格著録編、輯、注者之朝代、姓名及加工方式。

十四、《現存著述簡目》中，凡某館藏本有殘存情況，在該館後加＊表示。有他人手書批校題跋，於該館名後加括號注明。若同一館藏地有多部此類情況之本，其注文相互間以分號隔開；若同一版本含多種此類情況，其注文相互間以逗號隔開。

十五、叢書編者爲上海晚清時期著者者，其子目一併著録。

十六、《善本稀見本經眼録》《現存著述簡目》所考察的藏館以國内各大公共圖書館及高校圖書館爲主。對於藏館較多者，僅列五處主要藏館。《善本稀見本經眼録》中對於同一版本有多處館藏者，以筆者經眼而據以著録之本之藏館列於首位。

十七、凡是各館書目著録及各館檢索系統中收録者，《現存著述簡目》全部予以著録。但在實地調閲原書過程中，個别版本不能目驗，或已經散失，或未在架上，或因歷史原因已不在該館收藏而原始書目信息尚存者，亦予以著録，并注明收藏單位所反饋原因。

上编

善本稀見本經眼録

經　部

易　類

于氏易説不分卷

清南匯于鬯撰，民國間吴縣王氏學禮齋抄本〔一〕，一函一册。半頁十行，行二十一字，小字雙行同。黑格，白口，無魚尾，四周單邊。框高一九二毫米，寬一四五毫米。版心下方鎸「學禮齋校録」五字。無序跋。鈐有「復旦大學/圖書館藏」朱文方印。

于鬯（一八六二—一九一九），字醴尊，一字東廂，自號香草，南匯人。從鍾文烝學。學使長沙王先謙於光緒丙戌歲（一八八六）試莅松郡，奇其文，拔冠多士，後屢以經學受知諸學使。著述頗豐。事迹具民

〔一〕學禮齋，王欣夫齋名。

國《南滙縣續志》卷十三。

是書按《周易》次序編排，係作者考辨、校正《周易》義理、文字之札記，如《其唯聖人乎》《地勢坤》等，凡三十二篇。每篇先列《周易》正文，次多引陸德明（五五〇—六三〇）《經典釋文》、毛奇齡（一六二三—一七一六）《仲氏易》、王引之（一七六六—一八三四）《經義述聞》、俞樾（一八二一—一九〇七）《群經平議》等書，末附作者按語。

復旦大學圖書館藏。

詩　類

留香閣詩問二卷〔一〕

清南滙于鬯撰，清光緒十八年（一八九二）《于香草遺著叢輯》謄清稿本，一册，凡三十三頁。半頁八行，行二十二字，小字雙行同。無欄綫。外封以墨筆楷書題書名及卷次「留香閣詩問上／下」六字。卷首有俞樾序。鈐有「上海市歷史文／獻圖書館藏」朱文方印。毛裝。

于鬯著有《于氏易説》等，已著録。小傳參見經部易類。

是書按《詩經》次序編排，以「張祖綬（作者妻，張承頤女）問、作者答」之問答體形式，對《詩經》

〔一〕《中國古籍總目》著録是書於集部第六册第三二一九頁，誤。

名物、訓詁、大義進行闡釋發微。如「問：『《關雎》之淑女指后妃，抑指衆妾。』曰：『以《鵲巢》例之，之子即指夫人，則淑女即指后妃。《毛傳》本指淑女爲后妃，自《正義》誤以合鄭，且后妃逮下自有《樛木》之篇。』」

俞樾序云：「于香草明經之配緑硯女史，名祖綬，姓張氏，工詞翰，曉經義。香草治經，往往得内助焉。嘗欲著《經統》一書，未就身没。之後遺箋斷楮，不可收拾。惟《留香閣詩問》二卷完善可讀，乃其課女讀《毛詩》時意有所疑，緑硯問而香草答者也，則是香草之書而非緑硯之書。……緑硯往矣，而此二卷書自可與王照圓《詩小紀》俱傳矣。壬辰仲冬[一]，曲園俞樾呵凍書。」[二]

按：是書南京圖書館藏有稿本一部，天頭間有批校之語。如卷前護頁粘有簽條，云：「此書中縫應加『詩問上』『詩問下』，『詩』上空四格。」又如卷上批校云：「二字雙聲，似可删。『莠萋』非雙聲。」再如卷下批校云：「以誠案：『四牡鶩鶩』，兩『鶩』字誤寫，從鳥。」上海圖書館著録是本爲稿本，然文字依南京圖書館藏稿本之簽條、批校改正，且字迹工整，蓋爲謄清稿本。

上海圖書館藏。

[一] 壬辰，即光緒十八年（一八九二）。

[二] 據是書内容及俞樾序文可知，是書係于鬯所作。而《浦東今古大觀——上海浦東開發區》云：「他妻張祖綬是上海縣孝廉方正張承頤的女兒，也是當時浦東著名的女詩人，曾著有《留香閣詩問》二卷。」《詩話概説》（修訂版）云：「《留香閣詩問》二卷，張祖綬撰，《于香草遺著叢輯》。」均誤。

禮類

禮學大義一卷

清婁縣張錫恭述，抄本，一册，凡十八頁。半頁十行，行二十二字，小字雙行同。無欄綫。框高二九八毫米，寬一五七毫米〔一〕。版心下方記頁次。卷末王欣夫以「學禮齋校録」稿紙題寫跋語。鈐有「上海圖／書館藏」朱文方印。

張錫恭（一八五八—一九二四），字希伏，號聞遠。行四。世居府城西門外蔣涇橋南埭廊。松江府婁縣學優行附生。民籍。受業於張文虎等。光緒二年（一八七六）秀才，十一年（一八八五）拔貢，十四年（一八八八）舉人。二十五年（一八九九）被聘爲兩湖書院經學分教，治學嚴謹。三十三年（一九〇七）北京設禮學館纂修《大清通禮》，被徵召爲纂修官，分任纂訂《喪禮》，著有《修禮芻議》二卷。辛亥革命返鄉，隱居小昆山東麓，以清朝遺老自居，留長辮不剪。民國十三年（一九二四）九月，避難八圖，病逝於封文權（一八六八—一九四三）家。著有《禮學大義》一卷、《茹荼軒集》十二卷、《茹荼軒續集》六卷附《秉燭隨筆》一卷、《喪服鄭氏學》十六卷、《先嫂王孺人張王氏行述》一卷等，均已刊印；又著有《喪禮鄭氏學》，刊未及半而中輟。事迹具張錫恭行狀、

〔一〕據上海圖書館掃描件。

硃卷等。

是書係張錫恭闡釋考訂《周禮》《儀禮》《禮記》之札記，如論君德云：「天官所屬皆暬御近侍之臣，間嘗考之，惟辟作福。」如論官方云：「官屬之多，何也。」如論養民云：「養民，莫先於定地域。」如闡發總義云：「《禮記》者，二《禮》之傳也。」

王欣夫跋云：「右《禮學大義》一卷，清張錫恭撰。錫恭字聞遠，江蘇婁縣人。光緒戊子舉人。生平篤志研經，於《三禮》尤爲專精，得定海黄氏以周之傳。戊申徵爲禮學館纂修，分編凶禮。於時短喪廢服之説沸騰朝野，先生力排邪説，闡明禮教，先成《喪服鄭氏學》十六卷，吴興劉氏刻入《求恕齋叢書》。後又廣及《士喪禮》諸篇，旁逮《禮記》，續成《喪禮鄭氏學》三十餘册，大隆爲任校字之役，殺青未竟。别有《茹荼軒文集》，亦多説《禮》之文。吾師曹叔彦先生元弼嘗謂先生之學囊括大典，網羅衆家，廣大精微，直與鄭、賈并重。其至理名言，足以感發人心，有功名教。蓋先生自易代後，廬墓而居，不入城市，孜孜著述，期挽世道之凌夷，大節凛然，無愧經師、人師之望。此書於《三禮》大義提要鈎玄，可爲先生著書之綱領。如謂鄭義『人君左右房，惟天子燕寢，諸侯宗廟路寢』爲然，『諸侯燕寢亦東房西室。大夫士東房西室，惟正寢與燕寢』爲然，宗廟、學宫亦左右房，以解朱子《釋宫》人君左右房、大夫士東房西室之疑。謂『諸公之地，封疆方五百里』云云，首云『凡建邦國』，建者，立也，謂周公攝政，斥大九州，制禮成武王之意。其時所建立者也，若魯、若衛、若齊、若宋，其封域豈不足五百里哉。若夫所因殷之諸侯，則固無此廓大。是以周世有爵尊而國小、爵卑而國大者，則所建與所因之異也，鄭君注《王制》已明言之，以釋陳氏澧《廣周官徵文》之疑。咸確有依據，不徒纂輯舊聞，誠爲後學治《禮》之津梁已。姚君石子光好聚鄉先哲未刻遺稿，出此授讀，亟爲付印以傳。歲庚辰夏，吴縣王大隆跋。」

上海圖書館藏。

四書類

論語課程不分卷

清婁縣張錫恭撰，清光緒間兩湖書院木活字印《兩湖書院課程》本，一函六册。半頁九行，行二十字，小字雙行同。上白口，下黑口，上單魚尾，四周雙邊。框高一八九毫米，寬一二七毫米。版心魚尾之上鐫「兩湖書院課程」六字，之下鐫書名「論語」二字。版心下方記每册頁次。書根處以墨筆記册次、書名。外封有徐恕題記。卷首有《論語總義》。無印記。

張錫恭著有《禮學大義》，已著録。小傳參見經部禮類。

是書係張錫恭爲兩湖書院編撰《論語》課程講義，以朱子《集注》爲底本，彙編《四書或問》等注疏《論語》之文，并附作者按語。

徐恕題記云：「此講疏爲婁縣張錫恭著，稱黄式三爲鎮海黄師之尊人，見本書《總義》第三葉注。張君撰《喪服鄭氏學》，有嘉業堂〔一〕刊本。」

湖北省圖書館藏。

鄉黨補義一卷

清南滙于鬯撰，稿本，一册，凡二十頁。半頁十行，行二十二字，小字雙行同。無欄綫。版心上題「鄉黨補義」四字，版心下方記頁次。外封書籤以墨筆楷書題「鄉黨補義」四字，并有題記：「此書各行分高低格，又空格中有墨圈，校印時注意。」卷首有作者小序。卷端鈐有「上海市歷史文/獻圖書館藏」朱文長方印。毛裝。

于鬯著有《于氏易説》等，已著録。小傳參見經部易類。

是書凡六十條，對《論語·鄉黨》十七節進行注音、訓詁和概述，如「君在踧踖如也，與與如也」條，低一格云：「踧，子六反。……○君在，視朝也。踧踖，恭敬不寧之貌。……○此一節記孔子在朝廷事上接下之不同也。」

小序云：「楊氏曰：『聖人之所謂道者，不離乎日用之間也，故夫子之平日一動一静，門人皆審視而詳記之。』尹氏曰：『甚矣，孔門諸子之嗜學也。於聖人之容色言動無不謹書而備録之，以貽後世。今讀

〔一〕《喪服鄭氏學》十六卷，刊入民國七年（一九一八）南林劉氏《求恕齋叢書》。

其書，即其事，宛然如聖人之在目也。雖然，聖人豈拘拘而爲之者哉。蓋盛德之至，動容周旋自中乎禮耳。學者欲潛心於聖人，宜於此求焉。舊説凡一章，今分爲十七節。』曰《補義》者，備載朱子《集注》，其或闕略，則補於後，誤者兼正之。」

按：上海圖書館另藏有抄本《鄉黨補義》一卷，一册。

上海圖書館藏。

四書典要一卷典制便覽一卷

清青浦倪倬著[一]，稿本，一册。半頁九行，行二十五字，小字雙行同或不等。紅格，白口，上單魚尾，四周單邊。外封題：「四書典要闕名，此亦科舉文料之類耳，編輯似未完竣。良熙識。」并鈐有朱文方印[二]。無序跋。卷端鈐有「江蘇省立國學/圖書館一九四九/年以來新增書」朱文方印、「南京圖/書館藏」朱文長方印。金鑲玉裝。

倪倬，字漢甫，青浦人。嘉慶五年（一八〇〇）舉人。少孤貧，刻苦向學，工古文。官長洲教諭。大吏

[一]《中國古籍總目》經部第二册第九二三頁著録「四書典要一卷典制便覽一卷□□撰　稿本　南京」，未著録作者姓名。經考證，作者實爲倪倬。

[二]印文暗淡，暫不能辨。

欽其品，延主紫陽書院，能以師道自任。石韞玉、潘世恩皆以古敎官目之。尋丁母憂歸，病卒。事迹具清光緒《青浦縣志》。

是書引用先秦兩漢小學文獻，分列條目，扼要闡釋考證《四書》典章制度。如「湯盤」條云：「《鄭注》盤承盥水者，《說文》云澡手也，《廣韻》云頮面之器。……其說皆非也。」又如《九州三代不同考》，梳理考證九州之名頗爲詳實。又如《序爵所以別貴賤也》，闡釋《四書》筆法。末附《四書典制便覽》一卷，「十九頁，内文七篇，經解一道」，依《大學》《中庸》《論語》《孟子》次序，闡釋四書典制。如《論語》「北辰」條云：「中宫天極，太乙紫薇。」又如「大車小車」條云：「大車，牛車也。小車，羊車也。」

南京圖書館藏〔一〕。

小學類

爾雅釋親宗族考一卷

清南滙于鬯撰，稿本，一册。半頁十行，行二十二字，小字雙行同。無欄綫。版心上題「宗族考」三字，下記頁次，凡十二頁。外封題「爾雅釋親宗族考」，并有題記云：「此書末葉『妹子弟妹姑姑父

〔一〕據南京圖書館掃描件。

文方印。母』八字之旁加黑圓點，付印時應注意照此加印。」無序跋。鈐有「上海市歷史文／獻圖書館藏」朱文方印。

于鬯著有《于氏易説》等，已著録。小傳參見經部易類。

是書係作者校勘、考訂《爾雅·釋親》「宗族」部分之文，分爲雅文、表、表説、鄭説四部分。雅文多引用阮元（一七六四—一八四九）《十三經注疏》、鄭珍（一八〇六—一八六四）《巢經巢經説》、龍啓瑞（一八一四—一八五八）《爾雅經注集證》等書，附以作者校釋按語，以雙行小字注於正文之下。雅文之末有表，凡五行（格）十五列，「表第一格爲高祖格，第二格爲曾祖格，第三格爲王父格，第四格爲父格，第五格爲昆弟格。悉依雅文寫入，其不入表者，惟子之子爲孫以下七句及篇末兩句。」表説對每格進行考訂。末爲鄭説，引用鄭氏箋《禮》之文，間附作者按語。

上海圖書館藏。

説文集釋不分卷

清南匯于鬯、清川沙沈毓慶撰，清漢石經室抄本，二册。半頁九行，行二十二字，小字雙行同。紅格，白口，上單魚尾，四周雙邊。版心下鎸「漢石經室」〔一〕四字。卷首有佚名題識，次爲《説文集釋凡例》六條。

〔一〕清川沙沈樹鏞（一八三二—一八七三）室名。

鈐有「南京圖書館藏」朱文方印。毛裝。《中國古籍善本書目・經部》著録爲「清漢石經室抄本」〔一〕。

于鬯著有《于氏易説》等，已著録。小傳參見經部易類。

沈毓慶（一八六八—一九〇二），字肖韻，别字壽經，川沙人。樹鏞子。三試南闈，一試北闈，皆不售。入吳大澂幕。光緒二十六年（一九〇〇），開辦毛巾廠。事迹具民國《川沙縣志》卷十六。

是書係于鬯、沈毓慶二人彙集、校釋諸家訓詁《説文》之作。起「匕」字，訖「褉」字。每字先列小篆字形、釋義、結構分析，之後引録徐鉉、徐鍇《説文解字繫傳通釋》，段玉裁《説文解字注》，桂馥《説文解字義證》，錢坫《説文解字斠詮》，王筠《説文解字句讀》《説文釋例》，朱駿聲《説文通訓定聲》，孔廣居《説文疑疑》，邵瑛《説文解字群經正字》，鈕樹玉《段氏説文注訂》等考訂訓釋《説文》之作，末附于鬯、沈毓慶按語。二人按語亦多引《玉篇》《説文古籀補》等書，對所引録《説文》之語進行考證辨析。文中天頭有墨筆批校及于鬯按語，并粘有簽條，如「真」字條，簽條云：「額本『乚乚』二字作『上』字。」

題識云：「徵引群書，叙次有法，説解處亦復洞微析奧，精覈無倫。……若能擴充心力，敕成一書，則諸家《説文》可以盡廢，此學海大觀也。前見于君職墨，其中詆諆舛重者過多，尚須妥酌。本朝學派最尊許、鄭，若著書攻擊二君，則群起而排之，風會所趨，千人一喙。而本朝學者篤守古訓，實事求是，所以異於

〔一〕經部第四二五頁。

前代之師心高論者，亦正在此。愚嘗有言，治經則經爲尊，駁鄭猶可也。治《説文》則《説文》爲尊，駁許（則）視駁鄭爲難。究竟二君非必無可議處，但下筆時宜有斟酌，不可率意。……王、朱二家已開攻許先聲，説者謂小學殆將復晦。吾輩自命千古，惟當力持正論，使往籍日就昌明。人既易於信從，我亦立於不敗。雖不必拘拘墨守，倘能時存此意，其有裨於學術者實多，不審高明如二君果以愚言爲然否。光緒十三年十月十四日，識於松江試院。」

《説文集釋凡例》云：「一、《説文》既合用二徐本，許氏正文自可擇善而從，用大徐者注小徐之異，用小徐者注大徐之異。惟稱二徐或稱大徐小徐，或稱徐鉉徐鍇，當歸一例，今分治。一、凡鈔諸家之説，或兼標人名、書名，或但標人名，似屬皆可。然如鈔段注，但標『注曰』二字。……」天頭間有批語，如「體例斟酌至善」。

南京圖書館藏。

切韻啓蒙不分卷

清上海李邦黻輯，民國間吴縣王氏學禮齋抄本，一函一册。半頁十六行，行二十八字，小字雙行同或不等。無欄綫。無序跋。卷首有《切韻啓蒙目録》。鈐有「復旦大學/圖書館藏」朱文方印。

李邦黻（一八四七—一九一二），字梯雲，上海人。增貢。賜六品頂戴。撰有《鍾文烝年譜》。事迹具民國《上海縣續志》卷十七。

是書分爲論切韻、論母音、論韻書、論清濁、論音呼、等韻略解、雜録、餘論凡七部分，對《切韻》一書進行解釋。

復旦大學圖書館藏。

史部

編年類

起居注後跋不分卷

清嘉定廖壽恒、清長沙王先謙擬，清末抄本，一册。半頁七行，行二十字。無欄綫。無序跋。鈐有「北京圖/書館藏」朱文方印。毛裝。

廖壽恒著有《抑抑齋日記》等，已著録。小傳參見史部傳記類。

是書分爲「廖壽恒恭擬」《起居注後跋光緒三年》、「王先謙恭擬」《起居注後跋光緒四年》兩部分。文中間以小字旁注光緒三年、光緒四年（一八七八）祭祀典禮、詔令國事等時日。如「冬壇十一月十八日夏澤五月十一日，儀則陳蒼璧、黄琮；春禴正月初八日秋嘗七月初一日，禮則重雞彝、龍勺。」又如「或出内帑之金五月二十等日，千囊鱗疊；或發天儲之粟九月初一等日，百艘尾銜。或開捐賑之條七月初四等日，效成集腋；或廣招商之路八月十一等日，税免抽牙。」

中國國家圖書館藏。

雜史類

國策編年一卷

清金山顧觀光輯，《武陵山人遺書》稿本，一册，凡三十二頁。半頁十一行，行二十五字，小字雙行同。無欄綫。外封題「國策編年三十三頁」。鈐有「觀/光」朱文方印、「顧深/珍藏」朱文方印、「上海圖/書館藏」朱文方印。毛裝。《清史稿·藝文志二》著録是書。

顧觀光（一七九九—一八六二），字賓王，號尚之，金山錢家圩人。貢生。於輿地、訓詁、六書、音韻、宋儒性理以至二氏術數之學，靡不洞徹本源，而於算學爲尤精。嘗舉中西天文曆算之術，抉其所以然而摘其不盡然，蹈瑕抵隙，搜補未備。三試不售，遂無志科舉，承世業爲醫。咸豐十年（一八六〇）夏，太平軍陷蘇，犯松江，倉皇走避，道途觸暑，鬱鬱發病死。平生著述甚夥，遭亂未盡付梓，多以遺稿存世。事迹具光緒《金山縣志》。

是書卷端書名原題「國策新編」，以墨筆改爲「國策編年」，係作者編年《戰國策》之作。是書宗周，起於東周貞定王元年（前四六八），「公輸般爲楚設機械，將以攻宋」；斷自始皇二十六年（前二二一）秦滅齊，「齊王建入朝於秦」，大體以年繫事，序列六國要事。每條之下有雙行小注，注明出處，并自《左傳》《禮記》等書中擇取相關史事，附於正文之下。

是書後由金山高煌刻入《武陵山人遺書》。跋云：「右《國策編年》一卷，亦尚之先生遺書也。《國策》之文，分國隸事，參錯雜見，不著年次，頗爲後人竄亂。先生校勘全文，參以《史記》諸書，排年編纂，其有事不可考而文相涉者，依類附次，亦讀此書者所必不可少也。《地理考》〔一〕刊竟，猶有餘資，因并授之梓，以公諸世。高桂近齋、高崧申甫同識。」

是書另存有民國間朱絲欄抄本一部，中國國家圖書館藏。

上海圖書館藏。

星周紀事一卷

清上海王萃元輯，稿本，一册。半頁六行，行二十字，小字雙行同。無欄綫。卷首護頁有葛正慧題識。卷首護頁鈐有「松陵／宦迹／繼平陵」朱文方印，卷端鈐有「字子／儼號／陸生」朱文方印、「上海圖／書館藏」朱文方印。《中國古籍善本書目·史部》著録。

王萃元，字子儼，號陸生，上海新橋人。同治十年（一八七一）郡歲貢。父鼎琳，字耐齋。太平天國運動時，邑宰劉郇膏委辦虹橋鄉團，萃元襄理其事，多所規畫，以軍功保訓導。歷官溧陽、震澤、丹徒、靖江、鎮洋、元和儒學。解組後潛心經籍，尤邃於《易》。光緒三十三年丁未（一九〇七），重游泮水。卒年八十有一。事迹具民國《上海縣續志》。

〔一〕指《七國地理考》。

是書詳載清咸豐三年癸丑（一八五三）春二月十二日太平軍攻打南京，至同治三年（一八六四）七月二十七日駐守江蘇、浙江之清軍與太平軍之戰事。

葛正慧以墨筆識云：「今春偶經虹橋，於冷攤購得上海王萃元親筆《星周記事》壹册。攤主謂王氏故居近在咫尺，蓋其後人散出者。憶商務舊印《三公難記》所收記事，始自咸豐年間，而手稿起自同治元年正月，終於同治三年七月，當係原作之半。所記王氏藏於虹橋團練諸事，不乏太平天國史料，而尤詳於忠王進軍上海之役。至意存污衊之處，則地主劣性使然。一九五〇年初夏，葛正慧漫識。」又以朱筆識云：「今捐贈上海圖書館。一九六一年一月。」[一]

民國二十四年上海通社鉛印本《上海掌故叢書》第一集收録是書，半頁十行，行二十八字，小字雙行同。版心上方爲白口，版心下方爲黑口，上單魚尾，四周雙邊。框高一三八毫米，寬八九毫米。版心魚尾之上鐫「星周紀事」四字，下記卷次。版心下方記頁次，并鐫「上海掌故叢書/第一集」。卷末有王萃元《跋》及上海通社《跋》。《叢書集成續編》史部第二十五册據此影印。

王萃元《跋》云：「《星周紀事》二卷，紀吾鄉遭難本末也。溯咸豐三年癸丑粵匪竄踞江寧省城，至同治三年甲子經曾帥大兵克復，計十有二年，蓋歲星一周天矣。其間荼毒之慘、流離之苦，與夫義民之殺賊、官軍之殄寇，凡身之所歷、目之所見、耳之所聞，莫不具載，以備遺忘云爾。同治七年戊辰夏六月中浣，

[一]　是書係葛正慧於一九五〇年夏購於上海書攤，後於一九六一年一月捐贈上海圖書館。

上海王萃元誌。」

上海通社《跋》云：「《星周紀事》二卷，王萃元撰。萃元字子儼，上海新橋人。同治辛未歲貢。以軍功保訓導。歷官溧陽、震澤、丹徒、靖江、鎮洋、元和等縣儒學。清咸豐十年，太平軍既克蘇常，復下崑山、太倉、嘉定、青浦，直逼上海。邑宰劉郇膏創辦團練，按圖出丁，分鎮設局，而以虹橋局務委諸萃元父鼎琳總理。萃元與弟萃龢遂秉父命，駐局規畫佐理。維時萃元年甫逾冠，血氣方壯，不避艱巨，踴躍從公，并於困苦備嘗之際，不廢筆札，按日輯爲《紀事》二卷，所記兵事之成敗得失、人民之遷徙流離，皆其親身所閱歷，可爲咸同間上海兵禍之信史，兼足正縣志兵事篇之僞闕，故爲詳校附刊。上海通社識。」

上海圖書館藏。

庚申紀事不分卷續紀事詩不分卷

清婁縣張爾耆撰，稿本，一函一册。半頁八行，行二十二字，小字雙行同。無欄綫。卷首有張爾耆題識。鈐有「横渠／後人」朱文方印、「復旦大學／圖書館藏」朱文方印。

張爾耆（一八一五—一八八九），字符瑞，又字伊卿，號夬齋學人，婁縣人。錫恭父。諸生。著有《校書記》二卷、《清河族譜二編》一卷、《夬齋叢書》三十五種等。事迹具《張夬齋先生墓志銘》[一]。

[一] 清華亭顧蓮《素心簃集》卷三。

是書分爲《庚申紀事》六十首、《續紀事詩》四十首兩部分，係作者以七律組詩載録清咸豐十年庚申（一八六〇）清兵與太平軍在松江之戰事活動，以及時人之生活雜事。每詩之下有雙行小注，釋作詩緣由及史實背景。如「天恩祖德幸全徼，四壁雖空土未焦。草緑階除生意足，花開寂寂雨蕭蕭」一詩，下注云：「韓緑卿家火幸未延及。」又如「蓬窗坐雨壓眉低，欲問桃源去又迷。禽鳥無知先得氣，荒雞最怕二更啼」一詩，下注云：「《兩廣紀略》載遇二更雞啼輒被寇。今春郡中聞有二更啼者。」《續紀事詩》詩前小序云：「高克逍遥，兵無鬭志。黄巢擾攘，民不聊生。志切同仇，情殷望歲。一帆渡浦，三月棲枝。偶拾見聞，續成篇什。庚申除夕，書于南梁寓舍。」扉頁有題識云：「玉堂起草，既乏清才；磨盾揮毫，又無健筆。山居戢影，隨事敷辭；不暇求工，聊取紀實。後有作者，或俯采焉。咸豐十年九秋，央齋舊主人識。」

又貼有題識一則：「此先公題少眉先生《梅花畫隱圖》詩也。先公自解組歸里，每于春秋佳日，與二三朋舊詩酒過從，極一時之樂。是詩作于己丑、庚寅間，曾命爾耆録存之，册中不見，殊不可解。今樹卿表兄以是册命題，……先公詩謹録如左，并綴數語以歸之，亦以。」然文意與是書不符，且文字未盡，蓋他書之題識誤植入此書。

按：張爾耆《央齋詩集·浮家小草》收録是書《庚申紀事》六十首、《續紀事詩》四十首，文字略有不同，如稿本《庚申紀事》「向帥故後」，《央齋詩集·浮家小草·庚申紀事詩》作「向帥没後」。

復旦大學圖書館藏。

三略彙編十二卷

清上海毛祥麟撰，稿本，六册。半頁八行，行三十字，小字雙行同。無欄綫。卷首有姚光發《三略彙編序》、毛祥麟《三略彙編自序》。鈐有「毛／祥麟」白文方印、「又可」朱文橢形印、「補庵／眼福」白文方印、「上海圖／書館藏」朱文方印。金鑲玉裝。《中國古籍善本書目·史部》著録。

毛祥麟（一八一二—？），字瑞文，號對山，上海人。監生。兩浙候補鹽大使。避紅巾亂，僑寄周浦。好讀書，工詩，善畫山水，尤精醫術。性好客，與里人朱作霖交莫逆，拈韻分題，酬唱無虚日。同治甲子，倡振常鎮災民。與纂同治《上海縣志》，生平著述甚富。事迹具民國《上海縣續志》卷十八、民國《南匯縣續志》卷十六。

是書分爲《滬城海防紀略》《海疆紀略》《法國條款》《美國條款》《俄國條款》《會匪紀略》《粤逆紀略》五部分。因主體爲《海疆紀略》《會匪紀略》《粤逆紀略》三部分，故稱「三略彙編」。

姚光發《三略彙編序》云：「對山毛君家滬上，生有夙慧。經其手著而發明者若《内經輯要》《東垣十書》《張氏傷寒論》及痘科、産科等凡二十一部，皆有辨正。又著《事親一得》十二卷。於是對山不業醫而能醫，名轉著。壯年對山少於余，而撰述特富，著有《古字韻編》《史乘探珠》《亦可居詩話》《詩畫問評》與《墨餘録》等共七十餘卷。《墨餘録》，説部耳，新付剞劂，且風行一時。兹又以《三略彙編》示余，蓋縷載海疆、粤寇事，端緒固繁而起訖相貫，其間言簡事明，詳略適中……同治辛未夏四月上浣，婁縣衡堂姚光發拙撰。」

毛祥麟《三略彙編自序》云：「余生嘉慶壬申年，閱今四朝，歷甲子三百二十有奇矣。在三十載以前，身際承平，目不識兵革。及道光壬寅而還，三遇兵災，其間遷徙流離，備嘗艱苦。始值海疆之難，終罹粵逆之烽，中遘會匪，雖曰小醜，而官戕城陷，七邑震蕩，勢亦岌岌。每當鄉僻僑居，蕭然一室，朋輩或惠詞章，或索樹石。余於應答之暇，輒咨以時事。旋就耳目所及，臚而記之，末復詳加訪索。存確據，删訛傳，合三稿，共得一十二卷，名曰《三略彙編》。或以疆事與寇事輕重適均，會匪亂祇一隅，未堪鼎峙，不知此亦就余所遇而言。至事之大小廣狹，胥本自然，固難削鶴脛以就鳧足，復難覓封豕以配長蛇，則惟姑記之而姑彙之焉耳。……同治五年歲次丙寅秋九月朔，申江毛祥麟對山氏書於亦可居。」

上海圖書館藏。

三略彙編十二卷

清上海毛祥麟撰，吴縣王氏蛾術軒朱絲欄鈔本，一函五册。半頁十行，行二十六字，小字雙行同。白口，上單魚尾，四周雙邊。框高二〇七毫米，寬一五〇毫米。（第三册爲卷五《會匪記略》，半頁十行，行二十五字，小字雙行同。無欄綫。毛裝）卷首有姚光發《三略彙編序》、毛祥麟《三略彙編自序》。天頭間有批注，如：「聞鴉片非英産，未知是否。」文中夾有浮簽，如：「餘俱霜宿，霜疑露字。」鈐有「復旦大學/圖書館藏」朱文方印。

是本編次、内容與上海圖書館藏稿本相同，惟版式行款不同。

復旦大學圖書館藏。

兵災紀略二卷

清上海蔣恩著，民國十四年（一九二五）十月鉛印《三公難記》本，一函一册。半頁十四行，行四十二字，小字雙行同。上白口，下黑口，上單魚尾，四周雙邊。框高二〇七毫米，寬一二五毫米。無欄綫。版心魚尾之上鎸「兵災紀略」四字，下記卷次。版心下方記頁次，凡二十六頁。内封題「乙丑九月／兵災紀略／藜龕謹題」。卷首有姚文楠《三公難記序》。鈐有「顧印／樹炘」[一]白文方印、「復旦大學／圖書館藏」朱文方印。

蔣恩，字芹芳，浦右人。庠生。歷襄浚吴淞江、蒲肇河、華涇、南新涇諸工。善於解紛，勸人息訟。兼精堪輿之術。事迹具民國《上海縣續志》卷十八。

是書爲《三公難記》之第三種，與《星周紀事》《難情雜記》合爲一册，彙印發行。另有單行本行世，與彙印本版式、行款、内容均同。是書分爲兩卷，卷上係作者記録清咸豐三年癸丑春正月至十一年辛酉間清軍與小刀會戰事，卷下載録同治元年壬戌至三年六月二十九日太平軍進攻上海、南京、杭州之過程。末附奏議兩篇。

按：南京圖書館古籍書目檢索系統著録是書有清光緒間同文書局石印本一部，經目驗原書，實爲民國十四年（一九二五）鉛印本。

[一] 顧景炎（一八九五—一九七〇），字樹炘，號圜鐵龕主人，上海人。編有《上海鄉賢文物過眼録》。

復旦大學圖書館藏。

傳記類

華亭姜氏恩慶編不分卷

清華亭姜熙輯，清華亭雷瑩、朱逢寅、王友光輯選，清道光二十一年（一八四一）長夏姜氏敬學堂刊本，二册。半頁九行，行二十字，小字雙行同。白口，上單魚尾，左右雙邊。框高一八一毫米，寬一二九毫米。無欄綫。内封牌記頁署「道光辛丑長夏/姜氏敬學堂刊」。版心魚尾之上鐫「恩慶編」三字，之下記卷次。版心下方記頁次，并鐫「宗祠藏版」四字。卷首依次爲張芾序、練廷璜序、徐青照序、高德明序、程恩溥序、李菡序、錢福昌序、錢寶琛序、龔裕序、王寶仁序、朱逢辛序、《華亭姜氏恩慶編目次》。文中有圈點。鈐有「上海圖/書館藏」朱文方印。

姜熙，字雲亭，華亭人。附貢。道光二十年（一八四〇），捐田爲華亭諸生省試費，繼建宗祠，置義莊田，立尊親義學，又捐田諸善堂及文廟灑掃局。道光間兩賑水災，出貲尤鉅。熙有戚唐天溥者，字如庵，亦以好善稱。

雷瑩，字存齋，華亭人。乾隆五十三年（一七八八）舉人。大挑知縣，改山陽教諭。著有《玉岵山莊詩鈔》。

朱逢寅（?—一八九九），字賓�，華亭人。嘉慶二十三年（一八一八）進士。

王友光，字梅客，一字海雨，華亭人。諸生。以詩古文名。著有《詹言》《味義根齋詩餘》等。事迹具光緒《松江府續志》卷二十四、光緒《重修華亭縣志》卷二十等。

是編係姜熙輯録華亭姜氏六世傳記、頌讚、酬贈之合編。卷首爲國恩家慶，并附姜熙撰像贊六首；卷上彙録上海鈕思恪、婁縣范棫士等六人所作姜氏先世傳略、表誌、頌文等六篇文字；卷下爲上海陸錫熊、桂林陳繼昌等六人所作墓志銘、家傳、碣銘等六篇傳記；附録爲永康徐昭、婁縣陳憬等八人所作明代諸先世墓狀讚頌、墳版文、窆石文；續附投贈、碑記、序跋、銘贊；續附酬贈詩詞；卷末爲《敬學堂雜著》，姜熙纂，王友光、朱應禧選録。

張芾序云：「雲間華亭姜氏六代以篤孝旌於朝，其懿行卓然可表者，諸名人復以文誌之，率謹嚴有法，能與人并傳。孝裔明經熙嘗裒爲一編，以紀國恩家慶。……道光丙午元旦〔一〕，江蘇督學使者張芾。」

程恩溥序云：「輯其先世誌銘表狀及薦紳先生詩歌文辭，彙爲一編，付之手民，以廣孝思。」

上海圖書館、吉林大學圖書館藏。

含輝録不分卷

清南匯朱作霖編，清光緒六年（一八八〇）刻本，一册。半頁十一行，行二十二字，小字雙行同。白口，上單魚尾，左右雙邊。框高一八六毫米，寬一二九毫米。版心魚尾之上題「含輝録」三字。版心下方

〔一〕　道光丙午，即道光二十六年（一八四六）。

記頁次，凡三十四頁。外封題「含輝録」三字，并題「曉江備查」四字。卷首有作者《含輝録弁言》。鈐有「上海圖/書館藏」朱文方印。

朱作霖（一八六二—一九〇八），字雨蒼，一字雨窗、雨岑，號維摩舊色身，南匯周浦人。附貢。工詩詞，尤長於碑版文字。所著多有散佚，存世有《刻眉集》二卷、《蕓香草堂雅集唱和詩》一卷等。事迹具民國《南匯縣續志》卷十三。

是録載録「同治十二年彙旌生存節婦」。每條之下以雙行小字簡述其夫之里居、生平，并載録其夫卒時之節婦年齡及節婦現年之年齡。如「諸生張淇泉，妾丁氏。子懋先，妻楊氏」條下注云：「十九保八十四圖人。丁年二十一。家長亡，撫孤懋先成，爲娶楊氏。未幾，子又夭，楊年十七，守志撫嗣成立。丁現年七十，楊現年四十七。」又如「諸生徐銓，妻閔氏」條下注云：「四團人。年二十五夫亡，矢守。現年七十五。」

《含輝録弁言》云：「本届修志，於現在婦女之可傳者俱采而不登，亦以體例所在。婦女不載生存，猶士夫不立生傳，非有所靳也。胡志不分存歿，雖似善善從長，準以志家體例，究屬未是。兹特區彙成册，目爲《含輝録》。於志版垂竣日，亟付梓人踵刻而印存之。其不遽登志也，在今雖若少歉，而異時補輯有本，俾無遺漏，是今録即爲後志之先聲，所謂并行不背者，庶有當乎。《録》中年歲之書，皆本當日所旌所訪，越今已懸六七載，未及按增，筆此亦以告來者。光緒六年歲次上章執徐春三月，邑人朱作霖分修附識。」

上海圖書館藏。

顧尚之别傳一卷

清南匯張文虎撰，清抄本，一册，凡十一頁。半頁十行，行二十四字。無欄綫。無序跋。末附《武林山人遺書總目》《算賸餘稿目次》及《雜箸目次》，按次排列各書所含之篇名。鈐有「上海圖/書館藏」朱文方印。

張文虎（一八〇八—一八八五），字孟彪，一字嘯山，號天目山樵、華谷里民，南匯周浦人。諸生。清道光十二年（一八三二），經顧觀光（字尚之）推薦，館金山錢熙祚家，達三十年之久，助錢熙祚編校《守山閣叢書》《金山縣志》。曾國藩督兩江，延聘入幕，屬以金陵書局讎校事，稱大江南北惟此一人。光緒四年（一八七八），與纂《奉賢縣志》《南匯縣志》等。著有《古今樂律考》《史記札記》《舒藝室隨筆》《舒藝室文集》《舒藝室詩存》七卷等。事迹具民國《上海縣續志》卷二十一。

是傳係作者所作晚清金山名醫、曆算學家顧觀光（一七九九—一八六二）之生平傳略。詳述其曆算學之貢獻及醫學造詣，并對清代曆算之發展及中西曆算之比較多有評述。

上海圖書館藏。

哀逝録不分卷

清華亭沈葵輯，清光緒三十二年（一九〇六）鉛印本，一册。半頁十三行，行三十六字，小字雙行同。白口，上單魚尾，四周雙邊。框高二〇七毫米，寬一二八毫米。版心魚尾之上題「哀逝録」三字，版心下方記頁次，凡三十頁。外封書籤題「哀逝録」三字。卷首有沈葵《哀逝録序》《目録》。卷末鐫有「胞弟宗泰校字」一行。鈐有「上海圖/書館藏」朱文方印。

沈葵，字仲起，華亭人。同治十二年（一八七三）附貢。鏡賢父。生卒不詳。

沈宗祉，字鏡賢，一字景賢，華亭人。光緒十二年（一八八六）舉人。著有《泖東草堂筆記》二十卷等。事迹具民國《續纂華婁縣志稿》。

是録係沈葵與戚友爲悼念沈鏡賢所撰文字之結集。首爲哀文、祭文五篇，如高煌望之《實枚學堂祭文》、《哭沈鏡賢師文馬橋强恕學堂》、胡常惪少雲《毓秀學堂哀文》等；次爲公啓、序文、事略，如《徵追悼婁縣沈鏡賢孝廉君詩文啓》；次爲輓詩、歌詞，如《雲間高等小學懷新高等小學樂歌》；次爲幛字、輓額，如「明古達今顧道章」「啓發童蒙育嬰幼稚園」；次爲輓聯，如知府戚升淮輓聯「在學界爲通人在世界爲完人願國民矜式斯人高懸一格，能見愛於老輩能見重於後輩看今日悲歌幾輩悼惜千秋」；次爲《自録雜著》，係沈葵悼念其長子沈鏡賢之輓聯、輓詩、悼辭，凡五篇，如《憶子詩一首》《謝同人追悼會辭》。末爲《附録鏡賢亡兒舊稿》，係沈鏡賢所撰《擬郭景純游仙詩七首》。

沈葵《哀逝録序》云：「亡兒宗祉賦性沉静，自垂髫受經，即喜閱格言及名人語録。……至五月初四日子時而長逝矣，存年三十有四。……惟是戚友因亡兒之奮志自立見誄文詞，深爲悼惜。推諸君子惠我之盛心，亦代抒夫舐犢之情，以冀其名不湮没。用是録成一册，印贈諸公，庶諒夫哀切抱疚之衷云爾。光緒三十二年冬十二月下浣序，報服父沈葵仲起揮淚書。」

上海圖書館藏。

鴛鴦詠一卷

清長洲王韜撰，稿本，一册，凡三十頁。半頁九行，行十八字，小字雙行同。紅格，白口，上單魚尾，四周雙邊。框高一六七毫米，寬一一二毫米。外封題「鴛鴦詠」三字。卷首依次爲咸豐五年乙卯臘月（一八五六年一月）張鴻卓以《清平樂》爲調題辭、咸豐三年癸丑（一八五三）于源（字辛伯）七言組詩二首、咸豐三年癸丑（一八五三）春晝日懺摩盦主題辭。末有王韜癸丑正月三日題記及佚名評語。鈐有「筱峰」朱文方印[一]、「于源/私印」白文方印[二]、「懺翁」朱文方印、「上海市歷史文/獻圖書館藏」朱文方印、「上海圖/書館藏」朱文方印。《中國古籍善本書目·史部》著録。

王韜（一八二八—一八九七），原名利賓，易名瀚，字懶今，後改名韜，字仲弢，一字子潛，號紫詮，又號弢園、淞北，別署蘅華館主、鈞徒、天南遁叟等，江蘇長洲（今屬蘇州）人。道光二十九年（一八四九），入英國傳教士麥都思等於上海創建之墨海書館，任編譯達十三年。同治元年閏八月十二日（一八六二年十月五日），逃往香港。光緒十年（一八八四），復返居上海。十九年（一八九三），於滬主持《申報》編務。

[一] 張鴻卓姓名印。
[二] 于源，字辛伯，號秋詮，浙江嘉興人。

又辨弢園書局，主講格致書院。二十三年（一八九七），病卒。王韜學貫中西，重經世致用，著譯甚多，文勝於詩詞及小説。事迹具《弢園文録外編》卷十一、王漢章編《天南遁叟年譜》等。王韜妻楊氏於道光三十年（一八五〇）九月初卒於上海，時王韜傭書於上海墨海書館，直至同治元年（一八六二）。是誄當作於王韜寓滬期間。

是書爲王韜悼妻之文，追憶其妻楊保艾生平。首爲《夢蘅楊碩人小傳》，次爲《鴛鴦誄》，末附作者所作《悲秋曲》，以及亡妻之姊楊蕙娟所作《輓臺芳三妹十八絶》、亡妻之兄楊萃圃所作《哭三妹九章》。

王韜題記云：「壬子九月中旬，余得一夢，始訝其不詳，久而知爲隱謎。夢一古鏡，形質精巧，忽然中破，余掘地成穴，瘞之土中。其穴臨水，流泉湯湯，穴爲所淹，余即驚寤。嗟乎。孺人已死，破鏡不能重圓。一棺淺土，露蝕風欺，弱魄又何以安耶。何日海上歸來，擇高原而安葬焉。黄鼎詩云：『未就埋香諒我貧。』當以此語告之孺人。癸丑正月三日，蘅華謹識。」

佚名評曰：「伏讀悼亡小記，古雅樸潔，絶無支詞剩語，亦無綺麗之筆，入於纖俳一流者，知作者洗伐之功深矣。」

上海圖書館藏。

楊延俊夫婦行狀不分卷

清無錫楊宗濂、楊以迴、楊宗瀚、楊以濟、楊以瀛等撰，清光緒十八年（一八九二）刻本，一册。半頁六行，行十九字，小字雙行同。白口，上單魚尾，左右雙邊。框高二一六毫米，寬一三〇毫米。版心下方記頁次。無序跋。鈐有「上海圖／書館藏」朱文方印。

楊宗瀚（一八四二—一九一〇），江蘇無錫人。光緒間，楊宗瀚在上海代其兄楊宗濂（一八三二—一九〇六）主持上海機器織布局事務。

是狀係楊宗濂、楊以迴、楊宗瀚、楊以濟、楊以瀛所撰其父母生平事略。首爲其父行狀《誥授朝議大夫晉贈光禄大夫賜進士出身山東補用同知加一級肥城縣知縣入祀名宦祠顯考菊仙府君行狀》，次爲其母行狀《誥封恭人晉封一品太夫人奉旨建坊給匾傳旨嘉獎顯妣侯太夫人行述》。

上海圖書館藏。

陳先生行狀不分卷

清婁縣張錫恭撰，清光緒二十三年（一八九七）刻本，一册。半頁十一行，行二十一字，大黑口，上魚尾，四周雙邊。框高一六八毫米，寬一一八毫米。版心魚尾之下鐫「行狀」二字，版心下方記頁次，凡五頁。文中有朱筆圈點。鈐有「上海／圖書／館藏」朱文方印。

張錫恭著有《禮學大義》，已著録。小傳參見經部禮類。

是書係作者所撰其受業師陳士翹之行狀。據《行狀》，陳士翹，字楚庭，別號杏生，華亭人。生於道光十五年（一八三五）乙未二月十八日，卒於光緒二十三年（一八九七）丁酉七月十六日，年六十有四。張錫恭自光緒二年丙子（一八七六）受業於陳士翹，讀《四書大全》。
張錫恭《茹荼軒續集》卷五收録是狀。
上海圖書館藏。

先府君行述不分卷

清婁縣張錫恭撰，抄本，一册，凡十三頁。半頁九行，行二十四字，小字雙行同。藍格，白口，上單魚尾，四周雙邊。框高二〇一毫米，寬一一八毫米。版心下方記頁次。外封題「張伊卿行述」五字。無序跋。鈐有「上海圖／書館藏」朱文方印。

張錫恭著有《禮學大義》，已著録。小傳參見經部禮類。

是書係著者據其「見聞所及」及其父「日記所書」而爲其父所撰行述。

上海圖書館藏。

先温和公年譜一卷

清華亭張茂辰、張茂時、張茂貴、張茂長、張茂新、張茂熙撰，清同治間上海張氏刻本，一册，凡二十九頁。半頁八行，行二十字，小字雙行同。白口，上單魚尾，四周雙邊。框高一七七毫米，寬一一二毫米。版心魚尾之上鐫「碑文／祭文／年譜」二字，版心下方記頁次。卷首有《太子太保原任工部尚書張祥河碑文》《原任工部尚書張祥河祭文》。鈐有「上海圖/書館藏」朱文方印。
張茂辰（一八三八—?）,字良哉,號小舲,華亭人。廕生。官刑部主事。祥河次子。張茂時（一八四三—?）,祥河三子。張茂貴（一八四六—?）,祥河四子。張茂長（一八四六—?）,祥河五子。張茂新（一八五六—?）,祥河六子。張茂熙（一八五七—?）,祥河七子。
是譜係張茂辰兄弟六人（張祥河長子張昌緒早夭,生於嘉慶十一年七月,卒於道光二年十月）共同爲其父張祥河所撰簡譜。
按：是書上海圖書館藏有抄本一部,一册。半頁九行,行十六字,小字雙行同。藍格,黑口,綫魚尾,左右雙邊。框高一二六毫米,寬九二毫米。版心魚尾之上鐫「祭文/年譜」二字。版心下方記頁次,凡三十二頁。外封題簽「張温和公祥河年譜」,内封書名頁題「先温和公/年譜」。卷首有《原任工部尚書張祥河祭文》,卷末有王清時墨筆張祥河《世系》。鈐有「上海圖/書館藏」朱文方印。《世系》載録曾祖張維煦、祖張夢喈、父張興庸、子張祥河等傳略。
上海圖書館藏。

皇清誥授朝議大夫例晉通奉大夫江西按察使晉加布政使銜賜謚貞恪顯考潤山府君行述

清婁縣周厚基、周厚烺、周厚瀚述,清同治間刻本,一册,凡五十頁。半頁八行,行二十一字,小字雙行同。白口,上單魚尾,四周雙邊。框高一九二毫米,寬一二八毫米。魚尾之上鐫「行述」二字。版心下方記頁次。卷首有朱文《諭賜碑文》、朱文清咸豐八年二月二十四日《諭賜祭文》、朱文清同治二年八月十八日《諭賜祭文》。鈐有「豐城／歐昜氏／藏書」朱文方印、「阮盦所㝵／書畫金石」朱文方印、「上海圖／書館藏」朱文方印。是書係歐陽熙舊藏。

周厚基，生員，任山西大同通判，加同知銜。周厚烺，監生，貤封儒林郎。周厚瀚，己酉拔貢，朝考以知縣分發四川，加同知銜。

是書係周厚基兄弟三人爲其父周玉衡（一七八二—一八五六）所撰之生平行述。據《行述》，周玉衡「本氏王，字器之，號潤山，又號星五。周姓者，從外曾祖晴宇公之姓也」。生於乾隆四十六年十二月十九日（一七八二年二月一日）。嘉慶丁卯科（一八〇七）舉人。道光丙戌（一八二六）大挑知縣。官至江西按察使，署理布政使。陣亡於咸豐六年（一八五六）正月二十五日與太平軍之戰。

上海圖書館藏。

張徵君日記不分卷

清婁縣張錫恭撰，稿本，十八册。半頁九行，行二十五字，小字雙行同。紅格，白口，上單魚尾，左右雙邊。框高一八〇毫米，寬一三二毫米。版心下鐫「南菁書院」四字。外封題「張徵君日記張錫恭撰，共十八册　光緒十一年乙酉六月十七日至七月三日　八月二十八日至十二月十七日」、「共十八册　全　封氏蕡進齋書目著録」。無序跋。鈐有「華亭封／氏蕡進齋／藏書印」白文方印、「上海圖／書館藏」朱文方印。《中國古籍善本書目·史部》著録。

張錫恭著有《禮學大義》，已著録。小傳參見經部禮類。

是書係著者於清光緒十一年六月十七日（一八八五）至二十五年十一月十五日（一八八九）間所作日記，分爲《愛日録》（第一册起八月二十八日甲午，訖十二月十七日）、《旃蒙作噩日記》、《兩湖書院日記》（起光緒二十五年己亥八月十五日，止十一月十五日）等。逐日記天氣、起卧時間、讀書寫字諸況。《愛日録》末附《禹貢釋地》不分卷，多引用鄭康成、孫淵如之語考訂《禹貢》地名。

上海圖書館藏。

張徵君日記不分卷

清婁縣張錫恭撰，稿本，六册。半頁十行，行二十字，小字雙行同。紅格，版心上方爲大黑口，版心下方鎸「吴吟蘧廬」四字，上單魚尾，四周雙邊。框高一四八毫米，寬九一毫米。鈐有「大隆／審定」白文方印[一]、「復旦大學／圖書館藏」朱文方印。是書亦係王欣夫舊藏。

張錫恭著有《禮學大義》，已著録。小傳參見經部禮類。

是書係著者於清光緒二十六年（一九〇〇）正月初一至光緒三十一年（一九〇八）五月二十六日間

[一] 王欣夫印記。

所撰日記。第一册係光緒二十六年（一九〇〇）日記，起正月甲辰朔，訖七月三十日乙巳；第二册係光緒二十六年（一九〇〇）《困衡録》，起八月初一日庚午，訖十二月四日辛丑；第三册係光緒二十七年（一九〇一）《困衡録》，起正月十七日甲申，訖七月十四日丁丑，光緒二十七年辛丑《蹇反録》，起十月十三日乙巳，訖十七日己酉。「昊天不吊，敓我寧馨。悲哉秋氣，摇落零丁。反身修德，訓受羲經。作爲此録，以自鑒而代敕銘。光緒辛丑十月乙巳，婁張錫恭。」〔一〕末附《地職篇後論》《黄河》《斂弛聯事小記目録》等；第四册係光緒二十八年壬寅（一九〇二）《端憂録》，起八月戊子朔，訖十月廿一日丁未。「逼迫危慮，端憂莫齒。子山所悲，吾今值此，雖憂必端。得端以死，庶幾全歸，無遺恨矣。壬寅八月朔，東江眇鰈題」；第五册係光緒二十九年癸卯（一九〇三）日記，起正月七日癸亥，訖十二月四日癸丑；第六册係起光緒三十一年（一九〇五）正月二十四日丁酉，訖五月二十六日戊戌。

復旦大學圖書館藏。

張徵君日記不分卷

清婁縣張錫恭撰，稿本，二函二十册。半頁十三行，行三十二字，小字雙行同。無欄綫。書根字記册次。卷首有王欣夫所編目録。無序跋。鈐有「學禮／齋藏」朱文方印、「大隆／審定」白文方印、「復

〔一〕光緒辛丑，即光緒二十七年（一九〇一）。

旦大學/圖書館藏」朱文方印。是書係王欣夫舊藏。

張錫恭著有《禮學大義》，已著録。小傳參見經部禮類。

是書係著者於清光緒三十一年六月九日（一九〇五）至民國十二年（一九二三）十二月十四日間所作日記，大體完整，間有斷續。中多詩文，亦多有考訂《三禮》、讀書札記及推演算學之語。目録云：「張聞遠徵君茹荼軒日記目録　光緒三十一年乙巳六月九日起三十二年丙午一册　三十三年丁未一册　三十四年戊申一册　宣統元年己酉三册　二年庚戌三册　三年辛亥二册　四年壬子二册　五年癸丑二册　六年甲寅一册　七年乙卯八年丙辰九年丁巳合一册　十年戊午十一年己未合一册　十二年庚申十三年辛酉合一册　十四年壬戌十五年癸亥合一册　共二十册。」

復旦大學圖書館藏。

舒藝室日記不分卷〔一〕

清南滙張文虎撰，稿本，四册，凡二百五十四頁。半頁十二行，行二十一字至二十五字不等，小字雙行同。紅格，白口，上單魚尾，四周雙邊。框高一七〇毫米，寬一四五毫米。版心下題「文賢齋」三字。第一册外封以行書題「舒藝室日記　甲子九月至乙丑八月　同治三年」，第二册（第六十八頁至第一百四十一

〔一〕　按：是書有陳大康整理本，改名《張文虎日記》。

頁）外封題「舒藝室日記　丙寅十月至戊辰五月　同治五年」，第三册（第一百四十二頁至第二百〇七頁）外封題「舒藝室日記　戊辰六月至己巳十二月　同治七年」，第四册（第二百〇八頁至第二百五十四頁）外封題「舒藝室日記第四册　南匯張文虎嘯山著　同治庚午九年　未刻」。第四册無欄綫。無序跋。天頭間有批注。文中間有墨筆增改之處。鈐有「南匯／行恕／堂藏」朱文方印、「上海圖／書館藏」朱文方印。《中國古籍善本書目·史部》著録。

張文虎撰有《顧尚之别傳》等，已著録。小傳參見史部傳記類。

是書係著者於清同治三年（一八六四）九月十五日未刻至十一年（一八七二）十二月三十日間所撰日記手稿，闕四年九月至五年九月間事。第一册係清同治三年甲子九月至乙丑八月日記，第二册係清同治五年丙寅十月至戊辰五月日記，第三册係清同治七年戊辰六月至己巳十二月日記，第四册係清同治九年庚午至十一年十二月三十日日記。以日繫事，簡要記録每日天氣、行程、交游，間附所作詩文。日記載録張文虎在金陵書局校勘《史記》《左傳》《讀書雜志》等書之前後經過，如「（同治四年六月廿四日）周縵老自李宫保處來，言所擬章程皆如議，准七月初開局。此費出自鹽務餘款，每年約可六千金，每月五百金。若用寫手六人，發刀十五人，挑清四十人，一日出字六千，一月出字十八萬，計刻資二百八十八千。校勘薪水支銷外，赢餘以爲紙料、印工之資，其書發坊貨賣，所入亦添作經費，用爲常例。」亦記載其他典籍刊刻、校勘經過，如：「（同治四年五月廿六日）校續譯《幾何原本》。」

上海圖書館藏。

蘅華館日記一卷

清長洲王韜撰，稿本，一册。半頁九行，行十八字，小字雙行同或不等。無欄綫。無序跋。鈐有「王子九」陽文方印、「蘭卿／詩古文／詞之印」陽文方印、「蘅華／館印」陰文方印、「北京／圖書／館藏」陽文方印。

王韜著有《甕牖餘談》等，已著録。小傳參見史部傳記類。是書載録清咸豐五年九月十四日至十二月十五日作者在上海之事，中多與韻賡、某伯、壬叔、劍人來往之事。日記間有斷續。其時王韜任職於上海墨海書館。

中國國家圖書館藏。

蘅華館日記不分卷

清長洲王韜撰，稿本，一册，凡三十九頁，有殘頁。半頁十行，行二十字。藍格，白口，上單魚尾，四周雙邊。框高一九五毫米，寬一二四毫米。版心上方鎸「蘅華館」三字。卷首有吴新銘題識，鈐有「沐／安」朱文方印、「臣新銘印」白文方印。卷端題「蘅華館日記　孏今王瀚筆」，鈐有「孏今」白文方印、「嬾卿」朱文方印、「臣王瀚」白文方印、「上海圖書／館藏書」朱文方印。

王韜著有《甕牖餘談》等，已著録。小傳參見史部傳記類。清咸豐八年至同治元年仍在上海墨海書館任職編譯工作，期間於咸豐十一年冬回蘇州探親三月餘。

是書係著者於咸豐八年（一八五八）正月初一至九月三十日間所撰日記，載録其寓滬期間之交遊、讀書概況，間録讀書劄記。

題識云：「蘭卿爲人英爽闊達，……海中遇之，彌足爲快。讀《日記》愈可皎然於君之爲人，且可知其力於問學也。自來海上，抗塵走俗，幾乎抑鬱莫語矣。覩此快士，益信吾道之不孤也。薄識數語，欣幸何極。墨憨弟吴新銘記。」

上海圖書館藏㈠。

蘅華館日記不分卷

清長洲王韜撰，稿本，一册，凡三十八頁。半頁十行，行二十二字。藍格，白口，上單魚尾，四周雙邊。框高一九五毫米，寬一二三毫米。版心魚尾之上鐫「蘅華館」三字，係王韜所用稿紙。鈐有「上海圖/書

㈠ 陳正青整理并發表於上海圖書館編《歷史文獻》第十二、十三輯之《王韜未刊日記、雜録》云，已刊出的王韜日記，有方行、湯志鈞整理的《王韜日記》，中華書局一九八七年出版，即上海圖書館藏手稿本，記事起於咸豐八年（一八五八），止於同治元年（一八六二）。一九二一年《新聲》雜誌發表王韜咸豐五年《蘅華館日記》片段，起止時間爲七月初一至八月三十。王韜還有部分日記、雜録手稿在臺灣，藏於臺北傅斯年圖書館，這批手稿總名稱爲《蘅花日記》，散訂爲六册，共三百二十八張紙，每册另有名稱，中有插頁。每册雖有序號，但檢其内容，汗漫無序，前後顛倒之處甚多，可知各册序號並非王韜手訂。從時間上看，這批日記記事始於道光十九年閏四月，止於咸豐五年三月，是王韜初到上海的七年中所記。

館藏」朱文方印。

王韜著有《鴛鴦誄》等，已著録。小傳參見史部傳記類。是年王韜仍在上海墨海書館編譯圖書。是書係清咸豐八年（一八五八）十月一日至十二月二日間作者所作日記稿本。以日繫事，詳細記録作者抵達松江後之交遊、生活，間録與友朋往來信札。

上海圖書館藏。

抑抑齋日記不分卷

清嘉定廖壽恒撰，稿本，二册，凡九十九頁。間用松竹齋紅格稿紙、秀文齋紅格稿紙兩種稿紙，版心之下鎸「松竹齋/秀文齋」三字。松竹齋紅格稿紙半頁十行，行二十字，小字雙行同。紅格，白口，上單魚尾，四周雙邊。外封以楷書題「戊戌八月以後日記抑抑齋」。鈐有「上海市歷史文/獻圖書館藏」朱文長方印、「上海圖/書館藏」朱文方印。《中國古籍善本書目·史部》著録。

廖壽恒（一八三九—一九〇三），字仲山，號抑齋，原籍永定，寄籍嘉定。惟勳次子。咸豐十一年辛酉（一八六一）順天舉人，同治二年癸亥（一八六三）恩科進士。選庶吉士，留館授翰林院編修。擢至禮部尚書、太子少保，總理各國事務大臣、軍機大臣。聯軍入京，遂引疾歸。癸卯八月卒，年六十五。事迹具民國《嘉定縣續志》卷十一。

是書起自清光緒二十四年（一八九八）八月初六丁亥，至二十五年（一八九九）四月初七，二十六年

（一九〇〇）十月十六日至二十七年（一九〇一）五月三十日，主要載録作者入直朝廷之政務往來，如參與會見英德大使等。且載録當日天氣情況，并於每頁天頭記録接發杭電情況。

上海圖書館藏。

央齋日記不分卷

清婁縣張爾耆撰，稿本，一册，凡一百一十三頁。半頁十三行，行二十九字，小字雙行同。無欄綫。外封朱筆題「央齋日記同治元年一至八月名《寄生録》/同治二年二月至五年名《課兒日記》」。卷首有張爾耆題識。鈐有「上海圖/書館藏」朱文方印。《中國古籍善本書目·史部》著録。

張爾耆著有《庚申紀事》等，已著録。小傳參見史部雜史類。

是書係清同治元年（一八六二）至五年（一八六六）間著者所撰日記，起同治元年壬戌正月壬寅初一。題識云：「余春秋四十有八矣。光陰虚擲，録録無成，自顧增慚，何暇筆之于書，以昭來世。第自束髮受書，日有程課，童而習焉，樂此不疲。中以溺愛之私焚筆硯者三年，尋自改悔，輒復故常。歷今又及十年，而繙閲曩篇，恍如陳迹，身心檢察，故我依然，其爲愧恧，不滋甚哉！惟是烽烟四起，遷徙靡常，若不依事直書，他日無從追考，後之來者更安知今日之困苦耶？殘喘偶存，浮生若寄，今日把筆而書，不知明日更復如何也，因名之曰《寄生録》云。」

上海圖書館藏。

張錫恭履歷不分卷選拔貢卷不分卷

清婁縣張錫恭撰，清光緒十一年（一八八五）刻本，一函一册。半頁十一行，行二十二字，小字雙行同。白口，上單魚尾，四周雙邊。框高一六八毫米，寬一一五毫米。魚尾之上鐫「履歷」「選拔貢卷」字樣。版心下方記頁次。無序跋。鈐有「復旦大學／圖書館藏」朱文方印。

張錫恭著有《禮學大義》，已著録。小傳參見經部禮類。

是書係清光緒十一年（一八八五）乙酉科江蘇選拔貢第一名張錫恭拔貢硃卷，僅有履歷、試題，不含試卷正文。首爲履歷，詳列遷松後各代祖考妣、父母姊妹妻子，以及受業師、問業師、受知師、肄業師姓名、字號、科第以及仕履官職；次爲選拔貢卷，載録張錫恭歷次考試等次，以及時任江蘇督學部院黄某批文[一]。

復旦大學圖書館藏。

政書類

修禮芻議不分卷

清婁縣張錫恭撰，抄本，一函一册。半頁九行，行二十五字，小字雙行同。無欄綫。外封題「修禮芻議」四字。無序跋。鈐有「復旦大學／圖書館藏」朱文方印。

[一] 黄某，即黄體芳（一八三二—一八九九），字漱蘭，浙江瑞安人。

張錫恭著有《禮學大義》，已著録。小傳參見經部禮類。

是書分爲二十二篇，載録作者自清光緒三十四年（一九〇八）春，在禮學館與同館諸君商討編纂大清禮儀諸事，并多闡發禮學大義。

復旦大學圖書館藏。

修禮芻議不分卷

清婁縣張錫恭撰，抄本，一册。半頁十行，行二十字，小字雙行同。紅格，白口，上單魚尾，四周雙邊。框高一四七毫米，寬九一毫米。版心下鐫「簣進垒」三字。無序跋。卷端題「婁張錫恭聞遠饌」〔一〕。鈐有「上海圖/書館藏」朱文方印。

張錫恭著有《禮學大義》，已著録。小傳參見經部禮類。

是書分爲《總論》《嘉禮》《賓禮》《喪禮》《禮部奏遵議壇廟祭祀監國攝政王代詣行禮事宜摺併單》《禮部奏遵議滿漢服制摺》《孫不爲祖庶母承重議》《滿臣行制喪三年議》等篇。末附張錫恭行狀、《輓張聞遠徵君聯》（彙編朱運新、劉承幹、曹元忠等所撰輓聯）。

上海圖書館藏。

〔一〕「饌」，蓋係「撰」字之誤。

吴中財賦考一卷

清長洲王韜編輯，清抄本，一册。半頁九行，行二十一字，小字雙行同。無欄綫。内封書名頁題「吴中財/賦考」五字。無序跋。鈐有「上海圖/書館藏」朱文方印。

王韜著有《鴛鴦誄》等，已著録。小傳參見史部傳記類。

是書係蘇州府、松江府爲減輕浮糧賦額而上呈之奏議，爲《蘇松歷代財賦考》之殘卷，僅存《蘇松浮糧核議》一文，與《蘇松歷代財賦考》所録奏文内容略有不同。《弢園叢書》收録。是書係咸豐元年辛亥（一八五一）春王韜於上海期間所作。

開篇云：「辛亥之春，予游滬川，或有貽予叢殘書數種。略展一册，爲《蘇松歷代財賦考》，不著撰人名氏。歸而讀之，度其書必出於世宗朝三吴耆老所著，蓋欲請減浮糧以紓蘇松民困。首列《擬奏稿》一篇，次列各種圖式（船圓〔一〕、上諭碑圖、萬壽碑圖），雜書俚語歌謡。言既無文，後册多載果報，似不足述。而其詳説兩郡之民無因而困於糧税，大悖聖主之意。問之官司，官司不知。問之儔人，儔人不知。反覆推論其誤重之由，總千萬言。察其用心之苦，殆痛哭流涕不啻也。其採取書目二十六種，予就案頭所有核之，言言有徵，知其人非文者，蓋欲通俗曉暢，使列聖惠民之至意大白於臣庶，冀積重之或一返也。因次其所載著於篇，附以《核議考》。」

〔一〕「圓」，疑是「圖」字之誤。

上海圖書館藏。

泉幣考二卷

清金山錢熙輔撰，抄本，一函八册。半頁八行，行二十四字，小字雙行，行三十七字或不等。紅格，白口，無魚尾，四周單邊。框高一七五毫米，寬九五毫米。卷首依次爲《序》、東海龍公識語。鈐有「毖園／宗氏／鑒藏」朱文方印、「復旦大學／圖書館藏」朱文方印。是書係宗舜年毖園舊藏。金鑲玉裝。

錢熙輔（一七九〇—一八六一），字次丞，號鼎卿，金山人。廩貢。任蕪湖教諭。丁父艱歸，不復出。書法梁同書。尤好吟詠。婦翁吴省蘭輯刊《藝海珠塵》至八集而止，熙輔續輯壬、癸二集，以竟其業。弟熙祚，字雪枝。事迹具清光緒《松江府續志》。

是書係作者考辨歷代錢幣制度及錢幣形制之作，多引《續文獻通考》、張廷濟等論述。分爲《歷代泉》《本朝泉》《古幣》《僭僞泉》《外國泉》《不知年代泉》《厭勝泉》《補遺》等篇，每篇之前有小序解題。如「《歷代泉》　《史記》言……故叙歷代泉，自周始，刀布别見。」又如「《本朝泉》　鄱陽《泉志》搜羅頗廣，而宋室泉文闕焉，嘗以爲憾。今從《通典》例，詳載本朝泉制。然不敢次於勝國之末，别爲一篇。」

《序》云：「因考歷代泉幣之制，著其銅齊精粗、形質大小、銖兩輕重與其利弊、名臣所論列，合爲一編，而私錢異品亦間附之。聊以補古人泉志、泉譜之未備云。」識語云：「今是書一以史文爲正。……光緒三十三年歲次丁未五月五日，東海龍公識于聾隱廬。」

復旦大學圖書館藏。

錢幣考二卷

清金山錢熙輔輯，清南匯姚煒琛校〔一〕，清抄本，一函四册。半頁十行，行二十一字，小字雙行同。無欄綫。版心上方題「錢幣考」三字及卷次，下方記每卷頁次。卷首有《序》。文中有朱筆增改，如改「宋陶岳有貨泉錢」爲「宋陶岳有《貨泉録》」。鈐有「咫園／宗氏／鑒藏」朱文方印〔二〕、「復旦大學／圖書館藏」朱文方印。是書亦係宗舜年咫園舊藏。

錢熙輔撰有《泉幣考》二卷，已著録。小傳參見史部政書類。是書係錢熙輔《泉幣考》抄本，惟改《泉幣考》文中之「泉」字爲「錢」字。

復旦大學圖書館藏。

〔一〕姚煒琛，字寶南。

〔二〕宗舜年（一八六五—一九三三）藏書印。

江蘇省松江府華亭縣光緒拾貳年徵收地漕等項民欠徵信册不分卷

不題編撰人姓名〔一〕，清光緒間刻本暨清光緒十三年（一八八七）張性淵木活字擺印本〔二〕，一册。半頁十行，行三十字。白口，上單魚尾，四周雙邊。框高二一九毫米，寬一四一毫米。版心魚尾之上鐫「江蘇省徵信册」五字，下鐫篇名及頁次。《上諭》《户部原奏》《户部酌擬章程》《户部片奏》凡十九頁，《松江府婁縣民欠地漕散數》凡三十八頁，末行鐫「光緒拾叁年□□月蘇州布政司理問張性淵照原册擺印校對無錯」二十五字。外封書籤題「江蘇省松江府華亭縣光緒拾貳年徵收地漕等項民欠徵信册」，其右有朱文木記「華亭縣光緒拾貳年各樣／錢糧徵信册共計伍本」，并鈐有「江南蘇松常鎮太等處承宣布政使司印」朱文大方印（以小篆、滿文、九疊篆三種文字入印），其下有兩方形制略小朱文闊邊方形官印，印文模糊，頗不可讀，似爲「松江／府印／□□／□□」、「□□布政／司理問印／（滿文）／□□□□／□□□□」。卷首護頁右上方鈐有朱文木記「本原册共伍拾柒葉并恭奉／上諭□部章壹拾玖葉統共柒拾陸葉」。《松江府華亭縣民欠地漕散數》每頁首兩行與下頁末兩行鈐有闊邊朱文方形騎縫章「□□布政／司理問印／（滿文）／□□□□／□□□□」，當爲張性淵所鈐官印。是書書首、書根有多處鼠嚙，并略有霉斑，幸未傷

〔一〕當爲華亭縣署所編。

〔二〕卷首《上諭》《户部原奏》《户部酌擬章程》《户部片奏》四部分爲刻本。正文《松江府華亭縣民欠地漕散數》爲木活字擺印。

文字。

《上諭》爲清光緒十一年十二月二十一日内閣所奉上諭。《户部原奏》爲户部奉清光緒十一年六月二十一日旨意所上奏章。《户部酌擬章程》爲户部繕具民欠章程十條。《户部片奏》一爲户部查覆劉恩溥原奏，一爲户部議覆程鼎芬原奏。

《松江府華亭縣民欠地漕散數》起第壹佰肆拾陸頁，訖第貳百貳頁，凡五十七頁。依次爲《貞櫝塩貳圖欠户共叁拾捌户共未完銀捌兩壹錢叁分捌釐》《袁貳拾肆圖欠户共玖拾壹户共未完銀貳拾兩貳錢玖分貳釐》……《壽肆圖欠户共伍拾貳户共未完銀伍兩陸錢肆分捌釐》，載録鹽貳圖、鹽叁圖、袁貳拾捌圖、望貳拾玖圖、蔣副陸圖、北内叁圖、壽肆圖等凡四十六圖民欠地銀漕糧明細。

南京圖書館藏。

江蘇省松江府青浦縣光緒拾伍年徵收地漕等項民欠徵信册不分卷

不題編撰人姓名〔一〕，清光緒間刻本暨清光緒十六年（一八九〇）張性淵木活字擺印本〔二〕，一册。

半頁十行，行三十字。白口，上單魚尾，四周雙邊。框高二一九毫米，寬一四二毫米。版心魚尾之上鐫

〔一〕當爲青浦縣署所編。

〔二〕《上諭》《户部原奏》《户部酌擬章程》《户部片奏》爲刻本。《松江府青浦縣民欠地漕散數》爲木活字擺印。

「江蘇省徵信册」五字，下鐫篇名及頁次。《上諭》《户部原奏》《户部酌擬章程》《户部片奏》凡十九頁，《松江府青浦縣民欠地漕散數》凡三十八頁，末行題「光緒拾陸年□□月蘇州布政司理問張性淵照原册擺印校對無錯」二十五字。外封書籤題「江蘇省松江府青浦縣光緒拾伍年徵收地漕等項民欠徵信册」，其右有朱文木記「青浦縣光緒拾伍年各樣／錢糧徵信册共計伍本」，并鈐有「江南蘇松常鎮太等處承宣布政使司印」朱文大方印（以小篆、滿文、九疊篆三種文字入印），其下有兩方形制略小朱文闊邊方形官印〔一〕。卷首毛太紙護頁右上方鈐有朱文木記「本原册共叁拾捌葉并恭奉／上諭□部章壹拾玖葉統共伍拾柒葉」。《松江府青浦縣民欠地漕散數》每葉首兩行與下葉末兩行鈐有闊邊朱文方形騎縫章「□□布政／司理問印／（滿文）／□□□□／□□□□」，當爲張性淵所鈐官印。是書末幾頁蟲蛀較多，稍有斷簡。

《上諭》爲清光緒十一年十二月二十一日内閣奉上諭。《户部原奏》爲户部奉清光緒十一年六月二十一日旨意所上奏章。《户部酌擬章程》爲户部繕具民欠章程十條，《户部片奏》一爲户部查覆劉恩溥原奏，一爲户部議覆程鼎芬原奏。

《松江府青浦縣民欠地漕散數》依次爲《叁拾壹保壹區肆圖欠户共伍拾捌户共未完銀壹兩叁錢伍分貳釐》……《伍拾保壹區貳拾貳圖欠户共貳拾壹户共未完銀捌錢伍分捌釐》，載録叁拾壹保、叁拾叁保、叁

〔一〕印文模糊，不可讀。

拾肆保、叁拾捌保、肆拾壹保等凡四十四圖民欠地漕錢糧明細。

南京圖書館藏。

江蘇省松江府青浦縣光緒拾玖年徵收地漕等項民欠徵信册不分卷

不題編撰人姓名〔一〕，清光緒間刻本暨清光緒二十年（一八九四）張性淵木活字擺印本〔二〕，一册。半頁十行，行三十字。白口，上單魚尾，四周雙邊。框高二二一毫米，寬一四四毫米。版心魚尾之上鐫「江蘇省徵信册」五字，下題「上諭／户部原奏／户部酌擬章程／户部片奏／松江府青浦縣民欠地漕散數」，版心下分記頁次，《上諭》《户部原奏》《户部酌擬章程》《户部片奏》凡十九頁，《松江府青浦縣民欠地漕散數》凡三十八頁，末行題「光緒貳拾年□□月蘇州布政司理問張性淵照原册擺印校對無錯」二十五字。原外封書籤題「江蘇省松江府青浦縣光緒拾玖年徵收地漕等項民欠徵信册」，其右有朱文木記「青浦縣光緒拾玖年各樣／錢糧徵信册共計伍本」，并鈐有「江南蘇松常鎮太等處承宣布政使司印」朱文方印（以小篆、滿文、九疊篆三種文字入印）。卷首毛太紙護頁右上方鈐有朱文木記「本原册共叁拾捌葉并恭奉／上諭部章壹拾玖葉統共伍拾柒葉」。《松江府青浦縣民欠地漕散數》每葉首

〔一〕當爲青浦縣署所編。

〔二〕《上諭》《户部原奏》《户部酌擬章程》《户部片奏》爲刻本。《松江府青浦縣民欠地漕散數》爲木活字擺印。

兩行與下葉末兩行鈐有闊邊朱文方形騎縫章「□□布政/司理問印/（滿文）/□□□□/□□□□」，當爲張性淵所鈐官印。

《上諭》爲清光緒十一年十二月二十一日内閣奉上諭，《户部原奏》爲户部奉清光緒十一年六月二十一日旨意奏事，《户部酌擬章程》爲户部繕具民欠章程十條，《户部片》分爲兩奏，一爲户部查覆劉恩溥原奏，一爲户部議覆程鼎芬原奏。

《松江府青浦縣民欠地漕散數》載録叁拾壹保壹區肆圖、肆拾柒保壹區壹圖、伍拾保壹區貳拾貳圖等凡四十三圖民欠地漕錢糧明細。

復旦大學圖書館藏。

江蘇省松江府婁縣光緒拾玖年徵收地漕錢糧民欠徵信册不分卷

不題編撰人姓名〔一〕，清光緒間刻本暨清光緒二十年（一八九四）張性淵木活字擺印本〔二〕，一册。半頁十行，行三十字。白口，上單魚尾，四周雙邊。框高二二〇毫米，寬一四一毫米。版心魚尾之上鐫「江蘇省徵信册」五字，下鐫篇名及頁次。《上諭》《户部原奏》《户部酌擬章程》《户部片奏》凡十九頁，《松江

〔一〕當爲婁縣縣署所編。
〔二〕《上諭》《户部原奏》《户部酌擬章程》《户部片奏》爲刻本。《松江府婁縣民欠地漕散數》爲木活字擺印。

府婁縣民欠地漕散數》凡三十一頁，末行題「光緒貳拾年　月蘇州布政司理問張性淵照原册擺印校對無錯」二十五字。原外封書籤題「江蘇省松江府婁縣光緒拾玖年徵收地漕錢糧民欠徵信册」，其右有朱文木記「婁縣光緒拾玖年各樣／錢糧徵信册共計陸本」，并鈐有「江南蘇松常鎮太等處承宣布政使司印」朱文大方印（以小篆、滿文、九疊篆三種文字入印），其下有兩方形制略小朱文方形官印，印文模糊，幾不能識。卷首毛太紙護頁右上方鈐有朱文木記「本原册共叁拾壹葉并恭奉／上諭　部章壹拾玖葉統共伍拾葉」。《松江府婁縣民欠地漕散數》每葉首兩行與下葉末兩行鈐有闊邊朱文方形騎縫章「□□布政／司理問印／（滿文）／□□□□／□□□□」，當爲張性淵所鈐官印。

《上諭》爲清光緒十一年十二月二十一日内閣奉上諭。《户部原奏》爲户部奉清光緒十一年六月二十一日旨意所上奏章。《户部酌擬章程》爲户部繕具民欠章程十條。《户部片奏》一爲户部查覆劉恩溥原奏，一爲户部議覆程鼎芬原奏。

《松江府婁縣民欠地漕散數》依次爲「叁拾玖保鄉貳圖欠户共拾陸户共未完銀拾壹兩壹錢玖分肆釐」「叁拾玖保鄉肆圖欠户共拾柒户共未完銀叁兩伍錢捌釐」……「肆拾保拾圖欠户共伍拾玖户共未完銀陸兩柒錢陸分壹釐」……「肆拾壹保倉柒圖欠户共捌拾玖户共未完銀伍兩肆錢肆分貳釐」，記録了叁拾玖保、肆拾保、肆拾壹保凡三保共叁拾叁圖的民欠明細，如「叁拾玖保鄉貳圖，欠户共拾陸户，共未完銀拾壹兩壹錢玖分肆釐。内：陳永德欠銀貳分陸釐……地保完賦欠銀柒錢捌釐」。

是册係蘇州布政司理問張性淵依照底本原册以木活字擺印《松江府婁縣民欠地漕散數》和卷首刻本

《上諭》等彙編而成。

南京圖書館藏。

詔令奏議類

詒安堂奏議不分卷

清嘉定廖壽豐撰，抄本，一册。半頁十行，行二十四字，小字雙行同。緑格，黑口，上單魚尾，四周單邊。框高二一八毫米，寬一二二毫米。版心魚尾之上題「詒安堂奏議」五字。外封題書名「詒安堂奏議」。

廖壽豐（一八三六—一九〇一），字穀似，一字暗齋，晚號止齋，嘉定人。惟勳長子。咸豐八年戊午（一八五八）順天舉人，同治十年辛未（一八七一）進士，選庶吉士，留館授編修。光緒七年（一八八一），簡任浙江糧儲道，升按察使。逾年擢浙江巡撫。爲政寬易近民，尤能識拔人材。數年引疾歸。辛丑（一九〇一）三月，卒於家，年六十六。事迹具民國《嘉定縣續志》卷十一。

是書係作者於清光緒二十一年（一八九五）、二十二年（一八九六）間浙江巡撫任上條陳奏疏之彙編，凡十六篇。如光緒二十一年二月初三日《續募防勇改併營旂等情摺》，光緒二十二年六月二十日《通籌攤還洋款移緩就急摺》，光緒二十一年六月十六日《籌議安集客民章程摺》。未依上奏時間編次。

上海圖書館藏。

校正萬年書不分卷

清南匯賈步緯編，清光緒間則梅山房鉛印本，一册。半頁八行，行二十字或不等，小字雙行，行四十字。白口，雙魚尾，四周單邊。框高一五六毫米，寬一〇〇毫米。版心上魚尾之上題「校正萬年書」五字，下魚尾之上記頁次，凡六十四頁，版心下魚尾之下題「則梅山房」四字。外封墨筆行書題「萬年歷　購滬上則梅山房書室　裕孫披閱一過」，外封左半頁有廣告：「近見坊本萬年書，其差不勝枚舉，星命家苦之已久。今推日月行度，逐細核準，用活字印行，以公於世。識者珍之。/校正萬年書/住上海浦東周浦鎮觀音衖口　則梅山房發售　賈步緯啓。」鈐有「上海市歷史文/獻圖書館藏」朱文長方印。

賈步緯（一八二六—一九〇三），字心九，南匯周浦鎮人。幼好書算。及長，一意肆力於天算。避亂寓滬時，西士偉列雅力創墨海書館，聘海寧李善蘭主譯務。李薦入製造局，爲航海測量館暨天文館教習。卒年七十有八。事迹具民國《上海縣續志》卷二十一。

是書起清嘉慶元年丙辰（一七九六），訖光緒四十九年癸亥，然光緒年號僅三十四年，故是書編於清光緒年間。每年一頁，記當年每月（含閏月）干支情況及當月所值節氣。每行分上下兩欄，記載每月上中下旬干支情況，如「嘉慶元年丙辰正月小戊申/午/辰十一戊午寅正初刻雨水/廿六癸酉丑正三刻驚蟄」，記録嘉慶元年正月之干支、節氣，戊申是初一，戊午是十一，戊辰是二十一，其餘正月干支可類推。

上海圖書館藏。

地理類

咸豐金山縣志稿不分卷

清金山錢熙泰纂，清咸豐五年（一八五五）稿本，八册。半頁九行，行二十一字，小字雙行同。藍格，黑口，無魚尾，四周雙邊。框高一九〇毫米，寬一三五毫米。版心下方題「小緑天庵」四字。外封題「咸豐金山縣志稿」。卷首有錢熙泰叙，次爲錢熙泰《與姚原田明府論修志書》〔一〕。鈐有「上海圖/書館藏」朱文方印。

錢熙泰（一八一〇—一八五八），字子和，號鱸香，金山人。附貢。著有《西泠紀遊稿》等。事迹具民國《重輯張堰志》卷七。

是書係錢熙泰編纂金山縣志，分爲序目、輿圖、建置、縣境諸水、山川、水利、古迹、墳墓、山水、賦法、役法、鹽法、兵防、海防、藝文、職官、列傳凡十七門，末附刊誤。

按：《上海圖書館藏稀見方志叢刊》據此本影印出版。

上海圖書館藏。

〔一〕注云：「此錢鱸香先生手草。」

同治上海縣志□卷存一卷

清德清俞樾撰，稿本，有缺頁，存六十四頁。半頁九行，行二十二字，小字雙行同。紅格，白口，左右雙邊，上單魚尾。框高一九八毫米，寬一三六毫米。書内有浮簽。無印記。《中國古籍善本書目·史部》著録。

俞樾（一八二一—一九〇七），字蔭甫，號曲園，浙江德清人。道光三十年（一八五〇）進士。歷官翰林院編修、河南學政。咸豐七年（一八五七），以御史曹登庸劾試題「割裂經義」罷職。樾歸後，僑居蘇州，主講蘇州紫陽書院、上海求志書院等書院，而主杭州詁經精舍三十餘年，最久。咸豐、同治年間，多次在上海遊歷講學。光緒二年夏至二十八年春，兼任上海求志書院教授，輯有《上海求志書院課藝》〔一〕。著有《春在堂全書》四百六十四卷等。事迹具《清史稿》卷四百八十二本傳、民國《上海縣續志》卷二十一等。

是書係俞樾所撰《上海縣誌·水道》之部分手稿殘卷，文字多有删改增補之處，可窺原貌。《水道》分上下兩部分，目録前有小序，簡述《水道》分目緣由。《水道上》分爲海、吴松江、黄浦、諸水、橋梁、津渡、堰閘護塘七部分，其中吴淞江又分爲吴淞江北岸之水、吴淞江南岸之水兩部分，諸水又分爲沿浦西岸諸水、沿浦北岸諸水、沿浦南岸諸水、沿浦東岸諸水、近城諸水等五部分。《水道下》闕文。

按：是書爲清俞樾手稿本，存一册。《浙江圖書館古籍善本書目》著録浙江圖書館藏有稿本。另有

〔一〕 清光緒三年（一八七七）刻本，五册，上海圖書館藏。

「清同治十年吳門臬署刻本，中國國家圖書館、上海圖書館、復旦大學圖書館、遼寧、南京圖書館藏；清同治十年吳門臬署刻十一年王承基等校正印本，國圖、中科院、北大、上海圖書館、天津、山東、南圖、浙江、湖北藏；清同治十年吳門臬署刻十一年王承基等校正光緒八年補版印本，首都、上海圖書館藏」〔一〕。

上海圖書館藏。

光緒寶山縣志十四卷

清高要梁蒲貴修，清寶山朱延射等纂，稿本，四册。半頁十行，行二十二字，小字雙行同。藍格，白口，上單魚尾，左右雙邊。版心魚尾之上題「寶山縣志稿」五字，下記卷次，版心下方記每卷頁次。鈐有「南京／圖書／館藏」朱文方印。

梁蒲貴，字次穀，廣東高要人。舉人。光緒二年（一八七六）閏五月任寶山知縣。

朱延射，字鵠侯，號圃餘，寶山人。居楊行。同治辛酉（一八六一）優貢〔二〕。光緒二年丙子（一八七六），知縣梁蒲貴聘修縣志，與潘履祥共事。同鄉達官徐郙、廖壽豐徵書屢至，不復出。所居曰小南垞。事

〔一〕據《中國古籍總目》史部第七册第四一九三頁著録。

〔二〕清穆宗載淳於咸豐十一年辛酉（一八六一）七月即位，改年號爲祺祥，十月再改爲同治，以明年爲同治元年。同治辛酉亦即咸豐十一年。

迹具民國《寶山續縣志》卷十四。

是書係清光緒二年（一八七六）時任寶山知縣梁蒲貴主持纂修《寶山縣志》之稿本，存四册。

第一册爲《寶山縣志》卷一，起「邍蜜」，訖「方音附」。清光緒八年（一八八二）刻本《寶山縣志》列爲卷十四。稿本天頭有墨筆及朱筆批校，刻本據改。如稿本卷一《風俗》：「六月三四日，膾肉裹麵作匾食食之，俗呼爲餛飩。」天頭朱筆批注云：「匾食之名不經見，尚不如餛飩之名爲舊也。」刻本據批注改作「六月三四日，膾肉裹麵作餛飩食之」。

第二册爲《寶山縣志》卷之二《營建志》，間引邑人所作詩詞，部分詩詞天頭之上有朱筆「删」字，如「邑人奚昌裕吴淞竹枝詞」，即標記爲删除。文中粘有簽條，係補正之文字，如「江東寶山所城」。又有墨筆校語，如「自因即用本地編」，「因」字右上角有「△」，并於天頭之上以墨筆校正爲「應」字。

第三册爲《寶山縣志》卷之五《學校志》，文中部分誤字以朱筆逕改，如「嘉慶十年訓導姚（元）［原］綬」，部分以朱筆校正於天頭。亦有朱筆批語，如「雍正四年分學田……」，批語云：「照此綜計，現存田五百四十六畝六分七釐二毫，與程、趙兩志皆不合。」

第四册爲《寶山縣志》卷之十二《藝文志》，分爲書目、金石兩部分。部分書名之下摘録該書序跋。文中有朱筆批注，如《澳門紀略》，天頭有朱筆批注「此書似已刻入《昭代叢書》」，并於此書序文之末朱筆注「四庫全書存目」。

按：南京圖書館另藏有清光緒《寶山縣續志》抄本一部，八册。

南京圖書館藏。

黄渡鎮志十卷卷首一卷[一]

清嘉定章樹福纂輯，清蔣元烺[二]、章光旦[三]、章光第校字[四]，清咸豐三年（一八五三）刻本，一函三册。半頁十行，行二十三字，小字雙行同。白口，上單魚尾，左右雙邊。框高一八二毫米，寬一二〇毫米。外封書籤題「黄渡鎮志卷上／卷下」。内封牌記題「咸豐癸丑夏刊／黄渡鎮志／壽研堂章氏藏板」。卷首依次爲《序文》《目録》《參訂姓名》《凡例》《圖》。《圖》包含《黄渡境全圖》《鎮圖》《吴淞北境水利圖》《吴淞南境水利圖》。鈐有「張堯／倫印」朱文方印、「上海圖／書館藏」朱文方印。

章樹福，字清甫，號竹隖主人，嘉定人。諸生。以子光第贈陽湖縣訓導。著有《竹隖詞稿》一卷、《竹隖詞續稿》一卷等。事迹具民國《嘉定縣續志》卷十。

是志分爲建置、疆域、水利、選舉、人物、藝文、雜類七部分，凡十卷，記事至道光間。文中有墨筆批校，如卷五第十一頁右半頁第二行「供事」二字，天頭批注云「宜改謄録」。又如卷七第五頁左半頁第九行

[一] 黄渡鎮，今上海市嘉定區南部。
[二] 蔣元烺，章樹福門人。
[三] 章光旦，章樹福侄。
[四] 章光第，章樹福子。

「執」字，天頭批注云「骫」。

《自序》云：「汪存夜嘗著《黄谿雜記》一卷，有《虞初》説虚之病，近陸曰壽思續爲之，未果。其間墜聞軼事，散見余舅氏洪樸及曰壽詩中。承諸丈成璧慫慂，乃廣求遺略，删繁訂譌，會粹成篇。地介嘉定青浦之間，統名爲《黄渡鎮志》。余先世居青龍而堯臣志不獲見。首輿圖，次各分門，大抵例仿《澉水志》云。咸豐改元歲次辛亥閏秋，竹隝主人章樹福書于談昔齋。」

《凡例》云：「一、鎮與縣不同。城池學校，鎮皆無有。賦役户口，則縣志統之。物産風俗祥異非異他所者不録。惟吴淞江係湖海通渠，黄渡跨江成市，最爲扼要，且爲開濬時長吏駐節地，故于水利獨詳。一、嘉邑附鎮者，十九都、二十一都諸圖。青邑附鎮者，三十一保、三十三保、四十五保諸圖。黄渡距他鎮率十二里，今不據圖以定界，但各限以六里。東，龍王渡爲界；西，孟涇口爲界；南盡新江塘；北盡小吴塘。一、事在建縣前者，人物籍貫從當時縣名，舊迹、寺廟注在今某縣某圖。惟人物傳不分載地里，嘉定用實，青浦空以别之。先嘉定，後青浦，以鎮所緣起從北而南故也。一、人物志必久居始載，如王夢求及子原雖遷梁紇渡，而舊第、祖墓仍在桑浦邨，則載之。王焜自崑山來，雖發解在黄渡，其子堅旋還舊鄉，故祇載選舉。一、詩文有關里中風土人事者，附各門，惟吴淞題詠如林非標題黄渡字，概不收，關疏濬者亦間收。一、志爲鎮作，故流寓兼及。本縣人若前哲事軼而迹存，雖不入人物，而園第、墳墓亦附録。……」

按：是書又有民國十二年（一九二三）章氏壽研堂鉛印本，一册。中國國家圖書館藏。半頁十三行，行三十六字，小字雙行同或不等。白口，上單魚尾，四周單邊。框高一七九毫米，寬一一八毫米。内封書名頁題「咸豐癸丑夏刊／黄渡鎮志／壽研堂章氏藏板」，内封牌記題「民國十二年／聚珍版重印」。卷首有自序。鈐有「北京／圖書／館藏」朱文方印。是書係嘉定縣黄渡鎮志。文中有誤字，以鉛字朱印旁注於誤字之右，如卷一第三頁「侍」字誤，改爲「待」字。

上海圖書館、上海市歷史博物館藏。

海洋山島圖説一卷

清崇明李鳳苞著，清同治間刻本，一册。半頁九行，行十八字。白口，無魚尾，四周單邊。框高一四五毫米，寬九四毫米。版心上方鐫「海洋」二字，下方記頁次。書根處以墨筆楷書題「海洋山島圖説」六字。卷末有清杜文瀾（一八一五—一八八一）跋。卷端鈐有「八千卷／樓所藏」朱文方印、「江蘇省立／弟一圖書／館藏書」朱文方印、「南京／圖書／館藏」朱文方印。是書係丁氏八千卷樓舊藏。

李鳳苞（一八三四—一八八七），字海客，號丹崖，崇明人。博覽經史，尤精曆算。歷任駐德公使、駐法公使等。譯著有《四裔編年表》《營壘圖説》《西國政聞彙編》等。事迹具民國《崇明縣志》卷十一。

是書分爲佘山雞骨礁、四礁山馬迹山黄龍山、東西洛華山、陳錢山、三大王山、壁下山、大衢小衢黄宅褚老窩山、岱山長塗山觀山、舟山、崎頭山洋各島、鎮海口諸山、大羊山小羊山等凡十三部分。依據方位、里程描述山、島、礁、暗礁、水流、關隘及當地居民物産，如：「自崇明十滧正東行至鹹淡水交互處，望見隱隱隆起者，佘山也。」又如：「雞骨礁向南稍東行百里，則四礁山之菜園嶼也。」

杜文瀾跋云：「同治戊辰夏，曾滌生爵相、丁雨生中丞以江南洋面不靖，擬添設外海水師，以資控制。知崇明李丹崖茂才精測算之學，倩乘輪船周歷外洋。凡山島形勢、沙綫淺深，皆以測綫法繪誌圖説，汪洋萬頃，薈於丈幅之中。誠哉，觀海掌上矣。夫中華雖鄰東瀛，而洋面曲折，自古難稽。至元十九年，朱清、張瑄之徒始言海道，乃由浙抵燕，逾年始至，其於海道何如也。今睹兹幅，全勢昭然，扼形勢而固邊防將於是乎在，豈徒作海客之談已哉。秀水杜文瀾識於江蘇藩署。」

按：是書南京圖書館另藏有抄本一部，題《外洋山島説》，一册。内封題「江浙外洋山島説附輯捕事宜」，鈐有「泰琛／私印」白文方印、「雪樵／氏」朱文方印（余泰琛）、「丁氏八／千卷樓／藏書記」白文方印、「八千卷／樓收藏／書籍」朱文方印（丁丙）、「江蘇省立／弟一圖書／館藏書」朱文方印。卷前有李鳳苞《探測洋面并查勘沿海形勝隘口由》一文：「四月十八日起程，前往長江，周測紫氣沙、青草沙、焦沙等處。……」《外洋山島説》亦分爲佘山雞骨礁、四礁山馬迹山黄龍山、東西洛華山、陳錢山、三大王山、壁下山、大衢小衢黄宅褚老窩山、岱山長塗山觀山、舟山、崎頭山洋各島、鎮海口諸山、大羊山小羊山等凡十三部分，與刻本次序相同。篇目文字略有不同，抄本《外洋山島説》之末附「五條沙，係山東、江南交界之區，在黄河口岸以外。……」一段文字，刻本無。《外洋山島説》之後爲姚曦《海洋船盜原始》一文，次爲《批巡洋章程》，刻本皆無。

南京圖書館藏。

雲間故迹考訂不分卷

清佚名撰，清光緒間抄本，一册。半頁八行，行三十一字，小字雙行同或不等。無欄綫。外封題「雲間故迹」「軼千」。無序跋。文中有朱筆批校。鈐有「吴正裕號」紙號印記。毛裝。

是書爲作者考訂上海名勝古迹及彙録題詠之合編。作者對上海故迹逐一考訂，略述其所處位置、得名原因、歷史軼事及現存狀況，間抄録其題詠。末附《華亭百咏目次考訂》。

上海圖書館藏。

華陽國志校勘記

清金山顧觀光撰，稿本，一册。半頁十一行，行二十五字，小字雙行同。無欄綫。外封題「華陽國志校勘記」七字。無序跋。鈐有「觀/光」朱文方印、「顧深/珍藏」朱文方印、「上海圖/書館藏」朱文方印。

顧觀光撰有《國策編年》等，已著録。小傳參見史部雜史類。

是書係顧觀光校勘《華陽國志》之校勘記，卷一爲《巴志》，卷二爲《漢中志》，卷三爲《蜀志》，卷四爲《南中志》，卷五爲《公孫述劉二牧志》，卷六爲《劉先主志》，卷七爲《劉後主志》，卷八爲《大同志》，卷九爲

《李特熊期壽勢志》，卷十上爲《先賢士女總讚》〔一〕，卷十中爲《廣漢士女》〔二〕，卷十下爲《漢中士女》〔三〕。

按：是書有《武陵山人遺書》本，清光緒間刻。校語以雙行小字附於正文之下，多引清嘉慶十九年（一八一四）鄰水廖寅題襟館刻本《華陽國志》十二卷（顧觀光簡稱爲「廖刻本」）、《太平御覽》《太平廣記》等書參校。

上海圖書館藏。

中江考一卷南江考一卷

清金山顧觀光著，抄本，一册。半頁十二行，行二十三字。紅格，白口，上單魚尾，四周雙邊。框高一七七毫米，寬一二一毫米。無序跋。無印記。

顧觀光撰有《國策編年》等，已著録。小傳參見史部雜史類。

是書係顧觀光考訂中江、南江之作。

按：復旦大學圖書館藏《武陵山人雜著》收録此作。

〔一〕注云：「此卷原脱，今依宋本録之。」

〔二〕注云：「此卷原脱，今依宋本録之。」

〔三〕注云：「此卷原脱，讚文依宋本補。」

上海圖書館藏。

上海鄉土勝境地名集對不分卷

清上海劉汝曾編，清抄本，一册。半頁八行，行十九字，小字雙行同。無欄綫。外封題「上海鄉土地名勝景録」，并題「韻槑居士備覽」。卷首依次爲劉汝曾《序》、劉汝曾《重序》、《上海鄉土勝景地名集對目録》。鈐有「復旦大學/圖書館藏」朱文方印。

劉汝曾（一八五一—一九一四），字省吾，號景輿，上海人。工書，所作渾厚流麗，在趙董之間。與修民國《續修上海縣志》，任祠祀門、職官門纂修員。事迹具民國《續修上海縣志題名》。

是書分爲二言對、三言對、四言對、五言對、六言對、七言對、八言對、九言對、十言對、長言對，以上海古迹地名屬對，古迹地名之下有雙行小注，如「白蓮涇在浦東」。末附滬城八景[一]、静安寺八景[二]。

滬城八景爲海天旭日、黄浦秋濤、龍華晚鐘、吴松煙雨、石粱夜月、野渡蒹葭、鳳樓遠眺、江皋霽雪等。每景之下有雙行小注，係作者引録同治《上海縣志》考證上海八景現狀。如「海天旭日」下雙行小注云：「前志云，縣之末分也，轄海凡一萬七千七百四十八丈。至雍正二年割長人鄉建南匯，嘉慶十年割高

[一] 注云：「載邑志。」
[二] 注云：「題詠甚多，元僧壽寗彙成卷帙，楊維楨序。」

昌縣之十五圖屬川沙，邑於是乎無海，故邑號海疆而境無洋面。今據形勢觀之，此景當在未分南、川之前。」

静安寺〔一〕八景爲赤烏碑、陳朝檜、講經臺、鰕子潭、湧泉、緑雲洞、滬瀆壘、蘆子渡等。

《序》云：「屬對，小技也。囊塾師以之課兒童，爲將來作詞賦、弋科名計，壯夫弗屑焉。今學制一新，人規遠大，搜逑索偶之事益絶迹矣。然幼年結習，晚猶未忘，館課餘暇，輒舉吾鄉古迹名勝，凡字義可對者，悉以類從。非惟自娱，盖亦寄滄桑之感焉，抑尚有説者。今學科兼重地理，而地理必自鄉土始。學者既從事正業，復以是爲遺興之資，則藏修所肄得息遊而益熟。是編之作，或不無小補，故將棄而復存之。光緒三十三年歲次丁未夏月，景輿劉汝曾識。」

《重序》云：「今舉鄉土之第宅、園林、橋梁、街巷，或古迹已湮，或名勝所在，凡字義之可對者，無不舉而集之，此皆考諸志乘、傳於父老者居多。……景輿劉汝曾再識。」

復旦大學圖書館藏。

上海鄉土志一卷

清上海李維清編，清光緒三十三年（一九〇七）二月著易堂印刷部鉛印本，一函一册，凡六十二頁。

〔一〕間附簡介静安寺之語，云：「寺初在滬瀆，吴赤烏中建，號滬瀆重玄寺。唐時爲永泰禪院。宋大中祥符元年改今額。嘉定九年遷蘆浦，即今寺也。」

半頁九行，行二十一字，小字雙行同。上白口，下黑口，上單魚尾，四周雙邊。框高一六〇毫米，寬一〇五毫米。版心魚尾之上鐫「上海鄉土志」五字，版心下方記頁次。外封書籤題「上海鄉土志」，内封題「姚子讓先生鑒定／上海鄉土志／墨廬署」。卷首有清光緒三十三年（一九〇七）中和節姚文楠《序》、光緒丁未（一九〇七）春正月李維清自序及《編輯大意》。文中有句讀。鈐有「丁福／保印」白文方印、「震旦大學／圖書館／丁氏文庫」朱文方印、「復旦大學／圖書館藏」朱文方印。是書係丁福保舊藏。

李維清，字右之，後名味青，上海人。邦黻子。民國二十四年（一九三五），與纂《上海縣志》。事迹具民國《上海縣志》卷首。

是書係講述上海地方史之初等小學堂教科書，分爲建置、位置、道里、學堂、營兵、海關、郵政等凡一百六十課。

姚文楠《序》云：「吾邑志乘，自乾隆以後，一修於嘉慶甲戌〔一〕，再修於同治丙寅〔二〕。丙寅迄今四十年中，時局屢變，邑居中外要衝，受激刺尤烈。邇數年來，朝廷加意興學，頒布章程，初等教科注重鄉土，而授課苦乏善本，於是李君右之輯爲斯編，凡一百六十課。其所採掇，詳近略遠，四十年中賾變故實，頗具大概。」

〔一〕嘉慶甲戌，即嘉慶十九年（一八一四）。

〔二〕同治丙寅，即同治五年（一八六六）。

自序云：「學堂設立以來，各種教科書大備，而鄉里之掌故尤亟。……前年學部責成各州縣編輯鄉土志，吾邑尚未有成書。不揆檮昧，編成一百六十課，每星期授四課，可備初等一年之用。稿成，經姚子讓先生審訂。其田畝、完糧、方單、道契四課，係姚先生增加。」《編輯大意》云：「是編程度，最合初等學年之用；是編次序，首地理，次博物，次名宦鄉賢，次歷史，次交通，次雜事，而以破迷信終焉；教授此書時，須參考《同治縣志》；成書倉卒，未及繪圖，容俟再版時插入。」

復旦大學圖書館、北京師範大學圖書館、華東師範大學圖書館、吉林大學圖書館藏。

蒙學歷史輿地歌括一卷

清嘉定周保璋著，清光緒二十九年（一九〇三）三月鉛印本，一册，凡四十一頁。半頁十行，行二十五字，小字雙行同或不等。白口，上單魚尾，四周雙邊。框高一九一毫米，寬一一八毫米。版心魚尾之上鐫「蒙學歷史輿地歌括」八字。版心下方記頁次，并鐫「上海一新/書局印行」八字。外封題「光緒癸卯清和月/蒙學歷史輿地歌括/一新書局印行」。鈐有「蘭簃藏書」朱文方印。卷首有沈恩孚題識、目録。鈐有「上海圖/書館藏」朱文方印。

周保璋（一八四四—一八九七），字禮南，號棫士，又號峨卿、鏡湄居士，嘉定人。世居嘉定南門。同治九年（一八七〇）舉人。著有《鏡湄長短句》一卷、《節增三字經》不分卷、《蠶桑輯説》《童蒙記誦編》

《鏡湄詩鈔》《鏡湄隨筆》等。事迹具硃卷[一]、民國《嘉定縣續志》卷十一。

是書係歷史地理蒙學課本，以三言、四言、七言歌訣形式概述各國史地。分爲以下各篇：《歷代國統歌連下世系周氏據西昌程氏幼學歌改輯》《歷代世系歌》《地球行星簡説姚氏增輯》《地球五大洲姚氏改輯附説》《交涉歌姚氏增輯》《列强歌姚氏增輯》《兩京十八省歌周氏原輯》《藩部暨東鄰歌姚氏改輯》《各省府廳州縣歌姚氏改輯》《邊省土司暨青海西藏歌姚氏改輯》《内外蒙古歌姚氏改輯》《中國三代以前經畫以下均周氏原輯》《禹貢九州方位》《秦漢晉唐宋元明經畫》《吉林增設廳縣以下於印竣時續附》《新疆增設府州縣》。篇中注以雙行小字，或注音，如「會音膾稽」；或釋義，如「亚美理駕合衆國省曰美國，亦曰合衆國」。

沈恩孚題識云：「嘉定周峨卿先生保璋《童蒙記誦編》下卷各歌括，多合蒙學歷史、輿地二科階級。惟周編成於光緒癸巳以前[二]，十餘年來，中外疆域形勢少異。壬寅冬，上海姚農盦文枬於輿地各歌括頗加修輯，見者輒傳寫之。爰合録周編歷史各歌括付印，以備學堂課本之用。癸卯二月，吴縣沈恩孚識。」

上海圖書館藏。

[一]《清代硃卷集成》第一五六册第三三九頁。

[二] 光緒癸巳，即光緒十九年（一八九三）。

隨軒金石文字不分卷

清上海徐渭仁撰，清道光二十三年（一八四三）刻同治七年（一八六八）補刻本，一函二册。半頁單行至九行不等，行單字至十八字不等，小字雙行同或不等。白口，上單魚尾，左右雙邊。框高二〇九毫米，寬一二六毫米。内封書名頁題「隨軒金石／文字」，摹刻「寒木春／華館印」陽文方印[一]。卷端題「上海徐渭仁雙鈎録木」。卷首有《隨軒金石文字目録》。卷末有徐允臨跋。書中夾有「乙部金石類文字門隨軒金石文字　弍册」藏書籤[二]。鈐有「烏程／龐氏百／匱樓藏／書圖記」朱文方印、「吴興／龐青城／藏本」朱文方印、「國立同濟／大學圖書／館藏書」朱文方印、「復旦大學／圖書館藏」朱文方印。是書係龐氏百匱樓舊藏。

徐渭仁（一七八八—一八五五），字文臺，號紫珊、子山、隨軒，上海人。工詩，擅畫。編有《春暉堂叢書》十二種。事迹具民國《上海縣續志》卷二十。

是書含《周石鼓文》《漢雁足鐙埘考二卷》《漢沛相楊統碑》《漢繁陽令楊馥碑》《漢高陽令楊著碑》

[一] 徐渭仁印記。

[二] 龐青城藏書籤。

《漢太尉楊震碑》《漢圉令趙君碑》《漢巴郡太守樊敏碑》《隋大業塔盤題字》凡九部分〔一〕。每部分先摹刻金石文字，末附刻朱珪、阮元、張廷濟等題跋、倡和之語及徐渭仁考證文字。

跋云：「先君子雅愛金石文字，搜羅搨本，自三代迄唐，三百餘種。録其文，輯成《隨軒金石文字目録》二十卷。同時漢陽葉東卿、嘉興張叔未兩先生來滬，必下榻吾齋，相與討論。篋中有周石鼓、漢雁鐙及漢碑隋刻，皆海内希覯之品。手自雙鈎，壽諸梨棗。藝苑傳觀，家置一帙。兵燹後，原刻散佚，因撿舊鈎本付手民補足之。同治戊辰夏六月，徐允臨石史謹識〔二〕。」

按：復旦大學圖書館另藏有清同治七年（一八六八）補刻本一部，版框斷口較少較小，較之爲初印本。道光本文中摹刻金石之頁，版框之右鐫有頁次，如「鼓一」。同治補刻本於補刻之頁次增一「補」字，如「鼓二十二補」。

《中國古籍總目・史部》著録：「《隨軒金石文字》九種，清徐渭仁輯，清道光十七年二十四年春暉堂刻本，國圖；清道光二十四年春暉堂刻同治七年補刻本，國圖（清翁同龢批注）、上海、遼寧、南京、浙江；

〔一〕《建昭雁足鐙考》爲清道光十七年丁酉十二月刊，有單行本，其餘爲清道光二十三年癸卯刊，故《中國古籍總目》子部第四册第一五三五頁當著録爲「清道光十七年至二十三年春暉堂刻本」。

〔二〕徐允臨，字石史，上海人。渭仁子。

清光緒元年海寧張氏杏花仙館抄本，臺圖。」[一] 上海圖書館藏有道光十七年二十四年刻本[二]，當增補上海圖書館之館藏。同治七年補刻本當增補復旦大學圖書館之館藏。

復旦大學圖書館藏。

目録類

讀有用書齋善本書目不分卷

清婁縣韓應陛藏，民國間吴縣王氏學禮齋抄本[三]，一册。半頁十行，行二十字，小字雙行同。黑格，白口，無魚尾，四周單邊。框高一九四毫米，寬一四六毫米。版心下方記頁次，凡二十八頁，并鎸有「學禮齋校録」五字。卷末有多則王欣夫墨筆跋語。鈐有「學禮齋藏書印」朱文方印、「蔭／嘉」陰文藍印、「欣／夫」朱文方印、「復旦大學／圖書館藏」朱文方印。是書係王欣夫舊藏。

韓應陛（一八一三—一八六〇），字鳴唐，一字對虞，號緑卿，一作渌卿，婁縣人。行三。松江府婁縣學

[一] 史部第八册第四七九九頁。

[二] 外封有題記：「《隨軒金石文字》，丁巳八月十三日得此初印精本，次日題記。」「戊午四月，楂客欲得金石存精刻本，予案頭適有二本，一爲許涓叟所贈本之至精者，即以奉貽。越十餘日，楂客持此集報之，不可不識。夢坡。」

[三] 王欣夫（一九〇一—一九六六），名大隆，字欣夫，號補安，祖籍浙江秀水。室名「學禮齋」「蛾術軒」等。著有《蛾術軒篋存善本書録》等。

廩膳生。民籍。居婁境南埭。道光十一年（一八三一）秀才，道光二十四年甲辰（一八四四）江南鄉試恩科第三名。官至内閣中書。從婁縣姚椿游，得望溪惜抱古文義法。尤究心於西洋算學諸書，每手自校録，推極其致，往往出西人所論外。事迹具韓應陛鄉試硃卷〔一〕、《清史稿》列傳二百九十四《疇人二》韓應陛本傳、光緒《重修華亭縣志》卷十二等。

是目分爲經部、史部、子部、集部凡四部，每部之下以大字著録書名、卷數或册數，以雙行小字著録版本、行款、收藏者、校跋題識等。天頭之上有墨筆批注，記録其他藏本之版本情況，是本之轉讓情況及相關信息。

王欣夫跋云：「癸酉一月二十四日，借金山高吹萬先生韓氏自印目録對勘一過。補安呵凍記於校書樓。」「癸酉六月三十日，至松江秀野橋韓氏觀書，所見者以鉛筆作記，匆匆當有遺漏。復鈔得黄跋十餘種。主人號介藝，年僅十八，彬彬有禮，佳子弟也。招待頗殷。宿東門錢氏復園。主人選青先生名銘銓，守山閣後人而介藝之外祖也。適館授餐，大有賓至如歸之樂。臨行，又贈我《舒藝室全集》。計廿九日到，宿兩宵，七月一日乘汽車來滬，約再觀金城銀行庫中宋元本。此次作介者爲浦君勁人，同行者鄒君百耐，約在滬會合，共觀庫中書者潘君博山。補安。」「己巳十一月二十日，因事返里，遇孫君伯淵於滬寧車中，示書目一册，云是松江故家求售者，不言其爲

〔一〕上海圖書館藏。收入《清代硃卷集成》第一三八册第二九五頁。

何氏。披覽之所載，宋元校鈔多煊赫名迹，而士禮居藏宋刻《戰國策》，固共知爲韓氏物。韓氏藏書在咸同間，葉菊老《藏書紀事詩》無之。近章式之丈輯蕘圃藏書題識，有録自松江韓氏者，始稍稍知名。今案諸目中題識，所未録者猶數十種。余方廣搜宋廛遺迹，而有此寶庫之發見，不可謂非幸。當謀一一借録之。至韓氏名字事實，考諸張嘯山舒藝室詩文集，得其一二，兹録於首。而題曰《讀有用書齋善本書目》者，以韓氏有《讀有用書齋雜著》也。原本略分四部，中仍不免雜糅，兹因急於傳録，故亦未遑校正。補安記於滬上思顔堂。」

「此目，滬上書坊已有印本，韓禄卿之名亦人皆知之，故《舒藝室集》中所載事實不復再録。辛未十月，補安。」

按：後有民國二十三年（一九三四）瑞安陳準裒殷堂鉛印本《韓氏讀有用書齋書目》一卷，一册，復旦大學圖書館、上海圖書館等藏〔二〕。封文權依四部重加編次，經部凡五十一部，史部凡九十三部，子部凡一百部，集部凡二百三十二部，凡四百七十六部，間刊録錢大昕、韓應陛、黄丕烈、曹君直、張夬齋等題跋。是書與復旦大學圖書館藏抄本内容、編次略有不同。半頁十行，行二十字，小字雙行同。細黑口，上單魚尾，左右雙邊。版心魚尾之上鐫「讀有用書／齋書目」七字，版心下方鐫「裒殷堂刊本」五字。内封書名頁

〔二〕上海圖書館藏有四部，其中一部鈐有「蔣抑卮藏」朱文長方印、「合衆圖書／館藏書印」朱文長方印。末有浮簽：「中碼　讀有用書齋書目　一元五角。」

題「讀有用書齋書目一卷馬衡題」，摹刻「馬衡」陰文方印。内封牌記題「瑞安陳氏裒殷堂刊本」。卷首有壬申（民國二十一年）封文權《韓氏讀有用書齋書目序》，云：「道光之季，吾郡韓鳴唐孝廉應陛博學好古，精鑒別，士禮居、藝芸書社精本，孝廉所得爲多。赭寇之亂，稍稍亡失。甲寅乙卯間，吴門曹君直閣讀元忠館其家，曾爲之理董而未竟也。舊存目録一册，譌敓凌雜，鈔胥所爲，閣讀校語僅於遺集中録出數則。爰重加編訂，原書不獲見，遺漏尚多，前賢題識亦付闕如，以待續補。瑞安陳君繩甫好古之士，輯刊目録之書，蒐采遺佚，孜孜不倦，因畀刊之。……玄黓涒灘之歲日躔鶉尾之次〔一〕，華亭封文權。」卷末有陳準跋，云：「《韓氏讀有用書齋書目》一卷，江蘇婁縣韓應陛孝廉之所藏書也。……舊目係吴門曹君直元忠所編，譌敓凌雜，非先生之舊也。其同邑封文權衡甫先生爰爲重加編訂，并附各家跋語數則，飛書見告，囑余印行。惜不及詳録前賢題識，爲可惜耳。他日封氏能一一抄録，余當賡續刊行，以答同好者。民國二十三年春仲，陳準識於裒殷堂。」

此鉛印本之後又有抄本。《讀有用書齋書目》不分卷，清華亭封文權編次，民國間抄本，一册，上海圖書館藏。半頁八行，行二十一字，小字雙行同。無欄綫。無序跋。版心下方記頁次，凡七十六頁。鈐有「上海/圖書/館藏」朱文方印。是書自鉛印本抄出，唯版式行款不同。

復旦大學圖書館藏。

〔一〕玄黓涒灘，即壬申年（一九三二）。

讀有用書齋藏書志不分卷

清婁縣韓應陛撰，稿本，五册。半頁八行，行二十三字，小字雙行同或不等，無欄綫。無序跋。鈐有「韓繩大一／名熙字价／藩讀書印」白文方印、「价藩」朱文方印[一]、「百耐／讀過」白文方印[二]、「來燕射／珍藏書／籍印記」朱文方印、「黄裳／私印」白文方印、「來燕榭／珍藏記」。是書曾經韓熙、黄裳等遞藏。

韓應陛撰有《讀有用書齋善本書目》等，已著録。小傳參見史部目録類。是書係韓應陛私人藏書之書志，著録韓應陛藏書五百二十餘部，與復旦大學圖書館、上海圖書館藏韓氏書目略有不同。依版本編次，如第一册「都舊鈔本」，凡五十八部。

南京圖書館藏。

雲間韓氏藏書題識彙録不分卷

清婁縣韓應陛藏，清吴縣鄒百耐編，稿本，四册。半頁十三行，行二十四字，小字雙行同。無欄綫。外封書籤題「雲間韓氏（讀有用書齋）藏書題識彙録」十字。第一册外封題「經部二十六種　四部合得四

[一] 韓熙，字价藩。是書曾經韓氏後人遞藏，又經黄裳收藏，現存南京圖書館。

[二] 鄒百耐藏書印。

百零三種　甲戌九月初校一過」，第二册外封題「史部八十種」，第三册外封題「子部九十一種」，第四册外封題「集部二百零六種」。卷首依次爲吴梅《雲間韓氏藏書題識彙録序》、《自序》。天頭有「經」「史」「子」「集」朱文木記，作爲該書類目，部分類目有改動。卷端作者項題「松江韓應陛緑卿藏　吴縣鄒百耐編纂」。文中多有墨筆增改之處，并有割補痕迹。鈐有「百／耐」朱文方印、「鄒」三靈印、「上海圖／書館藏」朱文方印。是書係鄒百耐舊藏。毛裝。

韓應陛撰有《讀有用書齋善本書目》等，已著録。小傳參見史部目録類。

是書係韓應陛藏書之題識彙編，含經部二十六種、史部八十種、子部九十一種、集部二百零六種，凡種四百零三種。

吴梅《雲間韓氏藏書題識彙録序》云：「雲間韓緑卿先生爲咸同間藏書大家，南北舟車，先後所得，幾及五百種，洋洋乎山海大觀也。……癸酉之冬，韓氏書盡出，鄒君百耐實爲郵介，因得遍覽所藏，撮録諸畫題識凡四百餘種，都若干萬言，而徵序於余。……甲戌中秋，吴梅。」

鄒百耐《自序》云：「去歲冬，有以雲間韓氏藏目求沽者，介往披覽。盡讀所藏，得宋元明古本暨抄校善本都四百餘種。觀其題跋藏印，得知輾轉收藏之迹。……甲戌九月，鄒百耐。」

上海圖書館藏。

讀有用書齋韓氏藏書目一卷

清婁縣韓應陛編，民國間常熟丁氏淑照堂抄本[一]，一册。半頁十行，行二十四字，小字雙行同。藍格，上黑口，下白口，無魚尾，四周單邊。框高一八六毫米，寬一一七毫米。版心之下記頁次。天頭間有朱筆批校。鈐有「上海/圖書/館藏」朱文方印。毛裝。

韓應陛撰有《讀有用書齋善本書目》等，已著録。小傳參見史部目録類。

是書分爲經部、史部、子部、集部四部分。末附朱筆跋文，并過録張文虎《舒藝室詩存·感逝二十首之一》、《索笑詞·摸魚子哭韓録卿舍人》、《舒藝室雜著乙編·讀有用書齋雜著序》。

上海圖書館藏。

讀有用書齋書目表一卷

清婁縣韓應陛撰，稿本，一册。半頁五行，每行十六格。白口，無魚尾，四周雙邊。無序跋。天頭間有眉批。鈐有「北京/圖書/館藏」陽文方印。《中國古籍善本書目·史部》著録。

韓應陛撰有《讀有用書齋善本書目》等，已著録。小傳參見史部目録類。

是書以表格形式著録韓應陛所藏圖書，每格分别著録書、人、序跋、行款、卷數、本數、抄刻時人、收藏、

[一] 丁祖蔭（一八七一—一九三〇），字芝孫，號初我，江蘇常熟人。

收藏印、校、批、得時、得地、價、考、部類凡十六項。

卷首貼有《南部新書》提要，云：「《南部新書》藍絲闌鈔本天一閣　宋錢易撰。子明逸序云，『先君尚書，在章聖朝祥符中，以度支員外郎直集賢院，宰開封。得一善事，疏于方册，曠自持久，乃成編軸。今曰《南部新書》，凡三萬五千言。』」

中國國家圖書館藏。

松江韓氏宋元明本書目不分卷

清婁縣韓應陛編，民國十九年（一九三〇）二月抄本，一册。半頁五行，行十六字，小字雙行同。外封題「松江韓氏宋元明本書目附校刻本」，并題「庚午二月抄」。卷首有題記。鈐有「長樂鄭／振鐸西／諦藏書」陽文方印、「北京圖／書館藏」陽文方印。是書係鄭振鐸舊藏。

韓應陛撰有《讀有用書齋善本書目》等，已著録。小傳參見史部目録類。

是書係作者所藏宋元明本之書目。每行大字著録書名、卷數，雙行小字著録版本、校刻、題跋等。《書目》中多有黄丕烈士禮居舊藏。

題記云：「宋槧本凡四十二種，元槧本凡十一種，元明舊抄本凡三百六十種，明本及校刻本凡一百十五種。此原目所載總數。」

按：《清代私家藏書目録題跋叢刊》據此本影印。

中國國家圖書館藏。

松江韓氏抄本書目不分卷

清婁縣韓應陛編，民國十九年（一九三〇）三月抄本，一册。半頁五行，行十六字，小字雙行同。外封題「松江韓氏抄本書目附底稿本」，并題「庚午三月抄」。無序跋。鈐有「長樂鄭/振鐸西/諦藏書」陽文方印、「北京圖/書館藏」陽文方印。是書亦係鄭振鐸舊藏。

韓應陛撰有《讀有用書齋善本書目》等，已著録。小傳參見史部目録類。

是書分爲經部、史部、子部、集部、補遺等五部分，著録抄校本凡三百零五種，并附底稿稿本六種。每行大字著録書名、卷數，小字著録版本、題跋等。如：「《水經注》四十卷　舊抄棉紙藍格本　卷首有西皋老人識語，卷末有沈廷芳跋。韓禄卿據明朱謀㙔本校并跋。」

按：《清代私家藏書目録題跋叢刊》據此本影印。

中國國家圖書館藏。

韓禄卿稚梧桐館藏趙醴原古泉搨本五册題跋一卷

清婁縣韓應陛撰，清抄本，一册。半頁十六行，行三十三字，小字雙行同。無欄綫。卷首有韓應陛題識，卷末有馬伯昂及韓應陛跋。鈐有「復旦大學/圖書館藏」朱文方印。《中國古籍善本書目·史部》著録。

韓應陛撰有《讀有用書齋善本書目》等，已著録。小傳參見史部目録類。趙秉淳（一七六四—一八四一），字潤圃，號醴原，上海人。

是書係韓應陛所作趙奎振家藏古泉搨本之題跋彙編，間録馬伯昂考訂文字。正文以趙奎振所贈古泉搨本之泉名編次，古泉之下以雙行小字繫韓應陛及馬昂注釋考訂之語。如：「文永通寶〔一〕　文永係日本國年號。」

韓應陛題識云：「道光二十九年己酉，席君子儒稱其友人趙君奎振［即玉生］藏古泉甚富，慫予往觀，得覩所未睹者如干品，知係其祖醴原所收。予既心好之，而趙亦能割愛，竟擇取其中尤者，懷之而歸。既而復以搨本見惠。原本紙廣脩不等，予取其略闊大者彙爲四册，其餘皆割去餘地，用裝潢法編爲續册。原搨本無多，且多常見品，而藏諸家所不能必有者，亦多出其中，是可寶也。趙年僅弱冠，未幾竟去世，未娶無後。其祖醴原，諱秉淳，曾爲某縣之尹。九月八日記。韓應陛。」

馬伯昂（字若軒）題識云：「道光己酉冬十月十又七日〔二〕，過脩竹居，緑卿孝廉出趙氏搨本見示，欣賞一過，喜多罕覯之品，遂假歸，隨筆略書所見。越數日，復返歸之，深悔佛頭着穢也。華亭馬昂若軒誌。」

韓應陛跋云：「庚戌八月十日〔三〕，葉君珪招馬君友人若干人遥奠馬君於柳源，時應陛亦與焉。歸而閱

〔一〕文永（一二六四—一二七五），係日本龜山天皇時期所用年號。
〔二〕道光己酉，即道光二十九年。
〔三〕庚戌，即道光三十年。

此，不勝人琴之感。」

復旦大學圖書館藏。

蘅華館書目乙卯季冬校存不分卷

清長洲王韜撰，稿本，一册。半頁九行，行十八字，小字雙行同。無欄綫。卷末有作者題識。無印記。

王韜著有《鴛鴦誄》等，已著録。小傳參見史部傳記類。是年王韜仍在上海墨海書館任職。

是目係清咸豐五年（一八五五）王韜所校覈藏書、待購書目及所藏字畫目録。略依經史子集四部編次，以大字著録書名，以小字著録作者、版本、贈送借售、存失情況，如「宋撫州本禮記注丁巳仲冬售於艾君約瑟，得鷹洋二元」「逆臣傳尚未購得」「鬼谷子丙辰春季，贈于蔣君劍人」「雲間雜識存楊醒逋處，失去」「子不語丁巳夏四月，借於程硯香，久假不歸，竟作荆州之據矣」。

題識云：「咸豐八年歲次戊午浴佛會後一日，鐙下華鬘仙子校存書籍、字畫共二百四十四種。其中共計售出借失者二十三種，另有詩鈔尚未編入。」

中國國家圖書館藏。

蘅華館藏書目録不分卷

清長洲王韜撰，稿本，一册。半頁九行，行十八字，小字雙行同。無欄綫。卷末有作者題識。無印記。

王韜著有《鴛鴦誄》等，已著録。小傳參見史部傳記類。王韜於咸豐間寓居上海，卷末有咸豐間王韜題識，故收録是書。

書目主要著録王韜於滬上得書及售失情況，以大字著録書名、册數，以小字著録得失情況，如「皇朝輿地全圖　四本先君子從海上寄歸。乙卯春，售於威君。」

題識云：「丙辰（咸豐六年，一八五六）八月中澣，蘅華手校。」「丁巳（咸豐七年，一八五七）十月初六日，燈下覆核，計缺二十二部。」「以上書籍計售去與送人共缺十五部，以上書計存九十三種。己未（咸豐九年，一八五九）秋檢存。」

中國國家圖書館藏。

遯叟藏書目不分卷

清長洲王韜編，稿本，二册。半頁九行，行十八字或不等，雙行小字同，黑格，黑口，上單魚尾，左右雙邊。框高一三二毫米，寬八八毫米。版心魚尾之下題「弢園藏書目録」六字，版心下方題「甫里王氏藏／遯叟手校本」十字。外封墨筆楷書題「遯叟藏書目上／下」。鈐有「上海圖／書館藏」朱文方印。毛裝。稿紙係以木活字擺印。

王韜著有《鴛鴦誄》等，已著録。小傳參見史部傳記類。王韜於光緒十年（一八八四）從香港返回上海，直至光緒二十三年（一八九七）去世。是目著録王韜所藏「圖局初次印仿殿本廿四史有精美刻字／

分史架盒　叁百九拾弍本」，上海圖書集成局創辦於光緒十年（一八八四），故是目當編於王韜寓滬期間。

是目未依四部編次。首以叢書類開篇，其後經部、子部、史部、集部錯雜其中，難窺其法。每行分上下兩欄，上記書名，下記册數，如「東洋刊白棉帋箋注倭聚鈔　拾本」「原刻初印開有益齋讀書志　四本」「圖局初次印仿殿本廿四史有精美刻字/分史架盒　叁百九拾弍本」「明板晉藩本文選　念捌本」，以雙行小字對藏書進行補充説明。部分書名之上鈐有朱文木記「出」字，蓋係轉讓標識。著録圖書用「本」字，唯著録法帖、墓志等拓片用「册」字。如「《趙子昂過秦論帖》一册」「原拓快雪堂帖　三册」「仇府君墓志一册」三種拓片。著録版本多有「原刻」「初印」「白帋」「明板」字樣。

上海圖書館藏。

子　部

儒家類

童蒙記誦編不分卷〔一〕

清嘉定周保璋輯，清抄本，二册。半頁八行，行二十三字，小字雙行不等。無欄綫。無序跋。内封題

〔一〕《晚清新學書目提要》著録是書。

「童蒙記誦編」五字，并題「潘肇齊讀」。鈐有「南京圖/書館藏」朱文方印。

周保璋著有《蒙學歷史輿地歌括》，已著録。小傳參見史部地理類。

是書係周保璋所編童蒙讀物，以韻文形式編排經史内容。

第一册卷首有朱筆「己亥新正月開卷」，係寶山潘肇齊所記。首爲周保璋輯《節增三字經》，與三字經内容不同，「弟子教，終學文。學文始，啓見聞。……見聞多，須熟記。編要略，此篇起。」次爲《五行生剋》《羅盤方位》……《皇朝經畫》……《漢魏間建安七子》。

第二册卷首有朱筆「己亥九月開卷」，亦當爲潘肇齊所記。收録《八卦納甲》《年干定月并日干定時法》《周易略》……《秦漢以後從祀聖廟先賢儒》等。

按：《中國古籍總目》著録是書爲「潘肇齋抄本」〔一〕，當爲寶山人「潘肇齊」。是書另有清光緒二十三年（一八九七）刻本一部，黑龍江省圖書館藏。

南京圖書館藏。

女二十四孝圖説不分卷車鑒録新編不分卷

清川沙吴福根編，清光緒十八年（一八九二）秋吴友如繪圖，清光緒二十年（一八九四）許墨林齋石印

〔一〕子部第一册第二三七頁。

本，一册。白口，上單魚尾，四周單邊。框高二三六毫米，寬一四五毫米。版心魚尾之上鐫「女二十四孝原編」，版心下鐫「上海敦義堂陳敬刊」。外封題「精圖女二十四孝一册／大洋一元」。内封牌記題「光緒二十年甲午仲冬月陳敦義堂重刊板存川沙吴敬慎堂滬北許墨林齋刊印」。卷首依次爲《初刊女二十四孝圖説序》《重刊女二十四孝圖説引》《女二十四孝原編圖説目次》。文中有句讀及專名綫。鈐有「長樂鄭／振鐸西／諦藏書」朱文方印、「長樂鄭氏／藏書之印」朱文方印、「北京圖／書館藏」朱文方印。是書係鄭振鐸舊藏。

福根字讀秋，洽子。議叙照磨。性孝，編《女二十四孝》。疾鴉片之害，著《車鑒録》《去毒編》。事迹具民國《上海縣續志》卷十八。

是書以上文下圖方式圖説女二十四孝。每頁分上下兩欄，上文下圖，上欄以簡述二十四種孝女故事，半頁十七行，行十三字，小字雙行同。下欄爲吴友如所繪插圖，并附以五言詩。

末附《車鑒録新編》不分卷，吴福根編輯，刻本。是書記載女子惡行之惡報，以警示女子言行。與《女二十四孝》相反相成。

《初刊女二十四孝圖説序》云：「鄉先輩向有《女二十四孝》一册，悉取古來《女訓》中所述賢女事迹，擇其至性過人、足以貫金石而格鬼神昭然在人耳目者，著爲《圖説》。所以爲閨門蒙養計者，意亦良厚。惟稿存篋中，向無刊本。粤東香山東海徐氏諸賢媛好刻善書，見是稿而善之，謂可以傳布四方，助宣陰教。遂捐資慫恿付諸手民，并附閨中前鑒於後。……同治十年辛未仲春月，蓉湖余治蓮邨氏題。」

《重刊女二十四孝圖説引》云：「根於丙子、丁丑兩年，承好善君子慨助，刻有《孝經讀本》《四十八孝圖説》等書行世。前年，復承友人以《女二十四孝》相示，受而讀之，誠閨門蒙養之善本也。……是書所著之説簡而明，所繪之圖精而當。……原本係同治間粤東徐賢媛所刻，第圖與説分列兩頁，不能排刷條幅。兹承海上陳雨祥司馬鉞獨力助貲，慫恿重刻，冀廣流傳。爰付石印，倩工重泐。并請南邑進士浣花先生徐公之女公子文貞女史，仿《男四十八孝》之例，按圖各題五絶一首。根不揣鄙陋，復於諸善書中選集男女不孝之事數十則，附於簡末，名之曰《車鑒録》，俾讀者知賢孝者食報之隆如彼，而忤逆者受譴之慘如是。……光緒二十年歲次甲午仲春之月，川沙吴福根讀秋氏謹識。」《女二十四孝原編圖説目次》前有吴福根題識，云：「勸善之書，傳之欲廣，人每虔心輯著，募資刊刻，而印送未多，板仍高閣。根竊有慮焉。今是書刊成，惟冀樂善君子同心普勸，隨願印送流通，以廣教益，則功德靡有涯矣。甲午仲春，川沙吴福根讀秋氏謹識。」

中國國家圖書館、上海圖書館藏。

干支月名歌不分卷

清上海胡式鈺著，清光緒二十七年（一九〇一）南清河王錫麒小方壺齋鉛印《牖蒙叢編》本，一册。半頁十二行，行二十四字，小字雙行同。白口，上單魚尾，四周雙邊。框高一八一毫米，寬一一八毫米。版心魚尾之上鐫「牖蒙叢編」，下記卷次。版心下方記頁次，并鐫有「南渭河王氏／小方壺齋印」。鈐有「長樂鄭／振鐸西／諦藏書」朱文方印、「北京圖／書館藏」朱文方印。是書係鄭振鐸舊藏。

胡式鈺，字青坳，上海人。諸生。幼穎悟，善讀書，詩古文皆尚生峭奇僻。精曆算之學。歷游燕、趙、齊、魯、晉、豫，無所遇。事迹具光緒《松江府續志》卷二十四。

是書係王錫麒編次《牖蒙叢編》卷十四之第八篇，分爲干、支、月三部分，以七言韻文形式編排歲星紀年法，如「閼逢旃蒙甲乙并，柔兆丙兮强圉丁。」末附《爾雅紀年法》，文中有墨筆校語，如「二得甲兮即畢如」一句，「甲」字改爲「辛」字，「畢」字改爲「塞」字。

按：是書中國國家圖書館著録爲木活字本，然墨色、字體頗爲不似，且紙張有油漬，實爲鉛活字印本。

中國國家圖書館、復旦大學圖書館藏。

兵家類

銅發貢圖説不分卷

清金山顧觀光撰，稿本，清莫友芝跋，一册。半頁九行，行二十二字，小字雙行同。無欄綫。外封墨筆楷書題「銅發貢」三字，并繪有雙輪炮架所托銅發貢大炮一門。無序跋。鈐有「顧深／珍藏」朱文闊邊方印、「上海圖／書館藏」朱文方印。

顧觀光撰有《國策編年》等，已著録。小傳參見史部雜史類。

是書圖文并茂，詳細記述銅發貢、火藥、藥箭等武器之製作工藝、使用方法與作戰效力。

上海圖書館藏。

兵鑒不分卷

清寶山蔣敦復撰，稿本，清莫友芝跋，四册。半頁十行，行二十字，小字雙行同。無欄綫。外封書籤題「兵鑒唐／元」，并有朱筆題記：「老劍著。此或仿《兵志》《兵鏡》類也。庸讀。」卷首有蔣敦復《唐兵鑒自序》、莫友芝題記，卷末有作者題記。鈐有「寶山蔣／敦復一／字劍人」朱文方印、「老劍五／十以後作」朱文方印、「江東／老劍」白文方印、「五十以／後作」白文方印、「劍／人」朱文方印、「復／印」白文方印、「上海圖／書館藏」朱文方印。《中國古籍善本書目·子部》著録書名爲［唐兵鑑］。〔一〕

蔣敦復（一八〇八—一八六七），原名爾鍔，又名金和，字劍人，又字克父、子文、純甫、老父、超存，號江東老劍，又號麓農山人、克庵居士。道光二十年，削髪爲僧，法號鐵峰、妙塵、玅喜，又號銕岸上人。道光二十三年還俗，更名敦復。寶山人。巡道應寶時聘爲記室，未幾卒。與張文虎、姚燮、王韜多有來往。著有《嘯古堂集》等。事迹具光緒《松江府續志》卷二十七。

是書分爲四册，第一册爲《兵鑒弟五册唐》，含兵律門、兵謀門、兵機門、兵誡門；第二册爲《兵鑒弟六册唐》，含兵律門、兵謀門、兵機門、兵誡門；第三册爲《兵鑒弟七册唐》，含兵律門、兵謀門、兵機門、兵誡門；第四册爲《兵鑒弟八册唐》，含兵律門、兵謀門、兵機門、兵誡門。每門之下，先列史實，主要記述唐代戰事（亦有隋代戰事，如《兵鑒弟五册唐·兵誡門》記載隋煬帝御駕親征高麗之役），次低一格對戰事品評發微。

〔一〕子部上册第一二九頁。

《唐兵鑒自序》云：「若夫唐之盛衰，不在府兵之廢興，而在宰相之賢否。史册所載，班班可考。愚故略數有唐一代之相，附以論府兵者著于篇，爲《唐兵鑒序》云。咸豐十有一年秋七月，寶山蔣敦復。」鈐有「劍／人」朱文方印、「復／印」白文方印。

莫友芝題記云：「同治乙丑閏月二日鐙下，獨山莫友芝讀過。」鈐有「莫友芝／圖書印」朱文長方印、「江東老／劍五十歲／垏著書／四十萬言」白文方印。

作者題記云：「同治元年夏四月朔，江東老劍蔣敦復自校一過，於滬城北郭之海天長嘯樓。」鈐有「敦」「復」連珠文方印。

上海圖書館藏〔一〕。

歷代方略紀要十卷

清上海張焕綸撰，謄清稿本，十册。卷一至六、卷十爲黑格稿紙，版心上題「歷代方略紀要」六字，下題「卓儒手著」四字。半頁十二行，行二十四字，小字雙行同。白口，無魚尾，四周雙邊。框高一七五毫米，寬一一五毫米。卷七至九爲紅格稿紙，版心上題「龍門書院日紀」六字，半頁九行，行三十一字，小字雙行同。白口，上魚尾，四周雙邊。卷首有《例言》。鈐有「上海圖／書館藏」朱文方印。

〔一〕 據上海圖書館掃描件。

張焕綸（一八四三—一九〇二），字經甫，上海人。佳梅子。廩貢。知府銜，候選同知。巡道馮焌光創求志書院，延主講席。嘗爲馮著《歷代方略紀要》，專述地理得失。光緒二十八年（一九〇二）夏，以舊疾增劇卒。事迹具民國《上海縣續志》卷十八。

每卷卷首有目録，卷一爲秦起周顯王七年，訖秦始皇二十六年……卷十爲三國，詳載秦漢時期之重要戰事。文中多有雙行小字注。天頭間有墨筆批注。

是書首頁貼有紅紙一頁，列卷目册數清單，「計呈稿本：卷一一本，謄真；卷二一本，謄真；卷三一本，謄真；卷四一本，謄真；卷五一本，謄真；卷六一本，謄真；卷七一本，草本；卷八一本，草本；卷九一本，草本；卷十一本，謄真；共稿十本。其第三卷前已呈進。兹共呈稿九本，即希鈞鑒。張焕綸謹呈。」

書中夾有紙卡，係今人所書作者簡介：「張焕綸，字經甫，上海人。廩貢。知府銜，候選同知。光緒初，創正蒙書院。盛宣懷奏設南洋公學，延爲總教。卒于光緒廿八年（壬寅），年六十。」

《例言》云：「是編專叙兵事，大致仿宛溪顧氏《古今州域形勢》。顧氏以事隸綱，故前後錯出。是編以綱綜事，故編年紀月，次序秩然。顧氏僅舉大略，是編詳紀首尾，視顧氏增十之七八焉。其例有五，曰提綱，曰史略，曰集説，曰按，曰揭要，曰釋地；綜其要者曰提綱，分冠於史略之上，合之亦自成篇幅，覽此可以得一朝兵事之概；條繫於提綱之下者曰史略，大率采之《通鑒》，間以歷代史參酌之，覽此可以得一朝兵事之詳；采前賢之議論而繫於史略之後曰集説，其異同者并列焉；以己意附於集説之後曰案，逐事爲篇。循其次第而叙之，錯以議論，覽此可以得一事之首尾；揭方略之要旨而標於上方曰揭要，雜取太公、孫吴、司馬諸書證之；以今地釋古地之所在曰釋地，釋於史略者既詳，故釋於案者從略。」《例言》之末附《史略圈點例》：「……次者用夾圈『〇〇』，其前後綫索則用尖密點『、、、』。」

上海圖書館藏。

醫家類

宋本傷寒雜病論注十卷宋本金匱方略三卷

清金山顧觀光注，稿本，一册，凡四十六頁。半頁十一行，行二十五字，小字雙行同。無欄綫。外封題「宋本傷寒論業師顧尚之夫子未竟之注／華亭門人李廷棨題籤」。卷首依次爲題記、《宋本傷寒論目次》《宋本金匱方論目次》。天頭有批校，卷末夾有張文虎校勘之浮簽。鈐有「觀／光」朱文方印、「顧深／珍藏」朱文方印、「上海圖／書館藏」朱文方印。毛裝。

顧觀光撰有《國策編年》等，已著録。小傳參見史部雜史類。

是書係顧觀光校勘、注釋《傷寒雜病論》《金匱方略》之作。作者以雙行小字注於《傷寒雜病論》正文之下。《宋本傷寒論》目録雖爲十卷二十二篇，然正文僅卷一《辨脈篇》《平脈篇》、卷二《太陽上篇》、卷三《太陽中篇》凡三卷四篇。不僅篇名、篇目與十卷二十二篇本（如明趙開美校刻本）不同，内容亦多有刊落。卷首雖有《金匱方略目次》，然有目無文，並無校注《金匱方略》文字。

題記云：「此書爲鈕苣亭借去，致第末頁扯去一角，失落數字，不能補。」

按：是書收入《武陵山人遺書》。

上海圖書館藏。

靈樞經校勘記一卷

清金山顧觀光撰，民國間吴縣王氏學禮齋抄本，一函一册。半頁八行，行三十字，小字雙行同。無欄綫。鈐有「欣夫」朱文方印、「王大隆」白文方印、「復旦大學/圖書館藏」朱文方印。是書係王欣夫舊藏。顧觀光撰有《國策編年》等，已著録。小傳参見史部雜史類。

是書係顧觀光校勘《靈樞經》之校勘記。依《靈樞經》編次，分爲八十一篇，正文爲大字，校記爲雙行小字。多據《甲乙經》對校，并以《素問》参校。

復旦大學圖書館藏。

神農本草經四卷

三國魏廣陵吴普等撰，清金山顧觀光輯，稿本，一册。半頁十一行，行二十五字，小字雙行同。無欄綫。外封題「神農本草經四十五頁/宋本傷寒論」。卷首有顧觀光自序，卷末有顧觀光《録本草經書後己丑》〔一〕。

〔一〕　己丑，光緒十五年（一八八九）。

天頭有墨筆校語。鈐有「觀／光」朱文方印、「顧深／珍藏」朱文方印、「上海圖／書館藏」朱文方印。毛裝。《中國古籍善本書目・子部》著録。

顧觀光撰有《國策編年》等，已著録。小傳參見史部雜史類。

《神農本草經》久佚，後有多種輯本，如清孫星衍、清孫馮翼輯《本草經》三卷，清姜國伊輯《神農本草經》三卷，清黄奭輯《神農本草經》三卷等。是本係顧觀光校輯，以《序録》爲卷一，次爲《上品》《中品》《下品》，故爲四卷。據《本草綱目》《證類本草》《太平御覽》《唐本草注》等，以《本草綱目》卷二所載《神農本草經・目録》爲次，輯録校證三百六十五種藥材，含上品一百二十種，中品一百二十種，下品一百二十五種。與前人所輯三卷本不僅分卷不同，内容亦多有不同，且對前人輯本有所辯證。

自序云：「於繙閲之餘，重爲甄録，其先後則以《本經・目録》定之。仍用韓氏之説，別爲《序録》一卷。而唐宋類書所引有出《證類》外者，亦備録焉。……甲辰九月霜降日。」[一]

《録本草經書後己丑》云：「《神農本草經》三品，共三百六十五種，以應周天之數。梁陶宏景《名醫別録》又增三百六十五種，以白書爲《本經》，墨書爲《別録》。傳寫日久，舛誤甚多。今二書皆已亡佚，所據者惟《綱目》。……今姑即《綱目》所載，採録成編，名例數條，仍冠於首。異日當重爲校補，與海内同志共珍之。」

按：是書刻入《武陵山人遺書》，與稿本文字略有不同。

[一] 甲辰，道光二十四年（一八四四）。

《中國古籍總目》著録：「《神農本草經》四卷，三國魏吴普等撰，清顧觀光輯，手稿本，上海；《武陵山人遺書》本（光緒刻）；清光緒十五年刻本，江西中醫；清光緒三十年刻本，中國醫科院，成都中醫大；抄本，上海。」〔二〕

上海圖書館藏。

天文算法類

六曆通考不分卷

清金山顧觀光撰，稿本，一册。半頁十一行，行二十五字，小字雙行同。無欄綫。外封題「六厤通考二十四頁」。無序跋。鈐有「上海圖/書館藏」朱文方印。毛裝。

顧觀光撰有《國策編年》等，已著録。小傳參見史部雜史類。

是書係作者依據《開元占經》所紀黄帝曆、顓頊曆、夏曆、殷曆、周曆、魯曆等先秦六曆紀年而爲之考訂之作。

按：是書另有清光緒九年（一八八三）莫祥芝刻《武陵山人遺書》本（《武陵山人遺書》已影印收入《稀見清代民國叢書五十種》第六八册）。半頁十行，行二十二字至二十五字不等，小字雙行同。白口，

〔二〕子部第二册第五一〇頁。

上單魚尾，左右雙邊。版心上方鐫「六曆通考」四字，版心下方記頁次，凡二十九頁。

上海圖書館藏。

九執曆解不分卷

清金山顧觀光撰，稿本，一册。半頁十二行，行二十五字，小字雙行同。無欄綫。無序跋。卷首有作者《九執曆解自序》。鈐有「上海圖/書館藏」朱文方印。

顧觀光撰有《國策編年》等，已著録。小傳參見史部雜史類。

是書係作者對九執曆（梵曆）之解釋及考證，分爲《推積日及小餘》《推中日》《推中月》……《推日閒量》等。

《九執曆解自序》云：「方今曆學大明，中西一貫，獨九執曆隱在《占經》，世無刊本，展轉傳寫，致錯誤不可通。余爲推尋本末，稍以新法通其所窮，動刀甚微，謋然已解。因一一推明其立法之故，得曆解若干條。……丙申清明日序。」

按：是書另有清光緒九年（一八八三）莫祥芝刻《武陵山人遺書》本（《武陵山人遺書》已影印收入《稀見清代民國叢書五十種》第六八册）。半頁十行，行二十二字，小字雙行同。白口，上單魚尾，左右雙邊。版心魚尾之上鐫「九執曆解」四字，版心下方記頁次，凡十六頁。

上海圖書館藏。

回回曆解不分卷

清金山顧觀光撰，稿本，一册。半頁十一行，行二十五字，小字雙行同。無欄綫。無序跋。無印記。

顧觀光撰有《國策編年》等，已著録。小傳參見史部雜史類。

是書係作者解説回回曆（伊斯蘭曆，陰曆之一種）之作，分爲《宫分日數》《月分日數》……《求日月出入帶食分秒》等。

按：是書另有清光緒九年（一八八三）莫祥芝刻《武陵山人遺書》本（《武陵山人遺書》已影印收入《稀見清代民國叢書五十種》第六八册）。半頁十行，行二十二字，小字雙行同。白口，上單魚尾，左右雙邊。版心上方鎸「回回秝解」四字，版心下方記頁次，凡二十五頁。

上海圖書館藏。

算賸初編一卷

清金山顧觀光撰，清金山顧深、清金山顧澄、清金山顧源校，稿本，一册。半頁十一行，行二十五字，小字雙行同。無欄綫。無序跋。外封題「算賸初續編」，卷首有吴嘉善《叙》。天頭間有墨筆批校。鈐有「觀／光」朱文方印、「顧深／珍藏」朱文方印、「上海圖／書館藏」朱文方印。

顧觀光撰有《國策編年》等，已著録。小傳參見史部雜史類。

是書係作者所撰曆法、算學之作。依所作時間爲序，分爲《殷秝八蔀年考癸巳》《魯秝積年考丁未》……《五星歲輪與伏見輪之不同壬寅》等。

吴嘉善《叙》云：「近來金陵，晤張君嘯山，出顧君所爲《算賸初續編》，請爲之序。……久負張君諾。去年，君歸南匯，再以書來促。乃檢昔存殘稿，屬還顧君後人而叙之如此。同治十三年陽月，南豐吴嘉善叙。」

按：上海圖書館藏有清同治十三年（一八七四）刻本《算賸初編》一卷《續編》一卷，一册。《中國古籍總目》著録：「《算勝初編》一卷《續編》一卷，清顧觀光撰，清同治十三年刻本，上海、東北師大。」〔一〕是書另有清光緒九年（一八八三）莫祥芝刻《武陵山人遺書》本（《武陵山人遺書》已影印收入《稀見清代民國叢書五十種》第六八册）。半頁十行，行二十二字，小字雙行同。白口，上單魚尾，左右雙邊。版心上題「算賸初編」四字，版心下方記頁次，凡五十六頁。

上海圖書館藏。

算賸續編一卷

清金山顧觀光著，稿本，一册。半頁十一行，行二十五字，小字雙行同。無欄綫。無序跋。卷端題「金山顧觀光尚之著，男深、澐、源同校」。無印記。

顧觀光撰有《國策編年》等，已著録。小傳參見史部雜史類。

〔一〕子部第三册第一一二一頁。

是書係作者所撰算學之作，依時間爲序，分爲《四元解序丙午》《對數探原序丙午》……《解徐鈞卿橢圓正術壬寅》等。

按：是書另有清光緒九年（一八八三）莫祥芝刻《武陵山人遺書》本（《武陵山人遺書》已影印收入《稀見清代民國叢書五十種》第六八册）。半頁十行，行二十二字，小字雙行同。白口，上單魚尾，左右雙邊。版心上方鐫「算賸續編」四字，版心下方記頁次，凡四十九頁。

上海圖書館藏。

算賸餘稿二卷

清金山顧觀光撰，稿本，一册，凡四十二頁。半頁十一行，行二十五字，小字雙行同。無欄綫。無序跋。卷首有目録。鈐有「觀/光」朱文方印、「顧深/珍藏」朱文方印、「上海圖/書館藏」朱文方印。《中國古籍善本書目·子部》著録。

顧觀光撰有《國策編年》等，已著録。小傳參見史部雜史類。

是書係顧觀光所撰算學之作，含《開方餘議乙卯》《解孔顨軒七乘方求矢術》《正弧形邊角比例法》《斜弧邊角形用垂弧法》《斜弧三角形用次形法》《依西法求白道交周當用正弧三角形》《求黄道高弧交角簡法　求白道高弧算例》凡七篇，依年月編排。

按：是書另有清光緒九年（一八八三）莫祥芝刻《武陵山人遺書》本（《武陵山人遺書》已影印收

入《稀見清代民國叢書五十種》第六八册）。半頁十行，行二十二字，小字雙行同。白口，上單魚尾，左右雙邊。版心上方鐫「算賸餘稿」四字及卷次，下記每卷頁次，卷上凡五十五頁，卷下凡七十五頁。

上海圖書館藏。

周髀算經校勘記二卷

清金山顧觀光撰，稿本，一册。半頁十一行，行二十五字，小字雙行同。無欄綫。無序跋。鈐有「上海圖書館藏」朱文方印。

顧觀光撰有《國策編年》等，已著録。小傳參見史部雜史類。

是書係作者以本校、他校、理校等方式校勘《周髀算經》之校勘記。不僅校勘考辨文字，且校勘圖形，如卷上：「日高圖　原圖大誤，今正之如左。」

按：《武陵山人遺書》收録是書，半頁十行，行二十二字，小字雙行同。白口，上單魚尾，左右雙邊。版心魚尾之上鐫「周髀算經校勘記」七字，版心下方記頁次。卷末有《讀周髀算經書後》。《古今算學叢書》第三輯〔一〕、《槐廬叢書·算經三書》亦收録是書〔二〕。

〔一〕清劉鐸輯，清光緒二十四年上海算學書局石印本，中國國家圖書館藏。

〔二〕湖北圖書館藏。

上海圖書館藏。

顧尚之算學不分卷

清金山顧觀光撰，抄本，一册，凡五十六頁。半頁十一行，行二十五字，小字雙行同。無欄綫。目録後有「丙午二月讀易東窗鈔本」十字。無序跋。鈐有「上海圖/書館藏」朱文方印。

顧觀光撰有《國策編年》等，已著録。小傳參見史部雜史類。

是書爲輯録顧尚之研究算學、曆法文章之彙編。以年月爲序，分爲《讀周髀算經書後》《擬曉庵新法跋》《擬五星行度解跋》《四元釋序》《對數探原序》《殷曆考》《顓頊曆考》《日法朔餘强弱考補遺》《新立八綫表求正切綫法》《用叠錯互徵求正弦綫法》《斜弧三角形用次形法》《交食餘議》《讀冬至權度書後》《雜記》凡十四篇。

上海圖書館藏。

術數類

六壬兵占不分卷

清上海葛士達撰，抄本，十册。半頁十八行，小字雙行，行三十五字。白口，上單魚尾，四周雙邊。框高一九六毫米，寬一四八毫米。鈐有「上海圖/書館藏」朱文方印。

葛士達（？—一八九三），字伯材，號子材。學禮長子。上海人。諸生。同治初，入潘鼎新幕，隨軍剿捻。光緒初，署潞城令。光緒癸巳夏，卒於官。事迹具民國《上海縣續志》卷十八。

是書係作者所撰以六壬占卜之作。每頁均爲六壬占卜之行格，以墨筆填充占卜結果，如「占天半陰」「婚成」「大將軍中宜正北前宜西南」。

上海圖書館藏。

藝術類

四銅鼓齋論畫集刻十二種

清婁縣張祥河編，清道光二十六年（一八四六）刻本，四册。半頁九行，行十八字，小字雙行同。框高一二六毫米，寬八八毫米。大黑口，綫魚尾，左右雙邊。版心上魚尾之下鎸「畫語録」等子目書名，下魚尾之上記每子目頁次。外封書籤以行書題「四銅鼓齋論畫集刻元/亨/利/貞」，内封書名頁以篆書題「四銅鼓齋論畫集刻」。卷首依次爲張祥河《序》、《姓氏小傳》《論畫集刻目録》。鈐有「法公董局李氏圖書室/Ex Libris」朱文方印、「復旦/大學/圖書/館藏」朱文方印、「復旦大學/圖書館藏」朱文長方印、「復旦大學/圖書館藏」朱文長方印〔一〕。

〔一〕與前者印文相同，字體不同。

張祥河（一七八五—一八六二），初名公璠，字詩舲，婁縣人。興鏞子。嘉慶二十五年（一八二〇）進士。官至工部尚書，加太子太保。咸豐十一年（一八六一），以疾致仕，卒於京，謚温和。著有《小重山房初稿》二十四卷、《詩舲詞録》二卷等。事迹具清同治間刻本《先温和公年譜》、光緒《松江府續志》卷二十四。

是書係作者搜集清代畫論之彙編。含清釋道濟撰《苦瓜和尚畫語録》一卷（題全州道濟石濤著，華亭張祥河詩舲訂），清笪重光撰《畫筌》一卷，清龔賢撰《畫訣》一卷，清王原祁撰《雨窗漫筆》一卷，清王昱撰《東莊論畫》一卷，清唐岱撰《繪事發微》一卷，清張庚撰《浦山論畫》一卷，清鄒一桂撰《小山畫譜》二卷，清蔣驥撰《傳神秘要》一卷，清方薰撰《山静居畫論》二卷，清黄鉞撰《二十四畫品》一卷，清王學浩撰《山南論畫》一卷。

張祥河《序》云：「昔者史皇作畫，列代承之。作者既多，論者亦復不少。自謝赫、姚最以下，著于貞觀，盛于宣和。至本朝康熙中《佩文齋書畫譜》而蔚然美備，可謂極藝苑之壯觀，貽後人之成矩。惟是當時詞臣奉敕所編，止于明季，故有其後諸人述撰未及采輯，或間自刊行。予欲彙搜爲一書，而有所未暇。其有單行之本，或出自秘藏，或收于……道光二十六年冬十月既望，華亭張祥河撰。」

卷首《姓氏小傳》，依子目編次排列作者小傳。

按：是書有清道光二十六年（一八四六）刻本、清宣統元年（一九〇九）北京會文齋刻本兩種版本。宣統刻本以道光刻本爲底本翻刻而成，版式、字體一依道光本，略有差異。如道光本每種子目之末皆有書名，且以「完」字結尾。例「山南論畫完」，唯《浦山論畫》之末無書名，無「完」字結尾。宣統本於《浦山論畫》末行之尾增刻「完」字，亦無書名。《浦山論畫》末行仍爲正文，爲省去一版，故不再標注書名。

復旦大學圖書館、上海圖書館、南京圖書館藏。

考古金鑑二卷

清上海徐渭仁著，清抄本，四册。半頁九行，行二十字，小字雙行同。黑格，白口，無魚尾，四周雙邊。框高一九八毫米，寬一二七毫米。版心上題「鋤雲山館隨筆」六字，下記每卷頁次。天頭及文中有朱筆批注，并有墨筆浮簽。鈐有「惺願/山人」朱文方印、「金匱華氏藏書」朱文長方印。

徐渭仁著有《隨軒金石文字》，已著録。小傳參見史部金石類。

是書係作者雜考書畫、紙墨、瓷器等藝術隨筆，分爲《考古金鑑》卷上、《考古金鑑》卷下兩部分。卷上含《古墨迹碑帖論》《學書法》《評書》《評紙》《評筆》《評墨》凡六部分，每部分含若干篇。卷下含《古畫論》《古琴論》《古硯論》《雜考》《珍寶論》《石論》《古窯器論》《竹論》凡八部分，每部分亦含若干篇。

按：上海圖書館古籍書目檢索系統著録是書爲「考古金鑑二卷雜考一卷」，其中「雜考一卷」，實爲卷下之一部分。

上海圖書館藏。

安素堂詩謎集一卷

清華亭顧翼之著，清同治七年（一八六八）刻本，一册。半頁十行，行二十二字，小字雙行同。白口，上單魚尾，左右雙邊。框高一四六毫米，寬一〇四毫米。版心魚尾之上鎸「安素堂詩謎集」六字，版心下方記頁次。卷端題「茸城顧翼之筠盟甫著」。卷首依次爲《廋詞序》（首行有題記，云「許子來拜讀」）、《安素堂詩謎集目録》，卷末有韓應陛、韓載陽跋。鈐有「上海圖/書館藏」朱文方印。

顧翼之（一七九三—一八四八），字聖扶，號雲門、筠盟，華亭人。諸生。有學行。善爲廋辭。事母純孝，好事者爲繪《采藥奉母圖》。光緒五年（一八七九）以孝旌。事迹具光緒《松江府續志》卷二十四。

是書係作者所編燈謎，分《字類》《四子經書類》《古人類》《古女類》《動植類》《地輿古迹類》《雜門類》《曹娥碑格皇華驛格類》凡八類。每行上列詩謎，下列謎底。末附海昌徐楚畹撰《四書人名廋辭七律十四首，每句各隱一人名》，並有徐良鈺跋。

徐良鈺跋云：「先生爲浙中名孝廉，屢上公車，不得一第，晚以廣文終。曾客遊松郡，余訪之，出所刻《廋辭》贈余。余得其解者八九，恐零紙之散佚，録存於他書。兹屬韓君陽生附梓於《安素堂詩謎集》後，庶并傳不朽云。華亭徐良鈺式如氏跋。」

徐良鈺《廋詞序》云：「筠盟捐館後，其著作盡歸族子某，是册乃其門人所謀傳世者，詳見緑卿跋語中。……予方虞原本亦化劫灰，今秋陽生過舍，知是册尚存，并謀付梓，仍丐予序。……時同治七年秋七月，徐良鈺序。」

韓應陛跋云：「此顧筠盟先生燈謎也。顧没，其門人李少蓮僊根持原本見示，謀付梓，并屬余轉懇姚樗寮先生序之。手既録存此本，原書還李。承間語姚先生，先生既許之矣，時在咸豐二年夏間。是年冬，先生病，竟不起，所許序竟未脱稿，他日當更求他人序之耳。李姓名，序中當及之，須致作序者。五年乙卯十月，取付陽生，屬他日當爲捐貲刊行也。應陛記。」

韓載陽跋云：「載陽童時從顧先生受經。既先生没，先大夫以先生所爲《廋詞》付載陽。又六年，遭粵賊之亂，先世所藏金石珍秘棄於兵火者十之八九，先大夫亦於是年捐館。寇去，什襲遺物，得此本。讀先大夫舊題，泫然流涕者再。今年方刊先大夫遺書，以此本并付手民。既丐徐年丈爲之序，因序中未及李君少蓮名，即以舊題數行鐫於序後，以成先志。……受業韓載陽謹識。」

上海圖書館藏。

觀瀾閣書畫題跋録二卷

清金山金黼廷輯，稿本，四册。半頁八行，行二十一字，小字雙行同。黑格，卷上爲上白口，下大黑口，上單魚尾，四周雙邊。框高一八〇毫米，寬一二三毫米[一]。卷下爲白口，上單魚尾，左右雙邊，版心下方鐫「彭城觀瀾閣」五字。鈐有「上海圖/書館藏」朱文方印。《中國古籍總目》未收録。

金黼廷，字瘦仙、望喬，號鹿隱生，道光咸豐間金山角巷村人。附貢。工詩，書法遒麗，兼擅八分書。藏書甚富，沈酣典籍，尤善鑒别金石，皆援據典籍爲證。著有《雪鴻樓古器銘文考》《雪鴻樓書畫贅言》《雪

[一] 據上海圖書館掃描件。

鴻樓書畫題跋録》《奚囊賸句》《鹿隱生存稿》一卷等。事迹具清光緒《金山縣志》卷二十一、光緒《松江府續志》卷二十五。

是書係作者輯録瑶華道人、王丹思、董文敏、陳眉公、丁南羽、王履若、趙文度、沈子居等書畫之題跋、題詩。卷上含《宗室瑶華道人仿古山水册》《王丹思仿叔明層巒無盡立幅》等凡十九幅書畫，卷下含《徐文長墨花卷》《王百穀行楷詩翰卷》《王禄之設色花卉册》等凡三十八幅書畫。每條先列該書畫之題名，次以雙行小字著録紙張、行款，次爲過録該書畫之題跋、題畫詩等詩文，并過録印記之釋文。

上海圖書館藏。

觀瀾閣書畫題跋録二卷

清金山金黼廷輯，清末烏絲欄抄本，二册。半頁八行，行二十一字，小字雙行同或不等，版心上方爲白口，版心下方爲黑口，上單魚尾，四周雙邊。框高一七三毫米，寬一一八毫米。版心下方記每卷頁次，卷一凡五十二頁，卷二凡五十一頁。卷末有黄裳跋。鈐有「艸艸亭藏」朱文長方印、「黄裳藏本」朱文長方印、「黄」「裳」白文連珠方印（黄裳）、「長樂鄭氏/藏書之印」朱文方印、「長樂鄭/振鐸西/諦藏書」朱文方印（鄭振鐸）、「北京圖/書館藏」朱文方印。是書曾經黄裳（一九一九—二〇一二）、鄭振鐸（一八九八—一九五八）等舊藏。

金黼廷撰有《觀瀾閣書畫題跋録》二卷，已著録。小傳參見子部藝術類。

是書分爲兩卷，每册一卷。卷一包含《宋人書大方廣佛華嚴經第十一卷》《元黄大癡墨山水立幅》《沈啓南江程泛舟圖立幅》《文衡山仙山樓閣圖并書仙山賦卷》《陳章侯百美卷》等凡四十二篇宋元明書畫題跋，卷二包含《王奉常仿大痴晴巒圖立幅》《王石谷重設色山水巨幅》《王司農設色夏峰疊翠卷》《顧雲臣採芝仙立幅》等凡四十四篇明清書畫題跋。每篇先列書畫題名，次行低一格以雙行小字簡介形製、考辨内容、評價藝術、著録收藏等，次爲過録書畫作者及他人題跋，并以雙行小字過録印章釋文。

黄裳跋云：「辛卯八月廿日，余方歸滬，石麒自雲間來，示以書數種，不甚佳，然不忍拂其意，聊復收之。今日遂以黄蕘翁跋《明皇十七事》及……四種來，可喜也。……黄裳。」按：跋文所云「辛卯」，當爲一九五一年。

中國國家圖書館藏。

雜家類

顧尚之雜稿不分卷

清金山顧觀光（一七九九—一八六二）撰，稿本，二册。上册半頁十行，行二十三字，小字雙行同。大黑口，上單魚尾，四周雙邊。六眼裝訂。框高一六八毫米，寬一四二毫米。内封有紙號印記「姚錦芳號本號向在張堰鎮中市自造门市帳簿各色紙貨發兑」一枚。版心下有「錦芳號」三字。每頁分爲三欄。下册半頁十一行，行二十三字，小字雙行同。白口，上單魚尾，左右雙邊。框高一八二毫米，寬一三六毫米。

雙眼裝訂。鈐有「觀／光」朱文方印、「顧深／珍藏」朱文方印、「上海圖／書館藏」朱文方印。《中國古籍善本書目·子部》著録。

顧觀光撰有《國策編年》等，已著録。小傳參見史部雜史類。

是書係顧觀光雜抄、雜記、雜考之彙編，涉獵博雜。上册依次爲摘録《太平經》文字，所作《解徐鈞卿橢圓正術壬寅》《日法朔餘强弱考補癸卯》《鐘鼎欵識不成句者不録，已見薛氏書者不録》《黄鐘宫三十三章》《據唐慎微證類本草求神農本草經原次》、《乙巳三月十一日與水西兄》信札一通；下册依次爲道光二十五年（一八四五）五月望日各房公議修繕祖傳法器之清單、條款和章程，《重建涇興廟啓》《開山塘稟》《聽香樓記》《錢漱六别傳》《釋「博」》《釋「骨」》《刊水龍經序》《竹枝詞六首》《黄檗禪師語録》《亦幻境圖序》《秋堤酹月圖記》等。

上海圖書館藏。

古書逸文存一卷上

清金山顧觀光輯，稿本，二册。半頁十一行，行二十五字，小字雙行同。無欄綫。外封題書籤「古書逸文」四字。卷首有作者小序及目録。鈐有「觀／光」朱文方印、「顧深／珍藏」朱文方印、「上海圖／書館藏」朱文方印。毛裝。

顧觀光撰有《國策編年》等，已著録。小傳參見史部雜史類。

是書係作者所輯隋以前典籍逸文之彙編，含《尚書逸文逸句》《儀禮逸文》《越絶書逸文》《劉向别録》《劉歆七略》《説苑逸文》《曾子逸文》《吕氏春秋逸文》《大戴禮記逸文逸句》《禮記逸文逸句》《韓詩外傳逸文》《衛宏詔定古文官書》《戰國策逸文》《揚雄蜀王本紀》《吴越春秋逸文（另録）》《竹書紀年存真》《汲冢瑣語》《子思子》《公孫尼子》《王孫子》《新序逸文》等五十四種。逸文之下有雙行小注，標明所輯逸文之出處。

小序云：「累年欲取馬氏《繹史》重爲編次，正其譌謬而補其脱遺，使十二代之遺文軼事悉萃於此，亦書城中一快事也。而忽忽廿年，此志未就。今則鍾期已逝，伯牙不復鼓琴，所輯逸書散無友紀。乙巳春，稍取舊稿，整齊排比。除已刻外，得書五十四種，皆隋以前舊帙。古色紛披，棄之可惜，是以録而存之。」

按：上海圖書館另藏有抄本一部。半頁十四行，行四十字，小字雙行同。紅格，白口，上單魚尾，左右雙邊。無序跋。卷端題「古書逸文　金山顧觀光尚之輯　金山姚氏懷舊樓藏原稿本」。天頭間有墨筆批校。鈐有「上海圖/書館藏」朱文方印。

上海圖書館藏。

困學語不分卷

清華亭范臺著，清光緒間丁頤生抄本，清丁立誠跋，一册。半頁十一行，行二十一字，小字雙行同。白口，上單魚尾，左右雙邊。內封書名頁題「困學語」三字。卷末有朱瀓、朱文治跋，丁立誠跋。鈐有「頤生/父」陰陽文印、「丁正之印」白文長方印、「錢唐丁/氏正修/堂藏書」朱文方印、「京師圖書/館收藏之印」朱文長方印。《中國古籍善本書目·子部》著録。

范臺，字墨農，婁縣人。諸生。少從倪元坦學究心性理諸書。性耿介，一介不妄取，安貧授徒，以身爲教。雖盛暑，必正衣冠危坐。臺兼精堪輿家言，然爲人擇葬地，未嘗以術家禍福之説惑人。卒年七十。事迹具清光緒《松江府續志》卷二十四。

是書係作者人生感悟之語録彙編。如「有所得於富貴外者，富貴可也。有所得於貧賤中者，貧賤可也」，「減一分人欲，即增一分天理」，「不妄語，然後可進於誠」。

朱瀓、朱文治《跋》云：「宋仁宗朝賢相范文正公前九世祖唐中宗嗣聖六年春官尚書同平章事名履冰，以忠直顯，松郡建三賢祠以祀之。吾師墨農先生爲履冰公三十四世孫。弱冠，補邑諸生。後喜讀先儒語録，未嘗一與科舉。居郡城西門外，茅屋三間，不蔽風雨。家至貧，中年喪耦，不再娶。閉户授徒，不與外事。所著《困學語》一卷，擬録付梓人，登諸梨棗。《皇朝儒行所知録》六卷、《日記》四卷，藏於家。《修齊集要》八卷，沈君菊廬出貲校刊問世。道光二十五乙巳二月望日，受業門人朱瀓、朱文治謹跋。」

丁立誠跋云：「家大人喜閲性理家言，前延高孝靖先生校梓《當歸草堂叢書》八種，續有所得，備作二刻。此册其一也。後因孝靖歸道山，手民星散，未續刻也。此爲家頤生叔手録。頤生叔年小於誠，性敏好學，誠所不及。初由性理入手，其文精理名言，自成一子。由宋學上溯漢人説經之旨，伏案三載，始通許氏《説文》，其所著經説故能彙漢宋兩家，惟求其是。惜不永年，未竟其學。今見遺迹，重付裝訂，不勝今昔之感云。光緒壬午春日，錢塘丁立誠識。」鈐有「修／父」陽文方印。

中國國家圖書館藏。

拘墟私語三卷

清青浦王先琨著，清刻本，一册，凡三十七頁。半頁十行，行二十一字，小字雙行同。白口，上單魚尾，左右雙邊。框高一七九毫米，寬一二五毫米。外封書籤題「拘墟私語」四字。版心魚尾之上鐫「拘墟私語」四字，版心下方記頁次。卷首有作者自序。卷末有林汝舟跋。鈐有「上海圖／書館藏」朱文方印。

王先琨，號笠華，青浦秋涓涇人。與陸我嵩同學相善。我嵩赴閩，邀先琨同往，襄理甚多。後我嵩卒於任，復竭力經紀其事，人以爲難。嘗從林文忠則徐遊。感憤時事，著《拘墟私語》一書。姚椿推重之。事迹具清光緒《青浦縣志》卷十九。

是書分爲三卷，第一卷十三篇，第二卷十三篇，第三卷十六篇。每篇包含一至九個子目，如第二卷第二篇，含省城貿易、出口銀多、洋錢、錢法、秤法、街道、小脚等七子目〔一〕。是書多引用《海録》《裨海紀遊》、朝廷邸報、檄文及大臣奏疏、告示，詳載政商軍情及風土民俗。

〔一〕「小脚」下注云：「言漢女貴小脚，猶番女貴細腰。」

林汝舟跋云：「笠華先生綴録夷言之有關係者四條，而各附以論斷。書成示余。……庚子小寒日，林汝舟拜跋。」

上海圖書館藏。

紅樓雜著不分卷

清南匯朱作霖等著，民國間朱絲欄抄本，一册。半頁十行，行二十五字，小字雙行同。框高一九〇毫米，寬一〇七毫米。版心下方鐫「同袒玖記製」五字。外封墨筆楷書題「紅樓雜著」四字，并題「幻覺」二字。鈐有「北京圖／書館藏」朱文方印。

朱作霖著有《含輝録》等，已著録。小傳参見史部傳記類。

是書含朱作霖所作《大觀園記并序》、《櫳翠菴品茶記》、莞公《吊瀟湘妃子文并引》、雨蒼《十二釵贊》、《紅樓夢詩并序》、《讀紅樓夢題後一》、《讀紅樓夢題後二》、《附紅樓夢十二咏》、《紅樓夢歌集古句》、《讀紅樓雜記》、寄恨《王熙鳳詞仿彈詞題》、《讀紅樓劄記》、《石頭記題詩録雋》、虞山姚肖堯《紅樓雜詠》等凡十四部分[一]。文中避「玄」字、「弘」字諱。

中國國家圖書館藏。

[一] 姚肖堯，字民哀。

乙閏録不分卷

清嘉善鍾文烝撰，謄清稿本，一册。半頁十一行，行二十二字，小字雙行同。緑格，白口，上單魚尾，四周雙邊。框高二〇〇毫米，寬一五七毫米。鈐有「上海圖／書館藏」朱文方印。《中國古籍善本書目·子部》著録。

鍾文烝（一八一八—一八七七），字殿才、朝美，號子勤，又號伯美、伯微，浙江嘉善魏塘人。道光二十六年丙午（一八四六）舉人，揀選知縣。著書十餘種，義據通深，後專精於《春秋》，於是網羅衆家，折衷一是，成《穀梁補注》二十四卷。同治初，應江蘇忠義局聘，與陳奐、顧廣譽諸人同任編纂。同治中，主講上海敬業書院，任經學齋長，課文一法先正，歷十二年。光緒三年（一八七七），年六十，卒於書院。事迹具清光緒《松江府續志》卷二十七、《清史稿》本傳。

是書爲作者學術雜考劄記之彙録，「乙丑（同治四年，一八六五年）閏夏始雜記之，因題之曰《乙閏録》。」考證内容遍及經史子集，而尤以經學爲主。

按：上海圖書館另藏有清沈善登編《豫恕堂叢書》待刊寫樣本〔一〕，半頁十行，行二十一字，小字雙行同。版框大小不一。紅格稿紙。版心下有「豫恕堂藏版」五字。外封題「乙閏録」三字。内封題「乙閏録鈕仲笵校一過，記於別紙，附夾卷首，未盡當須更詳校。家馥齋校一過，亦未審」。鈐有「上海圖／書館藏」朱文方

〔一〕《豫恕堂叢書》二十一種五十三卷，清沈善登輯，稿本，二十五册，上海圖書館藏。

印。臺圖藏有清同治間手稿本。

上海圖書館藏。

老饕贅語二卷

清長洲王韜撰，清光緒十年（一八八四）稿本，一册，凡五十四頁。半頁十行，行二十四字，小字雙行同。緑格，白口，上單魚尾，四周雙邊，框高一九三毫米，寬一二二毫米〔一〕。版心上方題「蘅華館」三字。外封王韜題「老饕贅語天南遯叟自書眉」。内封書名頁題「老饕贅語」。卷首依次爲王韜《老饕贅語小序一》、王韜《老饕贅語小序二》。鈐有「上海市歷史文／獻圖書館藏」朱文方印、「上海圖／書館藏」朱文方印。《中國古籍善本書目·子部》著録。

王韜著有《鴛鴦誄》等，已著録。小傳參見史部傳記類。是年王韜自香港返回上海，直至去世。是書係作者讀書劄記、日常雜記之彙編。

王韜《老饕贅語小序一》云：「丐食海陬，一星終已。壯而無聞，老之將至。傭書就役，卒卒尠閑。凌晨入夜，稍理舊策。顧酬應日紛，精神日疲。歲月駸尋，境遇堙塞。曉窗小坐，纔展數葉，輒爲他事牽率。偶止宵深，燈暗目眵，昏然思睡。加以疏懶善忘，開卷流覽，頗有會悟，對客縱譚，了不記憶。因效古人讀書之法，隨

〔一〕據上海圖書館著録。

筆綴録，匪敢示人，聊以自識其一得。雖然，亦贅疣而已。咸豐庚申三月十有六日，玉魷生識於淞北草廬。」

王韜《老饕贅語小序二》云：「余淞北甫里人也，故居與唐陸天隨宅相近。弱冠授書滬上，寄施淞南者十有四年。同治紀元，避兵至粵，托迹香海二十有三年。中間西游歐土，東泛扶桑，往還數萬里，齒亦垂垂老矣。今也息影敝廬，暫歸申浦。自此伏而不出，得以斂門却掃，仰屋著書，消摇物外，自全其天，亦可謂淞濱之幸民焉矣。小築三椽，聊庋圖籍，燕栖鷦寄，藉蔽雨風，顔吾讀書之室曰淞濱小隱，明素志也。友朋酬酢，書牘往來，每有見聞，輒懼遺忘，酒罷茶餘，更闌燭灺，抽筆記之，久之積成卷帙，仍以《老饕贅語》命名，從其初也。光緒甲申五月下澣，淞北逸民王韜識。」

上海圖書館藏。

古女考六卷附古女補考一卷

清南匯于鬯撰，稿本，一册。半頁十行，行二十二字，小字雙行同。無欄綫。卷首有《古女考目録》。無序跋。鈐有「餘姚謝/氏永耀/樓藏書」朱文方印、「上海圖/書館藏」朱文方印。是書曾經謝光甫永耀樓舊藏〔一〕。《中國古籍善本書目·子部》著録。

于鬯著有《于氏易説》等，已著録。小傳參見經部易類。

〔一〕謝光甫（?—一九三九），名永耀，字光甫，以字行，浙江餘姚人。綸輝子。曾任中國通商銀行總經理。

是書考辨華胥、宓妃、女媧、女登、女尸等上古女性，成《古女考》六卷。考辨《文選》《述異記》《太平御覽》等典籍所載盤古妻、人皇后、洪涯等遠古女性，成《古女補考》一卷。天頭之上有「可删」字樣，爲擬定篇目標記。

按：是書上海圖書館另藏有一部謄清稿本《古女考》六卷，二册，凡一百七十六頁。無欄綫。卷端鈐有「上海市歷史文/獻圖書館藏」朱文長方印。末附《古女補考》一卷。

上海圖書館藏。

香草談文不分卷

清南匯于鬯撰，稿本，一册。半頁十行，行二十二字，小字雙行同。無欄綫。版心上方題「談文」二字，下方記頁次，凡十五頁。外封墨筆楷書題「香草談文」四字。卷首有作者題記。鈐有「上海市歷史文/獻圖書館藏」朱文方印。毛裝。

于鬯著有《于氏易説》等，已著録。小傳參見經部易類。

是書係作者雜録考證先秦文獻之隨筆札記。

題記云：「隨意隨寫，頗無次序。或出入同例而異處，若董理之，亦可成一二篇幅文。然不復董理，亦有應檢核而遂不檢核。僕之著書，大抵如是。南匯于鬯。」

上海圖書館藏〔一〕。

香草續校書二十卷

清南匯于鬯撰，稿本，十五册。半葉十行，行二十二字，小字雙行同。無欄綫。無序跋。版心記卷名及該卷頁次。鈐有「上海市歷史文/獻圖書館藏」朱文方印。

于鬯著有《于氏易説》等，已著録。小傳參見經部易類。

是書含于鬯校勘《老子》一卷、《管子》一卷、《晏子》一卷、《荀子》一卷、《墨子》一卷、《莊子》三卷、《韓非子》二卷、《列子》一卷、《列楊》一卷、《孫子》一卷、《商君書》一卷、《内經素問》二卷、《水經注》一卷、《吕氏春秋》二卷、《淮南子》一卷。文中有墨筆校改，並有割補痕迹。如《荀子》文中之「日」「曰」二字，多有割補改正之處。《列楊》尤多校改之處。如卷端書名「列楊」之上校語云：「『列楊』二字低兩格。」

上海圖書館藏。

總宜居脞録不分卷

清南匯顧麟撰，民國間抄本，一册。半頁七行，行十八字，小字雙行，行二十九字或不等。緑格，白口，

〔一〕 據上海圖書館掃描件。

上單魚尾，四周單邊。框高一一六毫米，寬六八毫米。版心魚尾下方鎸「盟鷗社」三字。無序跋。鈐有「竹可/爲師」朱文方印、「蘭堪/作友」白文方印、「松風/水月」白文方印、「北京圖/書館藏」朱文方印。金鑲玉裝。

顧麟著有《臨池書屋試帖詳注》等，已著録。小傳參見集部别集類。

是書係作者讀書札記，摘録《僮約》《汲冢周書》《舊唐書》《路史》《松江府志》《一統志》《東坡志林》《歸田詩話》《傳燈録》《鶴林玉露》等書之語。如「鳥社」條：「《瑞應記》：禹葬會稽，有群鳥於春耕則銜去草根，啄除蕪穢，故謂之鳥社」；又如「唧筒」條，「《種樹書》：凡木，早晚宜沃以水，以唧筒唧水其上」。間有按語考證，如「斧爵」條：「《鍾鼎款識》斧爵銘，一字作斧形。」

中國國家圖書館藏。

小説家類

對山書屋墨餘録十六卷

清上海毛祥麟撰，清同治九年庚午（一八七〇）毛氏亦可居刻本，八册（每二卷一册）。半頁九行，行二十字，小字雙行同。白口，上單魚尾，左右雙邊。框高一〇九毫米，寬八二毫米。版心魚尾之上鎸「對山書屋墨餘録」七字，之下記卷次，版心下方記每卷頁次。内封書名頁題「同治庚午孟秋録/對山書屋墨餘録/嘉定莊其鏞題」，内封牌記題「上海亦可居/毛氏藏板」。卷首依次爲朱作霖《叙》、毛祥麟《自序》、

《對山書屋墨餘録總目》。卷末有李曾珂跋。文中有圈點，天頭間有批注，如「語極洗練」「皆用活筆」等。鈐有「公壽/長壽」白文方印、「之生」朱文印、「公壽」朱文方印、「上海圖/書館藏」朱文方印。《清朝續文獻通考·經籍考·小説家類》著録。《中國古籍總目》未收録是本。《中國文言小説書目》著録：「墨餘録十六卷　存　同治庚午湖州醉六堂吴氏刊袖珍本　筆記小説大觀本作四卷　香艷叢書本作一卷」[一]。

毛祥麟撰有《三略彙編》，已著録。小傳參見史部雜史類。

是書係毛祥麟所撰筆記、小説，多涉道咸間時事。書成之後，同時諸書或多引《墨餘録》之語，如《醫方叢話》卷四摘引《墨餘録》之醫方[二]；或選録部分篇目，如《笑笑録》卷六摘録《墨餘録》五則[三]。是書盛行，「賈者以爲利」[四]，各地多有書坊翻刻本。

朱作霖《叙》云：「對山丈世籍吴中，祖遷滬上。……或爲風土之編，旁徵物産。或誌人文之勝，下逮藝流。或隱恤時艱……此《墨餘録》一書之所由成也。……同治庚午端陽日，世侄南匯雨蒼甫朱作霖拜撰。」

[一] 第四二一頁。
[二] 清光緒間徐氏刻本。
[三] 清光緒五年（一八七九）申報館叢書本。
[四] 《正誼堂文集》卷十五《兩浙候補鹽大使毛君墓碣銘》。

毛祥麟《自序》云：「憶昔宦游越中，未幾以疾歸，繼又時方多故，仕志漸灰。而我滬自道光壬寅後越咸豐之癸丑暨庚申辛酉，屢經兵燹，故余亦數遷其家，船唇馬足，耗盡壯心。近雖復睹昇平，而歲華已邁，志趣愈恬。惟當晝長飯飽，弦詩讀畫之餘，苦無所事，因輒就未乾之硯，掇舊聞，徵近事，侻辭異説，匪意横發，叢篇脞讀，隨變雜施，積久成編，釐爲一十六卷，以其餘墨所成，即曰《墨餘録》。生是滬人，宜多滬事，頻罹寇亂，因屢言之。至凡殊俗奇制之登，亦以海舶所湊，聞見較多且審，故得彙爲家言。……將開録，我友雨蒼朱君又以書來勸録。……余既得書，意愈決，遂以其副授手民。……同治庚午仲春，上海對山毛祥麟自識。」

李曾珂跋云：「幸與校讎之役，特誌數行於簡末云。時同治庚午季夏月，子婿李曾珂百拜謹跋。」

按：是書有十六卷本和四卷本兩個版本系統。十六卷本有不同刻本，四卷本有鉛印本、石印本兩種版本。《墨餘録》原刻本爲十六卷，刊行之後，即出現翻刻本。《墨餘録》十六卷原刻本係清同治庚午（一八七〇）毛氏亦可居自刻本，醉六堂本即依據毛氏自刻本翻刻而成。後四年即清同治十三年甲戌（一八七四），毛氏又重新審定，增删文字，補版（或换版）刷印，即甲戌定本。

上海圖書館藏是本爲亦可居本之初印本（較早印本）。在其後的刷印過程中，爲與各地翻刻本有所區别，于卷首增加副頁，上刊毛祥麟題識：「是書刊刻未久，各處牟利者已多翻刻。而紙頁破爛，刷印模糊，且刻工惡劣，錯落甚多。同好售閲者諒不以瑣屑論值，須認明封面『上海亦可居毛氏藏板』，首頁加有朱印，方是原本。」並摹刻「麟」陰文方印、「西河季子」陽文長方印。且于内封「同治庚午孟秋録」之下加鈐「對山／書屋」朱文方印〔一〕，於《跋》尾摹刻「蘭／墅」陽文方印、「李曾／珂印」陰文方印。

上海圖書館藏亦可居本爲亦可居本之初印本，亦是《墨餘録》之初印本，内封（首頁）尚無朱印。在其後的刷印售閲過程中，爲了以示原本，非翻刻本，于内封（首頁）加鈐「對山／書屋」朱文方印。不過，雖然上海圖書館藏亦可居本爲原刻初印本，然開本大小、版式大小與後印本基本相同，並無明顯寬大，字體墨色亦無明顯泛紅現象。

醉六堂本之版式行款、編次内容與亦可居本相近，然略有不同。醉六堂本字體生硬，筆劃無亦可居本流暢自如，且以劣質竹紙刷印，係亦可居本之翻刻本。據《中國古籍總目》著録，國圖、北大、上海、南京、遼寧、吉林、錦州、哈爾濱師大等藏有醉六堂本〔二〕。其中，南京圖書館藏有兩部：第一部（書號 3009896）刷印稍早，第二部（書號 7002212）爲較後印本。另外，金陵圖書館亦藏有一部，著録爲「清刻本」，存一册（卷十五至十六），實爲醉六堂本。較之南圖藏第二部，金圖本更爲後印。

文元堂本之版式行款、編次内容與亦可居本相近，亦係翻亦可居本之一種。然較之亦可居本，文本内容有改動之處。據《中國古籍總目》著録，國圖、上海、南京＊、吉大等藏有文元堂本〔三〕。其中，南圖藏有一部，五册，較之復旦藏本爲較後印本。

〔一〕 毛氏亦可居後印本［M／OL］.［2017.10.14］.http：// book.kongfz.com／2012/ 607839826/.
〔二〕 子部第五册第二一八四頁。
〔三〕 子部第五册第二一八四頁。

甲戌定本係清同治九年（一八七〇）毛氏亦可居刻本之修定本。上海圖書館藏有是本一部，八册。天頭鐫朱作霖批注。是本卷首副頁刊有毛祥麟題記：「是書之出甫及四載，而他省翻刻已有七八。然紙多破爛，刷印模糊，且刻工惡劣，錯落甚多。大都牟利爲之，取其工省價廉，易於出售，固不足供大雅觀也。在昔急於付梓，中有未愜意者，今删易二十餘則，復召手民重爲刊换。售閱者須認明，封面後甲戌定本首頁加朱印者，方是亦可居毛氏原版，惟同好審擇焉。」並摹刻「亦可／居」陰文方印、「甲戌定本」陽文長方印。題記之後爲内封書名頁，鐫「同治庚午孟秋鋟／對山書屋墨餘録／嘉定莊其鏞題」，並於「同治庚午孟秋鋟」之下加鈐「西河／藏板」朱文方印。牌記頁鐫「甲戌定本板藏上／海亦可居毛氏」。

據此可知，亦可居本之初印本並無朱印，後印本始鈐「對山／書屋」朱文方印。甲戌年，毛祥麟重新校訂是書，並更换内封牌記頁、書名頁，加鈐「西河／藏板」朱文方印。

甲戌定本與亦可居本之目録、正文、《跋》均有所不同，主要表現在篇章之增删改易。目録、正文相同之處以亦可居本原版刷印，删易之處補版（换版）刷印。

甲戌定本之卷三、卷四、卷六、卷九、卷十三，與亦可居本、文元堂本、醉六堂本内容不同，故卷首《對山書屋墨餘録總目》相應之編次内容亦不相同。亦可居本、醉六堂本、文元堂本、甲戌定本卷首目録皆爲八頁。甲戌定本之第一、四、五、六、七、八頁爲亦可居原版。其中，第四、六頁雖爲亦可居原版，但有剜版之處：剜去第四頁卷九之「周立五」三字，嵌補以「巧匠」二字；剜去第六頁卷十三之「鷹武將軍」四字，嵌補以「畫異」二字。第二、三頁爲補版，對卷三、卷四、卷六之標題進行改動和重新編次。

甲戌定本在文本内容上對亦可居本也多有改動，改動部分係剜改（剜版）、抽换（補版）而成。醉六堂本、文元堂本之目録、正文悉如毛氏刻本。毛氏刻本紙白墨漆，字畫清晰，筆劃自如，文氣流暢，爲《墨餘録》之原刻本。醉六堂本與之風氣不同，字畫僵硬，文氣不暢，版框斷口、字體點畫與毛氏刻本不同，非後印本，係翻毛氏刻本（重刻本）。文中皆有圈點，圈以句讀，然醉六堂本較之毛氏刻本參差不齊，圈小且少，蓋失之耳。毛氏刻本正文無欄綫，醉六堂本間有。文元堂本與毛氏刻本、醉六堂本版式、行款均相近，然字形均不相同，呆滯僵硬，且版框斷口與毛氏刻本、醉六堂本不一致，非初印後印關係，係翻刻毛氏刻本而成（重刻本）。同時，文元堂本對文中句讀有所改動，如文元堂本卷一「撤」字旁爲「、」，毛氏刻本、醉六堂本爲「。」，文元堂本誤。

十六卷本自清同治九年（一八七〇）毛氏亦可居刻本刊行之後，各地書坊多依是本翻刻，故毛祥麟於同治十三年庚戌（一八七四）重新校訂增删，篇目凡二百二十九則。四卷本係十六卷本之選編，篇目凡一百九十一則，有鉛印本、石印本兩種版本，内容整體相同，版式不同，略有改字，蓋石印本據鉛印本小楷上版石印。此外，清宣統間鉛印本《香艷叢書》第十六集收録《對山餘墨》一卷[一]，係《對山書屋墨餘録》之選編，凡十九篇。《清代筆記小説》據此影印[二]，惟剜去卷端大題「香艷叢書　十六集卷三」九字、版心魚

[一]《香艷叢書》二十輯三百二十六種八十卷，清蟲天子（張廷華，字蓴孫，浙江吴興人）輯，清宣統二年（一九一〇）十月國學扶輪社初版鉛印本；民國二年（一九一三）五版。

[二]《清代筆記小説》第十册，周光培編，河北教育出版社，一九九六年。

尾下方所鐫卷次「卷三」二字及版心下方所鐫「香艷叢書」四字。

上海圖書館藏。

淞隱漫録一卷

又名《後聊齋誌異圖説》《繪圖後聊齋誌異》。清長洲王韜撰，清光緒十年（一八八四）稿本，一册，凡四十三頁。半頁十二行，行二十三字，小字雙行，字數不等。緑格，白口，上單魚尾，左右雙邊。框高一九〇毫米，寬一三八毫米。版心上題「弢園述撰」四字，版心下題「天南遯叟精鈔／吴郡王韜存本」雙行小字。卷首夾有「甫里王韜藏」簽條，并有作者自序。鈐有「弢園／老民」朱文方印、「玉䰘／生」白文方印、「上海市歷史文/獻圖書館藏」朱文方印、「上海圖／書館藏」諸印。《中國古籍善本書目・子部》著録。

王韜著有《鴛鴦誄》等，已著録。小傳參見史部傳記類。是書作於清光緒十年（一八八四）。是年三月，王韜自香港返滬，居淞北寄廬，號淞北逸民。

是書爲作者仿《聊齋志異》體例而著筆記小説集。卷首載録作者遊覽日本等地之所見所聞。每卷列故事十則，「涉於人事爲多」〔一〕，凡一百二十則。

〔一〕《淞濱瑣話・自序》。

自序云：「顔吾讀書之室曰『淞濱小隱』，明吾志也。……茶餘抽筆記之，久之積成卷帙，名之曰《淞隱漫録》。光緒甲申五月下澣[一]，淞北逸民王韜識。」

是書於清光緒十年（一八八四）至十三年（一八八七）陸續刊於《畫報》，後由上海點石齋結集出版。《淞隱漫録》十二卷存九卷，清光緒十年（一八八四）點石齋石印本，二册，復旦大學圖書館藏有殘本一部。半頁十六行，行四十字。白口，上單魚尾，四周單邊。框高一八四毫米，寬一〇七毫米。版心魚尾上鐫「淞隱漫録」四字，下記篇名、頁次及卷次。内封護頁墨筆楷書題「丁卯橋舊廬藏本／淞隱漫録／蘭汀氏署」，并鈐「丁卯／橋邊／舊主人」朱文方印。下册外封題「淞隱漫録　樂我軒」。卷首有清光緒十年（一八八四）王韜自序。鈐有「復旦大學／圖書館藏」朱文方印。綫斷，面壞，水漬，裂口，殘頁。版心魚尾之上題「淞隱漫録」四字，魚尾下標記故事主題或主人公，如「華璘姑／仙人島／小雲軿事」，版心下先記每卷頁次，再記卷次。每篇之前有吴友如、田子琳所繪插畫一頁。鈐有「上海圖書館交换圖書／注銷專用章」。書頁用紙鈐有「昇記扇料／立興……」朱文木記。自序云：「追憶三十年來所見所聞、可驚可愕之事，聊記十一，或觸前塵，或發舊恨，……將陸續成書十有二卷，而名之曰《淞隱漫録》。光緒十年歲次甲申五月中澣，淞北逸民王韜自序。」

復旦大學圖書館藏《淞隱漫録》十二卷，民國十三年（一九二四）上海鑄記書局石印本，一函六册。

[一] 光緒甲申，即光緒十年（一八八四）。

《中國古籍總目》未著録。半頁十六行，行四十字。白口，上單魚尾，四周單邊。框高一七七毫米，寬一〇五毫米。函套爲藍色布封，書籤題「繪圖淞隱漫録鑄記書局石印」。外封書籤題「繪圖後聊齋志異」七字，内封書名頁題「淞隱漫録吴下共之沈錦垣署／中華民國十三年夏曆歲在甲子春三月　上海鑄記書局用　清代點石齋原版重複石印」，内封牌記題「光緒十有三年丁亥烁／八月上海點石齋石印」。版心魚尾之上鐫「淞隱漫録」四字，之下記篇名、頁次及卷次。是本爲鑄記書局照相石印點石齋石印本，文字内容相同，版式較點石齋略小，欄綫卻較點石齋本稍粗，版心部分文字字形與點石齋略異，蓋鑄記書局重新對版框、欄綫製版，而正文文字一依點石齋本。卷首依次爲清光緒十年王韜序、《淞隱漫録目録》。鈐有「復旦大學／圖書館藏」朱文方印。

上海圖書館藏。

淞濱瑣話十二卷

清長洲王韜撰，清光緒十九年（一八九三）淞隱廬鉛印本，一函四册。半頁十三行，行二十三字。白口，上單魚尾，四周雙邊。框高一五五毫米，寬一一二毫米。版心魚尾之上鐫「淞濱瑣話」四字，之下記卷次。版心下方記每卷頁次，并鐫有「甫里王氏藏本／天南遁叟手校」十二字。第一、二、四册外封墨筆行書題「淞濱瑣話」四字，第三册外封書籤題「淞濱瑣話蓮溪署簽／三」，内封書名頁題「淞濱瑣話朱滎棣題」，內封牌記頁題「光緒癸巳秋九月淞隱廬排印〔一〕」。書根處以墨筆楷書題「一／二／三／四　淞濱瑣話」五字，書脊下方以蘇州碼「〡／〢／〣／〤」標記册次。卷首有清光緒十三年（一八八七）王韜《淞濱瑣話自序》。鈐有「詠家風」白文方印、「寶琴」朱文方印、「復旦大學／圖書館藏」朱文長方印。

王韜著有《鴛鴦誄》等，已著録。小傳參見史部傳記類。是書作於清光緒十三年（一八八七）。是年王韜仍居滬北淞隱廬，掌格致書院。

是書係王韜所作筆記小説集，凡六十八篇，多記滬上校書、畫舫之奇聞軼事，間附竹枝詞。《淞濱瑣話自序》云：「余今年六十矣，……日長多暇，所以把玩昕夕、消遣歲月者，不過驅使煙墨，供我詼諧而已。以此《淞濱瑣話》又復積如束筍，裒然成集也。《淞隱漫録》所記，涉於人事爲多，似於靈狐黠鬼、花妖木魅以逮鳥獸蟲魚，篇牘寥寥，未能遍及。今將於諸蟲豸中，别辟一世界，構爲奇境幻遇，俾傳於世。……余向作《遁窟讕言》〔二〕，見者謬加許可。江西書賈至易名翻板，藉以射利。《淞隱漫録》重刻行世，至再至三，或題曰《後聊圖説》，售者頗衆。前後三書，凡數十卷。……光緒丁亥中元後三日〔三〕，天南遁叟王韜序於滬北淞隱廬。」

按：是書收入清宣統間國學扶輪社鉛印本《香艷叢書》第十二集至十七集。

〔一〕光緒癸巳，即光緒十九年（一八九三）。

〔二〕《遁窟讕言》十二卷，王韜於清光緒元年（一八七五）作於香港。

〔三〕光緒丁亥，光緒十三年（一八八七）。

另，《中國古籍總目・子部》〔一〕可增補復旦大學圖書館之館藏。

又有清宣統三年（一九一一）上海著易堂石印本，一函六冊，復旦大學圖書館藏。半頁十六行，行三十四字。白口，上單魚尾，四周雙邊。框高一六五毫米，寬一一一毫米。版心魚尾之上鐫「淞濱瑣話」四字，之下記卷次，版心下方記每卷頁次，并題「上海著易堂校印」。外封書籤題「繪圖淞濱瑣話」六字，內封書名頁題「天南遁叟王韜著／繪圖淞濱瑣話／上海著易堂印行」，內封牌記題「宣統三年／仲秋之吉（定價洋七角）」。鈐有「趙／景深／藏書」朱文方印、「趙景深／藏書印」白文長方印、「復旦大學／圖書館藏」朱文方印。是本以小楷上版石印，版式與光緒十九年鉛印本不同，文字、版式略有差異。每卷卷首繪圖一葉（兩幅），如卷一正文前分頁繪有徐麟士及田荔裳二人肖像，繪圖之上有行書題畫詩，如「徐麟士　天生俠氣自昂藏，手斬蛟鼉勇莫當。不意功名成海外，醒來一夢等黃粱」。

又有《淞隱續録》一書，清光緒十三年（一八八七）石印本，一函二冊，復旦大學圖書館藏。名爲「淞隱續録」，實爲《淞濱瑣話》十二卷之前八卷之選編，編次與《淞濱瑣話》不同。卷首有王韜《淞隱續録自序》，正文起徐麟士，訖柳夫人。版式行款、文字内容與《淞濱瑣話》不同，插圖亦不同。《中國古籍總目》未收録。

復旦大學圖書館、中國國家圖書館、吉林大學圖書館、哈爾濱師範大學圖書館等藏。

〔一〕子部第五冊第二一三七頁。

集　部

楚辭類

楚辭校文三卷

清上海毛祥麟撰，民國間金山姚氏抄本，三册。半頁八行，行二十字，小字雙行同。無欄綫。無序跋。鈐有「上海圖/書館藏」朱文方印。

毛祥麟撰有《三略彙編》，已著録。小傳參見史部雜史類。

是書分爲上中下三卷，以王逸《楚辭章句》爲底本，參校文瀾閣本、仿宋本、毛本、惜陰軒本、俞本、馮本等版本，并引《玉篇》《山海經》《廣韻》《方言》《北堂書鈔》《史記》《孟子》等書考證校訂。卷上爲《離騷》《九歌》《天問》諸篇校勘記，「仿宋本、毛本同惜陰軒本，辭下有『補注』二字，每卷仿此」；卷中爲《九章章句》《遠遊》《卜居》《漁夫》《九辯》諸篇校勘記；卷下爲《招魂章句》《大招》《惜誓》《招隱》《七諫》《哀時命》《九懷》《九歎》《九思》諸篇校勘記。文中避「玄」字諱，如第五十三頁「黑水玄趾」之「玄」字缺末筆。

上海圖書館藏。

别集類

守山閣賸稿一卷

清金山錢熙祚撰，清張文虎輯，清抄本，一册，凡廿一頁。半頁十行，行二十六字。無欄綫。卷首有張文虎《守山閣賸稿序》，卷末有許祥光題記。文中有圈點。鈐有「上海圖/書館藏」朱文方印。《中國古籍善本書目・集部》著録。

錢熙祚（一八〇〇—一八四四），字錫之，一字雪枝，金山人。諸生。藏書處名守山閣。校書八十餘種，鈔書四百三十二卷。道光二十四年（一八四四）刊行《守山閣叢書》一百一十二種，後又輯刊《珠叢别録》二十八種八十二卷，《指海》初集九十五種一百四十一卷。事迹具民國《重輯張堰志》卷七。

是稿係錢熙祚書信、序文、祭文、詩歌、公牘之彙編。書信凡五通：《與沈退甫書》《復王硯農徵君書》《復蔣生沐書》《復胡竹村農部書》《再復胡竹村農部書》；序文凡五篇：《珠叢别録自序》《重刻胎産秘書序》《送李丙齋明府移任溧陽序》《李晏冬封君壽序》《于翰臣封君六十壽序》；祭文一篇，《祭姊婿朱晴江文》；詩文凡八首：《西湖雜詩》《送李煙村明府攻修養回邢邱》《送家筱珊明府燕桂移宰丹徒》《韓蕲王祠和張嘯山文虎》《驢平謡和嘯山》《滕縣》《入山》《河間懷古》；公牘一函，《粤省紳士公致英國文公使信稿》。

張文虎《守山閣賸稿序》云：「方錫之之出《指海》之已成者，僅十有二集。今其孤哀録殘稿，重爲校訂，又得八集，合前爲二十集。復搜輯君所爲文筆及詩，屬予編次，附於《指海》之末。……錫之於辭章之事，非所措意，復隨手散佚，今所存皆得之廢紙中，及友人所代記。其序跋諸篇已見《守山閣叢書》及《指海》者，不復録。凡一卷，率爲之序。……道光二十有六年八月既望，南匯張文虎拜撰。」

上海圖書館藏。

按：是書另有民國二十四年（一九三五）上海大東書局影印本，一卷一册，據清錢氏重編《借月山房彙抄》（民國九年上海博古齋影印本）本（即《指海》第二十集）影印，上海圖書館等藏。

曙彩樓詩詞補鈔三卷

清南匯顧成順著，清道光二十五年（一八四五）刻本，一册。半頁十行，行二十一字，小字雙行同。白口，上魚尾，左右雙邊。框高一七六毫米，寬一一八毫米。卷首有道光乙巳二月初吉姻晚閭邱悳堅序，次爲史景修、火文焕、喬玠生等題詞。鈐有「上海東亚同文書院圖書館印」朱文方印、「南京圖書館藏」朱文方印。

顧成順，號澹園。居邑城。沈實敏達。事迹具光緒《南匯縣志》卷十五。

是書首爲曙綵樓詩補鈔《鷴夢懷南集》，文中有和韻，并附原作；次爲曙綵樓詞補鈔《花霧集》一卷，凡四十九首。

南京圖書館、上海圖書館藏。

五弗齋文稿一卷

清金山楊徽著，清道光二十八年（一八四八）刻本，一函一册。半頁十行，行二十一字。白口，上單魚尾，左右雙邊。框高一七五毫米，寬一二五毫米。版心魚尾之上鎸「五弗齋文稿」五字，版心下方記頁次，凡四十一頁。外封書籤題「五弗齋文稿戴其福題簽」。卷首依次爲張文虎《序》、唐模《序》、《五弗齋文稿目録》，卷末有作者之子楊師程題識。鈐有「上海圖/書館藏」朱文方印。

楊徽（一七七九—？），字慎五，金山人。師程父。著有《經史别裁》《讀易一隅》等。事迹具楊師程題識。

是書係作者所作説、銘、傳、序、記等文稿彙編，凡三十篇。

卷首張文虎《序》云：「歲丁未，嗣君雪門示余以先生遺稿，乞爲序。……南匯張文虎識。」

唐模《序》云：「兹以賢嗣雪門出先生所著文集，將授梓行世，辱承參訂，爲附一言。……先生之詩，情韻兼得，華實相濟也。……先生能詩而不欲以詩見，稿往往散佚，積歲鈔訂，未能成帙。雪門稟承治命，亟以其文付手民云。……婁縣唐模謹識。」

卷末楊師程題識云：「先君子爲古文辭卅餘年，往往隨手散佚。師程銜卹中遍搜篋箧，僅得如干首，去其代人之作，編爲一卷梓之。先君子平生以敦行爲本，著述次之。所撰《經史别裁》《讀易一隅》《篆法辨》諸書，卷帙稍緐，謹藏篋笥，他日俟有力時刊行之，師程庶免罪戾於兹云。道光二十八年歲次戊申八月朔越一日，男師程百拜敬識。時爲先君子七十生辰也。」

上海圖書館藏。

翰春軒吟鈔二卷翰春軒詩餘不分卷

清奉賢吴式賢撰，清道光二十八年（一八四八）刻本，一册。半頁十行，行二十一字，小字雙行同。白口，上單魚尾，左右雙邊。框高一八三毫米，寬一二三毫米。版心魚尾之上題「翰春軒吟鈔／翰春軒詩餘」五字，版心魚尾之下題卷次「卷上／卷下」，版心下方記每卷頁次。内封題「道光戊申年秋鐫／翰春軒吟草／」。卷首依次爲《翰春軒遺藁序》《翰春軒吟鈔題詞》。《翰春軒吟鈔》卷末有「男兆鼇、兆驊、兆鯤校字」一行，《翰春軒詩餘》卷末有「男兆鼇、兆驊、兆鯤謹校」一行。卷末有吴兆鼇跋。《題詞》末鐫有「松江沈德章録」一行。鈐有「華東師範大學／圖書館藏書章」朱文橢形印。

吴式賢，字誠齋，奉賢人。生平不詳。

《翰春軒吟鈔》係作者所撰古今體詩，中有竹枝詞，分上、下二卷，多詠物倡和、題詠雜興之作，如《春非》《題小倉山房詩集後》。《翰春軒詩餘》係作者所撰《摸魚兒》《壺中天》等詞，凡三十四首。

吴兆鼇《跋》云：「集名《翰春軒稿》，爲吴誠齋先生遺著。先生……曾繪《北堂愛日圖》以見志。……道光二十三年癸卯二月，男兆鼇百拜謹識。」

華東師範大學圖書館藏。

四勿齋五言排律詩稿一卷

清青浦楊三俊著，清道光二十八年（一八四八）刻本，一册。半頁九行，行二十二字，小字雙行同。白口，上單魚尾，左右雙邊。框高一六三毫米，寬一三三毫米。外封以墨筆楷書題「四勿齋詩稿」五字。卷首依次爲《四勿齋五言排律序》《四勿齋五言排律跋》。鈐有「上海圖/書館藏」朱文方印。

楊三俊，字夋人，號皾堂，青浦人。居崧宅村。自少以孝弟稱。道光元年辛巳（一八二一），舉孝廉方正科，不赴試。給六品頂戴。道光二十九年己酉（一八四九），大饑，煮粥濟貧甚力。歿，入郡城孝悌祠。事迹具光緒《青浦縣志》卷二十。

是書收録詩文凡二百三十七首，計六十七頁。起《康衢歌》，訖《楊漣疏劾魏忠賢》《皇來兒》，依時代爲序，叙述並評價歷史事件。天頭間有墨筆評點，如第二十二頁天頭處評點《閉門種菜》「巧極妙極，令人解頤」。

上海圖書館藏。

海棠巢詩集六卷

清金山熊昂碧著，清平湖柯志頤刊、柯培鼎校，民國十三年（一九二四）鉛印《七家詩綜》本，一函一册。半頁十二行，行三十二字，小字雙行同。白口，上單魚尾，四周雙邊。框高一八四毫米，寬一一八毫米。版心魚尾之上鐫「七家詩綜」四字，下方鐫「海棠巢詩鈔」五字，版心下方記頁次，凡二十二頁。内封書名頁題「甲子孟秋／海棠巢詩鈔／朱鳳岡署」。卷末有跋。鈐有「上海圖／書館藏」朱文方印。

熊昂碧（一七八〇？—一八五〇），字雲客，號露薤，金山人。諸生。耽吟詠，喜交游。北出盧龍，南涉閩粵，足迹半天下，與當世士大夫相贈答。晚歲歸里，裒輯成帙，得江山之助者居多。著有《雲客詩鈔》不分卷〔一〕、《南宋文選》二卷等。事迹具光緒《金山縣志》卷二十一、光緒《松江府續志》卷二十四。

是書係《七家詩綜》之第七種，卷端大題「七家詩綜第七册」。含古今體詩一百七十一首，依次爲五言古詩、七言古詩、五言律詩（如《嘯山過訪賦贈》）、七言律詩、五言絶句、七言絶句，末附摘句。

跋云：「陳觀瀾《百尺樓詩話》：『熊昂碧字露薤，又號雲客，金山諸生。……』志頤案：金山姚堅香先生前機著有《井眉居詩集》，兹擇其與熊氏有關繫著作附刊于後，俾詩翁梗概相得益彰。」

按：蔣敦復《嘯古堂詩集》卷八《題熊露薤昂碧遺集》詩云：「生死交情見，遺編重校摹。露薤以窮死，其友張嘯山爲勘定詩集付刊。」《中國古籍總目》著録上海圖書館藏有清道光間刻本《海棠巢詩鈔》六卷《剩稿》一卷〔二〕，未見。

上海圖書館、中國國家圖書館藏。

〔一〕清道光五年（一八二五）刻本，上海圖書館藏。
〔二〕集部第四册第一九〇〇頁。

鐵花僊館吟草二卷

清華亭張家鼎撰，清同治三年（一八六四）刻本，一册。半頁九行，行二十一字，小字雙行同。白口，上單魚尾，左右雙邊。框高一七三毫米，寬一一七毫米。版心魚尾之上鎸「鐵花僊館吟草」六字，之下記卷次。版心下方記每卷頁次，卷上、卷下均十五頁。外封書籤題「鐵花僊館唫艸茝字無草字頭公夏鼎書籤」，内封題「鐵花僊館/唫艸王慶芝題」，摹刻「慶/芝」陰文印。卷首依次爲張文虎《原序》，張筱峰《序》，金山錢熙泰、仁和朱康壽等七人所作《題辭詩》，汪芑、長洲潘鍾瑞、張鴻卓等三人所作《題辭詞》。卷末有四言《自題拙草》及何昌翰《跋》[一]。鈐有「彦/清」朱文方印[二]、「履/芬」白文方印、「南京/圖書/館藏」朱文方印。

張家鼎（一八一四—一八七五？），字燮盦，號雪盦、雪翁，華亭人。官浙江同知。擅詩。事迹具民國退耕堂刻本《晚晴簃詩匯》卷一百六十八、張文虎《舒藝室雜著》乙編等。

是集係作者所刻之行卷，分上下兩卷，中多詠古、倡和之作。

張文虎《原序》云：「《鐵花僊館吟草》者，雪菴司馬所刻之行卷也。華亭之南塘張氏，世樸儉而好風雅，父兄子弟，人各有集。……咸豐八年歲在戊午九月，南匯張文虎識。」

[一] 卷末有四言《自題拙草》，云：「頭老冬烘，自號雪翁。……雪翁雪翁，弄月嘲風。」
[二] 劉履芬（一八二七—一八七九），字彦清，又字泖生，浙江江山人。

張鴻卓《序》云：「雪庵録戊午以後詩若干首，合前集編爲二卷，乞序於余，蓋多同游倡和之作，閲之而不禁深有感於心也。……雪庵詩不矜門户，自抒所得，蓋境雖屢變，而其性情面目宛然可見，惟其真也。真則可以存矣。爰爲之序。時同治三年歲次甲子孟冬之月，叔鴻卓篠峰甫撰。」

何昌翰《跋》云：「雪庵司馬詞兄大人閣下，陰雨殢楳，春寒釀雪，蘇白堤邊，定增一番景色也。弟終日粟六，爲他人忙，不克時謁台端，暢叙清興，悵何如之。承示大稿，於咏古處見沈雄，於寫景處見清麗。捧誦之下，想作者洵得大方家數，佩服佩服。青浦何昌翰拜讀一過，時以需次仝住虎林。」

南京圖書館藏、首都圖書館、華東師範大學圖書館藏。

玉銘詩稿一卷附南旋記略一卷

清嘉定楊恒福撰，清同治三年（一八六四）稿本，一册，凡二十七頁。半頁九行，行二十五字，小字雙行同。無欄綫。外封書籤墨筆楷書原題「詠陶館詩稿」，後以墨筆改爲「玉銘詩稿」，外封并題「後附南旋記略一卷」「月如初稿」。内封有清錢慶曾和詩，「月如仁兄枉和述懷之作，承賦奉達，并柬令兄。即希政句。大蘇下筆期千古，小宋才名動四方。昆友自來比金玉，塤箎却未迭宮商。子嵎和詩未至，故云。詞原倒峽河雄肆，筆陣排空少頡頏。余合同人和作爲周甲集，長歌止一首。家學相承吾豈敢，靦顔奚以報瑶章。涪溪弟錢慶曾初稿。」鈐有「上海圖/書館藏」朱文方印。毛裝。《中國古籍善本書目·集部》著録。

楊恒福，字玉銘，號月如，晚號雲岫、退叟，嘉定人。與兄震福并以能文名。同治三年甲子（一八六四）舉人。卒年七十七。事迹具民國《嘉定縣續志》卷十一。

是稿收詩凡三十一首，中多題贈倡和之作。詩後附《南旋記略》不分卷，載録作者應順天試後，與同舟諸公返家行程，自八月二十六日從京師起，止十一月三十日下午。

卷首作者小序云：「甲子六月，余附輪船抵天津，由天津起程入京都，應順天鄉試。試畢後，同邑上舍周峨卿保璋、程芸史嘉樹、錢子汾師儀，太倉上舍李菊坡，同買舟由運河還南。蓬窗兀坐，略紀路程云爾。」

上海圖書館藏。

雲岫退廬文稿不分卷

清嘉定楊恒福著，稿本，一册，凡四十一頁。半頁九行，行二十二字。藍格，黑口，上單魚尾，四周雙邊。框高一九五毫米，寬一三二毫米。外封墨筆楷書題「雲岫退廬文稿」六字。無序跋。鈐有「上海圖／書館藏」朱文方印。毛裝。《中國古籍善本書目・集部》著録。

楊恒福，著有《玉銘詩稿》等，已著録。小傳參見集部別集類。

是書係作者所作辨、論、序、跋、記、傳、書等各式文體之彙編，凡二十六篇。

上海圖書館藏。

撫松軒詩稿不分卷撫松軒詩餘不分卷

清南匯康秀書撰,清同治十年(一八七一)刻本,一函一册。半頁九行,行二十一字,小字雙行同。白口,上單魚尾,左右雙邊。框高一五九毫米,寬一一四毫米。版心魚尾之上分别鐫「撫松軒詩稿/撫松軒詩餘」五字,版心下方記頁次,凡二十六頁。外封書籤題「撫松軒詩稿雲谿題簽」,摹刻「鏡/如氏」陽文方印。内封題「/撫松軒詩稿/同治十年春杪鐫」。卷首有序、《題辭》,卷末有康成跋。鈐有「華東師範大學/圖書館藏書章」朱文橢形印。

康秀書,字琴園,號閒翁,南匯人。居新場。事迹具民國《南匯縣續志》卷十二。

《撫松軒詩稿》不分卷,收録作者古今體詩凡九十七首。中多觸景即事之作,如《偶患足疾述懷答友》;亦有詠史之篇,如《陳軍門諱化成殉難》;又有竹枝詞,如《雷音寺燒香竹枝詞》。《撫松軒詩餘》不分卷,收録作者《長相思·秋景》《望江南·春日》《憶王孫·即景》等詞,凡二十二首。

華東師範大學圖書館藏。

三癸東莊詩稿二卷雜著一卷

清上海陸旦華著,清同治十三年(一八七四)刻本,一册。半頁九行,行二十一字,小字雙行同。白口,上單魚尾,左右雙邊。框高一七五毫米,寬一一六毫米。版心魚尾之上分别鐫「三癸東莊詩稿/三癸東莊雜著」六字，版心下方記卷次。内封書名頁篆題「三癸東莊詩稿」。卷首有清同治十三年（一八七四）陸宗鄭《序》，卷末有清同治十三年（一八七四）李曾祜（字少雲）跋。鈐有「南京圖書館藏」朱文方印。

陸旦華（一七八八—？），字焕虞，號縵卿，上海人。住上邑西門外法華鎮。江南松江府學增廣生。清嘉慶十八年（一八一三）癸酉科鄉試第七十四名[一]。曾任廬江校官。家有嘯園。嗜學好古，增訂《禹貢疏》。平生著述甚夥，皆未付手民。僅自刻《牆東一笏》《吟廬詩鈔》行世。死後貧甚，所遺書籍斥賣殆盡。事迹具《瀛壖雜誌》卷三、光緒《松江府續志》卷二十四。

是集所收詩文編年，如《辛巳憫疫歌》（道光元年，一八二一）……《癸未水災紀事》（道光三年，一八二三）……《病瘧癸巳》（道光十三年，一八三三）……《歲朝喜雪甲午》（一八三四）……《五十述懷乙未》（道光十五年，一八三五）《江行至廬江丁酉》（一八三七）……《趙子鶴明府衢亨席上賦贈》「丙戌北上，偕沈夢塘同，訂交於河間旅館……時夢塘已謝世」，按：沈學淵（一七八八—一八三三），寶山人。丙戌北上時當爲道光六年丙戌（一八二六），……《送少雲婿省親滇南己酉》（道光二十九年，一八四九）。

陸宗鄭《序》云[二]：「先生才調敏茂，詩文咸卓然自樹。登鄉薦，屢上春官不第。晚得廬江校官，隨

[一]《清代硃卷集成》第一三二册，第一二三頁。

[二]「序」字字體斜歪，墨色較淡，且前兩筆壓欄，蓋以金屬活字擺印。

膺末疾，乞歸。境與心違，侘傺自傷以卒。宗鄭年十一侍先公，……子喬先生遠宦，卒於滇中，先生繼之。瀛門先生僑居嘐城，最後歿滬上。……李君少雲，子喬先生子而先生婿也，收葺叢殘，刊爲三卷，屬爲校勘。讀之想見前輩流風餘韻，特以生平得意之作不獲盡存爲憾。因述今昔盛衰之慨，書於左簡，以復少雲，得毋有掩卷纍欷者乎？同治十三年九月既望，青浦宗侄陸宗鄭序。」摹刻「臣宗／鄭印」「甲戌／進士」二印。

李曾祐跋云：「曾祐校刊《三癸東莊詩稿》，閱十月蕆事。先生爲上海法華鎮人，世同里閈。嘉慶癸酉，與先大夫同舉于鄉。是歲，瀛門伯父亦以明經貢于朝。先生屢試禮部不第，侘傺數載，出爲廬江學官，年已五十餘矣。假歸，旋卒。《蕢洲館詩話》稱先生有雋上才，聽其緒論，如劉蕢對策、杜牧論兵，以利濟爲懷，非獨善其身者可以知先生之爲人矣。先生雅不欲以詩鳴，故所著多散佚。哲嗣仰曾悉心搜輯，得二百餘首，附以雜著，釐爲三卷。曾祐蒙公青眼，侍甥館者廿年。每誦集中《滇南省親》《黔中聞訃》諸篇，謦欬如聞，彌增愴泣。昔黄山谷婿于謝師厚，從得句法，故其詩有曰『自往見謝公，論詩得津梁』，此尤曾祐之所不能無滋愧者也。是爲跋。同治十有三年歲次甲戌冬月，婿李曾祐校竣手跋。」跋文之末有「臣印／曾祐」「受／之」二印〔一〕。

南京圖書館、中國社會科學院文學研究所藏。

〔一〕似金屬印所鈐，不類摹刻。

畿輔輶軒集一卷

清婁縣張祥河撰，稿本，一册。半頁五行，行十字，小字雙行同或不等，無欄綫。鈐有「元／卿」陽文方印、「詩／舲」陰文方印[一]、「北京／圖書／館藏」陽文方印。《中國古籍善本書目·集部》著録。

張祥河著有《四銅鼓齋論畫集刻》，已著録。小傳參見子部藝術類。

是書係作者於清咸豐六年（一八五六）「丙辰正月」所撰詩文，凡十一首，多爲寄贈倡和之作。如《和吴儒卿蚤起看雪韵》《寄李雲生太守蜀中》《儒卿有懷故鄉桃柳詩題後》等。卷末題「法華山人手稿」一行六字，鈐有「張印／祥河」陽文方印、「詩／翁」陽文方印。

中國國家圖書館藏。

武陵山人雜著一卷

一名《武陵山人文稿》。清金山顧觀光撰，稿本，一函一册。半頁十一行，行二十五字，小字雙行同。無欄綫。末篇《單曲綫記》以錢熙祚守山閣藍格稿紙寫就，半頁十行，行二十三字，小字雙行同。白口，上單魚尾，左右雙邊。框高一八九毫米，寬一二三毫米。版心下鐫「守山閣」三字。卷首有王欣夫題記。鈐有「葩廬／劫餘／長物」朱文方印、「高氏吹萬／樓所得／善本書」白文方印（高燮）、「王欣夫／藏書印」朱文

[一] 張祥河印記。

長方印、「欣／夫」朱文方印（王欣夫）、「復旦大學／圖書館藏」朱文方印。是書曾經高燮、王欣夫等遞藏。

顧觀光撰有《國策編年》等，已著録。小傳參見史部雜史類。

是書係顧觀光所作考證文字及書信札記，含《雜説》《談天集證庚申〔一〕》《秝學卮言》《七國正朔不同考庚戌〔二〕》《中江考辛丑〔三〕》《南江考辛丑》《西月日考補遺戊戌〔四〕》《讀地球圖説書後癸巳〔五〕》《讀冬至權度書後丁酉〔六〕》《讀周髀算經書後庚子〔七〕》《與沈文卿雲書丁亥〔八〕》《與錢文湛園書己丑〔九〕》《與翁查麓書辛卯〔一〇〕》《與張嘯山書癸巳〔一一〕》《與張嘯山書癸巳》《讀外臺秘要書後戊戌》《讀浙江圖考書後己亥〔一二〕》

〔一〕庚申，咸豐十年（一八六〇）。
〔二〕庚戌，道光三十年（一八五〇）。
〔三〕辛丑，道光二十一年（一八四一）
〔四〕戊戌，道光十八年（一八三八）。
〔五〕癸巳，道光十三年（一八三三）。
〔六〕丁酉，道光十七年（一八三七）。
〔七〕庚子，道光二十年（一八四〇）。
〔八〕丁亥，道光七年（一八二七）。
〔九〕己丑，道光九年（一八二九）。
〔一〇〕辛卯，道光十一年（一八三一）。
〔一一〕癸巳，道光十三年（一八三三）。
〔一二〕己亥，道光十九年（一八三九）。

《讀山海經乙巳〔一〕》《讀研六室文鈔書後庚子》《單曲綫記》等凡二十篇。

王欣夫題記云：「《武陵山人雜著》手稿，自《雜説》至《單曲綫記》存文二十篇。每篇題下多鈐『觀光』名印。《單曲綫記》則用錢氏守山閣藍格紙，其《雜説》及《秝學卮言》二篇之題係校者所加，疑尚有遺逸。尚之精于疇人之學，並博通群書。即此二十篇中有言經學、音韻、天算、曆法、地理、醫學、校勘各門，無不疏證明晰，與張嘯山真一時驂靳也。一九五八年八月，購於來青閣，王欣夫。」

復旦大學圖書館藏。

武陵山人制藝不分卷

清金山顧觀光撰，民國三十年（一九四〇）藍曬印本，一册。半頁十二行，行二十二字。白口，上單魚尾，四周雙邊。框高一二六毫米，寬九〇毫米。外封題「武陵山人制藝」「卅年五月以四當齋鈔本晒印」。卷首有《武陵山人制藝目録》。卷末有董壽慈跋、姚光跋。天頭間有批校。鈐有「上海圖/書館藏」朱文方印。

顧觀光撰有《國策編年》等，已著録。小傳參見史部雜史類。

是書係顧觀光所作制藝彙編，分爲《譬如北辰居其所而衆星共之》《端章甫願爲小相馬》《旅酬下爲

〔一〕　乙巳，道光二十五年（一八四五）。

上》《日月星辰繫焉》《不以六律不能正五音》《不以六律不能正五音》《規矩方員之至也》《規矩方員之至也》《苟求其故千歲之日至可坐而致也》《在璿璣玉衡以齊七政》《乃命羲和六節》《在璿璣玉衡以齊七政》凡十二篇，每篇之末有作者自記。

姚光跋云：「右《武陵山人制藝》十二篇，吾邑先哲顧尚之先生觀光之作也。先生年十三補諸生，三試鄉闈不售，遂無志科第，承世業爲醫。時同里錢氏多藏書，恒往假，恣讀之。又佐錢氏校刊書籍，因博通經傳子史百家。於輿地、訓詁、六書、音韻、宋儒性理以至二氏術數之學，皆能洞徹本末。尤究極古今中西天文曆算之術。以其閒校訂古書，綴輯其散佚。顧崛起孤根，罔有憑藉，而又遺書晚出，鮮爲表襮，故《清史》列之《文苑》，且僅寥寥數行。近天津徐世昌氏纂《清儒學案》，則附於嘯山學案之中，世之讀其書而真知灼見者，蓋尚鮮。……此制藝之體，出於《論語》《孟子》《中庸》《書經》，關於天文曆算者十篇，典制者二篇。世之號爲博識者，以屬八股而不屑一顧。……先生湛深經術，下筆爲文，無施而不可。雖無志於科第，而爲此制藝體之文，其所擇題，專以發揮其造詣，言之有物，不落蹊徑。篇後皆加識語，蓋頗自喜者，其精於説理，真經義之正鵠矣。先生文集爲南匯張文虎所編，名《武陵山人雜著》，刻於錢氏《小萬卷樓叢書》中。凡此數文，亦文集之支流也。……余故讀先生之文而備論之。他日將彙編先生遺書之全，此當特立爲一種云。中華民國三十年歲次辛巳六月，邑後學姚光識於滬上賃廡。」

上海圖書館藏。

萬言書不分卷

清寶山蔣敦復撰，謄清稿本，清莫友芝跋，一册。半頁八行，行十八至二十字，小字雙行同。無欄綫。内封書名頁題「蔣子／萬言／書俞樾用琉球國／紙題」，鈐有「日損／益齋」陽文方印。卷首有清莫友芝題跋，正文前有蔣敦復自識。鈐有「蔣／敦復」陽文方印（蔣敦復）〔一〕、「莫友芝／圖書印」陽文方印（莫友芝）、「長州章氏／四當齋珍／藏書籍記」陽文方印（章鈺）、「北京／圖書／館藏」陽文方印。是書曾經將敦復、莫友芝、章鈺等遞藏。《中國古籍善本書目・集部》著録。

蔣敦復著有《兵鑒》等，已著録。小傳參見子部兵家類。

是書係作者所撰圍剿太平軍之時策，「竊維今日事勢，欲經營天下，可三言決也。一曰合天下之全力，二曰破天下之成局，三曰求天下之真才。……」

莫友芝跋云：「因時事徹利弊之言，當事者舉此措之，以定禍亂，以致太平，猶運之掌也。乃僅使老劍獨有一篇萬言好文字，奈何哉。獨山小弟莫友芝拜跋。」

蔣敦復識云：「咸豐三年春，江省陷，余寓海上，作《憤言》三篇、《戰守》二議。十年春，杭省陷，避兵富春山中，作《後憤言》三篇。俄而蘇省又告陷矣。泛海旋滬，上書當事，不報。明年春，賊氛益熾，區區感憤，益無聊賴，放筆爲此，肝疾大作，嗣是絶口不道世事。知我罪我，聽之悠悠之人而已。辛酉三月，江

〔一〕掃描件爲黑白兩色，故以陰陽文别印記形制，下同。

東老劍自識于築耶精舍。」

中國國家圖書館藏。

嘯古堂文鈔不分卷

清寶山蔣敦復撰，謄清稿本，一册。半頁八行，行二十字。無欄綫。鈐有「蔣/敦復」陽文方印、「江東/老劍」陰文方印、「敦復/之印」陰文方印、「北京/圖書/館藏」陽文方印。《中國古籍善本書目·集部》著録。

蔣敦復著有《兵鑒》等，已著録。小傳參見子部兵家類。

是書分爲《憤言上》《憤言中》《憤言下》《議戰》《議守》《後憤言上》《後憤言中》《後憤言下》凡八篇，係作者爲朝廷所撰抗擊太平軍之時策。

《憤言上》作者小序云：「癸丑春，賊熾燄。王師熠，江寧陷。草莽臣灑血淚作《憤言》告當事。」《後憤言上》作者小序云：「癸丑春，粤匪南寇，入江寧省城，草莽臣寶山蔣敦復作《憤言》三篇、《戰》《守》二策，冀動當事者之聽。既而世莫我用，伏處海上，又七寒暑。咸豐十年春，賊破杭郡，退分股竄擾上游及蘇常諸郡，皆告警，事益棘。敦復時客富春，避兵山中鄉里，妻子弗暇顧，中夜太息，孤憤填膺，作《後憤言》三篇。上爲吾君吾相陳撥亂反正之機，中爲文武大帥畫滅寇之策，下爲父老子弟謀衛國全家之方。痛哭流涕，大聲疾呼而言之，言之無罪也。即以爲罪，鼎鑊刀鋸僇止一身，草莽之臣所不深懼也。」

中國國家圖書館藏。

嘯古堂外集不分卷

清寶山蔣敦復著，清抄本，一函二册。半頁十行，行二十四字，小字雙行同。藍格，白口，上魚尾，四周雙邊。框高二〇四毫米，寬一三三毫米。無序跋。上册夾有書籤「嘯古堂外集　上卷　韵孫署籤」，鈐有「夏鼎」白文方印。下册夾有書籤「嘯古堂外集　下卷　韵孫署籤」，鈐有「夏鼎」白文方印。《中國古籍善本書目·集部》著録。

蔣敦復著有《兵鑒》等，已著録。小傳參見子部兵家類。

是書上册收詩凡四十三篇，下册收詩凡六十一篇，篇目多已刻入清光緒十一年（一八八五）王韜淞隱廬刻本《嘯古堂詩集》之卷三、卷四。

復旦大學圖書館藏。

臨池書屋試帖詳注八卷

清南匯顧麟著，清南匯顧保泰注，抄本，十六册。半頁八行，行二十四字，小字雙行同。無欄綫。無序跋。鈐有「南京圖/書館藏」朱文長方印。

顧麟，字卿甫，一字祥甫，號趾卿、芷卿，亦作芷卿氏，南匯黑橋人。秉源子。麟四歲能辨四聲，長益刻苦向學。與婁縣章耒、同邑丁宜福、華孟玉相唱和。張文虎評其詩近芙蓉山館，詞近玉田、夢窗。晚更研求醫學，以術濟世。著有《蛸溪吟稿》等。事迹具民國《南匯縣續志》卷十三。

顧保泰，字少伯，南匯人。顧麟侄。

是書係顧麟所作試帖詩。試帖詩之前有出處，之後有注。每卷之前有目録。是書依韻編次：卷一爲一東、二冬、三江；卷二爲四支、五微、六魚、七虞；卷三爲八齊、九佳、十灰、十一真；卷四爲十二文、十三元、十四寒、十五删；卷五爲一先、二蕭；卷六爲五歌、六麻、七陽；卷七爲八庚、九青、十蒸、十一尤；卷八爲十二侵、十三覃、十四鹽、十五咸。

按：是書與南京圖書館藏《漱緑山房雜鈔》均爲作者所作試帖詩，部分篇目相同，而所收録篇目較之爲多。

南京圖書館藏。

花龕賸句不分卷

清南匯顧麟著，稿本，二册。半頁九行，行二十三字至三十六字不等。無欄綫。内封墨筆楷書題「花龕賸句」四字，并鈐有「芷卿」朱文方印、「顧麐」白文方印、「小海唱」白文長方印。書中夾有簽條，題「花庵賸句／二册南沙顧麟原稿」。上册底封書角處題「坤」字，下册底封書角處題「乾」字。卷端鈐有「譜紅」朱文方印、「懋傳」白文方印、「富齋」葫蘆形白文印、「南京圖／書館藏」朱文方印。金鑲玉裝。

顧麟著有《臨池書屋試帖詳注》等，已著録。小傳參見集部别集類。

卷首列目次。是書包括《日射三十六熊賦以題爲韻》、《韓蘄王湖上騎驢賦以題爲韻》、《十聯詩在御屏風賦以題爲韻》、《采菽中原賦以采菽中原勤者功多爲韻》、《對竹思鶴賦以盡是人間第一流爲韻》、《止戈爲武賦以題爲韻》、《曲江觀濤賦以觀濤乎廣陵之曲江爲韻》、《宫人習葉子消夜賦以題爲韻》（《雙紅豆館賦稿》）、《紅杏尚書賦以紅杏枝頭春意鬧爲韻》（《雙紅豆館賦稿》）、《玉波泠雙蓮曲賦以題爲韻》（《雙紅豆館賦稿》）凡十賦。

上册含《日射三十六熊賦以題爲韻》《韓蘄王湖上騎驢賦以題爲韻》二賦，賦文之後有題解。下册含《十聯詩在御屏風賦以題爲韻》《采菽中原賦以采菽中原勤者功多爲韻》《對竹思鶴賦以盡是人間第一流爲韻》《止戈爲武賦以題爲韻》《曲江觀濤賦以觀濤乎廣陵之曲江爲韻》等，僅有賦文。其後《宫人習葉子消夜賦以題爲韻》，賦題之次行低一格引用《真逸農田餘話》：「今之葉子戲消夜圖，相傳始於宋太祖，令後宫人習之以消夜。」賦文之後有題詞評點，如葉湘秋「裊娜如緑柳含烟，綽約似紅蓮映日。……」題詞評點之後闡釋用典出處，如「銀箭〇李白《烏棲曲》：銀箭金壺漏水多，起看秋月墜江波。」《紅杏尚書賦以紅杏枝頭春意鬧爲韻》（《雙紅豆館賦稿》）體例同。《玉波泠雙蓮曲賦以題爲韻》（《雙紅豆館賦稿》）賦文之後僅有金縵虹評語：「哀感頑艷，如聞桓子清歌，輒唤奈何。」

是集謄寫工整，鈐有顧麟印章，間有改字、增字、删字、乙正之處，蓋謄清稿本之後又有修改。

南京圖書館藏。

潄緑山房雜鈔一卷

清南匯顧麟撰，稿本，二册。半頁九行，行二十四字，小字雙行同。無欄綫。卷首有無事齋主人題識。鈐有「南京圖書館藏」朱文方印。金鑲玉裝。

顧麟著有《臨池書屋試帖詳注》等，已著録。小傳參見集部别集類。

是鈔收録顧麟制藝及試帖詩，凡一百首（篇）。開篇爲所作制藝《是知其不可而爲之者與》，文末有「弟秋巖注」。之後爲試帖詩，詩題頂格，其下標注用韻，如「楊廉夫與諸妓賭除紅　一東」「長吉詩鬼　四支」。每詩之前有試帖出處，之後有訓釋。天頭間有墨筆批注。

無事齋主人題識云：「豐衣玉食非爲貴，檀板鴉聲亦足看。欲作子孫長久計，瓦盆盛飯木棉衾。此家始祖維四公詩，載於宗譜，子孫永寶之。同治癸酉荷月初旬，無事齋主人謹寫。」

按：書内夾有簽條：「《潄緑山房雜鈔》兩册，南沙顧麟先生著，道光間親稿本。」

南京圖書館藏。

浦南白屋詩稿二卷

清南匯丁宜福著，清光緒六年（一八八〇）刻本，一册。半頁九行，行二十一字，小字雙行同。白口，上單魚尾，左右雙邊。框高一七二毫米，寬一一三毫米。版心魚尾之上鐫書名「浦南白屋詩稿」六字，版心下方記卷記、頁次。卷末尾行鐫「茸城府署西顧文善齋刊印」。外封書籤墨筆手書「浦南白屋詩稿」六字。卷首有張文虎《序》。鈐有「南京圖書館藏」朱文方印。

丁宜福（一七九九—一八七五），字時水，一字慈水，南匯人。歲貢。同治十三年（一八七四），知縣金福曾聘修邑志，書未成遽卒。著有《申江櫂歌》等〔一〕。事迹具清光緒《松江府續志》卷二十五。

是書分爲兩卷，卷一收詩五十五首，卷二收詩四十一首，以史爲詩，懷古述今。詩多涉時事，如五言長律《婁縣令卞公乃譝殉節詩》、古詩《假西兵　八月二十一日賊退回金山，邑中好事者斂捐募西兵三百人戍南橋，爲上游計，然皆閩浙游手襲夷裝者也，人日給番銀一餅。十二月十五日，賊至，擲金錢誘之，不戰而潰，南橋陷，奉南川相繼失，浦東南大亂》《失三城　十七日失奉賢，十八日失南匯，十九日失川沙，無一人抗者》《掛門牌　賊各於其所分地給掛門牌，上寫僞職户口姓名，一牌索二三金不等，云可禦外侮。及他賊來，卒不顧》等。

張文虎《序》云：「丁君時水以才鳴一邑，爲學院李小湖廷尉所賞。其繼室姚吉仙女史昔嘗問詩於予。同治庚午，君赴試金陵，以所著來投，會以病阻。其詩雋利疏爽，其感時撫事，忼慨激昂，尤非漫作，因詒書勸勿以才子名士自囿。越癸酉，始訪予治城賓館。是冬，予請假旋里，金苕人明府留商志事。君亦預分纂，有時相見。迨光緒乙亥，君復赴鄉闈，病歸，竟不起。知君者皆痛惜之。君屈於場屋，意常鬱鬱。授

〔一〕據《上海鄉賢文物過眼録·附所見鄉賢典籍手稿珍本及遺載文物存目》著録：「申江櫂歌抄本　丁宜福　上海市通志館。」

經鄉里，及門多有聲。家居則伉儷間以詩相唱和，有《雙聲閣集》。其它詩古文詞、駢體、新樂府、南浦櫂歌雜記，著述盈尺。今春，婁邑章君韻之爲訂其詩二卷付刊，女史書來乞言，因書數語以歸之。它日全集梓行，當續序也。時在光緒庚辰仲夏朔，同邑張文虎序，時年七十有三。」摹刻「孟／彪」陽文方印、「文／虎」陽文方印。

按：光緒《松江府續志》卷三十七《藝文志·集部·別集類》著録「《浦南白屋詩文稿》十三種，丁宜福著。」《清人詩文集總目提要》收録[一]。

南京圖書館藏。

賓槎詩稿不分卷

清婁縣張兆蓉撰，抄本，一册。半頁九行，行二十五字，小字雙行同。紅格，白口，上單魚尾，四周雙邊。框高一九二毫米，寬九九毫米。外封題「賓槎詩稿」四字。副頁有題記，云：「張賓槎詩稿，婁廩生張兆蓉芙初譔。」卷末有題記，云：「此張賓槎先生所作。道光癸卯夏[二]，小梅識。」文中有墨筆圈點。鈐有「庸／盦」白文方印、「上海圖／書館藏」朱文方印。

[一] 《清人詩文集總目提要》中册，第一三四一頁。

[二] 道光癸卯，道光二十三年（一八四三）。

張兆蓉（一八〇一—一八五二），字芙初，號賓槎，婁縣人。擅七絶。事迹具《夬齋雜著》小傳。是稿係作者所撰各體詩文，凡一百三十六首，中多紀游、詠物之作。

上海圖書館藏。

棲碧山莊詩草四卷

清南匯王震堦著，清光緒三十三年（一九〇七）上海商務印書館鉛印本，一册。半頁十行，行二十四字，小字雙行，行二十六字或二十七字不等，上白口，下黑口，上單魚尾，四周雙邊。框高一八二毫米，寬一一七毫米。無欄綫。版心魚尾之上鐫「棲碧山莊詩草」六字，下記卷次，版心下方記每卷頁次。外封書籤題「棲碧山莊詩艸」，内封書名頁題「棲碧山莊詩艸／上海商務印書館代印」。卷首依次爲王震堦《序》、《棲碧山莊詩草總目》，卷末附趙夔龍跋。卷一卷端鈐「南京／圖書／館藏」朱文方印。

王震堦，字雨田，南匯人。清光緒初年，與纂《南匯縣志》，任採訪之役，能勤其職。事迹具民國《南匯縣續志》卷十三。

是書收詩凡一百九十二首（連附贈答詩三首），分爲四卷。卷一爲《學吟草》四十八首，小序云：「《學吟草》者，余幼時所作也。余性鈍質庸，困於舉子業，一切聲律有韻之言，從未習誦。間嘗妄吟一二，全然不識法門。而顧猶有存者，何也？世人學成之後，往往棄其舊作，余則至今無加於舊，雖欲棄之而無可棄，姑存之爲《學吟草》云。」卷二爲《鶴沙草》四十三首，小序云：「《鶴沙草》者，余採訪時所作也。余幼時依父母住鶴沙鎮九年，至十三歲仍回老宅，其時猶未識詩爲何物、作詩爲何事也。迨同治十三年金邑尊領修縣志，諭採訪航頭、鶴沙、魯匯等處節孝事實。余因屢至鶴沙，晝往鄉間，夜宿兄舍。悉心訪問外，或因地以寄慨，或隨景以抒情，積久而乃成帙焉。至於魯匯，亦嘗往返數次而所作無多，故即附於《鶴沙草》中。」卷三爲《舟中草》五十五首（連附贈詩二首），小序云：「《舟中草》者，余出門時所作也。余嘗屢至茸城應歲科試，四至金陵應省試，而且假館於滬上，游學於鴛湖，無不由舟中徘徊而至焉。山川所歷，吟詠隨之，兼及友朋贈答，筆諸簡端，彙成一帙。但其時在館中、寓中所起之稿，幾難判别，故即概目爲《舟中草》云。」卷四爲《壺中草》四十六首（連附答詩一首），小序云：「《壺中草》者，余在家時所作也。作詩每起稿脱稿，自置小壺，積久而滿，略檢存之。夫壺之爲物，質陋而味薄，余詩實適似之。人謂厚則重濁，薄則輕清。詩之薄者，其中清氣自存耳。乃余詩雖似薄冰，而仍未能清如玉壺冰也，能不深自愧耶。」

王震堦《序》云：「昔同里周一琴先生顔予室曰『棲碧』，蓋取工部詩云『碧梧棲老鳳凰枝』之義，意謂棲托得所，則搦管爲文，揮毫賦詩，時常雅韻欲流矣。……將歷年蕪詞分爲四卷，得同學者參校成編，促余付梓，以博大雅之一哂而已矣。是爲序。光緒三十三年歲次丁未臘月，南邑古航王震堦撰。」

趙夔龍跋云：「外叔祖王雨田夫子性情淡泊，舉止安詳。少壯潛心舉業，旁及詩古，最有心得。夔失怙早，遷居鶴沙，與外叔祖家離三里。走謁問字論文之暇，嘗以詩古近作示夔，夔每以未窺全豹爲憾。今歲暑假歸里，蒙以歷年詩稿示夔，命夔校讀。夔本未學詩，何敢與共，然又不敢違長者命。校讀全編，覺和平中正，一如外叔祖之爲人。詩以言性情，是詩真從性情中流出也。謹跋數行以附簡末。受業外侄孫趙夔龍謹識。」

南京圖書館藏。

泖濱草堂詩存不分卷

清青浦仲咸熙撰，清光緒二十年（一八九二）刻本，一册。半頁九行，行二十三字，小字雙行同。白口，上單魚尾，四周雙邊。框高一八二毫米，寬一一一毫米。版心魚尾之上鐫「泖濱草堂詩存」六字，版心下方記頁次，正文凡五十頁。卷首依次爲光緒十八年（一八九二）五月婁縣沈祥龍《泖濱草堂詩存序》、陳履泰序，卷末有仲晉和跋。卷末鐫有「男晉均、晉和、晉安謹校字」一行。鈐有「華東師範大學/圖書館藏書章」朱文橢形印。

仲咸熙，字鄂夫。諸生。家居泖上。與婁縣沈祥龍、青浦葉世熊友善。年六十卒。事迹具民國《青浦縣續志》卷十六。

是書係仲咸熙所作詩文之彙編。

陳履泰序云：「庚寅八月，鄂敷六十生辰，先一日來宿于余家，賦詩二首，即疾作。意謂偶感寒邪所致，未始以爲憂也。詎意甫兩月而遽赴道山耶！日者，哲嗣持其詩稿若干篇見示，屬以一言弁簡端。余自維譾陋，愧不敢當。復請曰：『先君子交遊頗廣，與先生相契最深，且相處四十年之久。非先生之文，烏足以傳先君子？』重違其意，詳加校勘。猶憶咸豐戊午，外舅《漱六軒詩稿》，余曾乞年伯何古心先生鑒定刊行，并採入《續青浦詩傳》。越三十餘年，而鄂敷遺詩又將付手民。兩世詩稿均與校讎之任，可謂無負外舅，并無負鄂敷已。光緒十有八年歲次壬辰二月，姊婿陳履泰頓首拜撰。」

仲晉和跋云：「先君子幼時，先大夫常勗之曰：『予早年失怙，學未卒業，遽廢書理家務，生平每以此自憾爾。今毋自棄。』先君子謹識訓晦，深自激勵。遊庠後，倍益刻苦。與陳東皋姑丈互相切磨，無間寒暑。計先後七赴棘闈，兩邀鶚薦，而甲子科竟以額滿見遺，尤堪惋惜。……光緒二十年春三月，男晉和謹識。」

按：民國《青浦縣續志》著録「《泖濱草堂詩存》仲咸熙著，未刊」〔二〕，誤。

華東師範大學圖書館、山西大學圖書館藏。

百花草堂詩詞稿一卷

清南匯華孟玉著，稿本，一册。半頁十二行，行二十八字，小字雙行同。無欄綫。是書第六十一頁有「正裕福記」雷紋朱文木記，用紙係紙號「正裕福」所産。鈐有「南京圖書館藏」朱文方印。金鑲玉裝。

華孟玉，字約漁，南匯人。廪貢。與南匯顧麟、南匯張文虎多有倡和。事迹具清光緒《松江府續志》

〔二〕民國二十三年（一九三四）刻本《青浦縣續志》卷二十一《藝文上》。

卷三十七、民國《南匯縣續志》卷十三。

是書由《百花草堂集》《吟秋稿》《百花草堂詩餘》三部分組成。《百花草堂集》,「詩六十五首,壬子作删存」,詩題之上有墨筆「選」字,并以墨圈標識。《吟秋稿》,低一格爲小序:「余生少才而多愁,不工詩而一腔愁緒,無由得洩,往往洩之于詩。草窗孤坐,一燈如燐,蛩觳唧唧,與蕉雨相答,輒信口呻吟,不自知其聲之噍殺也。譬如蛩之爲物,微乎其微,而秋至則吟,其將有不平者乎,故有自題其稿爲《吟秋》云。」《百花草堂詩餘》,依次爲《如夢令》《菩薩蠻》《沁園春》《醉江仙》《相見歡》等詞牌,如《東風第一枝・題顧芷卿暗香疎影填詞看子》《百字令・丁巳初秋訪沈松雲於滬上出秋燈讀畫看子填應》。

南京圖書館藏[一]。

安處廬稿十卷

清寶山印銘祚撰,清同治間抄本,一函一册。半頁九行,行二十一字,小字雙行同。無欄綫。外封題「安處廬詩存　同治癸亥初春甥錢士鑣謹題」[二]、「雪蕉精舍」、「乙卯年同襄謹録」,鈐有「同」「襄」連珠

[一] 據南京圖書館掃描件。
[二] 同治癸亥,即同治二年(一八六三)。

印。文中有錢士鑣、俞時亮、印同襄校注。卷首有印銘祚從甥俞時亮撰《十三舅氏印先生墓表》，表前有印同襄題記，云：「因不似傳，改作墓表，用之未知是否，再俟大人先生審定。同治三年甲子十月二十三日，同襄謹録。」卷末有印同襄《跋》。鈐有「士鑣」白文方印、「小莪／讀」朱白文長方印、「復旦大學／圖書館藏」朱文方印。毛裝。

印銘祚（一七九二—一八五四），字文石，號子山，又號織簾，晚更號古琴，私謚孝穆。世居寶山胡巷橋。著有《安處廬詩文集》若干卷、《尚論堂制義》若干首藏於家，待刊。事迹具清同治二年正月初六從甥俞時亮撰《十三舅氏印先生墓表》。

是稿多題詠倡和之作，亦有紀事詩多篇。天頭、詩間、詩末多俞時亮及錢士鑣注語、批語、校語、識語，如卷一七言律詩《即景》，詩題下俞時亮校云「當補在《次桐生韻》前」，詩末俞時亮識云：「同治元年十二月十七日夜，從甥時亮讀。」錢士鑣識云：「與龍山前輩如出一手。同治癸亥正月十三日，甥士鑣讀。」又如卷二《赴省試桐生甥以詩送别即於舟中次韻寄酬》，天頭上有俞時亮批語，云：「高淡雅潔，舅氏本色。」

印同襄《跋》云：「惜詩稿散軼已多，今存《安處廬稿》僅兩本，編爲十卷，皆襄與諸兄分録者也。……三兄同亮方謀刊遺稿，以賊氛近未果，而今又棄襄去。……因謹與四兄校正而付之梓。同治二年八月二十三日，男同襄謹跋。四年乙丑嘉平月五日改。」

按：蘇州圖書館藏有清潘鍾瑞抄本《十家詩》一部，其中第二種爲《安處廬稿》一卷。

復旦大學圖書館藏。

補愚詩存五卷

清嘉定陳慶甲著，清宣統三年（一九一一）刻本，一册。半頁八行，行二十四字，小字雙行同。白口，上單魚尾，左右雙邊。框高一九一毫米，寬九七毫米。無欄綫。版心魚尾之上鎸「補愚詩存」四字，下題「望甦吟草／金陵紀事詩／來復吟草／寸陰室吟稿／代琴小詠」，版心下方記每卷頁次。内封書名頁草書題「補愚詩存」，摹刻「吴瞜人」「誦瑛」「人書俱壽」「力超二王」四印。卷首有清宣統元年（一九〇九）長夏吴邦升序〔一〕，次爲《陳稚葵先生事略》，次爲《補愚詩存目録》，依次列每卷詩題，次爲作者《自序》。鈐有「南京圖／書館藏」朱文長方印。

陳慶甲（一八四〇——一八七九），字稚葵，號補愚，嘉定人。本姓胡，爲起鳳之族。諸生。擅詩古文詞，爲士林推重。早卒。事迹具民國《嘉定縣續志》卷十一。

是集由《望甦吟草》《金陵紀事詩》《來復吟草》《寸陰室吟稿》《代琴小詠時客玉山》等五部分構成。《望甦吟草》收録近體詩十三首，七言絶句《陷賊後被驅日行九十里抵江寧作》、七律組詩《壬戌歲暮述懷》、七律組詩《卧病》、五言《呈佛詩　壬戌四月被擄金陵，百病叢生，鄉關路絶，冥心默坐，萬念俱灰，

〔一〕吴邦升，號允叟。

終日惟虔誦佛號及觀音諸咒，病中尤虔，積半年餘，忽於十二日初四日夜夢見大士，告予以忍耐度劫四字，再欲叩之，憬然驚醒，爰書俚句焚之，以呈大士》等詩意淒涼，「光陰莫道消磨易，不是愁中即病中」，表達了作者客居金陵愁病之苦，只能寄心佛課，「吾盡吾之心，生死付大數」。

《金陵紀事詩》收詩三十四首，「壬戌四月被擄金陵城内，居與僞天王巢穴相近。至明年八月得間逃回，計一年餘矣。聞聞見見，駭目傷心，録爲紀事詩若干首」。每首詩後低一格間有作者注語，頗具史料價值，兹略録數段如下：「僞天王洪秀全府，賊中謂之天上天朝，有爲小天堂，係制軍府改造，頭門樓上多麻雀。」「自聖天門以内，人莫能到。執役悉用女官，有女丞相、女指揮等名目。」「朝館數間，爲各僞王待漏處。三月某日爲爺降節，五月某日爲哥降節，又某月日爲登極節，以及每年元旦，皆爲入朝常期。」「洪逆有二子，僞封爲光王、明王，深居内院，從無人見。」「僞東王楊秀清、僞西王蕭朝貴各餘一子，俱受僞封，其居稱爲天廷。」「洪仁玕於咸豐六年始投金陵，僞封吏部天僚，名冠諸王之上，賊衆譁然。其所造《千字文》《三字經》《十全大吉詩》等僞書，令小生讀之。凡查有讀聖賢書者，父師并斬，城中苦之。」「賊目某到蘇開考，因出五經四書題被誅。」「避諱字甚多，如全作荃，清作菁，山作珊之類。地支丑字改作好，卯字改作榮。凡大月計三十一日，小月計三十日，參差積來，竟有月晦月圓之日。」「男女配合，須由本隊主稟明婚娶官，給龍鳳合揮方准。犯奸者謂之犯天條，與吸烟者皆立斬。」「僞忠王李自（自字誤，當爲秀，有鉛筆『（秀）』旁注於右）成於湖熟懈溪諸鎮搭蓋草房，設立米市，轉運入城，以資商賈，并給貲本。」「曾帥大營漸逼城下，高樹投降免死白旗，城中惶惶，竟無一人爲獻城之事者，殊屬夢夢。」記述太平天國時期之典章制度與人文風俗。

《來復吟草》收詩五十五首，爲逃離金陵之後所作，如五言絶句《九月二十八日由木瀆鎮至上海》《離鄉一載，如隔三生，老輩凋零，故交迭謝，臨風遥溯，感慨係之，因舉尤戚者數人，各輓一章，以誌哀痛》《十一月十三日旋里，後即同秦曜暹扁舟往西，由天福菴至三家村留宿舊佃陸甸甫宅》等。

《寸陰室吟稿》詩十六首，多即事之作，如《舊器市肆中見有不全青蓮集三四本，及唐六如畫山水一幅，真迹也。欲購以歸，乏錢不果，慨然誌之》。

《代琴小詠時客玉山》收詩三十三首，多題贈哀輓之作，如七言律詩《晴山秦丈以詩見示，率酬一律奉呈》、組詩《輓陳厚甫表姨丈》。

王德森《陳稚葵先生事略》云：「稚葵陳先生諱慶甲，别字補愚，世爲嘉定人，補縣學廩生，未及貢而殁，年四十。余長姊婿也。……搆他疾卒，實光緒五年夏六月初四也。……被擄時年纔十九，賊中所作曰《望甦吟草》，曰《金陵紀事詩》，悲感悽愴，至今讀之，猶令人酸鼻。難後諸作皆抒寫性情，以紀時事曰《來復吟草》，曰《寸陰室吟稿》，曰《代琴小詠》，余總名之曰《補愚詩存》凡若干卷，將謀付梓，爰誌數語……宣統三年歲在辛亥仲夏之月，崑山王德森敬撰。」

陳慶甲《自序》云：「壬戌夏初，城西遭難，山妻逝水，老母餐風，孑然一身，陷入虎穴。嗣于五月杪被賊拘至金陵，幽羈密室，鄉關夢斷，愁緒萬端。回首當年，恍如隔世。身入死地，心如死灰，不過待死而已。顧死余心而不死余身，可作已死觀，亦可作復甦想。我不敢知其必甦，亦不敢知其必不甦也，故謂之望甦云爾。補愚自序。」

按：華東師範大學圖書館藏有是書一部，著録爲石印本，誤。

南京圖書館、蘇州圖書館、北京大學圖書館、華東師範大學圖書館藏。

洗鏡室詩稿六卷

清寶山朱燾撰，抄本，二册。毛裝。半頁十行，行二十一字，小字雙行同。藍格，黑口，無魚尾，四周雙邊。卷首有《洗鏡室詩稿目録》。每卷卷首有題端。鈐有「南京圖/書館藏」朱文方印。

朱燾（？—一八五八），字伯康，一字壽康。居羅店，後遷嘉定。年十九，補諸生。咸豐元年（一八五一），舉於鄉。太平天國運動時，燾方丁母憂，哀毁逾節，不數月亦卒。事迹具清光緒《寶山縣志》卷十。

是書分爲六卷，略以時間編次。卷一含《樵林集》詩凡三十一首、《破夢集》詩凡三十八首、《匝樹集》詩凡三十四首。卷二含《扣舷集》詩凡二十六首、《警鶴集》詩凡八十八首。卷三含《撚髭集》詩凡五十三首。卷四含《北行集》詩凡八十一首。卷五含《遼東集》詩凡八十一首。卷六含《卧廬集》詩凡一百二首。文中避「玄」字、「寧」字諱。

《洗鏡室詩稿卷一題端》云：「朱子伯康年少劬學，餘事托之咏吟，不襲古人面目，獨能標舉性靈，深造自得，斯合余説矣。并世詩人爲余識者十之六七，自以多病衰耗，捐棄筆硯，不敢與角藝争一日之長。而伯康契愛特深，時輯所作見質，愧無微塵助嶽之益，而所竊望於伯康者，不僅爲詩人之雋也。辱索弁言，書此復之，即以爲序。道光二十有一年辛丑人日，忘牧學人程庭鷺。」「朱君伯康天才亮特，……出所著《洗鏡室詩稿》見示。盥誦再三，覺窅然以清，璆璆以韻，一空依傍，如天僊化人，飄飄有凌雲之意，何其超也。比來僑居疁城，相過從者多方雅之士，而伯康益研覃經史，究心於古作者之林。其學其才，洵無愧玉海千尋之目。……道光丙午仲春，藹庭弟李休徵。」《洗鏡室詩稿卷二題端》云：「伯康是集刊落浮艷，獨標真蘊神秀，楮溢骨采，研藏窅然以深鏗爾，且粟方聞直節托之詠言，尋常綴學曷窺厓涘。爲道有益，於斯可驗。戊申六月，過訪高齋，出此見示，即志簡首。蔣敦復。」「十年喜復誦新詩，……庚戌正月二十日燈下復讀此册，獨酌朗吟，傾倒不已，附題二絶。序伯程庭鷺。」「明珠翠羽渾無價，……鐵筠弟趙崇慶時將之黔中，倚裝題此。」

南京圖書館藏。

味義根齋詩録存四卷

清華亭王友光撰，清同治九年（一八七〇）刻本，二册。半頁十一行，行二十三字，小字雙行同。白口，上單魚尾，左右雙邊。框高一六六毫米，寬一二六毫米。外封題「味義根厽詩録上／下　華亭王海客作」。內封題「味義根齋／詩詞録／丙戌秋月沈祥龍題」，并摹刻「約／齋」陽文方印。版心魚尾之上鐫「味義根齋詩録」六字，之下記卷次。版心下方記每卷頁次。卷首有丁紹周《味義根齋詩録序》，次爲婁縣姚椿、平湖賈敦艮、乍浦張天翔等三人《題辭》，次爲《味義根齋詩録目次》，次爲劉樞《跋》。鈐有「南京／圖書／館藏」朱文方印。毛裝。

王友光，字海客，華亭人。諸生。事迹具清同治十二年（一八七三）刻本《國朝詞綜續編》卷十四。是書存四卷，卷一古體詩五十首，卷二古體詩五十一首，卷三近體詩八十七首，卷四近體詩九十一首。卷四止於七言組詩《雜題十首》之第一首，有闕頁。

丁紹周《味義根齋詩録序》云：「華亭王君海客，當代詩人也。道光己亥，與余定交金陵，促膝談藝者累月。別後道路遠隔……今歲，由蜀使越，其子晉芬從雲間來，出遺稿示余，屬爲弁言。……其爲詩縱橫跌宕，宏括萬象，咏嘆時事，……同治九年十二月，丹徒丁紹周序。」

劉樞《跋》云：「海客爲澹淵令，嗣承其家學，博極群書，爲詩沈鬱瑰瑋，卓然成一家。郡中耆舊如黄研北、姚子壽、子樞及詩舲諸先生，莫不心折焉。咸豐二年，余自滬遷居泖上，海客輒就余論詩……因分編古今體詩爲六卷，而識數語於簡端。咸豐辛酉仲冬，鴻甫劉樞跋。」

按：《中國古籍總目》著録上海圖書館藏有《味義根齋詩録》六卷《詞録》二卷附《文剩》一卷〔二〕，清光緒十二年（一八八六）刻本，然未檢得此本。

南京圖書館藏。

〔二〕集部第四册第二一五二頁。

讀有用書齋雜著二卷

清婁縣韓應陛撰，稿本，一册。半頁十二行，行二十四字，小字雙行同。緑格，白口，無魚尾，四周雙邊。無欄綫。外封題「讀有用書齋雜著手稿」。卷首有目録。鈐有「上海圖/書館藏」朱文方印。毛裝。

韓應陛著有《讀有用書齋善本書目》等，已著録，小傳參見史部目録類。

是書係韓應陛所撰策問、政論等文之彙編。卷上收録十二篇，卷下收録九篇。文中夾有校語簽條，如「『战』，當作『戰』。」

按：復旦大學圖書館等圖書館藏有清同治九年（一八七〇）刻本，清婁縣韓應陛撰，男載陽校字，一函一册。内封書名頁題「讀有用書齋雜著沈銛篆」，内封牌記題「同治庚午春季/古婁韓氏刊本」。半頁十行，行二十二字，小字雙行同。白口，上單魚尾，左右雙邊。框高一七六毫米，寬一一五毫米。版心魚尾之上鎸「讀有用書齋雜著」七字，魚尾下記卷次，版心下方記每卷頁次。卷首有張文虎《讀有用書齋雜著序》。鈐有「法公董局李氏圖書室/Ex Libris」朱文方印、「復旦大學圖書館藏」朱文長方印。卷上凡十二篇，卷下凡九篇，集録作者所撰策問、政論、格致、雜考之作。

張文虎《讀有用書齋雜著序》云：「《讀有用書齋雜著》者，吾友韓鳴唐遺稿也。……去夏，君之子陽生以遺稿來屬予爲編，分上下二卷。嗚呼！君每得善本書，輒以見眎跋其後。《幾何原本》之刻，君約予與金山顧賓王同較定，今君與賓王俱没，獨予憔悴遷徙，學日荒落，索然無可語者。讀君文，不能無悲也。君著述放失，所存止此，然亦既足傳矣。……同治二年三月既立夏，南匯張文虎識。」

上海圖書館藏。

湖游小識不分卷

清寶山潘履祥著，清光緒九年（一八八三）刻本，一册。半頁十一行，行二十二字，小字雙行同。黑口，雙魚尾，左右雙邊。框高一七三毫米，寬一一八毫米。版心下魚尾之上記頁次。外封書籤題「湖游小識新陽朱以增題籤」，并摹刻「朱印／𦫳增」白文方印、「硯／生」陽文方印。内封書名頁題「湖游小識／曲園俞樾署」，并摹刻「曲園波」朱文方印。卷首有吴天翔序、陳宗嫣序（兩篇，重出）、朱詒泰序、潘履祥序，卷末有李領跋、潘履祥跋。鈐有「上海圖／書館藏」朱文方印。

潘履祥，字春生，晚號耐叟，寶山人。叔晉子。清光緒二年丙子（一八七六），知縣梁蒲貴聘修邑志，與朱延射并總其成。繼修輯《羅店鎮志》，以一手定稿。既不得志於春官，遂寄情山水六橋三竺間，所至輒有題咏。卒年八十有六。著有《羅溪鎮志》《湖游小識》《備忘隨筆》《枕葄山莊詩文稿》等。事迹具民國《寶山續縣志》卷十四。

是書分爲日記、詩、《題辭》、《詩餘》四部分。日記載録三月二十二日「午後起程，晚泊望仙橋鎮」至四月十四日「辰抵畽城，……午刻到家」遊覽蘇杭之事。詩凡十七首，多紀行、憑吊之作，如七言律詩《二十八日舟次武林雨窗無事書以遺懷》、七言絶句《吊蘇小小墓》。詩後爲彭慰高、朱詒泰、周保珪（一八四四—一八八五）等題辭。《題辭》之後爲陳如升、張一麐、施贊唐、陳曾琅所作《詩餘》，小序云：「壬午莫春之月，兄歸自杭州，以《湖游小識》見眎，并續《西泠攬勝圖》十二幀屬題，久而未報。乙酉孟秋，展讀游志，棖觸余懷，率成憶舊游十二闋，以志鴻爪，於西泠亦八年别矣。」

潘履祥序云：「己未，借浙秋試，余獲與觀光一游西子湖，迄今已二十餘載矣。然而余性健忘，隨游隨記，歸托管城子重録之，點竄成篇，名曰《湖游小識》，并附録兩虞先生考典，不没前人博雅也。……光緒八年歲次玄黓敦牂余月端午後三日，潘履祥。」

上海圖書館藏。

晚香齋詩存不分卷

清南匯楊嘉焕撰，清光緒二十二年（一八九六）刻本，一函二册。半頁九行，行二十一字，小字雙行同。白口，上單魚尾，左右雙邊。框高一七八毫米，寬一二七毫米。版心魚尾之上鐫「晚香齋詩存」五字，版心下方記頁次，凡九十一頁。外封書籤題「晚香齋詩稿光緒丁酉綬鴻署檢」，内封書名頁題「晚香齋詩/稿　黄報廷」，内封牌記題「光緒丙申年仲冬茸城陳槿源鎸」。卷首有光緒二十二年九月作者自序。鈐有「上海圖/書館藏」朱文方印。

楊嘉焕，字補雲，一字步雲，後改補篔，號笛夫，邑城人。廩生。事迹具民國《南匯縣續志》卷十三。

是書按體裁編排，上册收録古體詩六十二首、七律八十一首；下册收録七絶一百〇四首、五律四十二首、五絶十七首。

上海圖書館藏。

寄影廬詩草一卷詞草一卷

清嘉定王惟和撰，清光緒二十七年（一九〇一）木活字印本，一册。半頁九行，行二十一字，小字雙行同。白口，上單魚尾，四周雙邊。框高一八三毫米，寬一一四毫米。版心魚尾之上鐫「寄影廬賸稿」五字。外封書籤以楷書題「寄影廬賸稿」五字，内封書名頁以隸書題「寄影廬賸稿」，内封牌記頁題「光緒辛丑／秣陵排版」。卷首有光緒二十六年（一九〇〇）葛起鵬序，卷末有光緒二十七年王鈞善跋、王繼善跋。卷端鈐有「上海圖／書館藏」朱文方印。

王惟和（？—一八九〇），字閬笙，號醉盦，嘉定練川人。恩溥三子。諸生。署湖南安化溆浦縣知縣。事迹具民國《嘉定縣續志》卷十。

《寄影廬詩草》收詩五十三首，中多即事投贈之作。《寄影廬詞草》收詞二十三首，中多即事感懷之作。

王鈞善跋云：「先君子受業於先二伯父，幼即工詩。粤逆之變，骨肉流離，室家蕩析，髫年所作詩古文辭悉燬於是厄。兵燹後，宦游湘楚垂二十年。爾時先二伯父同客湘中，天涯重聚，互相唱酬，每以離亂之情抒其抑鬱，故集中感慨之作居多。丁亥春，先二伯父倦游思返，挈眷還鄉里。府君以暮年手足分離，中心怏怏，爰作長古百韻以紀其事。悱惻纏綿，不忍卒讀，蓋字字從真性情流出，有不知其然而然者也。歲己丑，受篆溆浦，勵精圖治，頌聲載道。退食之暇，仍以吟詠見志。甫及瓜期，遽移檄安化。不料下車僅百日卒，以在溆積勞，遂爾棄養。嗚呼！今距府君没已十有一年矣。鈞善少不更事，暴棄自甘，雖倖獲一衿，終無意仰承先志。去夏，北地變起倉卒，津門淪陷，鈞善冒險脱難，僅以身免，而府君所著制藝，盡爲遺失，心焉傷之。今者，仲叔兩兄謹以先二伯父所著《延桂山房吟稿》付梓。鈞善因念先人手澤，幾經浩劫，碩果僅存，若不早壽諸世，恐日久散佚，益滋罪戾。爰就所存古今體詩百餘首、詩餘數十闋，并摘録淮海女叔和韻詩詞數章，敬謹集成，合爲一卷。顔曰《寄影廬賸稿》，先人自題也。乞葛味荃世丈弁言，亟付手民，俾垂不朽。校讎事竣，敬書緣起於後。光緒辛丑春，男鈞善涕泣謹識。」

王繼善跋云：「庚子夏五，與志沂五弟同客津沽，適值邊警，圍困敵中。迨脱險而行裝盡失，幸慶生還。忽遭大故，秋間奉諱家居，因憶先君所遺延桂山房古今體詩尚未刊刻行世，爰倩友人襄同讎校，亟付手民。而閲笙先叔父遺著，此志沂珍藏行篋，盡爲亂民劫佚，深爲痛惜，僅存詩詞稿百數十首，藏於家，未經劫火，志沂亟欲壽諸梨棗，俾免遺散。今夏于役秣陵，遂用檢字法囑梓人排印，并附以淮海女叔和韻數章，此亦吉光片羽之僅遺者爾。辛丑孟夏，侄繼善謹識。」

按：上海圖書館著録爲刻本，然是本有單字模糊現象，墨色濃淡不一，且文氣不暢，部分字體歪扭，版框係四根木條攊拼而成，版框四角接縫處有明顯拼接痕迹，且牌記亦題「秣陵排版」，當爲木活字擺印本。

上海圖書館藏。

二壺中詩稿二卷

清上海顧曾銘撰，清光緒八年（一八八二）刻本，一册。半頁九行，行二十一字，小字雙行同。白口，上單魚尾，四周雙邊。框高一七一毫米，寬一〇六毫米。版心魚尾之上鐫「二壺中詩稿」五字，下記卷次，版心下方記每卷頁次。外封書籤楷書題「二壺中詩稿」五字，内封牌記題「光緒壬午春仲／二壺中詩稿／秀水盛愷華題」。卷首依次爲許其光《序》、朱其詔《序》。鈐有「上海圖／書館藏」朱文方印。

顧曾銘，字賡仲，號新園、壺叟，上海人。咸豐二年壬子（一八五二）恩貢。同治間補舉。卒年八十有三。事迹具同治《上海縣志》卷十七、民國《上海縣續志》卷十八。

是書係作者所撰之詩文彙編。卷上爲《二壺中詩稿癸亥年起，前殘稿附》，自《咏史癸亥》《三四二孫生偶賦甲子》起，依時間順序，訖《多雨戊寅》，詩一百一十三首，中多即事感懷、題贈倡和之作。卷下爲《二壺中壬戌前殘稿》，起《消寒八詠庚子》，訖《題李亮卿照乙巳》，詩十一首，中多詠懷題贈之作。

上海圖書館藏。

隨軒詩存二卷續存二卷

清上海徐渭仁著，稿本，四册。半頁八行，行二十一字，小字雙行同。無欄綫。外封墨筆楷書題「隨軒詩存二卷續存二卷　一共四册」。無序跋。天頭間有批校。鈐有「何印／紹基」朱文方印、「子／貞」

白文方印（何紹基）、「上海圖／書館藏」朱文方印。是書曾經何紹基（一七九九—一八七三）舊藏〔一〕。毛裝。《中國古籍善本書目·集部》著録爲「清王慶謀抄本」。〔二〕

徐渭仁，著有《隨軒金石文字》，已著録。小傳參見史部金石類。

是書係徐渭仁所作詩文彙編，分爲上下兩卷。中多題贈、即事之作。天頭間有批校，如卷下五言組詩《庚申元旦作》，天頭墨筆校云：「二聯、三聯擬倒轉。」

上海圖書館藏。

梅軒詩録二卷

清奉賢顧延吉著，清光緒二十二年（一八九六）顧文善齋刻本，一册。半頁十一行，行二十三字，小字雙行同。白口，上單魚尾，左右雙邊。框高一六五毫米，寬一二六毫米。版心魚尾之上鎸「梅軒詩録」四字，魚尾下記卷次，版心下方記每卷頁次，卷上凡二十五頁，卷下凡二十五頁。外封書籤墨筆楷書題「梅軒詩録」四字。内封書名頁題「楳軒詩／録丙申仲春月／沈祥龍署檢」，内封牌記頁題「光緒丙申之春／顧文善齋開雕」。卷首依次爲朱逢辛序、朱逢辛序、沈祥龍序，卷末有作者自識。鈐有「上海圖／書館藏」朱文

〔一〕　何紹基，字子貞，號東洲，湖南道州人。
〔二〕　集部中册第一三一三頁。

方印。

顧延吉，字次園，奉賢人。諸生。工吟詠。事迹具清光緒《松江府續志》卷二十四。

卷上爲古今體詩，凡一百〇七首，起五言律詩《客夜》，訖七言律詩《辛卯除夕》、七言長律《七十吟》、七言律詩《自叙》。《自叙》云「回首當年六甲周，至今又閱十春秋」，故卷上止於作者七十歲所作詩。又有七言律詩《辛卯除夕》「無恠衰翁兩鬢彫，身經六十九今宵。寒生清夜杯恒舉，春入殘年雪欲銷。一載光陰餘此夕，七旬歲月在明朝。窗前梅早將舒蕚，知是東風信未遥。」

卷下爲集杜甫、李白、白居易、王勃等唐人詩凡一百〇三首。

朱逢辛序云：「哲嗣蓮浦茂才拳拳於先人賢稿，惟恐散失，亟欲付之剞劂，可謂能繼志者矣。是爲序。道光己亥季冬，華亭朱逢甲三序。」

朱逢辛序云：「予既序次園先生之詩，蓮浦又以集唐詩示余。其詩詞意渾成，若自己出。……先生酷嗜唐詩，鶩精游心者垂數十載。熟極巧生，因離得合，佳句絡繹，相雜成章……至詩有五七律而缺他體者。蓋集句以支對爲難，惟律必工其對，而古詩絶句則不然。先生殆爲其難而舍其易與？亦無取乎諸體咸備也。華亭朱逢新序。」

沈祥龍《序》云：「光緒戊子，仇竹屏太史以次園顧先生《詩録》示余，且告曰：『先生以名諸生隱居奉賢之蕭塘，風格高峙，淡於榮利，工吟詠。道光中卒，年七十餘矣。詩稿藏庋久，其里人范莼舫明經將謀付梓，請爲之校訂。』蓋太史少時嘗觀顧氏與先生相倡和者也。余展誦數過，其詩瀏然以清，粹然以和，油然得性情之正。凡山林之樂、田野之趣，一一托諸歌謡……爰取先生所作，略加編汰，釐爲二卷，歸諸其家。越數載，始刊而傳之。而仇范兩君已先後歸道山矣。乃承兩君意，序其大略，弁諸簡端。光緒二十有二年丙申春三月也，婁沈祥龍序。」

顧延吉自識云：「吾鄉黄廇堂先生《香屑集》爲集唐詩之冠，各體悉備。然集詩最難於支對。暇日取唐人句集成五七律若干首，仍依《香屑集》法，每首中一人祇用一句，而裁對必求工整。不爲他體者，才力有限，不敢步黄先生後也。延吉自識。」

上海圖書館藏。

枕善居詩賸一卷

清上海李學璜著，清末抄本，一册。半頁八行，行二十字，小字雙行同。無欄綫。版心上方鐫「枕善居詩賸」五字，版心下方記頁次。外封墨筆楷書題「枕善居詩賸」五字。無序跋。鈐有「上海圖/書館藏」朱文方印。毛裝。《中國古籍善本書目·集部》著録。

李學璜，字復軒，上海人。監生。

是集收録作者所作各體詩凡一百七十首，中多題贈倡和、即事感懷之作。

上海圖書館藏。

聞香室未定稿不分卷

清華亭顧作偉著，稿本，一册。半頁九行，行十九字，小字雙行同。藍格，白口，上單魚尾，左右雙邊。框高一八六毫米，寬一三〇毫米。版心魚尾之下記詩之體裁，版心下方鎸「曙海樓」三字。卷首有黄金臺《序》。鈐有「黄公／酒廬」白文方印、「華亭封／氏蕒進齋／藏書印」白文方印。

顧作偉，字韋人，德言次子。諸生。工詩。晚境艱困，自號無住老人。事迹具光緒《松江府續志》卷二十四。是稿依樂府、五古、七古、五律、七律、七絶諸體裁編次。天頭上有墨筆「選刻」「擬删」「删」字樣，蓋爲日後刊刻所擬定詩文。部分詩文改動頗大，以墨筆於正文之右徑改，或增補原文。

黄金臺《序》云：「甲寅首夏，薄遊茸城，……余識韋人已十年矣……咸豐四年歲在閼逢攝提格且月既望，平湖黄金臺鶴樓拜撰，時年六十有六。」鈐有「鶴樓／翰墨」朱文方印、「木雞／老人」朱文方印。

按：是書選入《雲間詩鈔第一集》〔一〕。

上海圖書館藏。

緑雪館詩鈔不分卷

清華亭張鴻卓撰，清同治八年（一八六九）刻本，一函一册。半頁九行，行二十一字，小字雙行同。白

〔一〕《中國詩學大辭典·地方總集》亦收録。

口，上單魚尾，左右雙邊。框高一七二毫米，寬一一六毫米。版心魚尾之上鐫「緑雪館詩鈔」五字，版心下方記頁次。卷首依次爲阮元《緑雪館稿原序》、亢樹滋《序》、袁學瀾《序》，卷末有《跋》。鈐有「復旦大學/圖書館藏」朱文方印。《中國古籍總目》未收録。

張鴻卓（一八〇〇—一八七六），字偉甫，號筱峰，增廣生。歷署丹陽、元和、嘉定學篆。其莅寶時，紅巾賊方巢踞上海，隨同知縣黄芳練勇防堵，暇則與諸生討論今古，不輟吟詠。歸里後，以粤匪東竄，督辦團防，加五品銜。同治初，襄辦釐捐。平生富著述。工詩詞。著有《緑雪館詞鈔》一卷、《百和詞》一卷等。刊有《緑雪館全集》行世，阮文達元序之。事迹具光緒《寶山縣志》卷七。

是書收録作者於清道光二十六年丙午（一八四六）至咸豐七年丁巳（一八五七）間所作各體詩凡七十九首，中多題贈紀游之作。

錢培名《跋》云：「筱峰舅氏老而彌健，吟興益豪。向嘗刻《緑雪館詩詞鈔》十有八卷，板燬兵燹，僅存詞一卷，以彙刊《浙西同人詞選》中，得幸逃劫外。……昨以康城商建三忠祠，復過南塘，獲睹是編，蓋是丙午迄丁巳十二年中所作。前此已刊行，後此尚未編定也。攜歸，諷誦再四，愛不忍釋。爰告舅氏，請任剞劂。舅氏猶以删汰未淨爲辭，予謂此謙詞耳。予方鳩工重刻《小萬卷樓叢書》，因并付梓，窺管一斑，亦足知豹。……時在同治八年歲次己巳孟夏之月，甥金山錢培名拜跋。」

復旦大學圖書館藏。

緑雪館所見抄不分卷

清華亭張鴻卓撰，抄本，一册。半頁九行，行二十五字，小字雙行同。紅格，白口，上單魚尾，四周雙邊。框高一八三毫米，寬九四毫米。版心下方題「水順」二字。外封題「緑雪館所見抄」六字。鈐有「緑雪/館」朱文方印、「筱峰」朱文方印、「華亭封/氏蕡進齋/藏書印」白文方印、「上海圖/書館藏」朱文方印。毛裝。

張鴻卓著有《緑雪館詩鈔》，已著録。小傳參見集部别集類。

是書係張鴻卓所輯詩文之彙抄，收詩首，文篇。作者分爲本籍、流寓兩部分。本籍十四人，流寓一人。以人繫詩，詩文作者姓名之下以雙行小注記字號、爵里、科舉、書法、著述等生平事迹。

上海圖書館藏。

緑雪館遺稿不分卷

清華亭張鴻卓撰，清光緒十年（一八八四）刻本，一册。半頁九行，行二十一字，小字雙行同。白口，上單魚尾，左右雙邊。框高一七二毫米，寬一一四毫米。版心魚尾之上鐫「緑雪館遺稿」五字，版心下方記頁次，凡三十頁。外封書籤題「緑雪館詩稿」五字。内封牌記題「光緒甲申秋鐫/緑雪館詩稿/胡公藩題」，摹刻「雲起/翰墨」陽文方印。卷首有清光緒二年丙子孟冬張文虎序。

張鴻卓著有《緑雪館詩鈔》，已著録。小傳參見集部别集類。

是稿係張鴻卓所作古今體詩之結集，依時間編次，收録各體詩凡八十六首，中多題贈述懷之作。序云：「偉甫所爲《緑雪館詩詞》，道光咸豐間嘗鐫行矣，燬於粵寇。同治八年，金山錢賓之爲校刊，自丙午迄丁巳夏詩一卷，而少作無與焉。今年春，偉甫以病没於鄉里。仲秋，季子引之以餘稿來請審定，則自丁巳夏迄壬申所作也，蓋不下七百餘首，予爲删存百四十餘首，合爲一卷，與賓之所刊略相當。」

南京圖書館藏。

一樹梅花老屋詩三卷〔一〕

清婁縣姚濟撰，清南匯張文虎删定，民國二十二年（一九三三）松韻草堂刻藍印本，一册。半頁十行，行二十字，小字雙行同。大黑口，上單魚尾，左右雙邊。框高一六七毫米，寬一一五毫米。魚尾之下鐫卷次，版心下方記每卷頁次。内封書名頁題「弌樹梅／花老屋／詩賓䜣」。内封牌記署「松韻／艸堂」。卷首有清光緒四年（一八七八）張文虎《一樹梅花老屋詩序》，卷末有民國七年（一九一八）姚光《跋》及附記。卷端著者項題「婁縣姚濟原名大本鐵梅撰」。每卷尾行鐫有「金山族裔後超一名光校刊」八字。鈐有「上海圖／書館藏」朱文方印。

〔一〕　據《中國古籍總目》集部第四册第二一四九頁著録。

姚濟（一八〇七—一八七六），原名大本，字鐵梅，號東皋廡下生，婁縣人。另著有《小滄桑記》二卷，有民國五年（一九一六）鉛印本存世，北大、清華、復旦、華師、蘇大、吉大、人大等藏。事迹具姚濟著述及序跋。

卷上收録古今體詩三十三首，卷中收録古今體詩四十五首，卷下收録古今體詩三十二首。

張文虎《一樹梅花老屋詩序》云：「予刪次爲三卷，而述今昔之感，以引其端。光緒四年歲次戊寅仲夏，南匯張文虎序。」

《跋》云：「《一樹梅花老屋詩》三卷，爲家鐵梅公撰，往由公之猶子松仙先生前琪請南匯張嘯山先生選定。茲以授予，爰付之梓。公爲勉樓公培詠之孫。勉樓公以文雄一世，工六法，通琴理。公承其祖父之遺風，詩文敏捷，笑談傾坐。又著有《小滄桑記》，記洪楊役事，近亦印行。其詩尤多亂離之作。……中華民國七年夏至節，金山族裔後超一名光謹識。」

《跋》末附記云：「右詩於戊午秋日曾先以聚珍仿宋板[一]擺印四百部，十餘年來散布殆盡。茲以刻木，俾垂久遠。癸酉季春，後超附記。」

按：據《中國古籍總目》等書目著録[二]，是書有清光緒四年（一八七八）刻本，中國社科院文學所

[一] 指民國七年（一九一八）鉛印本。因民國七年（一九一八）鉛印本書末有「上海聚珍仿宋印書局印」一行。
[二] 集部第四册第二一四九頁。

藏；民國七年（一九一八）姚前琪松韻草堂鉛印本〔一〕，國圖藏；民國二十二年（一九三三）松韻草堂刻本、中科院藏。

又有不分卷本，《中國古籍總目》另著録：「《一樹梅花老屋詩》不分卷，清姚濟撰，清光緒四年（一八七八）松韻草堂刻本，南京師大。」〔二〕

上海圖書館、南開大學圖書館、中科院圖書館藏。

種藍室詩鈔一卷

清寶山李昌熾著，清常熟俞鍾詒選編，清光緒十四年（一八八八）琳琅新館刻本，一函一册。半頁九行，行二十字，小字雙行同。版心上方爲白口，鎸「種藍室詩鈔」五字，下方爲大黑口，上單魚尾，四周雙邊。框高一一九毫米，寬八四毫米。版心中間記頁次，凡二十四頁。内封書名頁題「種藍室／詩鈔」。内封牌記題「光緒戊子孟秋／琳琅新館開録」。卷首有程天燾序、俞鍾詒序。卷端鈐有「復旦大學／圖書館藏」朱文方印。

〔一〕内封牌記題「民國戊午孟夏松韻艸堂聚珍仿宋板印」。卷首有光緒四年（一八七八）張文虎序，卷末有民國七年（一九一八）姚後超（一名光）跋。

〔二〕集部第四册第二一四九頁。

李昌熾（一八三一—一八六六），字寄琴，寶山人。翁玉蓀（字蘿軒。常熟人。著有《蘿軒詩鈔》）夫。另著有《春風軒詞稿》（一名《春風沉醉軒詩餘》）等。

俞鍾詒（一八四三—？），字調卿，一字調青，號漁隱，江蘇常熟人。著有《琳瑯新館詩鈔》《琳瑯新館詞鈔》等。

是書係清咸豐三年（一八五三）至清同治三年（一八六四）作者所作詩文之彙編，凡八十二首，依時間編次。

程天壽序云：「寶山李君少農家居吾邑，少孤力學，有聲庠序，食廩餼，兩應鄉闈不售。值寇下竄，遂輟舉子業，肆力於詩。咸豐同治間，避居西南鄉之羅家濱。余自滬上歸，始一訪君。旋以往返沙洲，不克聚。未幾，邑垣奏復，得掃諸郡寇迹。甲子，金陵平，士相慶於室，以爲得大展所用。而君還居城中，肝疾不治，卒於丙寅之秋，年僅三十有六耳。……方君避寇時，吟詩特多，實能超出流俗，與古作者相抗。余雖未獲悉睹君作，而知君之詩必傳於後。去年，余自潁州返里。今春，君之伯兄吉人攜君詩稿見示。展誦終卷，而君歿已二十年矣。卷中所及往還投贈之人，如張子衡、沈詠樓、張桐生、翁士吉諸君子皆與余契厚，又皆能宿草之悲，能勿有感於中耶。君之詩不襲少陵之貌，而神味淵永。蓋昆弟戚友歡然贈答，以抒真性情，復得佳耦以相酬唱，故當可憂之境而樂意有獨真者。……君之子端孫亦名諸生，後君十二年而歿。君復工於詞，其稿已刊於閩中。兹所編詩曰《種藍室詩鈔》，凡四卷。……光緒十二年夏四月，常熟程天壽拜撰。」

俞鍾詒序云：「甲子春，君自興化病歸，養痾數載，竟不起。……遺詩若干卷，哲嗣章甫録而藏之。越數年，章甫遽殞，吉人中表重爲删定，編成四卷。今年因刻汴瞻詩，遂請於吉人，就集中獵其尤者百篇先付剞劂。至詩餘已列《詞綜補》，姑從闕焉。……光緒十二年歲次丙戌秋七月，表弟俞鍾詒拜序。」

復旦大學圖書館藏。

南浦草堂詩集一卷

清奉賢葉域著，門人朱承鼎、凌鑑冰同校，清光緒間刻本，一函一册，凡十四頁。半頁八行，行十九字，小字雙行同。白口，上單魚尾，左右雙邊。框高一七九毫米，寬一一一毫米。版心中間記頁次。内封書名頁題「南浦艸堂詩集辛丑冬十月／沈祥龍」，摹刻「約／齋」陽文方印。卷首有閔萃祥《序》。鈐有「復旦大學／圖書館藏」朱文方印。

葉域，字讀六，奉賢人，居閔行。事迹具民國《上海縣續志》卷二十六。

是集收録作者所作各體詩文凡九十一首，略依時間爲次，收録丁巳（一八五七）春日至丙戌（一八八六）十月十二日間詩作，中多即事感懷之作。

閔萃祥《序》云：「奉賢葉君讀六爲乾嘉間詩人愚峰先生之孫，承其先緒，所好惟詩，課蒙自給，不問人世間事。遷居閔行，瀕黄歇之浦。……同門李君梯雲與君同里，里之人以君年逾七秩，謀刊君詩，以爲壽介。李君屬余序其端，因得讀君詩。……時在光緒辛丑孟秋，華亭閔萃祥撰。」

復旦大學圖書館藏。

蘋花水閣詩草不分卷

清華亭張家焱撰，清同治十三年刻本，一册。半頁九行，行二十一字，小字雙行同。白口，上單魚尾，左右雙邊。框高一七三毫米，寬一一六毫米。版心魚尾之上鐫「蘋花水閣詩草」六字，版心下方記頁次，凡十八頁。卷首有張文虎《序》、章末《序》，卷末有張家鼎《跋》。鈐有「南京／圖書／館藏」朱文方印。

張家焱（一八三五—一八六三），字丙齋，一作炳齋，諸生。精研弈理。尤工詩。事迹具光緒《松江府續志》卷二十六。

是書收録作者所作詩文凡五十五首，多紀游憑吊、即事詠懷、倡和題贈之作。

張文虎《序》云：「予既序《南塘張氏詩略》，燮庵復出丙齋《蘋花水閣詩草》示予，曰：『丙齋幼孤，先府君育而教之，子所知也。其補學官弟子，先府君不及見。無何，避寇浦江東，疾病顑頷，悒悒死。遺詩一卷，乞子删定而序之，以存其人。可乎？』烏呼。丙齋、梅生，皆後來之秀也。丙齋之生後梅生十二年，其死後八年，得歲又減其四。二人者，其聰明同，其不悅制舉而好吟咏同。梅生疏秀韶令，天真爛然，其詩如之。丙齋亦略同，而筆加開展。使天假其年，當必有所成就。乃皆未竟其業而短命以死，何哉！蘋花水閣者，丙齋讀書處也。……辛酉之難，此閣遂燼。明年而丙齋卒。烏呼！十有三年矣。前年，丙齋之子馳受知學使者，其季駿未冠，尤好爲詩，將謀刊丙齋遺稿。予爲删存若干首，丙齋之性情與其聲音笑貌如見焉。而梅生子匏亦方從燮庵學詩，重校梅生所爲《鉏月吟館詩》及《曼陀羅館詞》付梓氏，然則梅生、丙齋皆有子矣。……同治甲戌立秋前一日，文虎撰。」

章耒《序》云：「同治甲戌九月，耒自都中歸，張生聲馳以其尊人炳齋先生所爲《蘋花水閣詩》示耒，且索耒序。……明年壬戌，松郡亂，耒之滬上，遇炳齋於白蓮涇。炳齋出詩相質，縋幽鑿險，似由側嶺入者。未幾，亂平。未幾，耒歸里。未幾，炳齋客死。……姻愚弟章耒再拜謹序。」

張家鼎《跋》云：「炳齋弟爲季父小我公長子，四歲而孤，先君子撫育之。……粤寇之亂，避難滬上，籯金已盡，幾不能舉火，憂憤成疾，客死於浦東，年僅三十有一。悲夫！遺詩一册，其子聲馳欲付剞劂。適嘯山學博下榻余齋，爲乞點定求序，付聲馳校刊之，以不没其苦心孤詣云爾。同治甲戌秋日，從兄張家鼎燮盦甫識，時年六十有一。」

按：是書與《得真趣齋詩鈔》二卷合訂爲一册。卷首依次爲光緒十年（一八八四）章耒序及祭文。復旦大學圖書館藏有《得真趣齋詩鈔》二卷單行本一部，版式行款、文字内容相同，版框及欄綫斷口亦相同，二者爲同一版本。

《八千卷樓書目》卷十八著録是書。

南京圖書館、復旦大學圖書館、山西大學圖書館藏。

得真趣齋詩鈔二卷

清華亭張聲駿撰，清光緒十年刻本，一册。半頁九行，行二十一字，小字雙行同。白口，上單魚尾，左右雙邊。框高一六六毫米，寬一一四毫米。版心上方鐫「得真趣齋詩鈔」六字，版心下方記每卷頁次，卷一凡十四頁，卷二凡十六頁。外封以墨筆隸書題「得真趣齋詩鈔　脊修主人題簽」，内封書名頁題「得真趣齋／詩鈔甲申六月／仇炳台題」[一]，并摹刻「竹／屏」陽文方印。卷首有光緒十年章耒《序》，次爲張聲驊所撰《祭季弟籀生文》[二]。天頭有墨筆批注[三]。鈐有「復旦大學／圖書館藏」朱文方印。

張聲駿，字籀生，家焱子。事迹具光緒《松江府續志》卷三十七。

是書卷一收詩凡五十二首，卷二收詩凡五十五首，中多詠史感事、寄贈紀懷之作。詩題之下間有解題。章耒《序》云：「華亭南塘張氏世以詩名，耒少與張廣文筱峰先生游。……先生從孫籀生茂才，守先生之宗旨者也。其爲詩言近指遠，南匯張廣文嘯山、婁縣仇庶常竹屏皆稱其詩，而謂炳齋有子。憶歲辛酉，炳齋以避兵徙居谷陽門外朱進士恒故宅，距敝齋不數武。晨夕過從，唱和甚夥。明年，炳齋亡，籀生尚幼，其伯兄謙甫爲耒之次女夫，以故籀生時與耒親。……今籀生歿矣，謙甫[四]及其弟藹棠删其酬應之作，録爲二卷，授諸梓人，而乞序於耒。……光緒十年三月下浣，婁縣章耒謹序。」

復旦大學圖書館藏。

[一] 仇炳台，原名治泰，字伯階，號祝平，又號竹屏，婁縣人。道光庚寅十二月二十七日生。江蘇松江府婁縣拔貢。事迹具《硃卷》。

[二] 張聲驊，字質超、藹棠、愛棠。

[三] 僅於《從朱福田師登輪輝堂有懷師諱桂馨，郡廩生，孝廉賓晥先生逢寅孫》之上批注「平韻二見」四字。

[四] 張聲馳，字謙甫、騫甫。

省愚詩草一卷夬齋近稿一卷藤寮初稿一卷藤寮續草一卷

清婁縣張爾耆撰，稿本，一函一册。半頁十行，行二十三字，小字雙行同。無欄綫。無序跋。鈐有「復旦大學/圖書館藏」朱文方印。

張爾耆著有《庚申紀事》等，已著録。小傳參見史部雜史類。

是書含《省愚詩草》《夬齋近稿》《藤寮初稿》《藤寮續草》四部分。《省愚詩草》收詩凡六十三首，《夬齋近稿》收詩凡四十二首，中多與顧韋人倡和之作。《藤寮初稿》凡十六首，多涉太平軍在上海活動之事。《藤寮續草》收詩凡三十三首，多涉太平軍、小刀會與清軍之戰事。

復旦大學圖書館藏。

夬齋詩集不分卷

清婁縣張爾耆撰，民國三年（一九一四）刻本，一函一册。半頁十行，行二十一字，小字雙行同。白口，上單魚尾，四周雙邊。框高一六五毫米，寬一一七毫米。版心魚尾之上鐫各部分小題，如「省愚詩草」等。版心下方記每部分頁次。内封書名頁題「夬齋詩集」四字。卷首有鄒福保《序》[一]。鈐有「錢氏/

[一] 鄒福保（一八五二—一九一五），字詠春，號芸巢，晚號巢隱老人，江蘇元和（今蘇州）人。百耐父。清光緒十二年（一八八六）榜眼，授翰林院編修。

志感／藏書」朱文方印、「復旦大學／圖書館藏」朱文方印。

張爾耆著有《庚申紀事》等，已著録。小傳參見史部雜史類。

是書係張爾耆所撰詩文彙編，包含《省愚詩草》《味道軒[一]詩鈔》《夬齋近稿》《藤寮初稿》《藤寮續草》《浮家小草》《悲秋集》凡七部分。

《省愚詩草》收詩凡二十七首，中多題贈之作。《味道軒詩鈔》收詩凡二十七首，中多題畫詩。《夬齋近稿》收詩凡三十九首，中多倡和即事之作。《藤寮初稿》收詩凡十六首，多避居小昆山之作。《藤寮續草》收詩凡三十三首，多紀事之作。《浮家小草》收詩凡一百一十一首，含《庚申紀事詩》六十首，其小序曰：「歌功奏雅，既乏清才。磨盾揮毫，又無健筆。山居戢影，隨事敷辭。不暇求工，聊取紀實。後有作者，或俯采焉。咸豐十年九日。」《續紀事詩》四十首，其小序曰：「高克逍遥，兵無鬬志。黄巢擾攘，民不聊生。志切同仇，情殷望歲。一帆渡浦，三月棲枝。偶拾見聞，續成篇什。庚申除夕，書於南梁寓舍。」《悲秋集》收詩凡三十三首，中多悼亡之作。

鄒福保《序》云：「一日，吾友曹君君直自松歸，手一編眎余，曰：『此聞遠尊人夬齋先生遺稿也。』受而讀之。甲寅二月中浣，吴郡巢隱鄒福保。」

復旦大學圖書館、中國國家圖書館藏。

[一] 注云：「錢仲文有『味道能忘病』句。余苦病久，取以名軒。」

夬齋雜著不分卷

清婁縣張爾耆撰，稿本，一函一册。半頁十行，行二十三字，小字雙行同。無欄綫。無序跋。鈐有「復旦大學／圖書館藏」朱文方印。

張爾耆著有《庚申紀事》等，已著録。小傳參見史部雜史類。

是書係作者所作序跋、奏疏、尺牘、公啓、傳記之彙編，凡六十二篇。中多代作之文，如《賈母汪太孺人六十壽序代雲舲叔》《張君賓槎小傳代姚子樞先生》。

復旦大學圖書館藏。

柿澤亭文集不分卷

清上海喬重禧撰，稿本，三册，凡一百二十一頁。半頁十二行，行二十四字，小字雙行同。紅格，白口，上單魚尾，左右雙邊。外封朱筆題「精抄加批喬鷺洲君遺著」，鈐有「幾衜人／所收／珍玩」朱文方印。卷首有徐渭仁、毛嶽生、顧元愷、祁寯藻、黄冕、沈炳垣、蔣寶齡、黄若濟等題識，次爲目録，目録旁有墨筆行書批注，「題目宜按年月略訂次序，《春秋》編年繫月例也。」目録末有陳文述題記。鈐有「鸚哥嬌」朱文方印、「古長人鄉／喬氏宜園／讀書之印」朱文方印、「頤道過眼」朱文方印、「筠西王／履之得／幾氏收／藏之章」朱文方印、「上海圖／書館藏」朱文方印。

喬重禧，字鷺洲，上海人。嘉慶間歲貢。著有《宜園詩餘》《陔南池館遺集》等。事迹具清同治十二年（一八七三）刻本《國朝詞綜續編》卷十六、《清續文獻通考》卷二百七十七等。

是集主要收録作者所撰序文、傳、記、碑贊、啓、説及考證之文。

上海圖書館藏。

筆花閣詩草五卷筆花閣詩鈔一卷

清婁縣唐模著，清道光三十年（一八五〇）刻本，一册。半頁九行，行十九字，小字雙行同。白口，上單魚尾，左右雙邊（部分書頁爲四周雙邊。框高一八四毫米，寬一一七毫米。字體與左右雙邊書頁略異，蓋非一人寫樣上版）。框高一八七毫米，寬一一六毫米。版心魚尾之上鐫「筆花閣詩草／筆花閣詩鈔」五字，之下於每卷目録頁鐫「目録」二字，版心下方記每部分頁次。卷首依次爲南匯閆邱德堅、華亭戴其福、平湖黄晉酚、婁縣朱承銘等四人所作《筆花閣詩草題詞》，次爲劉蔭《筆花閣詩草序》，次爲仇治泰《筆花閣詩草序》。鈐有「長樂鄭／振鐸西／諦藏書」朱文方印、「北京圖／書館藏」朱文方印。毛裝。

唐模，字梧蓀，一字伯龢，婁縣人。道光二十九年己酉（一八四九）優貢。著有《筆花閣古文集》等。事迹具清光緒《婁縣續志》卷十七。

《筆花閣詩草》含《茗鼎集》五十六首、《寶硯集》二十九首、《饋貧集》十九首、《屺岵集》三十二首、《誦芬集》三十三首凡五部分。《筆花閣詩鈔》含《良田集》十三首。《良田集》十三首存十二首，缺第十三首《緑牡丹》，且第十二首五言組詩《古硯》斷簡。

每集之前有目録，并有解題。

《茗鼎集》解題云：「事親餘晷，涉獵群書。墨炙筆鍼，迄無心得。日與酒壚，竹榼爲緣。閒繙舊吟，何啻七椀。名其集曰《茗鼎》。」

《寶硯集》解題云：「古硯數方，時置瘻几。非敢比諸米氏硯山，竊藉以爲攻錯之助云爾。顔所得近草曰《寶硯》，石兄勿貽訾笑。」

《饋貧集》解題云：「己酉歲，江湖并漲，五茸低窪盡淹，稌黍荒蕪，室如懸磬。今冬，萑苻竊發，守望是急，旋獲殲除。吾家祇有藏書萬卷，幸無胠篋之虞。每傾濁酒三升，高歌達旦，自謂饋貧糧無能踰此也。因訂近作，顔以《饋貧》云爾。」

《屺岵集》解題云：「二人長逝，報德無由。蓼莪之痛，終吾生矣。既繪《陟屺》《陟岵》二圖以寄悲恨，謹録手澤，付剞氏開雕。病痁旬始起，偶檢雜稿，得詩數首，顔以《屺岵》，志實事也。」

《誦芬集》解題云：「先文恪公《占星堂集》采入《四庫全書》，而板久漫漶，世少傳本。歲丁未，家君重付梨棗，命模校勘。樗櫟下材，誦前人之清芬，愧難克紹，自名簡端以自警云。」

劉蔭《筆花閣詩草序》云：「客歲讀梧蓀同年所著《筆花閣賦草》，歎其才思藻繢，氣韻天然。……今蔭與梧蓀同受知於閣學青公，訂交湖上，相見如故。篝鐙邸舍，夜話達旦，乃得諷誦其詩章，唱酬者累日。……道光二十九年己酉十月，年愚弟寶應劉蔭拜手謹題。」

仇治泰《筆花閣詩草序》云：「余同年唐君梧蓀以詩名久矣。初未之識，嘗讀其詩於楊丈閑庵處，丈亟稱其能詩，余竊慕之，……道光三十年元夕，年愚弟仇治泰拜序。」

按：《中國古籍總目》著録：「《筆花閣詩草》一卷《文草》一卷，清唐模撰，清道光三十年刻本，國圖（存《詩草》）、上海；《筆花閣詩草》五卷，清唐模撰，清道光間刻本，國圖。」[一] 經查檢、目驗，中國國家圖書館僅藏有清道光三十年（一八五〇）刻本《筆花閣詩草》五卷一部，暫未查檢到上海圖書館藏有是書。

中國國家圖書館藏。

曼陀羅館詩鈔一卷詞鈔一卷

清華亭張家鼒撰，清咸豐七年（一八五七）張聲淵刻本，一册。半頁十行，行二十字，小字雙行同。白口，上單魚尾，左右雙邊。框高一六八毫米，寬一一七毫米。版心魚尾之上鐫「曼陀羅館詩鈔／曼陀羅館詞鈔」六字，版心下方記每卷頁次。外封題「曼陀羅館詩鈔」六字，并題「張謙甫持贈」「子超」，鈐有「子／超」朱文方印。内封書名頁何昌治題「曼陀羅館／詩鈔」六字。《詩鈔》卷首有董兆熊序，次爲《輓詩》，收録青浦吴文通穎仙輓詩四首，次爲金山錢熙泰鱸香所撰《誄》。《詞鈔》卷首有張鴻卓序，次爲長洲孫麟趾、吴縣王壽庭等六人所撰《題辭》六首。卷末有咸豐七年丁巳（一八五七）孟夏張家鼎跋。鈐有「南京圖書館藏」朱文方印。

[一] 集部第五册第二三七七頁。

張家鼒（一八二三—一八五五），字調甫，號梅生，華亭人。家鼎弟。事迹具光緒《松江府續志》卷三十七。

《曼陀羅館詩鈔》收録作者所撰詩文凡四十首，凡十五頁。中多題贈寄懷之作，如七言長律《登西林寺塔同雪菴兄家鼎作》、七言組詩《寄懷嘯峰叔嘉定》。

《曼陀羅館詞鈔》收録作者所撰詞作凡四十七首，凡十九頁。中多紀遊之作，如《齊天樂・偕嘯峰叔莊俠君世驥遊青溪曲水園次嘯峰叔韻》。

南京圖書館、中科院圖書館藏。

也儂詩草十卷

清嘉定王慶善著，清光緒二十八年（一九〇二）金陵宜春閣木活字本，四册。半頁九行，行二十三字，小字雙行同。大黑口，雙魚尾，四周雙邊。框高一七四毫米，寬一二四毫米。每册外封書籤題「也儂詩艸王開寅署」，并摹刻「紹/珊」陽文方印。第一册外封題「吾曾目睹先公書此籤，忽忽五十年，窮愁坐困，緬懷……不覺神往。辛卯冬記。」第二册外封題「凡四本　第四箱」。内封書名頁題「/也儂詩艸/丹徒王開寅署」，摹刻「開寅/之印」陰陽文印、「曾經滄海」陽文長方印。内封牌記題「光緒壬寅/三月排印金陵狀元境/宜春閣排印」。每册書根處以楷書題「也儂詩鈔」四字。卷首依次爲張百熙序、王繼善序。鈐有「北京圖/書館藏」朱文方印。

王慶善（一八五一—一八七七），字積餘，號長卿，一號伯雲，自號也儂，嘉定人。恩溥孫。同治九年庚午（一八七〇）舉人。以難廕兼襲雲騎尉。有詩文集及詩餘若干卷，其弟王繼善爲之刊印行世。事迹具民國《嘉定縣續志》卷十一、王慶善《硃卷》。

是書含《嘔血集》《歌驪集》《采蘭集》《東歸集》《東歸後集》《評繪集》《登衡集》《豬肝集》《馴龍集》《敕紅集》凡十部分，每集前有該集目録。

張百熙序云：「介弟仲良、叔英集其殘什，擬付梓人。知余與伯雲交久而知深，屬爲叙其顛末。……光緒辛丑正月，張百熙冶秋識於白門傳舍。」摹刻「冶/秋」陽文方印、「臣印/百熙」朱文方印。

王繼善序云：「乙亥公車，懷才不遇，没於保陽旅，年二十七。櫬旋，得遺稿一束，紊如亂絲。客秋，與三弟叔英校勘先君子暨先叔父閬笙公遺著，憶及而編輯之。菊秋于役秣陵，公廨無事，偕志沂五弟細加校核，録其足以風世而不傷不淫者，次爲十卷，屬諸梓人。……所有文劄遺稿編次未竣，并擬續刊，以彰懿行。……光緒辛丑九秋穀旦，弟繼善謹識於白門傳舍。」

中國國家圖書館、復旦大學圖書館藏。

也儂遺稿四卷

清嘉定王慶善著，清嘉定王繼善、清嘉定王詒善、清嘉定王纘善、清嘉定王鈞善編校，清光緒二十八年（一九〇二）金陵宜春閣木活字印本，四册。半頁九行，行二十五字，小字雙行同。大黑口，雙魚尾，四周雙邊。框高一九一毫米，寬一二四毫米。魚尾之間鐫集名、卷次、頁次。外封書籤題「也儂遺稿汪以鍾／署」，并摹刻「鍾／印」陽文方印。内封書名頁題「也儂遺稿／秀水汪以鍾署」，并摹刻「還讀我書」陽文長方印、「醒／叁」陽文方印。内封牌記題「光緒壬寅／三月排印金陵狀元境／宜春閣排印」。卷首依次爲盛宣懷序、王繼善題識。鈐有「國立北京圖／書館珍藏」朱文方印。

王慶善著有《也儂詩草》，已著録。小傳參見集部别集類。

是稿收録王慶善所作各體之文，分爲四卷。卷一收録考、議、説、論、書、記、序凡十五篇；卷二收録傳、文、跋、賦凡二十六篇；卷三爲《駢體文牘》凡二十三篇；卷四爲《尺牘叢殘》凡一百一十五篇，係作者致汪爽泉、汪伯申、劉西園等友朋書信。末附《鐙虎談餘》不分卷，係作者以十三經、史、諸子、古人名、詞牌詩字官名等字句所作鐙謎。

盛宣懷序云：「王伯雲孝廉，吾師惺盦函丈之冢子也。未弱冠即通經史。甲戌春，再上公車，銜師命來謁，相叙於春申江濱。……光緒辛丑仲秋，世愚弟盛宣懷識於滬江旅舍。」摹刻「願諸君讜／論忠言／勤攻我過」陽文方印、「盛印／宣裦」白文方印。

王繼善題識云：「去歲秣陵于役，鐫其古今體詩暨樂府十卷。今檢遺筴，復得雜藝數十篇及在湘在都往來信札數十首、《鐙虎談餘》數十則。余弟叔英曰：『方今功令廢時文，變科制，曷不梓以饗同人，以彰全豹？』余應曰：『唯唯。』遂與志沂五弟同校而編次焉。……光緒壬寅仲春，胞弟繼善謹識。」

中國國家圖書館、復旦大學圖書館藏。

詒安堂詩初稿八卷二集八卷詩餘三卷試帖詩鈔一卷

清上海王慶勳著，清咸豐三年（一八五三）至五年（一八五五）刻本，一函四册。半頁十一行，行二十二字，小字雙行同。白口，上單魚尾，左右雙邊。框高一八九毫米，寬一三〇毫米。鈐有「北京圖/書館藏」朱文方印。

王慶勳（一八一四—一八六七），字叔彝，一字菽畦，上海人。附貢。壽康子。工詩。以知縣需次浙江，累擢知府加道銜。同治六年（一八六七），署知嚴州府事。服闋，再知嚴州，未幾卒。事迹具同治《上海縣志》卷二十一、光緒《松江府續志》卷二十五。

是書係王慶勳詩詞合集。

《詒安堂詩初稿》八卷，内封書名頁題「詒安堂/初稿」。内封牌記題「咸豐三年/十有二月開雕」。卷首有清咸豐二年劉樞《序》、清道光三十年姚椿《叙》、《詒安堂初稿目録》。卷一至卷二爲《曙海樓詩》，卷三至卷四爲《槎水往還集》，卷五至卷六爲《寄深寫遠齋集》，卷七至卷八爲《得閒集》。

《曙海樓詩》小序云：「歲戊子己丑間，始學爲五七言，漢魏風騷，茫然不解。讀書之暇，偶閲唐宋人詩，私竊效之。寒暑屢易，積卷遂多。時適先祖以城南詠宜堂屋廬逼窄，别築曙海樓於浦上，遷居其中，爰録所作爲上下兩卷。」

《槎水往還集》小序云：「去嘉定縣治南二十四里爲南翔鎮，名曰槎溪，余婿鄉在焉。挈婦歸寧，不時信宿，酒闌燈灺，時復吟哦，因彙所作曰《槎水往還集》。」

《寄深寫遠齋集》小序云：「余家思宜堂之側有書齋二椽，名曰『寄深寫遠』，爲諸城劉文清公所書。屋宇閒敞，花木翛然，嘯詠其間，幾忘爲敝廬近市也。」

《得閒集》小序云：「余素無疾病。己亥之冬，偶患寒熱，卧牀累月，然猶未至大創也。庚子秋，自省垣歸，痰飲、暑瘧兩症并發，瀕於危者屢矣。殆至冬盡，始克痊。可茶鐺藥椀，無以解倦，惟日事吟咏而已。東坡詩云『因病得閒良不惡』，洵先得我心也。遂以名我集云。」

卷首劉樞《序》云：「迨歲己酉，歸自閩南，而叔彝之詩律益細，風格漸蒼，亟請其全稿讀之。……咸豐二年歲在元黓困敦且月，姻世愚弟劉樞拜跋。」

姚椿《叙》云：「海上王子叔彝席先得甚厚，鋭志文藝，兼嗜韻言，嘗以所著《詒安堂詩初稿》八卷示予，詞旨森秀，睥睨皮陸，洵近今之健者。……道光三十年中伏日，東佘老民姚椿書。」

《詒安堂二集》八卷，内封書名頁題「詒安堂二稿／汀州伊念曾題」。卷首有朱緒曾《序》、《詒安堂二稿目録》，卷末有楊煃《跋》。卷一至卷二爲《和笳集》、卷三至卷四爲《葦杭集》、卷五至卷六爲《蘭言室集》，卷七至卷八爲《循陔草堂集》。

《和笳集》卷端著者小序云：「庚子炎夏，突駭海氛，隨處戒嚴，幾於琱戈盈路。迨壬寅秋後，始獲鳩安。愧無敵愾之才，頗有談兵之興，因彙三年中詩爲《和笳集》。」

《葦杭集》卷端著者小序云：「癸卯秋賦，毷氉依然，落拓青衫，徒呼負負。甲辰歲作西泠之遊，冷醉閒吟，自謂于山水間前緣頗厚，遂以《葦杭》顔吾集云。」

《蘭言室集》卷端著者小序云：「買屋槎溪，頗饒爽塏。屋後新篁匝地，老樹參天，小鳥閒花都無俗態。時于此間驅遣筆墨，興正不淺。中雖雜以行役諸作，然於耳目所經，似不爲孤負也。」

《循陔草堂集》卷端著者小序云：「丙春往來海上，塵氛逼人。嗣以繼慈棄養，例不得作韻語。延至巳春，楊露耘諸君環以詩章嬲和，致忘馮婦下車之誚。末歲霪雨爲災，迫以議捐議賑，恒在窮鄉僻壤中，於此道遂多廢擱，未免慚見騷壇面矣。姑撮成集，以旌吾過。」

卷首朱緒曾《序》云：「王菽畦觀察，蓋慕文定之爲人者也。智無不周，藝無不習。奥義内溢，嘉采外昭，五茸三泖之間，久推壇坫。……菽畦詩無體不工。……咸豐五年十一月長至日，金陵愚弟朱緒曾述之頓首謹序。」

卷末楊煃《跋》云：「滬城王叔彝先生與煃累世締好……咸豐乙卯仲冬，古婁楊煃謹跋于武林官舍。」

《詒安堂詩餘》三卷，清上海王慶勳叔彝著，清咸豐五年刻本。内封書名頁題「詒安堂詩餘秦光第題」。内封牌記題「咸豐五年十有一月刊於三槎溪上」。卷首有吴嘉淦、張修府、蔣敦復、張鴻卓、秦光第、雷葆廉等所撰《題詞》。《詩餘》含《蘆洲漁唱》《梅嶂樵吟》《沿波舫詞》三部分。

《詒安堂試帖詩鈔》一卷。與《詒安堂詩餘》同册。卷前有作者自誌：「試帖之作，昉自唐人。沿及我朝，戛玉鏘金，驂鸞駕鳳，尤蔚爲一代鉅大觀。僕少事帖括，獲承師友劘切。雖未窺及此中三昧，然甘苦已略嘗之。癸丑秋，值兵燹之厄，儲蓄悉遭焚掠，歷年手稿半已散亡。幸諸同志處間有録存一二者，雨湘諸弟輩代爲抄歸。因思少時筆墨，結習難忘，且師友劘切苦心尤有不可掩者在。遂汰存若干首，録付手民，非敢謂可質鴻博君子，故并弁言。……咸豐乙卯仲秋月，慶勳自誌。」

中國國家圖書館、上海圖書館、復旦大學圖書館藏。

居易室詩稿一卷

清南匯陸應梅著，民國間抄本，一册。半頁十行，行二十三字，小字雙行同。緑格，白口，雙魚尾，四周雙邊。框高二一五毫米，寬一六七毫米。版心魚尾之上鐫「江蘇通志徵訪册稿」八字。外封墨筆楷書題「居易室詩稿」五字，并以墨筆楷書題「徵訪主任陸炳麟送」，鈐有「陸炳麟」朱文長方印。卷首依次爲黄炳奎《序》、黄報廷題識。

陸應梅（一八三六—一八九六），字寶枝，號雪香，南匯人。居川沙北門内小街。廪膳生。恩貢陸錦章長子。好學能文，歲科試十列高等。中年以後，絶意進取。與修《川沙廳志》，於忠孝節義之大者表彰尤力。同知陳方瀛甚器之，委以要政。應梅一一清釐，即次第辭職，以課徒自給，著籍者多知名士。事迹具陸應梅《硃卷》[一]、《陸雪香先生墓志銘》、民國《南匯縣續志》卷十三。

是書係作者詩文彙編，凡十三首。多題贈倡和之作，如七言組詩《和蔣犀林司馬元韻》、七言組詩《題徐墨君東海宗譜》、七言組詩《題汪黻齋世伯雅照》、七言組詩《祝華景山六十初度》、七言組詩《題李稼軒

[一] 《清代硃卷集成》第四一〇册。

友梅圖》。亦有集字之作，如七言律詩《春禊詞集禊帖字》。

黄炳奎《序》云：「鐵沙陸雪香先生，當清咸同間以詩古文辭鳴。……先生之哲嗣蘅汀、笥卿相繼游庠食餼，與兒子報廷又聯文字交。通家之誼，蓋益篤矣。先生工詩，而不喜多作詩。……自先生歸道山，亦二十餘稔。邇者滄桑迭變，余以老耄之年，蟄居多暇，邑人敦促以籌備修志事，余遂創續選《海曲詩鈔》之議。蘅汀明經亦適主川志之任，檢先生《居易室詩稿》，郵示囑序。展卷之下，恍接當日容輝，爲把玩者久之。……中華民國五年古曆丙辰秋，黄炳奎謹序。」

黄報廷題識云：「《居易室詩稿》多酬應之作，……此非先生全稿無疑也。然先生敦厚温柔之旨，清真雅正之音，於此略見。丁巳夏日，後學黄報廷謹讀并誌。」

中國國家圖書館藏。

優盋羅室詩稿一卷

清上海李尚暲著，清宣統元年（一九〇九）鉛印本，一册。半頁十行，行二十四字，小字雙行同。白口，上單魚尾，四周雙邊。框高一八一毫米，寬一二〇毫米。版心魚尾之上鎸「優盋羅室詩稿」六字，版心下方記頁次。外封書籤題「優盋羅室　月來軒詩稿」，内封書名頁題「宣統己酉秋九／優盋羅室詩稿　月來軒詩稿／後學楊葆光署」，内封牌記頁題「宣統紀元／九秋印成」。卷首有顧蓮《序》、華亭閔萃祥《李竹孫先生夫婦家傳》、南滙于鬯《李府君夫婦合傳》，卷末有《跋》。鈐有「北京圖／書館藏」朱文方印。

李尚暲（一八一〇—一八七〇），字竹孫，上海人。居閔行。監生。校録之書數十百種。又編輯其父遺著。寇至，負遺著及宗譜以行，他物弗顧。精篆隸，工鐵筆。卒年六十有一。事迹具民國《上海縣續志》卷十八。

是書收録各體詩凡七十六首，中多詠史、紀行、倡和之作，如七言組詩《讀史十二首同劉味三希政作存五》。末附其妻錢韞素所作《月來軒詩稿》一卷。

顧蓮《序》云：「先生客遊，倚孺人任家事。家書往返，輒以詩詞酬答，互相慰勉。一門風雅，衷於道義，詩中嘗屢見之。……宣統元年仲秋之月，愚侄顧蓮謹序。」

按：《優盋羅室詩稿》一卷收入李味青所編《上海李氏易園三代清芬集》，民國二十九年（一九四〇）鉛印本，一函一册。半頁二十行，行五十字。白口，上單魚尾，四周雙邊。框高一八六毫米，寬一一一毫米。外封書籤題「上海／李氏易園三代清芬集黄蘊深／題簽」。鈐有「北京圖書館藏」朱文長方印。中國國家圖書館、復旦大學圖書館、上海圖書館等藏。

中國國家圖書館、復旦大學圖書館、中國社科院文學所藏。

月來軒詩稿一卷

清嘉興錢韞素著，清宣統元年（一九〇九）鉛印本，一册。半頁十行，行二十四字，小字雙行同。白口，上單魚尾，四周雙邊。框高一八一毫米，寬一二〇毫米。版心魚尾之上鎸「月來軒詩稿」五字，版心下方記頁次。外封書籤題「優盋羅室　月來軒詩稿」，内封書名頁題「宣統己酉秋九／優盋羅室詩稿　月來軒詩稿／後學楊葆光署」，内封牌記頁題「宣統紀元／九秋印成」。卷首有顧蓮《序》、華亭閔萃祥《李竹孫先生夫婦家傳》、南匯于鬯《李府君夫婦合傳》，卷末有《跋》。鈐有「北京圖／書館藏」朱文方印。

錢韞素（一八一八—一八九五），字定嫻，自號又樓，嘉興人。閔行李尚暲妻。課子邦黻讀，雖嚴寒雪夜弗輟。殁年七十八歲。事迹具民國《上海縣續志》卷二十五。

是書附刻於李尚暲《優盋羅室詩稿》卷末，收録錢韞素所作各體詩凡八十九首，略依時間編次，多與其夫李尚暲贈答之作。

按：是書亦收入李味青所編《上海李氏易園三代清芬集》。

中國國家圖書館、復旦大學圖書館、中國社科院文學所藏。

姚吉仙女史剩稿一卷

清南匯姚其慶著，民國二十六年（一九三七）萬卷讀書齊鉛印《周浦南蔭堂姚氏叢刊》本，一册。半頁十四行，行三十一字，小字雙行同或不等，無欄綫。無序跋。鈐有「江蘇省立／弟一圖書／館藏書」朱文方印。

姚其慶，字吉仙，周浦人。丁宜福妻。張文虎女弟子。著有《六宜樓筆記》等。事迹具民國《南匯縣續志》卷十五。

是書分爲《吟紅館詩草》《雙聲閣詩艸》《古井居吟草》三部分，係姚其慶詩文彙編。文中偶有排印之誤，如卷端題名作「姚吉仙史女謄稿」，以朱筆乙正「史女」二字；七言律詩《祝望溪姨丈七旬壽誕》「彥方高誼早蜚聲」句，「高」「早」二字之間以朱筆補「誼」字。間有注釋，如開篇《題翼堂姑丈八仙祝壽圖》詩題之下朱筆楷書批注：「十三歲時作。」

卷末附録上海黄協塤《鋤經書舍零墨》、南匯黄報廷《南沙雜識》、張文虎《姚吉仙女史其慶以詩來質次韻答之》〔一〕、夫婿丁宜福《催妝詩十章（庚午三月作）》等倡和詩文。

南京圖書館、上海圖書館藏。

茹荼軒文集不分卷

清婁縣張錫恭撰，稿本，四册。半頁九行，行二十五字，小字雙行同。無欄綫。無序跋。鈐有「腐／儒」朱文方印、「食／古主人」朱文方印、「復旦大學／圖書館藏」朱文方印。

張錫恭著有《禮學大義》，已著録。小傳參見經部禮類。

是書雖名爲「茹荼軒文集」，實係作者所作詩詞文賦之彙編。中多考辯先秦典制及先秦文獻之作，如

〔一〕是詩收入《舒藝室詩存》。

《修禮芻議》二十篇、《釋服》三十八篇。亦有古近體詩、仿騷體。

按：文中五言長律《書禹貢合注後宣統五年六月戊戌》有「宣統五年」紀年，且他處有避清高宗名諱例，均係張錫恭遺民筆法。

是書有民國十二年（一九二三）華亭封氏簣進齋刻本〔一〕，十一卷。半頁十行，行二十一字，小字雙行同。版心上方爲白口，版心下方爲黑口，上單魚尾，四周單邊。框高一七七毫米，寬一二二毫米。版心魚尾之上鐫「茹荼軒文集」五字，之下記卷次，版心下方記每卷頁次。内封書名頁題「茹荼軒文集張定署」〔二〕，摹刻「叔木」陽文方印。内封牌記頁署「宣統癸亥孟／春之月開雕華亭封氏簣進齋藏版」。卷首有《張徵君遺象甲子孟冬封章烜敬題》及「乙丑仲春同邑朱運新拜譔華亭封章烜謹書」之《題張徵君遺象》。

復旦大學圖書館藏。

茹荼軒續集六卷炳燭隨筆不分卷

清婁縣張錫恭撰，稿本，一册。半頁十一行，行三十字，小字雙行同。無欄綫。書口處記卷次及每卷頁次。卷首有陳寶琛《茹荼軒文集序》、《茹荼軒續集目録》及王欣夫題記。鈐有「復旦大學／圖書館藏」

〔一〕　據《清代詩文集彙編》第七八六册。
〔二〕　張定，字叔木，婁縣人。

朱文方印。毛裝。

張錫恭著有《禮學大義》，已著録。小傳參見經部禮類。

《茹荼軒續集》包含作者所撰詩詞、書信、序跋、傳記，凡一百〇七篇。文中避「玄」「甯」字諱，并承襲宣統紀年。

《炳燭隨筆》係作者讀《周禮》《儀禮》《春秋公羊傳》《論語》《廣韻》《朱子文集》等考辨札記。

陳寶琛《茹荼軒文集序》云：「張君聞遠没後之五年，所著《茹荼軒文集》都十一卷，詩及雜文十一二，餘皆議禮之作。授梓既成，其友人錢君復初遠道寄視。當宣統初年，予總禮學館時，曹君直閣讀與君同任分纂，予往年嘗序君直《禮議》，今錢君亦以君集責序於予。……戊辰閏二月，閩縣陳寶琛序於天津寓樓，時年八十有一。」

王欣夫題記云：「凡題上加〇者，爲其同郡某妄人所删。《宋台州本荀子與熙寧本異同記》宜附印於後，而竟削去，尤爲可惜。幸此書先付手民，故較錢集猶少也。王大隆」。鈐有「大隆」白文方印。

按：是書有民國三十八年（一九四九）鉛印本[一]。半頁十四行，行三十一字，小字雙行同。白口，上單魚尾，四周雙邊。框高一八三毫米，寬一一七毫米。版心魚尾之上鎸「茹荼軒續集」五字，之下記卷次，

[一]《清代詩文集彙編》第七八六册收録是書。

版心下方記每卷頁次并鎸「雲間兩徵君集」六字。内封書名頁題「茹荼軒續集己丑春仲張琢成」[一]，摹刻「琢成」陽文方印。卷首有戊辰閏二月陳寶琛《茹荼軒文集序》、嚴昌堉（一八九七—一九九二）題識、己丑三月曹元弼《純儒張聞遠徵君傳》。嚴昌堉題識云：「右序，弢盦太傅爲張徵君文集作也。初，徵君從甥封庸盦直刺取徵君文刊成《茹荼軒集》十一卷，大都論禮説經之作。他詩若文僅十之一二。既梓行，未有弁言。後乃乞太傅作序，遂不及補列卷首，顧徵君有續集藏於家，則皆序跋、志傳、書札之屬，及古今體詩若干首。直刺生前亦既謀及續梓矣，會狼煙四起，亂之不沮，而直刺旋亦下世，事遂不果。堉近向直刺嗣君耐公讀，亟爲録副。……己丑孟陬，海上後學嚴昌堉謹識。」

復旦大學圖書館藏[二]。

尺牘二卷

清南匯于鬯著，朱絲欄鈔本，二册，凡五十一頁。半頁十行，行二十二字，小字雙行同。黑口，上單魚尾，四周雙邊。框高一七二毫米，寬一二九毫米[三]。版心魚尾下墨筆記卷次，版心下方墨筆記每卷頁次，并

[一] 己丑，民國三十八年（一九四九）。

[二] 民國三十八年嚴昌堉輯《雲間兩徵君集二種》，復旦大學圖書館藏。《蛾術軒篋存善本書録》收録是書。

[三] 據上海圖書館著録。

鎸有「南洪泰」三字。外封分别題「尺牘卷一」「尺牘卷二」。鈐有「上海市歷史文/獻圖書館藏」朱文方印。

于鬯著有《于氏易説》等,已著録。小傳參見經部易類。是書載録作者致盛爾然、趙詞甫、張文虎、葛士浚、鍾文烝、顧秋巖、奚汶清、黄熾軒、程卓夫、吴佩生、曾嬾萍、陳惠卿、姚子梁、奚練江、顧緑天、王榖生、宋問青、楊垂青、賈雲階、姚子讓、奚子梁、奚方壺、奚子欣、李梯雲、倪西林、章韻之、王玫甫、劉伯充、曹仲清、張静山等友朋信札。

上海圖書館藏。

弢園鴻魚譜不分卷

清長洲王韜撰,稿本,一册,凡八十九頁。半頁十二行,行十九字。紅格,大黑口,上單魚尾,四周雙邊。框高一七〇毫米,寬一四八毫米〔一〕。外封題「弢園鴻魚譜」五字。版心下方題「同太號」三字,係同太號紙號稿紙。卷首有王韜《讀書類識》。鈐有「上海市歷史文/獻圖書館藏」朱文方印、「上海圖/書館藏」朱文方印。

王韜著有《鴛鴦誄》等,已著録。小傳參見史部傳記類。是譜作於王韜六十二歲,時爲清光緒十五年

〔一〕版框尺寸據上海圖書館著録。

（一八八九），王韜寓居上海。

是譜爲作者與友人之書信彙集，記録作者與黎蒓齋、胡芸楣、陸存齋、唐景星、姚子梁、岸田吟香等三十位中外友人之往來書信。

《讀書類識》云：「墮地倏忽六十有二，素性所耽，惟有書史。」

上海圖書館藏。

弢園未刻詩稿一卷

清長洲王韜撰，稿本，殘存二十八頁，一册。半頁七行，行十七字，小字雙行二十七字或不等。紅格，無魚尾，四周單邊。卷首有王韜題識。鈐有「南山歸／敝廬」白文方印、「北闕／休上書」朱文方印、「上海圖／書館藏」朱文方印。《中國古籍善本書目·集部》著録。

王韜著有《鴛鴦詠》等，已著録。小傳參見史部傳記類。是書係清光緒十五年（一八八九）王韜所作。是年王韜寓居上海，仍任上海格致書院山長。

是書爲作者題贈、題詠、送別、感懷之詩作彙集。

王韜題識云：「余詩僅刻五卷，中多未愜意之作，時擬加以删薙，重付手民，未果也。此卷詩尚未付梓，懼其久而將隨煙雲消滅也，因録而存之，敬以貽景張仁兄世大人有道哂正，或以之覆醬瓿可也。己丑（光緒十五年，一八八九）夏四月下澣，吳郡弟王韜識。」

上海圖書館藏。

信美室集一卷

清嘉善鍾文烝撰，稿本，一册，凡六十一頁。半頁十一行，行二十二字。無欄綫。外封題「信美室集計二十四首／尚有幾篇未録」，并題「垁峰鈔録」。卷首有《信美室集目録》。無序跋。鈐有「上海圖／書館藏」朱文方印。《中國古籍善本書目·集部》著録。

鍾文烝撰有《乙閏録》等，已著録。小傳參見子部雜家類。

是集係作者所撰各體文之彙編，凡二十四篇，多爲代作序文、記文。如《左傳輯釋序　代》《新刻張楊園先生全書序　代》《擬重刻楊園先生全書序　代》《上海縣志序　代》《國朝詩鐸序　代》《醉墨詩選序　代》《敬業蕊珠書院課藝序　代》《寄郙居時文序　代》《重刻劉氏信心應驗録序　代》《曾侯相六十壽序　代》《李伯相五十壽序　代》《張中丞五十壽序　代》《丁太夫人九十壽序　代》《應太夫人八十壽序　代》《應氏義莊記　代》《買屋設關記　代》《新建吴會書院記　代》等。

上海圖書館藏。

柘湖宦遊録一卷

清歸安蔣清瑞撰，清宣統間刻朱印本，一函二册。半頁十行，行二十一字，小字雙行同。白口，無魚尾，四周雙邊。框高一六四毫米，寬一一三毫米。版心下方間記頁次，凡六十頁，并鐫有「月河草堂叢稿」六字。外封書籤題「柘湖宦游録」，内封書名頁題「朱邨文牘偶存宣統建元／吴俊卿」，摹刻「吴俊／之印」〔一〕陰文方印。内封牌記題「歸安蔣氏月／河草堂藏板」。卷首有朱祖謀序。

蔣清瑞（一八五九—？），字寀丞，號瀾江，浙江湖州府歸安縣人。由優廪生中式，光緒十九年癸巳（一八九三）恩科舉人，授内閣中書。捐升兵部武選司主事，改官江蘇松江府金山縣知縣。宣統二年（一九一〇）任青浦知縣，係青浦末任知縣。

柘湖，位於今上海金山。是書係蔣清瑞所撰公牘等彙編，分爲《金山剿匪圖記》《金峰鴻雪》《朱邨文牘偶存》三部分。《朱邨文牘偶存》係蔣清瑞任上所頒行告示公牘，如光緒二十八年十一月《祭告城隍神文》《諭禁男子前劉海告示》《勸戒女子纏足告示》。

朱祖謀序云：「蘭江大令治金山八年，政成訟理，民情大龢，將遷劇邑以去，出所爲公牘文字以惠來者。……庚戌秋八月，同學弟朱祖謀序。」

按：是書復旦大學圖書館藏有複印本一部，一函三册。上海圖書館藏朱印本《朱邨文牘偶存》一册，鈐有「上海圖／書館藏」朱文方印。

華東師範大學圖書館藏。

〔一〕吴昌碩（一八四四—一九二七），原名俊，字俊卿。

總集類

茸城九老會詩存一卷

清婁縣黄仁等撰，清道光二十四年（一八四四）刻本，一册。半頁十行，行二十一字，小字雙行同。白口，上單魚尾，左右雙邊。框高一九二毫米，寬一二七毫米，版心魚尾之上題「九老詩存」四字。版心下方記頁次，凡三十一頁。卷首有黄仁《九老會詩存序》、周萼芳《茸城九老會序》，卷末有姚光發《跋》，次爲九老圖象。鈐有「愚齋／圖書／館藏」朱文方印。是書係盛宣懷舊藏。

黄仁，字硯北，一字研北，婁縣人。乾隆五十七年（一七九二）舉人。以大挑官稷山知縣。卒年八十六。事迹具光緒《婁縣續志》卷十七。

是集彙編自道光二十年庚子正月十七日第一集在周自香齋，訖十一月十一日第四十五集在張匏舟齋等九老倡和詩文。

黄仁《九老會詩存序》云：「吴學博《怡園詩鈔》載其先人若山公《安樂村老友會詩》一卷，時在乾隆丙戌，迄今垂七十九年。……此吾友周子自香《九老詩存》所爲刻也。按：自香集九老社五年於兹，余於癸卯春亦獲廁名其列，真率相期週而復始，一觴一詠，惟意所適，積久成帙。去冬，自香主會移樽怡園，因酌而言。……道光二十四年歲次甲辰秋仲上澣，硯北黄仁序。」

周萼芳《茸城九老會序》云：「日者，友人張遠江謂予曰：『吾儕寒士無所爲爵也，亦不敢云德也。

惟幸天假之年，共周花甲，髪不禿，齒不危，精神不衰頽，手足得健在。雖不敢妄希唐宋諸賢，抑以齒之受命於天者，因以樂天之樂，仿而行之，亦何不可。』予應之曰：『善。』於是訂同志者七人，首於庚子初春宴集寒齋，既而先後來者又有六人，共一十三人。及今適得九人，亦名九老會，會以月計，聚必終日，或分韻或聯吟，……越自始會至今已五年矣。各有詩章，共得若干首。硯北司馬爲之序，且屬嘉禾陳春嶠繪像，系以贊辭，付剞劂氏梓而存之，亦雪泥鴻爪之意云爾。其在會者，范老少湖、曹老次微、張老匏舟、馮老北垞、吴老韻亭也。黄老硯北、侯老簡亭，則其續來者。作始之人，余與遠江也。若子耘沈老、昂之凌老、吟耕唐老、敬修姚老皆先後歸道山矣，故未及繪像云。道光二十四年歲次甲辰孟秋，自香周蕚芳序。」

姚光發《跋》云：「茸城九老會昉於庚子之春，歲不恒舉，舉必逾月，……是會也，創始於自香先生，家嚴與焉。……道光二十二年季秋之月，衡堂姚光發識于金粟書齋。」

華東師範大學圖書館、上海圖書館藏。

青南輿頌六卷卷首一卷續刻一卷

清南匯芸香草堂諸子編輯，清咸豐八年（一八五八）刻本，八册。半頁十行，行二十一字，小字雙行同。白口，上單魚尾，四周雙邊。框高一六七毫米，寬一一七毫米。版心魚尾之上鎸「青南輿頌」四字，魚尾之下鎸卷次，版心下方記每卷頁次。外封書籤題「青南輿頌項兆蓮題簽」，摹刻「白/也」陽文方印。内封書名頁題「青南輿頌」四字。卷首依次爲《青南輿頌總目》，袁瓚、朱作霖等《序》，《筱雲司馬父師大人像南滙鍾斯盛敬繪》，《青南輿頌凡例》等。

是書卷首爲序跋、凡例、像、圖目、頌目、圖，卷一爲奉賢詩文，卷二爲青浦詩文，卷三至卷五爲南滙詩、詞、文、聯、匾、牌、繖、旗、冠、衣，卷六上爲附刻他邑所撰詩、詞、文，卷六下爲補遺詩、賦、文及附刻補遺詩、詞、文。

袁瓚《序》云：「予自作客燕臺，别故鄉將十載矣。歲乙卯歸青村，越三年復由南沙抵青溪，每親戚情話，各縷述筱雲馮司馬政績，而感其德勿衰。夫三邑皆隸松郡，當滬城未克復時，有甚難於鎮撫者。司馬適於數年之間，攝三邑篆，其歷時之最暫者，莫若我青村，……鄉曲之人咸稱道司馬之所以父母斯民。……爰輯頌德之詞，彙付剞劂，以傳諸遠。咸豐戊午夏六月，奉賢袁瓚謹序。」

陸熙增序云：「戊午秋，都人士彙輿頌而集之，裒然成帙。……咸豐戊午夏月，奉賢部民芸香草堂弟子陸熙增謹序。」

朱作霖《序四》云：「《青南輿頌》者，蓋合奉賢、青浦、南滙三邑之人臚頌吾筱雲父師德政者也。……咸豐戊午秋，南滙部民芸香草堂弟子朱作霖謹序。」

《序五》云：「咸豐八年九月，芸香草堂弟子南滙申兆澐百拜謹序。」

《序六》云：「咸豐戊午九秋，芸香草堂弟子南滙鍾斯盛百拜謹撰。」

《跋一》云：「咸豐八年戊午秋，青浦部民芸香草堂弟子金玉拜跋。」

《青南輿頌凡例》云：「一、是編之輯，所以驗民情，觀治術。本輿論公評，紀牧民實政，以是爲三邑之頌聲。即以是爲司馬之治譜也。其青南云者，司馬初莅吴門之三日，即爲上游引重，攝篆奉賢三月，遞權青浦一年，惟實任南匯三年，爲時最久。三邑皆松江府屬，奉賢本名青村，又號青林，故都爲一集，曰《青南輿頌》。……一、司馬，粤東南海人，名樹勳，字伯勳，别字子銘，號筱雲，近自號述翁，系出始平馮氏。道光乙未，以第四人領鄉薦，初任潮州府大埔縣訓導，繼調瓊州府昌化縣教諭，栽培士類，振興學校，以是獲薦，授任民社。咸豐癸丑，揀發知縣來吴。乙卯春，加同知銜，故稱曰司馬。……一、是編爲三邑輿頌。……至詩文詞曲導揚美善，婦孺同聲，不無雅俗之殊。惟隨所有盡行編輯，以徵實政，並無抉擇去取。編列後先之成見也。一、司馬政迹在人，都人士率多繪圖徵詩以獻。兹備採各圖摹刻卷首，其題圖欵識及一事數圖者，概照摹列。一、是編兼採壽詩壽序諸作，且附刻同寅故舊題贈諸篇，亦以凡實政所在，目覩者如一口焉。一、是編以奉賢、青浦、南匯三邑各自分卷，其中題圖諸什，或兩邑三邑中俱有題詠者，卷内仍分邑編次，以清眉目。目録中不妨一題互見也。一、是編隨時編纂，詩文體例次序，不無淆錯。且滲漏遺忘，在所不免。倘發雕後，都人士續有寄貽，當隨付手民，以登剞劂。南匯芸香草堂諸子謹識。」

中國國家圖書館、上海圖書館、復旦大學圖書館、中山大學圖書館藏。

應求集四卷

清上海王慶勳輯，清咸豐八年（一八五八）刻本，二册。半頁十一行，行二十二字，小字雙行同。白口，上單魚尾，左右雙邊。框高一九〇毫米，寬一二九毫米。魚尾上方鐫「應求集」三字，下記卷次、頁次。内封書名頁題「應求集／吴廷康題于養性軒」，内封牌記「咸豐八年仲春中／浣上海王氏開雕」。卷首有咸豐八年孟夏黄燮清《序》。鈐有「王培／孫紀／念物」朱文方印、「上海圖／書館藏」朱文方印。

王慶勳，著有《詒安堂詩初稿》，已著録。小傳參見集部别集類。

是集係作者彙編上海本籍及流寓上海著者之近體詩，依各詩著者之科舉先後爲次。末附閨秀詩。《序》云：「叔彝觀察鴻才遠識，以維持世運、提唱騷雅爲己任，輯海内近詩若干家，編次成集，名曰《應求》。其間或神交，或素識，詩之清奇濃淡各不同。」

上海圖書館藏。

南沙輿頌一卷

清南匯王珠樹輯，清同治八年（一八六九）新秋刻本，一册。半頁十行，行十九字，小字雙行同。白口，上單魚尾，左右雙邊。框高一九〇毫米，寬一四三毫米。版心魚尾之上鐫「南沙輿頌」四字，版心下方記頁次，凡十七頁。外封書籤題「南沙輿頌己巳孟夏部民陳亮疇題籤」。卷首有「緑／竹／清／風」四字，摹刻「澹閒軒」陰文方印、「沖／甫」陽文方印。次爲花溪居士所繪《南皖育才》圖，摹刻「楞／之」陽文方印，并有毛祥麟題字「南皖育才己巳春三月既望，上海對山毛祥麟作」，摹刻「祥」「麐」陰陽連珠印。次爲花溪居士所繪《蓮支重浚》圖，有「花溪居士寫」五字，摹刻「楞／之」陽文方印，并有許鳳題字

「蓮支重浚己巳立夏後二日，寫於一峰山房，許鳳」，摹刻「南／臺」朱文方印。鈐有「八千卷／樓藏／書之記」朱文方印、「江蘇省立／弟一圖書／館藏書」朱文方印、「南京／圖書／館藏」朱文方印。

王珠樹，字花南，號泖秋，號梅花村人，南匯人。朝棟子。廩貢。官浙江縣丞。工詩善畫。事迹具民國《南匯縣續志》卷十三。

是書所收係小霞徵君於清同治七年戊辰（一八六八）至八年己巳（一八六九）間持憲南匯，期年將去，其下屬、子民、姻親、友朋凡十六人爲歌頌其德政而所撰詩文。文中云：「時以戊辰之年，歲星躔吴，海波不揚，小霞徵君持憲檄莅我邦。金壇則去思成頌，南沙則來暮興歌。」詩文撰者有王珠樹、張文虎、姚其鈞、王樹森、姚其慶、王青箱、顧昌霖、李其滋、錢藹庭、沈秀甲等。

南京圖書館藏。

南塘張氏詩略二卷

清華亭張家鼎輯，清華亭張聲匏〔一〕、清華亭張聲馳訂〔二〕，清華亭張端仁校〔三〕，清光緒四年（一八七八）

〔一〕張聲匏，張家鼎侄，字石齋。
〔二〕張聲馳，張家鼎侄，字謙甫。
〔三〕張端仁，張家鼎孫，字申伯。

鐵花館刻本，一册。半頁九行，行十九字，小字雙行同。白口，上單魚尾，左右雙邊。框高一六三毫米，寬一一五毫米。版心魚尾之上題「南塘詩略」四字，下記卷次「卷上/卷下」。版心下方記每卷頁次，卷上凡二十八頁，卷下凡三十一頁。外封書籤題「南塘張氏詩略閔萃祥題簽」，内封書名頁題「南塘張氏/詩略蔣確署签」，内封牌記題「光緒戊寅仲/冬鐵花館刊」。卷首有張文虎《序》、張鴻卓序。鈐有「南京/圖書/館藏」朱文方印。

張家鼎著有《鐵花僊館吟草》等，已著録。小傳參見集部别集類。

是書係作者彙輯南塘張氏諸公詩文之集。起「秋泉公諱一籌（字藻聞）」，訖「聲桐（號籀生）」。先列該公名諱、科舉、職官、著述，次選該公詩文。如：「瘦峰公諱振凡，字翅彦。古愚公子。附貢。著《大吉祥室遺稿》。」又如：「篠峰公諱鴻卓，字偉甫。虚谷公子。增貢。試用訓導。以軍功加五品銜。歷署丹陽、元和、嘉定、寶山儒學。著有《緑雪館詩詞鈔》。」

張文虎《序》云：「同治丙寅春，予自金陵歸，訪舊南塘。燮庵司馬出所輯《張氏詩略》，屬爲之序，諾之而未有以應也。越九年，予辭書局返，燮庵招至鐵花仙館度夏，復申前請。乃序之曰：所謂南塘者，蓋華亭之下鄉，在古張涇堰之南、查山之東，西南距金山衛城六里。古曰大潭，今所謂南塘者是也。張氏族居於此，以耕讀世其家，以忠厚儉樸訓其子孫。……咸豐辛酉，浙寇東竄，流離播遷，毋論已刊之本及其板片，皆燹於火，即篋中稿草，亦多散佚，惟《聽鶯》《蘚石》《鐵花》三集存。……同治十三年歲次甲戌季夏月朔，南匯張文虎撰，時年六十有七。」

張鴻卓序云：「燮庵侄於劫後不復出山，悠游林下，搜羅我宗殘剩，彙爲《南塘詩略》。……時同治五年歲次丙寅嘉平月上澣，筱峰甫鴻卓撰。」

南京圖書館、中山大學圖書館、華東師範大學圖書館藏。

雲間詩鈔第一集十種不分卷

清婁縣章耒輯，清光緒四年（一八七八）刻本，一册。半頁九行，行二十一字，小字雙行同。白口，上單魚尾，左右雙邊。框高一七一毫米，寬一一六毫米。版心上方鐫每卷書名，下方記頁次。卷首有章耒《序》。鈐有「復旦大學/圖書館藏」朱文方印。

章耒（一八三三—一八八六），原名汝梅，號次柯，又號韻之，婁縣人。居闊街。節愍後人。松江府學優廩生。同治十二年（一八七三）拔貢。熟於鄉邦掌故。光緒間與纂《松江府續志》《婁縣續志》等。輯有《張澤詩鈔》《張澤文鈔》《國朝學略丙集》等。欲撰張澤鎮志，未成而卒。事迹具章耒硃卷[一]、民國《續纂華婁縣志》。

是書含婁秦淵（字珠厓）著《谷春堂賸稿》、華亭朱廷棟沖齋著《紉蘭軒詩鈔》、金山唐集泰峰著《醉夢問詩草》、奉賢朱恒半畦著《求己山房詩稿》、華亭顧作偉韋人著《聞香室稿》、奉賢秦士醇静甫著《鯨鶴

[一]《清代硃卷集成》第三八四册第一三八頁。

館詩鈔》、婁沈辰吉菊廬著《泖東草堂詩稿》、南匯丁宜福時水著《浦南白屋詩稿》、華亭張家焱丙齋著《蘋花水閣詩草》、華亭吴景延讓卿著《賜硯齋詩鈔》十種上海籍著者詩文。《浦南白屋詩稿》等有單行本。

章耒《序》云：「此《雲間詩鈔》之第一集也。余前有《淞文傳》之選，今復有是選。日擁一編，與古人對。……余生四十有七年矣，學詩古文未成，恐無以傳於後，於是録鄉先生之詩，與史相表裏。凡詩之表忠孝、揚節義及足備掌故者，悉存焉，應酬之什存什之一而已。……光緒戊寅仲夏，婁縣章耒自序。」

按：上海圖書館古籍書目查詢系統著録是集題名爲《谷春堂賸稿》，而實爲《雲間詩鈔第一集》十種。

復旦大學圖書館、上海圖書館藏。

張澤詩鈔不分卷

清婁縣章耒編，稿本，一册。半頁九行，行二十二字，小字雙行同，或不等。緑格，白口，上單魚尾，四周雙邊。框高一五七毫米，寬一〇四毫米。卷首有章耒序。天頭有批校。無印記。蟲蛀。

章耒，編有《雲間詩鈔》，已著録。小傳參見集部總集類。

張澤，位於今上海市松江區境内。是書係作者選編當地詩人蔣平階、沈樹聲、章有泓、薛氏、許氏等各體詩。以人繫詩，詩末爲該作者小傳。

章耒序云：「光緒癸未〔一〕季春，吴孝廉介眉以其鄉諸先生詩示耒，且屬耒擇其近古者以行於世。……是録獨不限於地也。選既竟，揣孝廉之恉，以人存詩，兼寓發潛闡幽之意，綜爲二卷，各綴以小傳，并以名媛寓賢詩一卷附於後。質諸孝廉，孝廉將復有所贈汰。……仲夏十有四日，婁章耒次柯譔。」

按：是本多爲緑格稿紙，間有紫格稿紙及無格稿紙。且夾雜詩文草稿，天頭有「空三行接寫」諸批校之語，文字增删頗多，係章耒編是書之初稿本。

上海圖書館藏。

張澤詩鈔不分卷

清婁縣章耒編，謄清稿本，一册。半頁十一行，行二十一字，小字雙行同，或不等。紫格，上大黑口，下白口，上單魚尾，四周雙邊。框高一五八毫米，寬一一三毫米。鈐有「上海圖/書館藏」朱文方印。

章耒，編有《雲間詩鈔》，已著録。小傳參見集部總集類。

是書係《張澤詩鈔》之謄清稿本，以人繫詩，作者名下有小傳。版式、文字多據初稿本改正。

按：初稿本（多緑格稿紙）惟「吴應泉」「吴志喜」兩條亦爲紫格稿紙，與是謄清稿本同，蓋初稿本此兩條亦爲謄清之稿。然初稿本「吴應泉」條作者姓名之下空一行，而謄清稿本填以小傳，蓋

〔一〕光緒癸未，即光緒九年（一八八三）。

初稿本之後，謄清稿本不止一部。初稿本之「吴應泉」條，當係較早謄清之本，夾存於初稿本之中，是謄清稿本蓋係第二次謄清。初稿本之「吴應泉」條有增删改字之處，是謄清稿本「吴應泉」條據改。

是書有民國三十一年（一九四二）封氏簣進齋刻本[一]，二册，上海圖書館、復旦大學圖書館等藏。半頁十行，行二十四字，小字雙行同。大黑口，上單魚尾，左右雙邊。内封書名頁題「張澤詩徵／三卷續編／二卷庸盦封文權署首」，摹刻「衡甫」陽文方印、「文權」陰文方印。内封牌記頁署「歲在玄黓敦／牂春王三月／刊成封氏簣／進亝藏版」，摹刻「華亭」陰文方印。卷首有章耒《張澤詩徵序》。卷端題「張澤詩徵　婁章耒次柯編　里人吴昂錫介眉[二]增訂」。卷末鐫「泉唐謝渭文齋鐫字」一行。鈐有「小西谿艸堂」[三]朱文橢形印。《張澤詩徵》卷一收録二十二人；卷二收録十八人，并附名媛五人；卷三收録寓賢十八人。較之緑格稿本、紫格謄清稿本多有增補，如名媛五人，於緑格稿本、紫格謄清稿本「章有泓　薛氏　許氏」三人之外增補「徐氏　顧瑛」二人。《張澤詩徵續編》卷端題「里人封文權庸盦編」。卷一收録十七人，卷二收録寓賢七人。

上海圖書館藏。

[一] 上海圖書館古籍書目查詢系統著録爲「清光緒八年（一八八二）刻本」，誤。
[二] 吴昂錫，字介眉，興仁街人。同治六年（一八六七）舉人。撰《松江續志・水道圖》。
[三] 小西谿艸堂，松江楊氏堂號。

中州試牘二卷附賦附詩律

清嘉定廖壽恒編，清光緒八年（一八八二）刻本，二册。半頁十二行，行二十二字，小字雙行同。白口，雙魚尾，四周雙邊。框高一七一毫米，寬一二五毫米。正文無欄綫。版心魚尾之上題「中州試牘」四字，魚尾之間記卷次、頁次，卷上凡六十六頁，卷下凡八十四頁。外封書籤題「中州試牘卷上／卷下」，内封書名頁題「中州／試牘」，内封牌記題「光緒八年壬午炢／九月河南學院刊」。卷首依次爲廖壽恒序、《例言》《中州試牘目録》。鈐有「上海圖／書館藏」楷書朱文方印。

廖壽恒著有《抑抑齋日記》等，已著録。小傳參見史部傳記類。

是書分爲兩卷，卷上凡三十四篇，卷下凡三十一篇，末附賦十篇、詩律二十一篇。每篇先列試題，次列地域、科舉名次、姓名，之後爲歲科試牘，末爲考官點評。

廖壽恒序云：「各行省督學使歲科試竣，例得彙所録生童文字擇尤録播，蓋仿鄉會試墨程法繩……光緒八年九月，督學使者嘉定廖壽恒序。」

《例言》云：「一、試牘之刻本爲多士程式，所録之文應以清真雅正爲主，凡浪使才情及稍涉纖巧晦澀者，有乖文體，概所不取。一、是編求精不求多。一題之文，但擇一二尤佳者付梓，非謂此外即無佳構也。……一、所刊詩賦亦多係場中原稿，未暇修飾廬山真面，閲者當擇其賈處賞之。一、考教考優及觀風之作尤多佳篇，未及另編一卷，因擇其尤者一併參入，以資觀摩。」

上海圖書館藏。

國朝練水文存初編不分卷二編不分卷

清嘉定楊震福編，清光緒十四年（一八八八）尊經閣刻本，十册（初編五册，二編五册）。半頁九行，行二十五字，小字雙行同。白口，無魚尾，左右雙邊。框高一七九毫米，寬一〇三毫米。無欄綫。版心上方分別鐫「國朝練水文存初編／國朝練水文存二編」八字，下方記每編頁次。外封墨筆楷書題「國朝練水文存初編探／道／好／淵／源」「國朝練水文存二編觀／書／鄙／章／句」。内封牌記題「光緒戊子鐫嘉定城内管家橋西首高漱芳齋刻印／國朝練水文存／尊經閣藏板」。牌記左上角鈐有朱文木記：「現以紙價昂貴，議定每部工料制錢四百九十六文。倘若裝訂，每部一百二十文。」《初編》卷首有楊震福《序》，次爲《姓字爵里》，次爲《目録》。《二編》卷首依次爲《姓字爵里》《目録》《凡例》。文中有句讀、圈點及小字旁注。鈐有「上海圖／書館藏」朱文方印。

楊震福，字子隽，又字聲伯，嘉定人。肇修子。歲貢。少有大志，博覽群書，尤熟於當代掌故，并留心邑中文獻。光緒戊寅（一八七八），知縣程其珏修縣志，延爲纂修兼總校，志成，半出其手。著有《五經集解》《依韻求母》《六書啓蒙》等。卒年七十一。事迹具民國《嘉定縣續志》。

是書係練水本籍及流寓文人所作制藝。先列本籍，次列僑寓。上編爲順治至嘉慶文編，凡二百二十八篇。二編爲道光至光緒文編，凡二百六十一篇。制藝以《大學》《論語》《中庸》《孟子》爲序，每篇卷端題篇名、著者，末有錢竹汀、楊震福、陸文石、于瀛舫、沈曉滄、徐鏡盦等評語。

楊震福《序》云：「我國家……作者代興，後先暉映。其以專集行世者不下數十家，至咸同間，燬於兵火，而藏稿之未梓及散見於選本者，更百不存一矣。章君伯雲、童君翼臣、朱君東侯、秦君善生、黄君仲韶大懼鄉先型之廢墜殆盡也，旁搜博訪得數千首，屬余擇其尤者梓之。余惟論次遺文，非深於理法者，抉擇必不精，而去取必不當。謭陋如余，敢預是役？顧灰燼之餘，存者無幾，傳鈔既久，譌舛滋多，及今不事，後將無徵。爰暨諸君再三商榷，甄録若干篇，授之梓人，以永其傳。近人佳製苟不詭於先正而論定於身後者，亦與焉。非敢謂吾邑人文悉萃於斯也，衹就見聞所及録存梗概云爾。……工既竣，爰弁數語於簡端。時光緒戊子季冬，邑後學楊震福謹識。」摹刻「子雋」陽文方印、「臣震／福印」陰文方印。

《凡例》云：「一、是編專録國朝鄉先生制藝，近人之作古者亦列入焉。順治至嘉慶爲初編，道光至光緒爲二編。一、咸同間邑遭兵燹，前人名作多付劫灰，或採得一二藝而未必生平傑構，則人以文存，亦文以人存也。一、吾嘉自雍正三年析置寶山縣，有居嘉境而分隸寶庠者，有居寶境而入泮登科在分縣以前者，採訪所及，一并輯録。一、寓賢佳構見聞偶及，附登一二。光緒丁亥，光旦、以謙同館南城，與朱君澐、秦君錫元、黄君宗善搜輯鄉先生制藝，請楊先生震福量加評騭，諸同人再三商榷，得文如干首，顔曰《文存》。刊既竣，爰述緣起如右。邑後學章光旦、童以謙謹識。」

上海圖書館藏。

兩世心聲不分卷

清崇明張慶祖、張務實、張復初撰，清刻本，一册。半頁八行，行二十字，小字雙行同。白口，上單魚尾，左右雙邊。框高一八四毫米，寬一〇九毫米。無欄綫。版心下方記頁次，凡五十三頁。內封書名頁題「/兩世心聲/」。鈐有「華東師範大學/圖書館藏書章」朱文橢形印。

張慶祖，字蘭汀，崇明人。張務實，字凹村，崇明人。張復初，字曖村，崇明人。生平不詳。

是集含張慶祖撰《我鳴草》、張務實撰《吟詩草》、張復初撰《也吟草》三部分。《我鳴草》收録各體詩凡六十三首，《吟詩草》收録各體詩凡八十五首，《也吟草》收録各體詩凡二十四首。

按：《中國古籍總目・集部》著録：「兩世心聲，清□□輯，清刻本，上海。」〔一〕

華東師範大學圖書館、上海圖書館藏。

詩文評類

詩窠筆記一卷

清華亭雷葆廉撰，稿本，一册，凡二十四頁。半頁十行，行二十一字，小字雙行同。無欄綫。卷首有温綸、范循陔、陳慶長、符葆森、顧翃題識。文中有校改。鈐有「敷/玄」朱文方印、「明/如」朱文圓印、「子/拳」朱文方印、「南/樵」朱文方印、「蘭/厓」朱文方印、「上海圖/書館藏」朱文方印。《中國古籍善本書目・集部》著録。

〔一〕集部第六册第三〇七四頁。

雷葆廉，字約軒，號蓮社主人，華亭人。官訓導。事迹具清光緒《國朝詞綜補》小傳。

是書係作者品評友朋詩畫之札録。載録湯貽汾、侯雲松、王芝林、蔣寶齡、張廷濟等三十九人之生平、詩畫，并叙述作者與之交游倡和，以及諸君逝後作者所撰之哀吊文辭。卷端題「詩稾筆記卷一」，然一卷到底，并無它篇。

温綸題識云：「卷中所收，或以雄渾勝，或以雋永勝，或以跌宕勝，醰醰有味，逸趣横生，具見採擇之精、交游之廣。釀百花而成蜜，集千腋以爲裘。每一披吟，不禁神往。己未清明前三日，江夏温綸識於柘湖署齋。」

符葆森題識云：「約軒枉過柘湖，存此卷，兩月後甫獲一讀。時風雨中握譚三日。江都弟符葆森識於柘湖書院之蘭資堂，己未夏四月下沐。」

按：《中國古籍總目・集部》著録：「《詩稾筆記》一卷，清雷葆廉撰，稿本（清温綸跋），上海；清刻本，上海。」[一]

上海圖書館藏清咸豐間刻本一卷，一函一册。半頁十行，行二十一字，小字雙行同。白口，上單魚尾，左右雙邊。框高一八五毫米，寬一一七毫米。版心魚尾之上鎸「詩稾筆記」四字，之下記卷次「卷一」，版心下方記頁次，凡二十四頁。卷端題「詩稾筆記卷一　華亭雷葆廉約軒著」。卷末行鎸「男根培根源校

[一] 集部第六册第三二一一頁。

字」七字〔一〕。文中避清帝名諱，并記咸豐間人事，故是本刊刻不早於咸豐間。稿本增删損益之處，刻本悉改。然刻本亦有訛誤，如稿本「閨秀汪小韞」條「吟牋」二字，刻本誤作「吟殘」。

上海圖書館另藏有抄本一卷〔二〕，一册。半頁十二行，行二十三字，小字雙行同。紅格，白口，上單魚尾，四周雙邊。框高一七八毫米，寬一二二毫米。卷端題「詩窠筆記　華亭雷葆廉約軒著」。天頭間有朱筆、墨筆批校及墨筆浮簽。鈐有「華亭封／氏蕡進齋／藏書印」白文方印。是本「閨秀汪小韞」條「吟牋」二字，本與稿本同，作「吟牋」，然又以朱筆徑改爲「殘」字，蓋襲刻本之誤也。

上海圖書館藏。

詞曲類

山中和白雲不分卷

清寶山蔣敦復撰〔三〕，稿本，一册。半頁八行，行十九至二十一字不等，小字雙行同。白口，無魚尾，四周雙邊。卷首有題記及作者小序。鈐有「臣以方外」陰文方印、「寶山／鐵岸」陰文方印、「妙」「塵」連

〔一〕雷根源，字夏叔，華亭人。諸生。

〔二〕上海圖書館著録爲民國間抄本。

〔三〕卷端作者項題「青蓮華人妙喜撰」。

珠印、「長州章氏四當齋珍藏書籍記」陽文方印、「北京/圖書/館藏」陽文方印。《中國古籍善本書目·集部》著録。

蔣敦復著有《兵鑒》等，已著録。小傳參見子部兵家類。

是書係清道光二十一年（一八四一）作者所作之《臺城路》《渡江雲》《聲聲慢》《西江月》等詞，凡三十首，中多題贈倡和之作。

題記云：「鐵岸上人生長吾鄉，以詩名聞於世。玉關楊柳唱遍，旗亭石室瑯嬛。識完奇字，乃所如不合，撒手入山，作如來弟子者二年。于兹癸卯桃花月還里，出詞稿示余。余與上人同究倚聲之學，然而智慧聰明終讓上人一席。今得山川之秀，作哀艷之音，刻徵引宫，直超梅村而上。余願傳蒲團而聽講也。或謂是詞也，未免犯綺語戒，不知諸佛菩薩須解色聲諸觸。誦是詞者，但覺天雨寶花普遍華嚴法界云。髮弟瑾拜讀於淞城燈下。」鈐有「瑾/印」陰文方印。

小序云：「往時好爲長短句，殊不知有聲律。近借得玉田生《山中白雲》觀之，頗有會悟。每遇閒寫，輒和其韻，刻畫逌爾，大是軒渠。」

中國國家圖書館藏。

拈花詞不分卷

清寶山蔣敦復撰〔二〕，稿本，一册。半頁八行，行二十一字，小字雙行同。白口，無魚尾，四周雙邊。卷末有顧作衛跋。鈐有「妙」「塵」連珠印、「北京/圖書/館藏」陽文方印。《中國古籍善本書目·集部》著録。

蔣敦復著有《兵鑒》等，已著録。小傳參見子部兵家類。

是書係清道光二十一年（一八四一）七月作者所撰《金縷曲》《南柯子》《浪淘沙》等詞之彙編，凡二十七首，多倡和述懷之作。天頭間有批注。

顧作衛跋云：「詞壇老將倦搴旗謂硯北、小枚二丈，文采風流問有誰。笑我生平少心許，獨於銕岸奉爲師。方外友顧作伟讀。」鈐有「玉山谿韻/金粟後身」陰文方印。

中國國家圖書館藏。

蓮社詞二卷

清華亭雷葆廉撰，清道光二十四年（一八四四）刻本，一册。半頁十行，行二十一字，小字雙行同。白口，上魚尾，左右雙邊。框高一八四毫米，寬一一九毫米。内封書名頁題「蓮社/詞約軒雷大允屬/嘉興張廷

〔一〕　卷端作者項題「青蓮花人妙喜」。

濟」，并摹刻「嘉興／張廷濟／叔未甫」陰文方印、「眉壽／老人」印[二]。卷首有清道光二十四年（一八四四）十月黄金臺《序》。鈐有「曾藏八千卷樓」白文方印、「江蘇省立第一圖書／館藏書」朱文方印。

雷葆廉著有《詩窠筆記》，已著録。小傳參見集部詩文評類。

是書收録作者所作題贈、即興之詞凡一百一十一首。同邑顧夔、張鴻卓、戴銘金等和作附於作者所作詞之後。

黄金臺《序》云：「甲辰之春，曾爲約軒譔詩序，今復以詞序見屬。……道光甲辰十月，平湖愚弟黄金臺頓首拜譔。」

南京圖書館、上海圖書館藏。

江東詞社詞選不分卷

清華亭雷葆廉編，清道光二十六年（一八四六）刻本，一册。半頁九行，行二十字，小字雙行同。白口，上單魚尾，四周雙邊。框高一六五毫米，寬一一六毫米。内封書名頁題「江東詞社詞選包世臣書首」。卷首有雷葆廉《序》及《江東詞社詞選姓氏》。

[二] 張廷濟（一七六八—一八四八），字叔未，自號眉壽老人，浙江嘉興人。嘉慶三年（一七九八）舉人。著有《清儀閣題跋》《桂馨堂集》等。

雷葆廉著有《詩窠筆記》，已著録。小傳參見集部詩文評類。

是書係雷葆廉編集江東詞社秦耀曾、孫若霖、孫廷鐻、孫麟趾、戈載、雷葆廉等六人所作詞，凡十五集，湯雨生都督、侯青甫學博、張同莊明府評閲。

卷首雷葆廉《序》云：「月坡有書來，招余入社。時余與順卿同客袁浦，間有倡和之作，月坡和之，亦録入焉。……道光二十六年歲次丙午四月上浣，華亭雷葆廉約軒氏拜譔於淮陰詩巢。」

上海圖書館藏。

梅石居詩餘不分卷

清華亭雷葆廉著，稿本，一册。半頁七行，行二十二字，小字雙行同。無欄綫。卷首有黄仁、張鴻卓題詞。天頭間有墨筆批注。文中多有墨筆增改之處。鈐有「蓮社／主人／填詞」白文方印、「雷印／葆廉」白文方印、「黄仁」白文方印、「偉父」朱文方印、「上海圖書／館藏書」朱文方印。

雷葆廉著有《詩窠筆記》，已著録。小傳參見集部詩文評類。

是書係作者所作《菩薩蠻》《昭君怨》《買陂塘》《金縷曲》等詞之彙編，凡五十八首。中多與黄仁、顧夔、王友光、王念昭等倡和之作〔一〕，并附原作、同作、和作（部分黄仁、張鴻卓之原作、和作有目

〔一〕　顧夔，字卿裳。王友光，字海客。王念昭，字述亭。

無詞)。

黄仁題詞云:「寫韻耐餘閒,重疊花間譜。蝴蝶又雙飛,迷入秦樓去。紅豆種相思,不識蓮心苦。昨夜玉簫吹,一陣梧桐雨。壬寅秋仲,倚《生查子》調。硯北題。」

張鴻卓題詞云:「海上漸消兵氣,簾外涼含秋意。莫更訴流離,且評詞。我愛玉田白石,君學梅溪東澤。賭唱太平歌,酒情多。壬寅秋八月上浣,約軒大兄先生招飲,出示此卷。倚《昭君怨》一闋題首,即正之。嘯峰弟張鴻卓。」

上海圖書館藏。

梅石居詩餘不分卷

清華亭雷葆廉著,抄本,一册。半頁十行,行二十三字,小字雙行同。大黑口,雙魚尾,四周雙邊。框高一八二毫米,寬一二八毫米。卷首有《題詞》二首。天頭間有批注。鈐有「華亭封/氏蕢進齋/藏書印」白文方印、「上海圖/書館藏」朱文方印。

雷葆廉著有《詩窠筆記》,已著録。小傳參見集部詩文評類。

是書係稿本《梅石居詩餘》之抄本。版式行款不同,編次略有不同,抄本《摸魚兒·訪秀水于秋淦源於一粟廬書南湖柳隱圖索題爲拈此》置於卷末,稿本置於卷中。抄本内容依稿本增改後之文字抄録,偶有不同,係自稿本抄出。

《題詞》云：「《生查子》　黄仁硯北　寫韻耐餘閒，重疊花間譜。蝴蝶又雙飛，迷入秦樓去。紅豆種相思，不識蓮心苦。昨夜玉簫吹，一陣梧桐雨。壬寅秋仲。《昭君怨》　張鴻卓嘯峰　海上漸消兵氣，簾外涼含秋意。莫更訴流離，且評詞。我愛玉田白石，君學梅溪東澤。賭唱太平歌，酒情多。壬寅秋八月上浣，約軒招飲，出示此卷因題首一闋。」

上海圖書館藏。

叔彝（詒安堂）詩餘不分卷

清上海王慶勳著，清咸豐間刻《詒安堂所刻書》本，一册。半頁十一行，行二十二字，小字雙行同。白口，上單魚尾，左右雙邊。框高一八六毫米，寬一二九毫米。内封書名頁題「詒安堂詩餘秦光第題」。内封牌記題「咸豐五年十有一／月刊於三槎溪上」。卷首依次爲吴嘉淦、張修府、蔣敦復、張鴻卓、秦光第、雷葆廉等所撰《題詞》。鈐有「王培／孫紀／念物」朱文方印、「上海圖／書館藏」朱文方印。

王慶勳，著有《詒安堂詩初稿》，已著録。小傳參見集部别集類。

是書含《蘆洲漁唱》《梅嶂樵吟》《沿波舫詞》三部分。《蘆洲漁唱》含《小闌干》《菩薩蠻》《齊天樂》《滿庭芳》等凡六十八首。《梅嶂樵吟》含《摸魚兒》《百字令》《點絳脣》等凡六十四首，間附同作。《沿波舫詞》含《洞仙歌》《小闌干》《百字令》等凡五十六首。

按：上海圖書館藏有稿本一部，半頁九行，行二十一字，小字雙行同。藍格，白口，上單魚尾，左右雙邊。框高一八九毫米，寬一四二毫米。版心下方鐫「曙海樓」三字。外封題「叔彝廣文詩餘柳生題」。毛裝。卷首有王松、賈履上等《叔彝詩餘題詞》，末有題記云「道光戊申臯月，海鹽吴廷燮讀于申江客舍」，鈐有「梅華/詞人」朱文方印。天頭有賈履上批校，如「丁未一陽，雲階弟賈履上讀竟加墨」，鈐有「履」「上」白文連珠方印。又如「應酬之作可删。」鈐有「雲階」白文方印。

上海圖書館藏。

沿波舫詞一卷

清上海王慶勳撰，清咸豐三年（一八五三）刻《同人詞選》本，一册。半頁十行，行二十一字，小字雙行同。白口，上單魚尾，左右雙邊。框高一六〇毫米，寬一一八毫米。版心魚尾下方鐫篇名「沿波舫詞」四字，版心下方記頁次。内封書名頁題「同人詞選咸豐癸丑冬十二月麥光第題」。卷首有孫瀜序。鈐有「長樂鄭/振鐸西/諦藏書」朱文方印、「長樂鄭氏/藏書之印」朱文方印、「北京圖/書館藏」朱文方印。

王慶勳，著有《詒安堂詩初稿》，已著録。小傳參見集部别集類。

是書係作者所作詞集。

按：是書收入清咸豐三年刻本《同人詞選》六種六卷（寶山陸豫樹齋《東虬草堂詞》、古婁丁瀛步洲《倚竹齋詞草》、嘉興胡咸臨吉甫《炙硯詞》、秀水孫瀜次公《澼月樓詞稿》、上海李曾裕小瀛《枝安山房詞草》、上海王慶勳叔彝《沿波舫詞》），《詒安堂二集》卷末附録是詞。

《同人詞選》本與《詒安堂二集》本《沿波舫詞》收録篇目相同，均爲五十六首，但版式行款、篇目編次、文字内容略有不同。《同人詞選》本第六首爲《百字令·題徐紫珊丈渭仁建昭雁足燈考後》，而《詒安堂二集》本編次此詞於卷末，詞題改作「百字令·題建昭雁足燈考後」。

詒安堂所刻書十種之《詒安堂二集》本無《詩餘》等附録，故不包含《沿波舫詞》。

中國國家圖書館、上海圖書館、復旦大學圖書館藏。

滬南竹枝詞一卷續滬南竹枝詞一卷

清上海葛其龍撰，清抄本，一函一册。半頁七行，行二十二字。無欄綫。無序跋。鈐有「復旦大學/圖書館藏」朱文方印。

葛其龍，字隱耕，號龍湫舊隱，上海人。原籍浙江平湖。中順天鄉試。著有《寄庵詩鈔》等。事迹具清光緒《松江府續志》卷二十二、民國十八年（一九二九）刻本《晚晴簃詩匯》小傳。

是書係有關上海竹枝詞彙編，分爲《滬南竹枝詞》凡十二首、《續滬南竹枝詞》凡十九首、《節録洋場竹枝詞》凡十五首三部分。《續滬南竹枝詞》末有校語「前竹枝詞十二首内豫園誤作露香園，今改正」一行。

復旦大學圖書館藏。

叢書部

雜纂類

守山閣叢書六種二十卷

清金山錢熙祚編，清抄本，九册。半頁十行，行二十三字，小字雙行同。黑格，黑口，花魚尾，四周單邊。框高一九六毫米，寬一四七毫米。版心上魚尾之上記當頁字數，之下記子目書名及卷次，版心下魚尾之上記每卷頁次。天頭間有墨筆批校，如《玉堂嘉話》卷二第十五頁天頭云：「此則兩行漏去首行，故補。」文字間有挖補、割補，尤以《玉堂嘉話》卷二末爲多。鈐有「荃/孫」朱文方印、「雲輪閣」朱文方印、「古書/流通處」朱文方印、「上海中/國國際/圖書館」朱文方印、「復旦大學/圖書館藏」朱文方印。是書係繆荃孫舊藏，後售於古書流通處，之後存藏於上海中國國際圖書館，現存復旦大學圖書館。

錢熙祚，著有《守山閣賸稿》等，已著録。小傳參見集部别集類。

是書係抄録《墨海金壺》子部著作六種，包含宋朱彧撰《萍洲可談》三卷及清錢熙祚撰《萍洲可談校勘記》不分卷、元王惲譔《玉堂嘉話》八卷、元李翀撰《日聞録》不分卷、宋曾慥撰《高齋漫録》不分卷、元黄溍撰《日損齋筆記》不分卷及《日損齋筆記附録》不分卷、宋范鎮撰《東齋記事》五卷及《東齋記事補遺》不分卷。是本版式行款、文字内容與《墨海金壺》（《墨海金壺》一百十五種凡七百三十五卷，框高一九六毫米，寬一三五毫米。半頁十一行，行二十三字，小字雙行同。大黑口，綫魚尾，左右雙邊）不同。如《墨海金壺·萍洲可談》卷端題「萍洲可談卷一　四庫全書原本　墨海金壺子部　宋朱彧撰」，是本卷端題「萍洲可談卷之一　宋朱彧撰」。是本版心上方題當頁字數，如《墨海金壺·萍洲可談》首頁題「四百〇二」，實爲三百八十一字。《墨海金壺》子目卷首有四庫提要，如《玉堂嘉話提要》，是本無。

《萍洲可談校勘記》卷端有清道光十三年（一八三三）錢熙祚題記：「朱彧《可談》，《百川學海》止五十五條，蓋當時删節之本。《説郛》《續秘笈》即依左本翻刻，故條目并同。《四庫全書》從《永樂大典》録出，重編三卷，多至數倍。然以三本校之，互有得失。今并存以俟參訂，彧書雜記見聞頗多軼事，雖於紹聖諸臣意存回護，尚不至如魏泰《東軒筆録》之悖謬，惟青眉紫姑諸條，間涉神鬼，未離小説之習云。癸巳上巳前一日，熙祚記。」

按：是本係殘本。《復旦大學圖書館善本目録》著録：「守山閣叢書存六種廿卷，清錢熙祚輯，舊抄本，九册。」[一]《中國古籍總目》著録：「《守山閣叢書》一百十二種，清錢熙祚編。清道光二十四年金山錢氏重編增刻《墨海金壺》本，國圖、中科院、北大、上海、天津、遼寧、甘肅、南京、江西、青海；清光緒十五年上海鴻文書局影印清金山錢氏重編增刻《墨海金壺》本，首都、北大、復旦、天津、哈爾濱、山東、浙江、湖

[一] 第二五二頁。

北、四川；民國十一年上海博古齋影印清金山錢氏重編增刻《墨海金壺》本，國圖、北師大、上海、復旦、遼寧、甘肅、南京、武大、雲南。」〔一〕《中國叢書綜録補正》按語云：「張海鵬刻《墨海金壺》，未久即燬於火災。道光間錢氏得其殘版，增輯補刊五十六種，易名《守山閣叢書》。《荒政叢書》應爲（清）俞森『輯』。」〔二〕

《守山閣叢書·招補總録》及《守山閣叢書·職方外紀》文中均有墨釘。

復旦大學圖書館藏。

珠叢別録二十八種

清金山錢熙祚編，清道光間選輯補版重印清嘉慶間《墨海金壺》本〔三〕，一函四十册。半頁十一行，行二十三字，小字雙行同。大黑口，無魚尾，左右雙邊。框高一九五毫米，寬一三二毫米。鈐有「劉／彥沖」朱文方印、「顧曾／壽」白文方印、「顧印／芸臺」白文方印、「韻瑲／珍藏」白文方印、「吴興劉氏嘉／業堂藏書記」朱文方印、「復旦大學／圖書館藏」朱文方印。書根字記册次、書名（珠叢別録）及

〔一〕叢書部第一册第四三〇頁。

〔二〕陽海清編撰，蔣孝達校訂，揚州：江蘇廣陵古籍刻印社，一九八四年。

〔三〕《中國叢書題識》著録：「《珠叢別録》，清道光年金山錢氏用張氏刊版重編印本。」

子目書名。書中夾有嘉業堂藏書籤條,「嘉業堂藏書/叢部/珠叢别録　二十八種八十二卷　國朝錢熙祚輯/守山閣刊本　四十册」。卷首有錢熙祚《自序》及《珠叢别録總目》。《復旦大學圖書館善本書目·叢部》著録。

是書係錢熙祚選輯補版《墨海金壺》之史部、子部著作并重印而成,包含宋龔明之撰《中吴紀聞》六卷,宋蘇洵撰《謚法》四卷,宋董煟撰《救荒活民書》三卷《拾遺》一卷,宋吴如愚撰《準齋雜説》二卷,明仁孝文皇后徐氏撰《内訓》一卷,明何良辰撰《陣紀》四卷,元魯明善撰《農桑衣食撮要》二卷,宋王衮撰《博濟方》五卷,宋董汲撰《旅舍備要方》一卷,宋韓祗和撰《傷寒微旨論》二卷,宋王貺撰《全生指迷方》四卷(題漢東方朔撰,晉顔幼明、南朝宋何承天注,元陳師凱、明劉基解),《靈棋經》二卷,宋劉仲甫撰《棋訣》一卷,明吕震等撰《宣德鼎彝譜》八卷附明項元汴撰《宣鑪博論》一卷,宋歐陽修撰《洛陽牡丹記》一卷,宋王觀撰《揚州芍藥譜》一卷,宋范成大撰《范村梅譜》一卷,宋陳仁玉撰《菌譜》一卷,《子華子》二卷,五代譚峭撰《化書》一卷,宋孔平仲撰《珩璜新論》一卷,宋任廣撰《書叙指南》二十卷,宋趙崇絢撰《雞肋》一卷,《南窗紀談》一卷,宋馬純撰《陶朱新録》一卷,唐李筌撰《陰符經疏》三卷,《關尹子》一卷,《亢倉子》一卷凡二十八種八十二卷。

是書係錢熙祚以《墨海金壺》殘版爲底本重新選輯二十八種,或剜版(尤其是每書卷首提要篇名)、或修版、或補版刷印,即《珠叢别録》。《墨海金壺》一百十五種凡七百三十五卷,清昭文張海鵬編,清嘉慶十三年（一八〇八）至十九年（一八一四）刻二十二年（一八一七）彙印本，五函一百一十八册[一]，復旦大學圖書館藏。框高一九六毫米，寬一三五毫米。半頁十一行，行二十三字，小字雙行同。大黑口，綫魚尾，左右雙邊。書根字記册次、書名「墨海金壺」、部類及子目書名。每種書末行鎸有校梓時間，如《萍洲可談》末行題「皇清嘉慶十有五年歲在上章敦牂余月昭文張海鵬校梓」。鈐有「曾爲徐紫珊所藏」朱文長方印、「吴興劉氏／嘉業堂／藏書印」朱文方印、「劉承幹／字貞一／號翰怡」白文方印、「復旦大學／圖書館藏」朱文方印。是書又有民國十年（一九二一）上海博古齋以徐紫珊藏清嘉慶十三年（一八〇八）至十六年（一八一一）刻本《墨海金壺》爲底本影印本，框高一四五毫米，寬一〇一毫米，行款悉如清嘉慶間刻本，并對版框有所描潤。鈐有「獨山莫氏／銅井文房」朱文方印。民國間影印本《墨海金壺》以復旦大學圖書館藏徐紫珊舊藏爲底本影印，藏書印鈐印位置相同，且版式行款、文字内容均同。如《墨海金壺總目》卷端、《吴園周易解》卷五卷端、《洪範口義・洪範口義提要》卷端、《禹貢説斷提要》卷端、《吕氏家塾讀詩記》卷五卷端及卷二十二卷端、《歷代建元考》卷下卷端等均鈐有「曾爲徐紫珊所藏」陽文長方印；《吴園周易解》卷四末行均鈐有「賓／之」朱文方印、「徐謙／私印」白文方印；《禹貢説斷・禹貢山川總會之圖》均鈐有「顧印／芸臺」白文方印。

《珠叢别録》與《墨海金壺》版式、行款、字體大致相同，惟卷端差異較大。如《墨海金壺・中吴紀

[一] 《中國書店書目・叢書》著録「《墨海金壺》，石印，一百六十本，五十元」。

聞》卷端作「中吳紀聞卷一　墨海金壺　史部　宋　龔明之撰」，《珠叢别録・中吳紀聞》作「中吳紀聞卷一　宋龔明之撰　金山錢熙祚錫之校」。

剜版情況，如《謚法》卷首之《謚法提要》，《墨海金壺・謚法》作「謚法提要」，《珠叢别録・謚法》剜改爲「欽定四庫全書提要」。類似還有《墨海金壺・内訓》《墨海金壺・陣紀》《墨海金壺・博濟方》《墨海金壺・旅舍備要方》《墨海金壺・傷寒微旨論》《墨海金壺・棋訣》《墨海金壺・宣德鼎彝譜》《墨海金壺・揚州芍藥譜》《墨海金壺・范村梅譜》《墨海金壺・菌譜》《墨海金壺・子華子》《墨海金壺・化書》《墨海金壺・珩璜新論》《墨海金壺・陰符經疏》《墨海金壺・關尹子》《墨海金壺・亢倉子》等篇，卷首之「内訓提要」「陣紀提要」「博濟方提要」「旅舍備要方提要」「傷寒微旨提要」「棋訣提要」「宣德鼎彝譜提要」「揚州芍藥譜提要」「范村梅譜提要」「菌譜提要」「子華子提要」「化書提要」「珩璜新論」「陰符經疏提要」「關尹子提要」「亢倉子提要」，《珠叢别録》均剜改作「欽定四庫全書提要」（此八字墨色較新，字體歪扭，與正文字體風格不同，剜版痕迹較爲明顯）。又如《墨海金壺・謚法・謚法提要》之「（謚法四卷）宋（蘇洵撰）」字，係「宋」字之誤，《珠叢别録・謚法・謚法提要》剜改作「宋」字。再如《墨海金壺・菌譜》卷端題「菌譜　墨海金壺　子部」，《珠叢别録・菌譜》剜去「墨海金壺　子部」六字，正文悉如《墨海金壺》本。

修版情況，如《墨海金壺・中吳紀聞》卷一第三頁版框右半頁前四行，《珠叢别録・中吳紀聞》較之版式稍窄、字體不同、墨色稍新，係修補而成。又如《珠叢别録・中吳紀聞》卷一第四頁版框左半頁末四行，亦修版重印。

補版情況，補版多存在於每書卷首序言、卷一第一頁和第二頁，尤以第一頁爲多，蓋錢熙祚輯刻之時，多抽换第一頁（及第二頁）重新刻印。如《墨海金壺・中吴紀聞》卷一第一頁、第二頁，《珠叢别録・中吴紀聞》較之版式稍窄、字體不同、墨色稍新，係補版刷印。

卷首《自序》云：「向輯《守山閣叢書》，不無遺珠之憾，駒隙餘閒，復搜得如干種付之梓。……錫之錢熙祚。」摹刻「錫／之」陽文方印、「錢熙／祚印」陰文方印。

是書另有民國十一年（一九二二）上海博古齋影印清道光間錢熙祚輯本，四函二十一册。框高一四一毫米，寬九六毫米，行款悉如清道光間刻本。鈐有「復旦大學／圖書館藏」朱文方印。

按：《中國古籍總目》著録《墨海金壺》係「清嘉慶十三年至十六年海虞張海鵬刻二十二年彙印本」，然《墨海金壺・經部・古韻標準》卷四末行鎸「皇清嘉慶十九年歲在旃蒙大淵獻壯月昭文張海鵬校梓」〔二〕一行，嘉慶十九年係甲戌年（一八一四），旃蒙大淵獻壯月係乙亥年（一八一五）八月，雖然年號紀年和干支紀年并不對應，但校刻時間均晚於嘉慶十六年（一八一一）。

清嘉慶本《墨海金壺・陶朱新録》、民國影印本《珠叢别録・陶朱新録》卷首有《陶朱新録提要》，清道光本《珠叢别録・陶朱新録》卷首無《陶朱新録提要》，蓋復旦大學圖書館藏清道光本《珠叢别録》漏

〔二〕 叢書部第一册第四二七頁。

裝此頁提要。

清嘉慶本《墨海金壺・菌譜・菌譜提要》無墨釘，而清道光間錢熙祚據清嘉慶本校輯重印《珠叢別録・菌譜・菌譜提要》有兩處墨釘「仁■」「■之」，民國間影印本《墨海金壺・菌譜・菌譜提要》《珠叢別録・菌譜・菌譜提要》墨釘處作「仁玉」「治之」，與清嘉慶本《墨海金壺・菌譜・菌譜提要》同。清道光本《珠叢別録・菌譜・菌譜提要》與清嘉慶本《墨海金壺・菌譜・菌譜提要》版式、行款、字體、内容均同，版框斷口亦同，并非補版，而清道光本《珠叢別録・菌譜・菌譜提要》「仁玉」「治之」兩處作墨釘「仁■」「■之」，蓋清嘉慶本《墨海金壺・菌譜・菌譜提要》「仁玉」「治之」兩處本無墨釘，清嘉慶本《墨海金壺》版片歸錢熙祚并於清道光間重印時，此兩處文字缺失，故暫以墨釘補之，其後據清嘉慶本《墨海金壺》印本及上下文意，補以完整。

《珠叢別録》墨釘并非僅於《菌譜》中存在，《南窗紀談》文中亦有墨釘，然清嘉慶本《墨海金壺・南窗紀談》、清道光本《珠叢別録・南窗紀談》、民國影印本悉同，并無剜補。民國影印本以清道光間刻本爲底本縮版石印，而且對版框多有描潤。

《復旦大學圖書館善本目録》著録：「《珠叢別録》二十八種八十二卷，清錢熙祚校輯，清道光錢氏守山閣原刻本，四十册。」〔一〕

〔一〕第二五三頁。

復旦大學圖書館藏。

詒安堂所刻書十種

清上海王慶勳編，清刻本，四函十七册〔一〕。鈐有「北京/圖書/館藏」朱文方印、「北京圖/書館藏」朱文方印。

王慶勳，著有《詒安堂詩初稿》，已著録。小傳參見集部别集類。

是書係上海著者撰述之彙編。第一函包含第一至第五册，第二函包含第六至十册，第三函包含第十一至十四册，第四函包含第十五至十七册。每册以墨筆書根字標記册次。

第一册爲上海楊城書香林氏編輯《蒔古齋輯著》五種七卷，包含《清鑒録》一卷、《讀書雜誌》二卷、《隨筆》一卷、《吟稿》二卷、《遺言》一卷。半頁九行，行二十字，小字雙行同。黑口，上單魚尾，左右雙邊。框高一八九毫米，寬一二七毫米。

第二册爲清咸豐五年王氏家藏本王壽康編《古文資鏡》一卷。半頁九行，行二十字，小字雙行同。白口，上單魚尾，左右雙邊。框高一八八毫米，寬一二二毫米。

第三册爲清道光二十六年刻本江皋居士編《古文經訓》一卷。半頁九行，行二十字。白口，上單魚

〔一〕《中國書店書目·叢書》著録「《詒安堂所刻書》九種，上海王慶勳校刻，十七本，八元」。

尾，左右雙邊。框高一八六毫米，寬一二二毫米。

第四至九册爲嘉定王翃編輯《東皋握靈本草》十卷《東皋握靈本草補遺》一卷。半頁十行，行二十二字　白口，上單魚尾，四周雙邊。框高一七五毫米，寬一一五毫米。

第十册爲《詒安堂二集》八卷，與《詒安堂初稿》《二集》《詩餘》之《二集》八卷爲同一版本，版式行款、文字内容均同，較之脱去卷末所附《詩餘》《試帖詩鈔》等附録。

第十一册爲清咸豐丁巳年刊寶山子良氏鍾𩔖著《淞溪遺稿》兩卷，上卷爲古今體詩一百十六首，下卷爲古今體詩一百二十三首。次爲華亭顧夔（一七九〇—一八五〇，字卿裳，號荃士）《城北草堂詩餘》一卷《詞餘》一卷。半頁十一行，行二十二字，小字雙行同。白口，上單魚尾，左右雙邊。框高一八八毫米，寬一二九毫米。

第十二、十三册爲清咸豐八年上海王氏開雕上海王慶勳叔彝輯《應求集》四卷。

第十四、十五册爲清道光廿八年九月上海王氏開雕上海王慶勳叔彝輯《可作集》八卷。半頁十一行，行二十二字，小字雙行同。白口，上單魚尾，左右雙邊。框高一九〇毫米，寬一二九毫米。卷首《可作集凡例》云：「勳年來奉家君命督理門户，舉業漸荒，惟性耽吟咏。四方君子投贈佳章，輒爲手録，積之漸夥。趨庭偶暇，檢其中有人琴俱亡者，未免感慨係之，因就所鈔彙編付梓。間或因人存詩，亦聊以志酒鑪鄰笛之悲而已。是編皆師友中已往之人，現存不録。外有生前未經謀面而遺稿流傳得之掇拾者，或其子弟出示囑爲採輯者，尚擬另刊一集，以訂神交，不敢闌入此編。」

第十六、十七册爲清咸豐八年上海王慶勳叔彝輯《同人詩録》十種十卷，半頁九行，行二十一字，小字雙行同。白口，上單魚尾，左右雙邊。框高一八五毫米，寬一二四毫米。魚尾上鐫「同人詩録」四字，下記子目書名及頁次。含《朱藤老屋詩鈔》古今體詩一百六首、《誦清閣詩鈔》古今體詩七十首、《邃懷堂詩集》古今體詩一百六首、《過庭小草》古今體詩九十四首、《倚晴樓詩集》古今體詩一百首、《東花老屋集》古今體詩九十首、《舒藝室詩》古今體詩一百九首、《舒嘯樓詩集》古今體詩一百四十三首等。卷首有咸豐八年嘉平月朔平越楊裕深《同人詩録序》《同人詩録總目》。每子目之前有王慶勳所作之《同人詩録題辭》。

按：上海圖書館藏有《詒安堂全集》一部，十册。

中國國家圖書館藏。

詒安堂全集六種

清上海王慶勳編，清道光至咸豐間上海王氏刻本，十册。鈐有「上海圖/書館藏」朱文方印。

王慶勳，著有《詒安堂詩初稿》，已著録。小傳參見集部别集類。

是集含《詒安堂初稿》八卷《二稿》八卷《詩餘》三卷《試帖詩鈔》一卷，清王慶勳撰，清咸豐三年至五年刻本；《應求集》四卷附閨秀詩十五首，清王慶勳輯，清咸豐八年刻本；《可作集》八卷，清王慶勳輯，清道光二十八年刻本；《同人詩録》十卷，清王慶勳輯，清咸豐八年刻本；《淞溪遺稿》二卷，清鍾奭撰，清咸豐七年刻本；《城北草堂詩餘》一卷《詞餘》一卷，清顧夔撰，清咸豐七年刻本。

上海圖書館藏。

郡邑類

芧城三子詩合存不分卷

清華亭高崇瑞編，清道光二十五年（一八四五）潁上學社刻本，一册。半頁十行，行二十一字，小字雙行同。白口，上單魚尾，左右雙邊。框高一八六毫米，寬一二六毫米。版心魚尾之上分别鎸「破窗風雨樓詩」六字、「海門遺詩」四字、「愚谷遺詩」四字，版心下方記每部分頁次。外封書籤題「芧城三子詩合存」，内封書名頁題「芧城三子詩合存／破窗風雨樓詩新録　海門遺詩　愚谷遺詩舊刻」，内封牌記題「道光乙巳歲／春日潁上學／舍合訂印行」。依次有高崇瑞《序》、毛遇順《原序》、《破窗風雨樓書後》、《破窗風雨樓題詞》、高崇瑚《序》、蔣心蘭《序》、欽善《題海門遺詩》、姚培偁《跋》、《題辭》、鶴壺《題愚谷遺詩》。鈐有「上海市歷史文／獻圖書館藏」朱文方印。

高崇瑞，字輯之，號藥房，居祈雪街南。工駢體文，書學歐陽。由拔貢中嘉慶二十四年（一八一九）舉人。與兄崇瑚并工詩。後官潁上訓導，扶植善類，加惠寒畯，如恐不及。遭寇亂，貧不能歸，遂卒。事迹具光緒《重修華亭縣志》卷十六。

是書係高崇瑞重輯校刊芧城三子詩文之合集，含華亭姜榕實生撰《破窗風雨樓詩》凡九十一首、華亭沈夢書慎堂撰《海門遺詩》凡五十三首、華亭朱鐸撰《愚谷遺詩》凡十六首。按：沈夢書歿於庚午十月。

高崇瑞《序》云：「《破窗風雨樓詩》，余同里姜布衣實生所著。實生故畸人，既窮老客死，其稿流轉人間。余故友毛君山子適得之，因以眎余。當實生之存，余與山子均未與相接也。山子自得此稿，裁擇再三，所最心賞者，悉加鈐記，并作弁言，思爲刻而傳之。然山子固原憲之貧，自所爲詩甚富，尚無資以稍梓一二，安有餘力及人，徒抱虚願而已。歲丙戌，山子遘危疾，幾殆。既起，乃以此稿付余，識其簡端云。山子病後，出以寄存高藥房處。……余感山子之意，藏之篋衍，未嘗敢忘。及來潁上，亦攜以自隨。蠹簡依然，隙駒易逝，至是計與山子别且十一年。山子之没，亦已六載矣。撫今念往，嘿焉心傷。爰取其稿，一依山子所標誌者録出，不復增損，總一百二十六首，付之剞劂。……道光甲辰仲秋月[一]，華亭高崇瑞序于古慎學舍之梅聘海棠齋。」

毛遇順《原序》云：「每于友人所睹其詩，愈羨其氣格蒼老，大近唐人，如是者三十年。後聞其以貧老死，遂終身不相識。嘉慶戊寅秋，偶坐書肆，見叢殘堆積間有鈔本《雕蟲館詩稿》，皆敗墨破筆所書。取以披閲，則即老榕自定詩也，三十年前所見笠池之詩亦在焉。不覺驚喜，遂攜之歸。……此册予常置案頭。越四載，重爲校勘，計詩四百餘篇，古體絶少，逸其稍近粗率之作，可著録者凡若干首。又從它處得浙中王仲瞿孝廉題詞一章，并附於後。標曰《破窗風雨樓詩》。從《松江詩鈔》小傳，俾後之人有考云。道光壬午冬，毛遇順山子識。」

[一] 道光甲辰，即道光二十四年（一八四四）。

按：上海圖書館另藏封文權抄本《苧城三子詩合存》一部，一册。半頁十行，行二十一字，小字雙行同。無欄綫。卷首有朱運新墨筆序，云：「吾松詩派，自晉代機、雲，訖於明季陳、李諸子幾社風流，海内稱盛。顧皆士大夫有聲於時，用能踔厲詞壇，提倡風雅。至於窮巷之士，名不出閭里，詩雖工而世莫之知，蓋不可勝數也。吾友封君庸盦一日持其手鈔《三子詩》示余，將以付梓。詩雖不多，而體格高尚，無世俗酬應之習。庸盦意在闡幽發潛，不遺葑菲。蓋較之編輯大家詩集，尤爲苦心盛德。不揣荒陋，爲綴數語於簡端。宣統丙子孟秋，婁朱運新書於頑齋之南窗下。」鈐有「頑/叟」朱文方印。朱運新序後收入民國間封氏刻本。抄本之行款、編次、内容一依道光本，惟略有改字，如道光本《海門遺詩題辭・編訂海門詩竟系二詩於後》「刻意寄么絃」，抄本作「刻意寄么弦」，民國本同。又如抄本、民國本改道光本「蔣心蘭絳泉氏拜撰」爲「蔣心蘭絳泉氏拜譔」，改道光本「卒」字爲「卆」字。抄本文中有封文權朱筆圈點、句讀，且《海門遺詩》末有封文權朱筆題記：「詩格最高，惜多散佚。」「丙子〔一〕閏三月下旬，庸盦校讀一過。」

上海圖書館另藏民國二十五年（一九三六）華亭封氏簣進齋刻朱印本《苧城三子詩合存》一部，一册。内封書籤題「苧城三子詩合存三卷丙子九月/文權書檢」，摹刻「封文/權」陰文方印，内封書名頁題「苧城三/子詩合/存三卷」，内封牌記題「破窗風雨廔詩　海門遺詩　愚谷遺詩　歲在柔兆困敦季秋華亭封氏簣進齋刊」。半頁十行，行二十一字，小字雙行同。黑口，上單魚尾，左右雙邊。框高一六九毫米，寬

〔一〕丙子，即一九三六年。

一一六毫米。卷首依次爲朱運新序、錢同壽序、高崇瑞《序》、毛遇順《原序》、《破窗風雨樓題詞》、《破窗風雨樓書後》、高崇瑚《序》、蔣心蘭《序》、欽善《題海門遺詩》、《海門遺詩題辭》、姚培偁《海門遺詩跋》、鶴壺《題愚谷遺詩》，編次與道光本及抄本不同。書末題「吴縣陳海泉鐫」一行。鈐有「上海圖／書館藏」朱文方印。南京圖書館亦藏有朱印本一部。錢同壽序云：「今觀苧城三子詩，先生皆有題識[一]。三子者，姜榕賓生、沈默夢書、朱鐸愚谷。……今去三子又百數十年矣。……庸盦裒三子詩付剞劂，……宣統丙子七月，華亭錢同壽。」

按：抄本版式、行款一依道光刻本，而民國刻本版式、行款、内容與道光本差異較大。如道光本、抄本詩題均低兩格，民國刻本詩題均頂格。又如《海門遺詩題辭》「手鈔海門遺稿畢悽然有感即題一律　周郁哉志山」，道光刻本、抄本分作兩行，民國刻本作一行。

上海圖書館藏。

氏族類

柘湖姚氏兩先生集三種

清南滙張文虎編，清光緒二年（一八七六）重刻本，一册。半頁十行，行二十字，小字雙行同。大黑

[一] 先生，指欽吉堂。

口，上單魚尾，左右雙邊。框高一六八毫米，寬一一五毫米。版心魚尾之下鎸「紅詩／紅詞／井詩上／井詩下」，版心下方記每卷頁次。内封書名頁題「柘湖姚氏兩先生集／紅林禽館詩録　詞録　井眉居詩録上下卷」，内封牌記題「光緒二年／丙子孟秋／重刊」。卷首依次爲清光緒丙子（一八七六）張文虎《總跋》、咸豐七年（一八五七）姚燕穀《紅跋》、咸豐七年（一八五七）張文虎《紅序》、俞樹湘《井序》、道光戊申（一八四八）姚椿《井序》。鈐有「東皋／艸堂」朱文方印、「上海圖／書館藏」朱文方印。

張文虎撰有《顧尚之別傳》等，已著録。小傳參見史部傳記類。

是書含《紅林禽館詩録》《紅林禽館詞録》《井眉居詩録》三部分。《紅林禽館詩録》不分卷，清金山姚前樞（？—一八三一，字古然，金山人）撰，收録各體詩凡六十一首，中多投贈紀行之作；《紅林禽館詞録》不分卷，清金山姚前樞撰，收録《綺羅香》《東風第一枝》《滿江紅》等詞凡二十七首；《井眉居詩録》二卷，清金山姚前機（一七八三—一八五一，字省于，堅香，珊濱，金山人。姚前樞弟）撰〔一〕，卷上收録各體詩凡四十五首，卷下收録各體詩凡四十五首，中多倡和感懷之作。

張文虎《總跋》云：「先外舅堅香先生以高材生屢應南北闈試，不得志。幕遊文安，繼客授苕溪、鸎湖間。無子，年且老多病，境日落。從子燕穀迎養蘇州館次，課其子，益侘傺不自憀，歸井眉居。咸豐初元春，以病卒。是秋，鸎湖諸故人及先生甥嘉善屠君鈁咸寄資請刊遺集。文虎爲校録古今體詩四卷、詞一卷、

〔一〕姚前機，張文虎岳父。

雜著二卷，授梓氏。丁巳冬，燕穀復輯存伯舅古然先生詩詞各一卷刊之。未幾，遭辛酉之難，並燬於寇，力不能重刊，每用是戚戚。年來嘗與僚壻鈕君安濤，原名元烺商彙録兩先生詩爲一帙，聊存其概。屠君亦以爲然。客冬始蕆事。凡鈔古然先生詩一卷、詞一卷，堅香先生詩二卷。外舅自言詞非所長，又寥寥無幾，故闕之。光緒丙子孟秋[一]，張文虎謹識。」

姚燕穀《紅跋》云：「先君子夙嗜吟詠，尤喜爲詩餘。……燕穀又受業宗伯門下，故相契尤洽，所至遇佳山水，登臨懷古，率相倡和，得詩最夥。丙戌、丁亥間，嘗手自删存詩三百餘首，詞四百餘闋，以小行楷自繕編分四卷。歲辛卯，先君子捐館舍，燕穀自都門銜恤南歸，檢點手澤，謹敬什襲，常置行篋，南船北馬，不敢暫離。壬辰秋，宗伯典試浙中，揭曉後，燕穀走謁舟次，宗伯首問遺稿，因即呈閲。咸豐七年歲在丁巳九月，男燕穀泣血謹識。」

張文虎《紅序》云：「逾年遂不起[二]。迨文虎就婚姚氏時，先生没已五年。……先生詩雋快，……嘗手自删定爲四卷。先生没後一年，李公典試浙江，索先生手稿去，將甄校授梓，因循不果。無何，李公薨於京師，稿遂不可問。……杏生恐先生手澤從此湮没，乃掇拾殘賸，及廣求之戚友間。所留遺者，僅得詩詞各一卷。付剞劂氏而屬文虎爲序。……咸豐七年十月既望，南匯張文虎拜序。」

[一] 光緒丙子，即光緒二年（一八七六）。

[二] 「逾年」，即道光十年（一八三〇）。

俞樹湘《井序》云：「金山姚先生堅香以能詩名於時。……先生詩在中年以前者湛博勃萃，期許壯以遠。而頹齡暮景之作，往往隱憂險急，其意象哀以傷。……丙午孟春十又九日，震澤俞樹湘筠甫氏書於椒花樓。」

姚椿《井序》云：「堅香從弟綜其前後詩凡若干卷，請余論定而序之。……堅香倦游而歸晚，乃論定其詩。……道光戊申仲春十九日[一]，從兄椿書於郡城之晚學齋。」

按：《金山姚氏二先生集》不分卷，清光緒二年丙子（一八七六）刻本，一函一册，復旦大學圖書館、華東師範大學圖書館、吉林大學圖書館、上海圖書館、蘇州圖書館等藏[二]。内封書名頁題「金山姚／氏二先／生集傅尃署檢」[三]，摹刻「鈍」陽文方印。内封牌記頁署「松韻艸／堂藏板」。卷首依次爲書名頁「紅林禽館詩詞冷禪」[四]、張文虎《紅序》、姚燕縠《紅跋》、書名頁「井眉居詩録吹萬署」[五]、俞樹湘《井序》、姚椿《井序》、張文虎《總跋》。鈐有「春暉／文社／持贈」朱文方印[六]、「復旦大學／圖書館藏」朱文方印。是書收録《紅林禽館詩録》《紅林禽館詞録》《井眉居詩録》三部分。上海圖書館藏有一部，書中

[一] 道光戊申，即道光二十八年（一八四八）。
[二]《蘇州史志資料選輯第七輯》第一七七頁。
[三] 傅尃（一八八三—一九三〇），一名熊湘，字文渠，號鈍安，湖南醴陵人。
[四] 摹刻「瑞之／手迹」陽文方印。閔珊，號冷禪。
[五] 高燮（一八七八—一九五八），字吹萬，金山人。
[六] 春暉文社，宣統二年（一九一〇）華亭張景留等創辦於吕巷，以文行兼修、潛心師古、保存國粹爲宗旨。

夾有「上海文獻展覽會」卡片：「編號　二〇三六　品名　金山姚氏二先生集　出品者　南洋中學圖書館　備注　清金山姚前樞／機著　二卷一册　清咸豐七年刊本。」外封書腦處題「三九七六」。書根處題「金山姚氏二先生集」。鈐有「王培／孫紀／念物」朱文方印、「上海圖書館藏」朱文方印。是書係王培孫舊藏。《姚光全集》著録是書。

《柘湖姚氏兩先生集》與《金山姚氏二先生集》版框斷口處相同、内容相同，爲同一版本，然版框斷口較之較多較大，且墨色稍淡，故爲後印本。上海圖書館藏《金山姚氏二先生集》，上海文獻展覽會當年鑒定爲「咸豐七年刊本」，然全書字體瘦長僵硬，爲光緒間典型版刻風貌之一種。且據張文虎序可知咸豐七年刻本蓋爲原刻本，版或燬於亂。

上海圖書館藏。

二熊君詩賸三種

清青浦熊其光、青浦熊其英撰，清光緒間刻本，一函一册。半頁十行，行二十四字，小字雙行同。白口，上單魚尾，左右雙邊。框高一七九毫米，寬一二八毫米。版心魚尾之上分别鐫「蘇林詩賸」「含齋詩賸」「海琴樓遺文」，版心下方分記每部分頁次。内封書名頁題「二熊君／詩賸姚孟起題」，并摹刻「鳳／生」陽文方印。卷首有南匯張文虎撰《二熊君兄弟合傳》。鈐有「復旦大學／圖書館藏」朱文方印。

熊其光（一八一七—一八五五），字韜之，一字羽華，别號蘇林，青浦人。道光丙午（一八四六）舉鄉薦，明年成進士，分户部主事。丁父憂，居鄉。以積勞疾，卒年三十九。著有《海琴樓集》。

熊其英（一八三七—一八七九），字純叔，號含齋，青浦人。其光弟。先世自江西遷青浦，遂占籍焉。事迹具光緒《青浦縣志》卷十九、光緒《松江府續志》卷二十四、《二熊君兄弟合傳》等。

是書分爲《蘇林詩賸》（青浦熊其光）、《含齋詩賸》（青浦熊其英）、《海琴樓遺文》（青浦熊其光）三部分。文中避「淳」字諱。

《蘇林詩賸》凡七十二首，多倡和題贈之作，如《顧偉人圖其尊人荻洲先生刲股事屬題》《題金二溪丈春江釣月圖》。末附《滿江紅》《蝶戀花》各一首。

《蘇林詩賸》卷末諸福坤跋云：「余既校勘青浦熊君純叔《耻不逮齋文集》，復汰存《詩稿》一卷。畢，會純叔猶子鞠孫大令由鳳陽郵書，屬校勘其先公蘇林先生詩稿。鞠孫適連丁内艱，留滯淮上，云將明年奉靈輀還鄉葬母，而志在亟刊先人遺著，可謂善述者已。先生去世已三十七年，曩交純叔，數言其兄才宏志鋭，而不得大展其用。……此本從鞠孫旁搜而得，知較原稿僅爲片羽。……既校釐以塞，鞠孫請爲書簡末以歸之。光緒辛卯九月，長洲諸福坤。」

《含齋詩賸》含《歌苦草》《見獵草》《杞憂草》《文離篇》四部分。《歌苦草》係熊其英咸豐庚申（一八六〇）至辛酉（一八六一）之作。「余雅不善詩，自去歲離憂患，念亂懷人，不能自已。破例爲之，歌以當哭。」《見獵草》係其同治壬戌（一八六二）至癸亥（一八六三）之作，「余既讀程朱書，戒不作詩者一月。久之輒復技癢，獵心未破，學道難哉。」《杞憂草》係其同治甲子（一八六四）至光緒戊寅（一八七八）之作。「甲子以來，人頌中興。殷憂獨抱，愚甚杞人。痛定思痛，不忘在莒云爾。」如五言絶句《阻雨修武南鄉延陵村》、七言律詩《留滯周流鄉寄懷故鄉諸子》等。

《海琴樓遺文》係熊其光所作《辨豐字瓦書》。

復旦大學圖書館、上海圖書館、南京圖書館藏。

東皋倡隨集兩種

清上海葛其龍編，清光緒八年（一八八二）刻本，一册。半頁九行，行二十一字，小字雙行同。白口，上單魚尾，左右雙邊。框高一七五毫米，寬一一三毫米。版心魚尾之上題「景雲堂詩稿／紅薇閣詩草」，版心下方記每卷頁次。外封題「東皋倡隨集容齋書耑」五字，并題「塵非軒　塵非散人藏書」。卷首有序及上海葛其龍隱耕《題詞》七言絶句四首。卷末有葛其龍跋。鈐有「華東師範大學／圖書館藏書章」朱文橢形印。

葛其龍，著有《滬南竹枝詞》等，已著録。小傳參見集部詞曲類。

是集分爲《景雲堂詩稿》《紅薇閣詩草》兩部分，係陸雋東、刁素雲夫婦詩集之合刻。光緒八年（一八八二），陸雋東門生葛其龍搜得佚詩若干首，爲之合刻，刊行於世。

《景雲堂詩稿》不分卷，清奉賢陸雋東友梅（？—一八六一）著，詩凡十九首，計六頁。中多即景詠懷之作，如五言律詩《登乍浦珠山》。

《紅薇閣詩草》不分卷，清奉賢刁素雲女史著，詩凡二十首，計八頁。略依時間編次，如……《辛亥三月十九枕上口占》……《癸丑人日炘兒生》……《甲寅三月爲炘兒燈下喜吟》。多記生活雜事，如五言絶句《庭植石榴一株已數年矣，從未結子，今夏忽懸錦窠五枚。時妾有徵蘭之兆，喜而有作》。中多夫婦倡和之作，如七言絶句《和夫子友梅論詩》、七言組詩《七夕同友梅作》。

華東師範大學圖書館藏。

鹽溪橋梓詩存三卷

清奉賢朱家駒編，民國八年（一九一九）奉賢朱氏鉛印本，一册。半頁十行，行二十一字，小字雙行同。黑口，雙魚尾，左右雙邊。框高一五八毫米，寬一〇五毫米。魚尾之間分别鐫「愛吾廬詩鈔卷上」「愛吾廬詩鈔卷下」「讀月樓吟稿」，魚尾下記頁次。内封書名頁題「愛吾廬／詩存」「讀月樓／詩存」。卷首有趙瀫鴻《序》，卷末有朱家駒跋。鈐有「綺／芬」朱文方印、「上海圖／書館藏」朱文方印。

朱家駒（一八五九—一九四二）[一]，字季良，號昂若、遯庸、遯叟，謚端毅，奉賢鹽溪人。世居泰日橋。

[一] 據硃卷，朱家駒於「咸豐己未（九年）年六月初十日吉時生」，咸豐九年爲一八五九年。然其《稀齡酬唱集·原唱》云「乙丑六月十日六十九生辰……丙寅三月七十自壽」，丙寅爲民國十五年（一九二六），據此推算，當生於一八五七年。另據其《聞妙香齋詩存》八卷所附《奉賢朱遯叟先生家傳》「於壬午歲十一月初七日卒，享壽八十有六。」卒於一九四二年十二月十四日。所附《奉賢朱遯庸先生行狀》云：「壬午冬，考終寓次。生咸豐七年丁巳，享壽八十有六。」

光緒五年（一八七九）舉人。宣統元年（一九〇九）舉江蘇諮議局議員。與纂《江蘇通志》。著有《聞妙香齋詩存》八卷、《稀齡酬唱集》不分卷等。事迹具朱家駒鄉試硃卷〔一〕、太倉唐文治《奉賢朱遯叟先生家傳》、青浦沈其光《奉賢朱遯庸先生行狀》等。

《詩存》含《愛吾廬詩鈔》二卷、《讀月樓吟稿》一卷。《愛吾廬詩鈔》二卷，清奉賢朱鴻儒黼山氏著。卷上爲古體詩，凡四十三首，另有《懷舊吟五古外七律十四首》目，無詩。卷下爲近體詩，凡九十一首，中多題贈紀行之作。《讀月樓吟稿》一卷，清奉賢朱士璋史枚甫著，依時間編次。

《序》云：「粥叟欲刊印其先德黼山先生與史枚先生兩代詩草，録稿示余。……民國六年丁巳八月，玉田趙黻鴻青侶氏識於省公署之諮議廳。」

跋云：「先大父《筆花書屋吟稿》及晚年所作《養餘吟》著録邑乘。兵燹而後，舊籍無存。兹從殘稿搜録更時，僅存百一。吾兄粥叟慮前人遺著每易放失，亦將先大夫所著《讀月樓吟稿》合并梓行，蓋不勝楹書手澤之感焉。愛吾廬係先大夫晚年栖息之所，早付劫灰，兹從原稿題署此名，尊所自也。時夏曆己未一月，孫家駒并跋。」

上海圖書館、南京圖書館藏。

〔一〕《清代硃卷集成》第一六七册第三三九頁。

獨撰類

武陵山人遺書二十六種副本六種

清金山顧觀光撰，稿本，二十三册。半頁十一行，行二十五字，小字雙行同。無欄綫。無序跋。鈐有「觀／光」朱文方印、「顧深／珍藏」朱文方印、「上海圖／書館藏」朱文方印。《中國古籍善本書目·叢部》著録。

顧觀光撰有《國策編年》等，已著録。小傳參見史部雜史類。

是書含《七緯拾遺》不分卷、《國策編年》一卷、《吴越春秋校勘記》一卷、《吴越春秋逸文》一卷、《列女傳校勘記》一卷、《華陽國志校勘記》一卷、《文子校勘記》一卷、《内經素問靈樞校勘記》一卷、《靈樞經校勘記》一卷、《宋本傷寒論注》一卷、《周髀算經校勘記》一卷、《諸家算術摘鈔》不分卷、《日躔曆指》一卷、《六曆通考》一卷、《九執曆解》一卷、《回回曆解》一卷、《西月日補遺》一卷、《讀時憲書識疑》一卷、《星度表九執曆術》一卷、《算賸初編》一卷、《算賸續編》一卷、《算賸餘稿》二卷、《流質重學節録》一卷、《銅發貢圖説》一卷、《古書逸文》存一卷、《群書逸文》一卷、《雜鈔》不分卷、《武陵山人遺稿》一卷凡二十六種。

末有副本六種，含《吴越春秋校勘記》一卷、《列女傳校勘記》一卷、《華陽國志校勘記》一卷、《文子校勘記》一卷、《周髀算經校勘記》一卷、《六曆通考》一卷，係抄本。

按：後有清光緒二十八年（一九〇二）刻本《顧氏二種》，一函四册，復旦大學圖書館藏。半頁十行，行二十二字，小字雙行同。白口，上單魚尾，左右雙邊。框高一八四毫米，寬一二八毫米。版心魚尾之上鐫「七國地理考／國策編年」五字，下方記卷次。版心下方記每卷頁次。内封書名頁題「／顧氏弍種／」四字，内封牌記題「光緒壬寅春／季高夔題首」[一]。卷首有《顧氏書二種合訂後叙》。子目《七國地理考》七卷書名頁題「／七國地理考／」五字，牌記頁題「光緒五年歲在／己卯仲秋之／月邠鈷署檢」[二]，每卷末行鐫「同邑高焯吟懷／焯尹卿覆勘」字樣。卷前有顧觀光《自序》，卷末有跋。卷端題「金山顧觀光尚之著　同邑高桂近齋、高崧甲甫同校」。子目《國策編年》卷前有跋。鈐有「震旦大學／圖書館／丁氏文庫」朱文方印、「復旦大學／圖書館藏」朱文方印。是書包含《七國地理考》《國策編年》兩種顧觀光著作。《七國地理考》含卷一《秦地總論》，卷二《齊地總論》，卷三《楚地總論》，卷四《趙地總論》，卷五《魏地總論》，卷六《韓地總論》，卷七《燕地總論》。多引《史記》《漢書》《韓非子》《戰國策》《吕氏春秋》《水經注》等考訂七國山川形勢。「《七國地理考》以七國爲綱，隸諸小國於下，而采輯古書，實以今地名，凡十卷。」[三]卷首《自序》云：「余於是書屢作屢輟，至乙巳夏乃決意爲之。其例以七國爲綱，而諸小國分隸於下，都邑山川各從其類，皆先引舊説而後實以今之地名，其不可知者，蓋闕如也。……道光三十

[一] 光緒壬寅，光緒二十八年（一九〇二）。
[二] 沈鈷，字元咸，號誠齋，一號阿蘭那館主，婁縣人。廪貢。工畫。著有《阿蘭那館印草》。
[三] 《顧尚之别傳》。

年七月朔立秋日，金山顧觀光序。」卷末高桂、高崧跋云：「此書考據七國地理，凡古今傳譌疑似及犬牙相錯者，皆爲剖别，每令讀者豁然。昔吴興董若雨著《七國考》[一]，於地理甚略。武進張翰風著《戰國釋地》，未見行本。若涇上陳鳳石著《孟子時事考徵》[二]，有《七國形勢考》一卷，則疏略抵捂，方斯蔑矣。桂等忝近鄉里，……今幸讀遺書，謹爲校梓，以公同學。其於先生著述，謹太倉之一粟也。光緒五年歲次己卯孟冬之月，刊既竣，附識卷末，同邑高桂近齋、高崧申甫跋。」《七國地理考》有單行本，復旦大學圖書館藏有一部，一函二册，鈐有「王氏二十八/宿硯齋/藏書之印」朱文方印、「秀水/王大/隆印」白文方印、「復旦大學/圖書館藏」朱文方印。是書係王欣夫舊藏。

《顧氏書二種合訂後叙》云：「古今歷史之運會，四千年來凡兩大變，一爲戰國，一爲今日之世。今之歐美各洲列强稱雄，非儼然戰國乎？以昔日之戰國證今日之戰國，區域雖殊，情勢則一，此亦講求時務者所有事也。吾邑顧尚之先生著《七國地理考》，以七國爲綱，隸諸小國於下，而采輯古書，實以今地名，凡七卷。又有《國策編年》一卷，考求策文年次先後，以篇目分隸之。始周貞定王元年，訖秦始王二十六年，先君子並校刊行世。向離爲二，今合訂成帙。……顧氏書存者尚多，南匯張先生文虎所爲别傳詳之。光緒二十八年三月，高煌識。」

[一] 董説，字若雨，明人。
[二] 陳寶泉，字鳳石。

又有《武陵山人遺書》十二種，清光緒九年（一八八三）刻本，一函十二册，復旦大學圖書館藏。内封題「武陵山人遺書」，牌記題「癸未十月刊歸安楊峴署」[一]，卷首有莫祥芝《序》、張文虎《顧尚之别傳》、高煌序、宣統三年高煌《顧漱泉先生傳》、《顧氏遺書總目》。是書《總目》雖含《六秝通考》《九執秝解》《回回秝解》《算賸初編》《算賸續編》《算賸餘稿上下》《九數外録》《神農本草經》《周髀算經校勘記》《傷寒論補注》《吴越春秋校勘記》《華陽國志校勘記》凡十二種，實另有《七國地理考》《國策編年》二種，凡十四種。《序》云：「予友南匯張孟彪文虎以所箸《舒藝室餘筆》示予，予既爲刊之，乃謂之曰方今西學盛行，……因出顧君别傳詒予，予曰：『子與顧君厚，忍聽其遺書湮没邪。』孟彪曰：『能措刻資，則校讎吾任之。』予曰：『諾。』於是先校刊其天算諸種，以次及其校古札記。凡三年之間，得十有二種。……光緒九年日躔壽星之次，獨山莫祥芝識。」「《武陵山人遺書》爲上海邑令獨山莫公祥芝所刊，去任時將版贈山人之子瘦泉先生。會我先君子亦校刊山人書兩種，曰《七國地理考》，曰《國策編年》，版藏於家。瘦泉先生以所居卑濕，屬製架，并藏焉。無何，瘦泉先生殁，其後人索之以歸，乃不數年而零落不完。又更大水，存者亦多爛壞。同里俞君䀚堂、戚君穉堂勸煌籌欵，爲顧氏後人稍置生業，作爲購藏。時光緒二十六年也。檢閲版片，散佚者十餘張，爛壞者二十餘張，一一修補，今幸無缺失，余因以歎不朽盛業易就泯滅。既鏤版以行世矣，而其存其亡猶不可必，蓋幾幾亡之而僅乃存之。爰爲志其顛末，以見保存擁護。責

[一] 癸未，光緒九年（一八八三）。楊峴，字見山，浙江歸安人。

有攸歸，而鄉邦文獻之徵，亦我黨所當留意也夫。乙卯〔一〕四月，後學高煌識。」《顧漱泉先生傳》云：「光緒四五年間，山人之書以次流播，我先君子亦爲校刊數種。……宣統三年歲次辛亥，高煌謹識。」

又有《武陵山人遺書》九種，一函八册，復旦大學圖書館藏。含《算賸初編》《算賸續編》《算賸餘稿》《九數外録》《神農本草經》《周髀算經校勘記》《傷寒雜病論集》《吴越春秋校勘記》《吴越春秋逸文》《華陽國志校勘記》凡九種。書末有民國十四年（一九二五）高均跋。是本係後印本。《顧尚之先生遺書》跋：「右顧尚之先生遺書十三種，其板刻於上海，後歸吾家，吾父既述其本末爲跋，又因均所治學於先生爲近，頗好讀先生之書，更命爲一言，以綴於卷末。謹按：遺書除考訂史地、醫藥數種而外，其十之七皆言曆算之作也。即其他傳於世者，亦稱是。……民國十四年六月，鄉後學高均跋於膠澳觀象臺。」

上海圖書館藏。

顧觀光遺著七種

清金山顧觀光撰，抄本，一册。半頁八行，行三十字，小字雙行同。無欄綫。無序跋。《靈樞經校勘記》卷端有王欣夫題「王氏學禮齋藏書」七字。鈐有「欣/夫」朱文方印、「王大隆」白文方印、「復旦大

〔一〕　乙卯，民國四年（一九一五）。

學／圖書館藏」朱文方印。是書係王欣夫舊藏。

顧觀光撰有《國策編年》等，已著録。小傳參見史部雜史類。

是書包含《靈樞經校勘記》《周髀算經校勘記》《文子校勘記》《文子逸文》《列女傳校勘記》《吴越春秋校勘記》《吴越春秋逸文》凡七種顧觀光所作之校勘記及輯佚文字。

按：顧觀光著作之稿本、抄本多存於上海圖書館、復旦大學圖書館，陸續彙編刊行。

復旦大學圖書館藏。

蘅華館雜著七種七卷

清長洲王韜撰，稿本，二册。半頁九行，行十八字，小字雙行同或不等。無欄綫。鈐有「王子九」陽文方印、「蘭卿／詩古文／詞之印」陽文方印、「蘅華／館印」陰文方印、「懺癡／盦」陽文方印、「蘭／卿」陽文方印、「王子九不／癡」陰文方印、「北京／圖書／館藏」陽文方印。《中國古籍善本書目·叢部》著録。

王韜著有《鴛鴦誺》等，已著録。小傳參見史部傳記類。

是書包含《蘅華館日記》《蘅華館書目乙卯季冬校存》《茗薌寮志》《瀛壖雜志》《蘅華館藏書目録》《苕華廬日記》《苕華廬日記》凡七部分。

《蘅華館日記》不分卷，卷端題「清新昜王利賓子九隨筆」。以日繫事，載録清咸豐五年九月十四日至十二月十五日在上海之活動，多與韻賡、某伯、壬叔、劍人來往之事。其時王韜任職於上海墨海書館。

《蘅華館書目乙卯季冬校存》不分卷，係清咸豐五年（一八五五）所校覈藏書、待購書目及所藏字畫目録，略依經史子集四部編次，以大字著録書名，以小字著録作者、版本、贈送借售、存失情況，如「宋撫州本禮記注丁巳仲冬售於艾君約瑟，得鷹洋二元」「逆臣傳尚未購得」「鬼谷子丙辰春季，贈于蔣君劍人」「雲間雜識存楊醒逋處，失去」「子不語丁巳夏四月，借於程硯香，久假不歸，竟作荆州之據矣」。末有識語：「咸豐八年歲次戊午浴佛會後一日，鐙下華鬘仙子校存書籍字畫共二百四十四種。其中共計售出借失者二十三種，另有詩鈔尚未編入。」

《茗薌寮志》不分卷，卷端題「畫鬘仙史譔」，係作者雜録光緒十一年乙酉（一八八五）春雜事，如：「乙酉春，夜小集。」

《瀛壖雜志》不分卷，記載清道光壬寅（一八四二）夏五月上海縣失守等事。刻本與之多有不同。

《蘅華館藏書目録》不分卷，卷端題「子九王利賓讎校」。主要著録王韜於滬上得書及售失情況，以大字著録書名、册數，以小字著録得失情況，如「皇朝輿地全圖　四本先君子從海上寄歸。乙卯春，售於威君。」末有王韜題識：「以上書籍計售去與送人共缺十五部。以上書計存九十三種，己未秋檢存。丙辰八月中澣，蘅華手校。」「丁巳十月初六日，燈下覆核，計缺二十二部。」

《茗華廬日記》不分卷，載録王韜於清道光二十八年戊申十一月朔至十二月二十九日（時王韜二十一歲）在蘇州之活動。

《茗華廬日記》不分卷，卷端題「蘅華隨筆」。日記載録道光二十九年正月元旦至閏四月二十日之活動。多記授徒、交游之事。臺北傅斯年圖書館藏有《茗華廬日記》第二册，載録清道光二十九年閏四月二十一日至二十八日活動。

是書末附王韜生活賬目明細，如「癸丑年秋，收嚴老四洋壹元」。

中國國家圖書館藏。

許松濱先生全集六種四十三卷卷首一卷卷末一卷〔一〕

清青浦許錫祺撰，清同里戴承澍編次〔二〕，及門諸子校訂，清光緒十九年（一八九三）刻本，八册。半頁十行，行二十二字，小字雙行同。白口，上單魚尾，四周雙邊。框高一八八毫米，寬一二六毫米。版心魚尾之上鐫「松濱全集」四字，之下記卷次及子目篇名，版心下方記每卷頁次。内封書名頁題「許松濱先/生全集」，并鈐有朱文木記，云：「富陽夏滌菴先生《寤言》質疑十七條，鎮洋葉歸菴先生評《條答》十二則，光緒丙申四月增刊。」内封牌記題「光緒辛卯巴江/廖綸署檢」〔三〕。卷首依次爲王祖畬《序》、戴承澍《序》、潘潮清《序》、周之鍔《序》、《松濱先生遺像》（末有光緒癸卯三月長洲諸福坤像贊）〔四〕、《許松濱先

〔一〕《清代詩文集彙編》第六七八册收録是書卷四十至卷四十三。
〔二〕戴承澍，字青墅。
〔三〕光緒辛卯，即光緒十七年（一八九一）。
〔四〕婁東余昭敬摹。

生傳》《墓志銘》《行狀》《許松濱先生全集總目》，子目之前有該書目録及戴承澍題識。鈐有「北京圖書館藏」朱文方印。

許錫祺（一八二〇—一八七六），字莘甫，一字巽天，號松溪，晚號淞濱學人、默成子，青浦人。隱於白鶴港。縣學生。爲學韜晦聲華，凡三十年，漸有從之問業者。同治元年，邑中欲舉錫祺應孝廉方正科，力辭，不果舉。著有《四書札記》等。於性理書靡不研究，有語録數十種，未刻。事迹具《許松濱先生墓志銘》〔一〕、光緒《青浦縣志》卷十八、光緒《松江府續志》卷二十五等。

是書卷首爲《序》《遺像》《傳》《墓志銘》《行狀》《總目》，卷一至三十爲《寤言》，卷三十一至三十四爲《周易臆解》，卷三十五爲《初學入門》，卷三十六至三十九爲《條答》，卷四十至四十一爲詩，卷四十二至四十三爲文，卷末爲《侍疾日記》。《寤言》目録及正文篇目之下均有朱文木記（因朱文與原文筆畫有重疊，且墨色不均，木記文字整體有歪斜現象，當是整塊木記，非增刻原版，係光緒二十二年四月增印）「質疑一條」或「質疑二條」，凡十七條，以朱文木記方式標注於正文天頭，質疑内容係夏滌菴校刻、辨正正文之語。《條答》正文天頭亦有朱文木記，内容係葉歸菴評點之語。

王祖畬《序》云：「先生所著有《寤言》四十卷、《周易臆解》六卷、《大學圖》一卷、《條答》四卷、《詩集》八卷、《文集》四卷，統名《松濱全集》。其弟子劉君汝錫編校卒業，狀生平學行，書來屬余

〔一〕清光緒二十四年（一八九八）刻本《知退齋稿》卷六。

叙。……光緒十有六年歲次庚寅，鎮洋王祖畬拜叙。」

戴承澍《序》云：「今所編遺書數十萬言，率多滬作。……其孤濬奉遺稿請編定，承澍垂老無成，辱故友之惓惓，悉心校讀，半載而得其綱領，兩閲寒暑，編次甫定。《寤言》《易解》，平日讀書窮理有得之言也。《大學圖》，鈎元提要以示初學者也，故名《初學入門》。《條答》，因問而答，又引伸之以相長者也。益以詩文，凡分類六，分卷六十三，名曰《松濱全集》。先生門人劉子汝錫手録成書，藏之篋衍。又十年而承澍日就衰老，劉子議梓先生書，以廣其傳。乃屬與周君之鍔同心校理，去其繁複，約爲四十三卷，視原編存什之四[一]。……光緒十八年壬辰春正月，同里戴承澍謹序。」

潘潮清《序》云：「至積稿盈篋，不遑料檢。既殁，其友若徒編訂成書，一再校勘，議雕板行世。崑山周君介如，亦其人也。……適與是書之成，贅名簡末，有厚幸也。光緒元默執徐之歲壯月，同邑世教弟潘潮清拜撰。」

周之鍔《序》云：「先生遽於丙子四月卒。越二年，戴先生承澍編先生遺書成，劉君録副藏之。鍔與校讎，得覩全書。……議删繁就簡，鋟板以廣其傳，而屬鍔襄校。……居停潘君潮清夙與劉君約，謂將來當助剞劂，至是踐宿諾。……光緒壬辰八月，門人崑山周之鍔。」

《許松濱先生傳》云：「所著《寤言》三十卷、《周易臆解》四卷、《初學入門》一卷、《條答》四

[一]《松濱全集》本爲六十三卷，後删節爲四十三卷，故序文於卷數有所出入。

卷、《詩文集》四卷，門人劉汝錫校而刊之。未刊者爲《外集》，凡若干卷。……光緒癸巳三月，長洲後學諸福坤謹撰。」

《墓志銘》云：「咸豐庚申，粵寇陷蘇松，先生避居上海，遭患難。及旋里，十餘年中，專事著述，成《寤言》四十卷、《周易臆解》六卷、《條答》四卷、《大學圖》一卷、《詩文集》十二卷。……生於嘉慶二十五年四月十五日，卒於光緒二年四月十五日，年五十有七。……前署青浦縣儒學教諭常熟張瑛撰。」

《行狀》云：「著有《寤言》三十卷、《周易臆解》四卷、《初學入門》一卷、《條答》四卷、《詩文集》四卷，已刊行，世名《松濱全集》，附門人周彝《侍疾日記》一卷。此外未刊之書尚多，統名《外集》。……汝錫於丁亥歲校録先生遺書成，曾次先生行實刊播海内，愧未足盡先生，今將先生書梓以行世，爰取前刻重加芟節，補其未備，附於簡末。……門人劉汝錫謹狀。」

《總目》末有劉汝錫題識：「是書初編於光緒戊寅，襄校者邱汝鉞、周之鍔、黄元炳。改訂於辛卯，之鍔與汝錫實從事焉。開雕於壬辰，諸福坤、潘潮清校讎之，潮清并助刊。既，寶山李如柏亦資助。工竣癸巳冬十二月也。汝錫謹識。」

《寤言目録》末有戴承澍題識：「先生歷年讀書，都有劄記，遭亂稿佚，今所編《寤言》，斷自同治甲子，訖光緒丙子，十三年積稿八十帙，澍汰其可省者，編爲四十卷，凡三十餘萬言。邑志藝文載寤言五卷，時先生書尚未盡出。兹復因卷帙浩繁，不能盡刻，爰擇其尤粹者十四萬言，析爲三十卷行世，餘編入《外集》。光緒辛卯冬十月，承澍謹識。」

《周易臆解目録》末有戴承澍題識：「先生於丁卯歲著《周易臆解》，卷帙無多。澍取集中凡論易之處，以類編入，成書六卷。入邑志藝文。今録其尤精粹者四卷行世，原編附卦爻象便覽，今統入《外集》。光緒辛卯冬十月，戴承澍識。」

《條答目録》題識云：「先生《條答》純從身心體驗得來，其深詣處爲不可及。開示學者，亦言言切實，此必傳之作也。光緒四年戊寅夏四月讀竟，歸菴葉裕仁識於婁東書院之希賢堂。」「右《條答》四卷，俱答門人沈賡甫廷揚，餘散見於《寤言》者仍其舊。其爲友弟子所記者，另編入《外集》。光緒辛卯冬十月，戴承澍識。」

《侍疾日記》一卷，係許錫祺門人周彝撰次，許錫祺子許濬增訂。卷首周彝題識云：「先生屋僅數椽，不蔽風日。辛未春，遷居彝室，因得常侍左右。丙子，先生館龍潭潘氏，三月十五日得滯下疾，二十二日病劇返家，時彝亦授徒於外，二十七日先生招彝返里。自是與先生子濬昕夕奉侍，不離片刻。四月十五日丙子，先生卒。泰山其頽，吾將安仰。爰述侍疾以來聞見如右。彝賦質庸愚，忽略不少，惟識其顛末而已。光緒丙子夏五，門人周彝謹識。」許濬題識云：「周君榕村撰《侍疾日記》成，有未備者妄爲增補一二，是正於青墅先生。爲汰去繁蕪，擇簡要者存之。……光緒丙子仲秋上澣，男濬和淚謹識。」

按：是書又有民國二十二年癸酉（一九三三）修補重印本，八册。半頁十行，行二十二字，小字雙行同。白口，上單魚尾，左右雙邊。補刻版框較原版稍大。框高一八八毫米，寬一二六毫米。版心魚尾之上鐫「松濱全集」四字，下題卷次及該卷名，版心下方記每卷頁次。鈐有「北京圖書館藏」朱文方印。卷末有戴克寬《跋》。《跋》云：「《西亭文鈔》與《淞濱全集》兩書，清光緒時劉南墅先生梓以行世，板藏於家。先生没後，哲嗣玉陔君移居崑山，板仍庋蔡涇舊宅。劉本望族，邇以兵災匪氛，諸劉氏不安，故居亦皆他徙，典守乏人，板有散佚之懼。玉陔惓念先人手澤，不忍委諸草莽，於今歲之春，商之白鶴江縣立第一圖書館主任汪君詒孫，由館代爲保藏。汪君欣然從之，拏舟親往載回。檢視兩書板片，已失去數十，存者亦間有漫漶。汪君暨余族弟軼群各慨捐刊資之半，闕者補之，壞者修之，兩書遂完好如故，復得印行於世。深望後之主是館者妥爲保守，時時調節其燥濕，驅除其蝨害，俾斯籍永傳不朽。中華民國二十有二年十月一日，後學戴克寬。」

中國國家圖書館、復旦大學圖書館、河南大學圖書館等藏。

下编

一、現存著述簡目

華亭縣

楊若金

字魚堂，華亭人，居亭林。工詩。事迹具光緒《重修華亭縣志》卷十六。

楊魚堂遺稿一卷

清光緒二十八年刻本（古籍總目）

上圖

顧　夔（一七九〇——一八五〇）

傳見本卷《善本稀見本經眼録》。

褒忠録（陳化成）四卷末一卷（編）

清道光二十三年刻本（普查目録）

温州

徵信録一卷

清道光間刻本（學苑汲古）

吉大

城北草堂存稿不分卷

清咸豐六年刻本（古籍總目）

無錫

城北草堂存稿七卷

清光緒十四年刻本（古籍總目、普查目録）

上圖　陝西　北大

城北草堂詩餘一卷詞餘一卷

清道光咸豐間上海王氏刻詒安堂全集本（古籍總目）

國圖　上圖

清咸豐間刻詒安堂所刻書十種本（古籍總目）

國圖

清咸豐六年刻本（古籍總目、普查目録）

國圖　吉林　北師大

清光緒十三年華亭顧蓮重刻本（古籍總目、學苑汲古、普查目録）

遼寧　廣西　華東師大　香港中山

清光緒十四年刻本（古籍總目、學苑汲古、普查目録）

首都　上圖　浙江　復旦　吉大

抄本（上圖目録）

上圖

顧翼之（一七九三—一八四八）

傳見本卷《善本稀見本經眼録》。

安素堂詩謎集一卷

清同治七年刻本（古籍總目）

上圖

張聲駿

傳見本卷《善本稀見本經眼録》。

得真趣齋詩抄一卷

清同治十一年刻本（古籍總目）

上圖

得真趣齋詩抄二卷

清光緒十年刻本（學苑汲古）

復旦　華東師大

顧作偉（一七九七—？）

傳見本卷《善本稀見本經眼録》。

聞香室未定稿不分卷

稿本（上圖目録）

上圖

聞香室詩稿一卷

清光緒四年刻雲間詩抄本（古籍總目、上圖目録、學苑汲古）

上圖

張鴻卓（一八〇〇—一八六七）

傳見本卷《善本稀見本經眼録》。

緑雪館詩抄二卷

清道光間刻本（古籍總目）

社科院文學所

緑雪館詩抄三卷

清道光二十年刻本（古籍總目）

中科院

緑雪館詩抄六卷

清道光二十九年刻本（古籍總目）

上圖

緑雪館詩抄一卷

清同治八年刻本（普查目録、學苑汲古）

南圖　黑龍江　復旦　華東師大

清光緒八年刻本（普查目録）
新疆

緑雪館詩抄不分卷

清同治八年刻本（普查目録、復旦目録）
復旦　蘇州

緑雪館詩續抄一卷

清同治八年錢培名刻本（古籍總目）
首都

緑雪館詞十卷百和詞一卷

清道光二十一年書三味樓刻本（古籍總目〔一〕、普查目録）
浙江　海寧　莫氏莊園

〔一〕《中國古籍總目》著録爲「書三味樓叢書本（道光刻）」。

緑雪館詞七卷

清道光間刻本（古籍總目）

南圖

緑雪館詞抄一卷

清咸豐八年刻本（古籍總目、普查目録）

國圖

清同治三年刻緑竹詞本（古籍總目）

國圖　上圖

清同治三年刻光緒元年印緑竹詞本（古籍總目）

國圖

清光緒元年刻本（學苑汲古）

南京師大

清光緒十五年刻本（古籍總目、普查目録）

南圖　黑龍江

清末刻本（古籍總目、學苑汲古）

南圖　北師大　鄭大

緑雪館詞二集二卷

清咸豐二年刻本（古籍總目、普查目録）

上圖　蘇州

緑雪館所見抄不分卷

抄本（上圖目録）

上圖

緑雪館遺稿不分卷

清光緒十年刻本（南圖目録）

南圖

張家鼎（一八一四—一八七五？）

傳見本卷《善本稀見本經眼録》。

張家鼎手書日記不分卷

清抄本（學苑汲古）

山大

南塘張氏詩略二卷

清光緒四年鐵花館刻本（普查目録、學苑汲古）

南圖　陝西　平湖　華東師大　中大

鐵花仙館吟草二卷

清同治三年刻本（古籍總目、普查目録、學苑汲古）

南圖　首都　華東師大

張家鼒（一八二一—一八五五）

傳見本卷《善本稀見本經眼録》。

曼陀羅館詩抄一卷詞抄一卷

清咸豐七年張聲淵刻本（古籍總目）

上圖　南圖　中科院

張家焱（一八三五—一八六三）

傳見本卷《善本稀見本經眼録》。

蘋花水閣詩草不分卷

清同治十三年刻本（古籍總目、普查目録、南圖目録）

南圖　内蒙古　吉林　新疆　山西大學

鍾天緯（一八四〇—一九〇〇）

字鶴笙，華亭人。同治間肄業廣方言館。入繙譯館，與傅蘭雅譯述成書數十種。事迹具民國《上海縣續志》卷二十一。

考工紀要十七卷

清光緒二十三年上海慎記書莊石印西政叢書本（古籍總目）

復旦　日本奈良大學

清光緒二十七年小倉山房石印富强齋叢書續本（古籍總目）

北大　清華　復旦　南大　厦大

清末江南製造局刻本（普查目録、學苑汲古）

重慶　復旦

刖足集二卷

清光緒二十七年至三十年刻本及鉛印本（古籍總目）

國圖　上圖　吉林　浙江　杭州

民國二十一年鉛印本（普查目録、上圖目録）

上圖

閔萃祥（一八四九—一九〇四）

字頤生，華亭布衣。南匯張文虎入室弟子。光緒初年，分修華亭縣志。繼與修松江府續志。隱居滬南十餘年。事迹具民國《上海縣續志》卷二十一。

五洲列國志彙不分卷

清光緒二十八年雲間麗澤學會石印本（普查目録、學苑汲古）

國圖　山西　吉林　新疆社科院　吉大

式古訓齋文集二卷外集一卷詩存二卷

清光緒三十四年上海刻本（古籍總目、學苑汲古）

國圖（無詩存）　上圖（存文集）　南圖　浙江　吉林

八指詩存二卷外集一卷

清光緒三十四年至宣統元年上海刻本（古籍總目、普查目録、學苑汲古）

國圖　浙江　吉林　復旦　華東師大

姜　熙

傳見本卷《善本稀見本經眼録》。

華亭姜氏恩慶編不分卷

清道光二十一年姜氏敬學堂刻本（普查目録、學苑汲古、上圖目録）

上圖　浙江　新疆　臨海　吉大

姜堯章先生集十卷

清道光二十三年華亭姜氏宗祠刻本（古籍總目、普查目録、學苑汲古）

國圖　上圖　南圖　復旦　蘇大

沈　葵

傳見本卷《善本稀見本經眼録》。

哀逝録一卷（輯）

清光緒三十二年鉛印本（古籍總目、上圖目録）

上圖

紫隄村志八卷（沈葵增補）

清咸豐六年稿本（古籍總目）

南圖

抄本（古籍總目、方志目録）

上圖　上博　南圖　南大

淞南詩抄合編四卷

清咸豐九年刻本（普查目録）

蘭大

民國八年刻本（上圖目録、南圖目録、學苑汲古）

上圖　南圖　華東師大

王友光

傳見本卷《善本稀見本經眼録》。

增訂疑年録一卷

清抄本（上圖目録）

上圖

味義根齋來札偶存一卷

抄本（上圖目録）

上圖

味義根齋詩録六卷

清同治九年刻本（古籍總目、學苑汲古）

南圖（存卷一至四）

清光緒十二年華亭王氏刻本（古籍總目、普查目録、學苑汲古）

上圖　吉林　清華

顧作球

字適可，一字企夔，華亭人，居亭林。監生。事迹具《松江詩抄》卷五十三。

適可集二卷

清咸豐八年刻本（古籍總目、普查目録）
上圖　黑龍江
清光緒六年刻本（古籍總目、普查目録）
上圖　新疆

徐良鈺

字式如。道光二十四年（一八四四）華亭舉人。治《易》《春秋》等經。事迹具光緒《松江府續志》卷二十四《古今人傳》。

萬言集一卷

清咸豐五年談經齋刻本（古籍總目、上圖目録）
上圖
民國二十年華亭孫家相抄本（上圖目録）
上圖

雷葆廉

傳見本卷《善本稀見本經眼録》。

詩窠筆記一卷

稿本（善本書目、古籍總目、上圖目録）

上圖（清温綸跋）

清刻本（古籍總目、上圖目録）

上圖

民國間抄本（上圖目録）

上圖

蓮社詞二卷

清道光二十四年華亭雷氏詩巢家刻本（古籍總目）

香港中山　上圖　南圖

清道光二十六年刻本（古籍總目）

上圖（王慶勳題識）

清鴿峰草堂抄本（普查目録）

天一閣

蓮社詞一卷

清道光二十六年刻本（古籍總目）

上圖　南圖

清抄本（普查目録）

浙江（朱祖謀校）

江東詞社詞選不分卷

清道光二十六年刻本（上圖目録）

上圖

梅石居詩餘不分卷

稿本（上圖目録）

上圖

抄本（上圖目録）

上圖

雷　瑩

傳見本卷《善本稀見本經眼録》。

華亭姜氏恩慶編二卷首一卷末一卷附一卷

清道光二十一年長夏姜氏敬學堂刻本（普查目録、學苑汲古、上圖目録）

上圖　浙江　新疆　臨海　吉大

高崇瑞

傳見本卷《善本稀見本經眼録》。

寒緑齋小集十二卷附粉廊剩稿二卷

清道光二十四年刻本（古籍總目、普查目録）

上圖
清光緒二十三年刻本（普查目録）
福建

苧城三子詩合存三種三卷

清道光二十五年潁上學舍刻本（古籍總目、普查目録、上圖目録）
上圖　陝西
民國二十五年華亭封氏刻本（古籍總目、學苑汲古、上圖目録）
上圖　南圖　華東師大
抄本（上圖目録）
上圖

姚培詠

字鳴之，號勉樓，居東馬橋。嘉慶十四年（一八〇九）恩貢。事迹具光緒《重修華亭縣志》卷十六。

春聲書屋詩草一卷

抄本（古籍總目）

上圖

通藝閣抄本（上圖目録）

上圖

顧鍾秀

字筠亭，華亭人。子翰。

選擇正宗八卷

清光緒十五年刻本（古籍總目、普查目録、上圖目録）

國圖　南圖　上圖　上虞

清光緒間上海申報館鉛印本（學苑汲古）

河南大學

民國間上海千頃堂書局石印本（上圖目録）

上圖

佚名

江蘇省松江府華亭縣光緒拾貳年徵收地漕等項民欠徵信册不分卷

清光緒間刻本暨清光緒十三年張性淵木活字擺印本（南圖目録）

南圖

婁縣

姚椿（一七七七—一八五三）

字春木，自號樗寮生，婁縣人。令儀長子。國子監生。道光元年（一八二一）舉孝廉方正，不就。先後主彝山、荆南等書院講席。同治九年（一八七〇），崇祀鄉賢祠。事迹具光緒《松江府續志》卷二十四。

姚椿姚楗兩先生遺墨詩稿

稿本（普查目録）

杭州

國朝文録八十二卷

清咸豐元年終南山館刻本（普查目録、學苑汲古）

國圖　首都　天津　北大　復旦

清光緒二十六年上海掃葉山房石印本（普查目録、學苑汲古）

國圖　首都　南圖　北大　復旦

姚　楗

字建木。椿弟。由廩生爲寶應教諭。事迹具光緒《松江府續志》卷二十四。

姚椿姚楗兩先生遺墨詩稿

稿本（普查目録）

杭州

白石鈍[一]樵遺稿一卷

清光緒十年刻通藝閣集附刻本（古籍總目、學苑汲古）

國圖　天津　新疆　人大

[一]　鈍，《中國古籍總目》作「山」。

清光緒十年木活字印本（普查目録）

温州　蘇大

清抄本（上圖目録）

上圖

白石鈍樵禊帖詩一卷

清道光二十八年刻本（普查目録）

國圖　天津　吉林　内蒙古　紹興

雙紅豆館詞草一卷

清光緒十年木活字擺印白石鈍樵遺稿本（普查目録、國圖目録）

國圖　蘇大

張祥河（一七八五—一八六二）

傳見本卷《善本稀見本經眼録》。

汴城宣防志略一卷

清道光二十五年刻本（普查目録）

湖南　陝西　新鄉

會典簡明録一卷

清刻小重山房叢書本（古籍總目、普查目録）

國圖　浙江　甘肅　福建　浙博

清光緒十六至二十四年桐廬袁氏刻漸西村舍彙刊本（古籍總目、普查目録、學苑汲古）

國圖　上圖　浙江　北大　南大

民國二十四年至二十六年上海商務印書館鉛印及影印叢書集成初編本（古籍總目）

國圖　上圖　浙江　中科院　復旦

粵西筆述一卷

清道光二十五年刻本（古籍總目、普查目録、學苑汲古）

國圖　上圖　南圖　浙江　復旦

清光緒二十二年桂林刻本（古籍總目、普查目録、學苑汲古）

國圖　上圖　南圖　北大　清華
清刻小重山房叢書本（古籍總目、普查目録）
國圖　浙江　天一閣　北大　福建師大

紀程四集四種

清咸豐間刻本（普查目録）
蘇州

續驂鸞録一卷

清刻小重山房叢書本（古籍總目、普查目録）
國圖　浙江　天一閣　北大　福建師大
清宣統二年至民國二年上海國學扶輪社鉛印古今説部叢書本（古籍總目、學苑汲古）
香港新亞　浙江師大

在灤筆記一卷

稿本（善本書目、古籍總目）

山東

四銅鼓齋論畫集刻十三種

清道光二十六年華亭張氏刻本（古籍總目、普查目録、學苑汲古）

上圖　北大　復旦　南圖

清宣統元年北京會文齋刻本（古籍總目、學苑汲古）

國圖　首都　上圖　北大　清華

論畫集刻不分卷

清光緒三十三年刻本（古籍總目、普查目録）

浙博　瀋陽魯迅美院

清人説薈不分卷

清石印本（普查目録）

軍科院

關隴輿中偶憶編不分卷

清道光間刻本（古籍總目）

國圖　上圖　南圖

清道光咸豐間刻本（古籍總目）

上圖

清刻小重山房叢書本（古籍總目、普查目録）

國圖　浙江　天一閣　北大　福建師大

清刻本（古籍總目、學苑汲古）

國圖　南圖　北大　清華

民國四年上海文明書局石印本（學苑汲古）

河南大學

民國六年上海掃葉山房石印本（學苑汲古）

河南大學

民國十四年上海文明書局石印本（學苑汲古）

遼大

小重山房叢書十五種

清刻本（古籍總目、普查目録）

國圖　浙江　天一閣　北大　福建師大

得天居士集六卷（普查目録）

清道光二十八年刻本

陝西　紹興　復旦

高歌集一卷

清道光二十四年刻本（普查目録、學苑汲古）

清華　吉大　蘇大

白舫集不分卷

清末刻本（普查目録）

國圖

畿輔輶軒集一卷

稿本（善本書目、古籍總目、普查目録）

國圖

清末刻本（普查目録）

國圖

朝天集一卷

稿本（善本書目、古籍總目）

上圖

清刻本（普查目録）

浙江

朝天集一卷詩餘一卷闗隴輿中偶憶編一卷

清道光二十八年刻本（古籍總目、學苑汲古）

中科院　吉大

小重山房詩續録十二卷

清光緒元年刻本（古籍總目、普查目録、學苑汲古）

國圖　首都　浙江　中科院　北大

桂勝集一卷外集一卷

清道光二十五年刻本（古籍總目、普查目録）

國圖　中科院　慕湘　北師大

清宣統二年刻本（普查目録）

廣西

食葉餘聲一卷

稿本（普查目録）

杭州

甎牘集一卷

清咸豐間刻本（普查目録）

慕湘

張祥河詩稿

清拓本（普查目録）

吉林市

張祥河集十四種

清光緒元年刻本（普查目録）

吉林

鳩塢隨手録九種（編）

清抄本（古籍總目、普查目録）

天津

飲水詩集一卷

飲水詞集一卷

驂鸞録一卷

續驂鸞録一卷
驂鸞吟稿一卷
詩舲詩續二卷詞續一卷
桂勝集一卷
粤西筆述一卷
會典簡明録一卷

紫金山館叢書九種

清道光間刻本（古籍總目、普查目録）

浙江　中科院

粤西筆述一卷
會典簡明録一卷
桂勝集一卷外集一卷
事艷詩續二卷詞續二卷
驂鸞録一卷
續驂鸞録一卷

高歌集一卷

飲水詩集一卷詞集一卷

黄金臺（一七八九—一八六一）

字鶴樓，平湖（今屬浙江嘉興）人。歲貢。客授邑中陳氏家。工詩及駢體文。事迹具光緒《婁縣縣志》卷二十。

鸝聲館日誌不分卷（清道光二十一年至二十三年、二十七年至咸豐八年）

稿本（善本書目、古籍總目、上圖目録）

上圖（孫振麟跋）

游道場白雀諸山記一卷

清光緒間上海著易堂鉛印小方壺齋輿地叢鈔本（古籍總目、學苑汲古）

國圖　上圖　天津　北大　復旦

游硤石兩記一卷

清光緒間上海著易堂鉛印小方壺齋輿地叢鈔本（古籍總目、學苑汲古）

國圖　上圖　天津　北大　復旦

游焦山記一卷

清光緒間上海著易堂鉛印小方壺齋輿地叢鈔本（古籍總目、學苑汲古）

國圖　上圖　天津　北大　復旦

游獅子林記一卷

清光緒間上海著易堂鉛印小方壺齋輿地叢鈔本（古籍總目、學苑汲古）

國圖　上圖　天津　北大　復旦

游細林山記一卷

清光緒間上海著易堂鉛印小方壺齋輿地叢鈔本（古籍總目、學苑汲古）

國圖　上圖　天津　北大　復旦

游横雲山記一卷

清光緒間上海著易堂鉛印小方壺齋輿地叢鈔本（古籍總目、學苑汲古）

國圖　上圖　天津　北大　復旦

游虞山記一卷

清光緒間上海著易堂鉛印小方壺齋輿地叢鈔本（古籍總目、學苑汲古）

國圖　上圖　天津　北大　復旦

遊平波臺記一卷

清光緒間上海著易堂鉛印小方壺齋輿地叢鈔本（古籍總目、學苑汲古）

國圖　上圖　天津　北大　復旦

脱兔書屋雜抄一卷

稿本（普查目録）

浙江

鴨言小室偶抄一卷

稿本（普查目録）

浙江

國朝七律詩抄十卷

稿本（善本書目、古籍總目、普查目録）

浙江

民國二十四年陸氏求是齋抄本（上圖目録）

上圖

國朝駢體正聲不分卷

稿本（善本書目、古籍總目、普查目録）

浙江

民國二十四年陸氏求是齋抄本（上圖目録）

上圖

紅樓夢雜詠一卷

清光緒間申報館鉛印申報館叢書本（古籍總目、普查目録、學苑汲古）

國圖　上圖　南圖　復旦　廈大

張兆蓉（一八〇一——一八五二）

傳見本卷《善本稀見本經眼録》。

廿四史論精萃十八卷（輯）

清光緒二十八年石印本（普查目録）

首都　景德鎮

尚友録三集（編）

清光緒二十九年經藝齋石印本（普查目録）

佛山　寧波　安徽師大

歷代名臣言行録續集四十卷（輯）

清光緒二十八年上海通文書局石印本（普查目録、學苑汲古）

天津　山西　開封　湖南社科院　蘇大

泰西各國名人言行録十六卷（輯）

清光緒二十九年明達聖教會石印本（古籍總目、普查目録、學苑汲古、上圖目録）

國圖　上圖　湖南　北師大　蘇大

清光緒三十一年上海鴻寶齋石印本（學苑汲古）

南開

泰西各國名人言行録三十五卷

清光緒二十九年上海書局石印本（普查目録、學苑汲古）

蘇大

賓槎詩稿不分卷

抄本（古籍總目、上圖目録）

上圖

姚濟（一八〇七—一八七六）

傳見本卷《善本稀見本經眼録》。

小滄桑記二卷（清咸豐九年至同治二年）

民國五年鉛印本（古籍總目、普查目録、學苑汲古）

上圖　北大　清華　南大　人大

抄本（古籍總目）

上圖

一樹梅花老屋詩不分卷

清光緒四年松韻草堂刻本（古籍總目）

南京師大

一樹梅花老屋詩三卷

清光緒四年刻本（古籍總目）

社科院文學所

民國七年姚前琪松韻草堂鉛印本（古籍總目、學苑汲古）

國圖　上圖　復旦　南大　華東師大

民國二十二年松韻草堂刻本（古籍總目、學苑汲古）

國圖　上圖　南圖　中科院　南開

韓應陛（一八一三—一八六〇）

傳見本卷《善本稀見本經眼録》。

道光二十四年甲辰恩科江南鄉試硃卷一卷附道光十七年丁酉科江南鄉試薦卷一卷

清道光間刻本（古籍總目）

上圖

讀有用書齋藏書志不分卷

稿本（古籍總目）

南圖

雲間韓氏藏書題識彙録不分卷

稿本（上圖目録）

上圖

讀有用書齋書目表一卷

稿本（善本書目、古籍總目、普查目録）

國圖

讀有用書齋善本書目不分卷

民國間吴縣王氏學禮齋抄本（復旦目録）

復旦

讀有用書齋韓氏藏書目一卷

民國間常熟丁氏淑照堂抄本（古籍總目）

上圖（丁祖蔭跋）

雲間韓氏藏書目一卷

民國十九年石印本（普查目録、學苑汲古）

遼寧　北大　南大　中大　人大　華東師大　吉大

讀有用書齋古籍目録不分卷

清末影印本（普查目録）

吉林

松江韓氏藏宋元明本書目不分卷

民國十九年抄本（古籍總目）

國圖

松江韓氏抄本書目不分卷（國圖目録）

民國十九年抄本

國圖

韓緑卿穉梧桐館藏趙醴原古泉搨本五册題跋一卷

清抄本（普查目録、復旦目録）

復旦

讀有用書齋雜著二卷

稿本（善本書目、古籍總目）

上圖

清同治九年古婁韓氏刻本（古籍總目、普查目録、學苑汲古）

國圖　上圖　南圖　北大　浙大

張爾耆（一八一五—一八八九）

傳見本卷《善本稀見本經眼録》。

國朝文録小傳二卷

清末刻本（古籍總目、普查目録、學苑汲古）

首都　上圖（封文權批校）　天津　復旦　華東師大

庚申紀事不分卷續紀事詩不分卷

稿本（復旦目録）

復旦

柳泉府君張允垂行狀一卷

清道光間刻本（古籍總目）

上圖

夬齋日記不分卷

稿本（善本書目、古籍總目）

上圖

夬齋雜著不分卷

稿本（復旦目録）

復旦

夬齋雜著二卷

民國七年刻本（古籍總目、學苑汲古）

北師大　鄭大

夬齋詩集不分卷

清末刻本（古籍總目、普查目録、學苑汲古）

國圖　新疆　吉林　華東師大

夬齋詩集七卷

民國三年刻本（古籍總目、普查目録、學苑汲古）

國圖　内蒙古　復旦　山西大學

省愚詩草一卷夬齋近稿一卷藤寮初稿一卷藤寮續草一卷

稿本（復旦目録）

復旦

章　耒（一八三三—一八八六）

傳見本卷《善本稀見本經眼録》。

春秋内外傳箋辭考證三卷

清光緒九年刻本（古籍總目、普查目録、學苑汲古）

國圖　上圖　陝西　北大　復旦

江夏姜孺人别傳一卷

清光緒間刻本（古籍總目）

上圖

先室張孺人（瑞玉）行述一卷

清光緒五年刻本（古籍總目）

上圖

同治十二年癸酉科江蘇選拔貢卷一卷

清同治間刻本（古籍總目）

上圖

柏鄉學略一卷

民國二十年京華印書局鉛印本（學苑汲古）

山大　吉大

光緒張澤志稿不分卷（纂）

稿本（古籍總目、方志目録）

上博

民國張澤志十二卷（纂）

抄本（古籍總目）

松江博

張澤詩徵三卷續編二卷

清光緒八年[一]封氏篔進齋刻本（普查目録、學苑汲古）

上圖　吉林　内蒙古　華東師大　復旦

張澤詩鈔不分卷（輯）

稿本（上圖目録）

上圖

抄本[二]（上圖目録）

上圖

[一] 蓋爲民國三十一年。

[二] 蓋爲謄清稿本。

雲間詩抄第一集（輯）

清光緒四年刻本（古籍總目、普查目録、學苑汲古）

上圖　浙江　遼寧　復旦

張錫恭（一八五八—一九二四）

傳見本卷《善本稀見本經眼録》。

禮學大義一卷

抄本（上圖目録）

上圖

民國二十九年鉛印庚辰叢編十種本（古籍總目、學苑汲古）

國圖　上圖　南圖　北大　復旦

喪服鄭氏學二十九卷大清通禮案語一卷

民國二十五年中國國學會寫樣稿本（古籍總目）

復旦（王欣夫校）

喪服鄭氏學十六卷

民國間吴興劉氏嘉業堂刻求恕齋叢書三十一種本（古籍總目、學苑汲古）

國圖　上圖　南圖　北大　復旦

論語課程不分卷

清刻兩湖書院課程本[一]（古籍總目）

湖北（徐恕跋）

張徵君日記不分卷（清光緒十一年至二十五年）

稿本（善本書目、古籍總目）

上圖

張徵君日記不分卷（清光緒二十六年至三十一年）

稿本（復旦目録）

[一] 蓋爲清光緒間兩湖書院木活字印兩湖書院課程本。

復旦

張徵君日記不分卷（清光緒三十一年至民國十二年）

稿本（復旦目録）

復旦

先府君行述不分卷

抄本（上圖目録）

上圖

先嫂王孺人張王氏行述一卷

清光緒三年刻本（古籍總目）

上圖

陳先生（士翹）行狀不分卷

清光緒二十三年刻本（古籍總目）

上圖

光緒十一年乙酉科江蘇選拔貢卷一卷

清光緒間刻本（古籍總目、普查目録、學苑汲古）

上圖　復旦

光緒十四年戊子科江南鄉試硃卷一卷

清光緒間刻本（古籍總目）

上圖

修禮芻議不分卷

抄本（復旦目録）

復旦

抄本（上圖目録）

上圖

南菁書院課藝不分卷

清光緒十八年張錫恭稿本（普查目録）

北師大

茹荼軒文集不分卷

稿本（古籍總目）

復旦

茹荼軒文集十七卷

清宣統間刻本（古籍總目）

山西大學

茹荼軒文集十一卷

清宣統三年刻本（普查目録）

福建

民國十二年華亭封氏簣進齋刻本（古籍總目、學苑汲古）
國圖　中科院　北大　山大　北師大

茹荼軒續集六卷炳燭隨筆不分卷
稿本（復旦目録）
復旦

茹荼軒文續集六卷
民國三十八年鉛印雲間兩徵君集本（古籍總目、學苑汲古）
國圖　上圖　南開　人大　鄭大

錢振聲

字少鶴，號由敦退士。居城西。道光二十四年甲辰（一八四四）舉人。事迹具光緒《婁縣續志》卷十七《人物志下》。

顯考伊甫府君（錢志澄）行述一卷
清光緒三十年刻本（古籍總目、普查目録、南圖目録）

國圖　上圖　南圖　嘉興

清抄本[一]（古籍總目、普查目録）

國圖

趙　煦

字笛樓，揚州人，客松江二十年，常寓郡西蔣涇橋南施家園。能詩，工篆隸，兼善刻印。卒年六十三。事迹具光緒《婁縣續志》卷二十。

愁不來齋詩草（抄）一卷

清咸豐二年刻本（普查目録、上圖目録）

上圖　浙江

蔡鵬飛

字梅茵，鴻業從孫。諸生。年三十二始游於庠。卒年七十三。事迹具光緒《婁縣續志》卷十七、光緒

[一] 普查目録作「清光緒稿本」。

《松江府續志》卷二十四等。

六半樓詩抄六卷詞抄一卷

清咸豐間刻本（古籍總目、普查目録、學苑汲古）

内蒙古　中科院　南大

六半樓詩抄四卷

清光緒十年刻本（古籍總目、普查目録、學苑汲古）

首都　陝西　中科院　北大　復旦

六半樓詞抄一卷

清咸豐元年刻本（古籍總目、普查目録）

國圖

汪巽東

字亦超，原名琳，婁縣人。歲貢。嘗游京師，館潘文恭邸第。事迹具光緒《松江府續志》卷二十四。

道光二十七年丁未科江南歲貢卷一卷

清道光間刻本（古籍總目）

上圖

天馬山房詩别録（雲間百詠）一卷

清咸豐二年刻本（普查目録、學苑汲古）

吉林　復旦

清同治光緒間吴縣潘氏京師刻滂喜齋叢書五十種本（古籍總目、普查目録、學苑汲古）

國圖　上圖　南圖　北大　復旦

清光緒三年八囍齋刻本（古籍總目、普查目録、學苑汲古）

國圖　廣東　遼寧　北大　北師大

龔汝霖

字松坡，一字廷樞，婁縣人。諸生。嗜學工詩。少孤，母朱撫之成立。母疾，日夜禱於神，及沒，以哀毁致疾卒。事迹具光緒《松江府續志》卷二十四。

賢益堂試藝不分卷

清光緒七年刻本（普查目録、學苑汲古）

蘇大

鄉嬛小築詩存三卷文存一卷

清同治十一至十三年刻本（古籍總目、普查目録、學苑汲古）

南圖　吉林　社科院近代史所　蘇大　南開

范　臺

傳見本卷《善本稀見本經眼録》。

困學語一卷

清光緒間丁頤生抄本（善本書目、古籍總目）

國圖（清丁立誠跋）

修齊集要七卷首一卷

清道光二十五年刻本（古籍總目）

上圖　天津

皇朝儒行所知録六卷

清道光二十八年三賢祠刻本（古籍總目、學苑汲古）

國圖　上圖　南圖　北師大　華東師大

唐　模

傳見本卷《善本稀見本經眼録》。

棠蔭録（周中鋐）四卷

清道光二十七年刻本（普查目録、學苑汲古）

上圖　南圖　蘇州　紹興文物局　北大

筆花閣詩草五卷筆花閣詩鈔一卷

清道光三十年刻本（古籍總目、普查目録）

國圖

筆花閣文草不分卷

清道光二十九年抄本（古籍總目）

上圖

秦　淵

字珠崖，婁縣人。少穎異，篤志於學。嘉慶元年（一七九六）進士，選庶吉士，改户部主事。乞假歸，居泗涇之濱，日事吟詠，足迹不入城市。詩有雅音，書學董文敏。事迹具光緒《松江府續志》卷二十四。

谷春堂剩稿一卷

清光緒四年刻雲間詩草本（古籍總目、上圖目録）

上圖

黄仁

傳見本卷《善本稀見本經眼録》。

周易藏用十九卷

清咸豐八年刻本（古籍總目）

南圖

褒忠録（陳化成）四卷末一卷

清道光二十三年雲間教忠堂刻本（古籍總目、普查目録、學苑汲古）

上圖　浙江　陝西　温州　北師大

屑瓊集課藝（小試屑瓊集）不分卷

清道光二十五年緑蔭堂刻本（普查目録、學苑汲古、南圖目録）

南圖　吴江區　儀徵　河北　蘇大

清道光二十八年琉璃廠刻本（普查目録、國圖目録）

國圖

考卷萃華新編

清道光二十六年刻本（普查目録、國圖目録）

國圖

茸城近課二卷

清道光二十二年至二十五年一峰草堂刻本（普查目録）

上圖　南圖　浙江

茸城九老會詩存一卷

清道光二十四年刻本（學苑汲古、上圖目録）

上圖　華東師大

周厚基

傳見本卷《善本稀見本經眼録》。

皇清誥授朝議大夫例晉通奉大夫江西按察使晉加布政使銜賜謚貞恪顯考潤山府君（周玉衡）行述一卷

清同治間刻本（古籍總目、普查目録、上圖目録）

上圖　北師大

（江蘇常熟）海虞周氏宗譜五卷首一卷

稿本（記事至光緒十六年，六修本）（古籍總目）

常熟博

佚名

江蘇省松江府婁縣光緒拾玖年徵收地漕錢糧民欠徵信册不分卷

清光緒間刻本暨清光緒二十年張性淵木活字擺印本（南圖目録）

南圖

上海縣

瞿應紹

字陛春，號子治。以廪貢生以教諭候選。工蘭竹。卒年七十二。事迹具同治《上海縣志》卷二十二。

月壺題畫詩一卷

清道光三十年刻本（古籍總目、上圖目録、南圖目録）

國圖　上圖　南圖　中科院　復旦

民國十七年武進陶氏涉園石印《喜詠軒叢書》本（古籍總目）

國圖　上圖　中科院　北大　復旦

徐渭仁（一七八八—一八五五）

傳見本卷《善本稀見本經眼録》。

隨軒金石文字不分卷（輯）

清道光二十三年刻同治七年補刻本（善本書目、古籍總目、普查目録、學苑汲古）

國圖　上圖　南圖　復旦　清華

清光緒元年海寧張氏杏花仙館抄本（古籍總目）

壹圖

考古金鑑二卷

清抄本（上圖目録）

上圖

隨軒詩存二卷續存二卷

稿本（善本書目、古籍總目、上圖目録）

上圖

春暉堂叢書十二種

道光咸豐間上海徐渭仁刻同治九至十年徐允臨補刻彙印本（古籍總目、學苑汲古、普查目録）

國圖　上圖　南圖　北大　南大

陸旦華（一七八八—？）

傳見本卷《善本稀見本經眼録》。

麟角集一卷黄御史集一卷（輯）

清咸豐三年刻本（普查目録、學苑汲古）

首都　蘇大

清光緒四年刻本（普查目録）

國圖

三癸東莊詩稿二卷雜著一卷

清同治十三年刻本（古籍總目）

南圖　社科院文學所

陸雋東（？—一八六一）

字友梅。刁素雲夫。

景雲堂詩稿一卷

清光緒八年刻本（古籍總目、普查目録）

南圖　華東師大

葉廷琯（一七九二—一八六八）

字調生，吴縣（今屬江蘇蘇州）人。避地上海，時年已七十，猶勤學不輟。著有《吹網録》《鷗波餘話》，又輯《同人詩略二集》。事迹具光緒《松江府續志》卷二十。

吹網録六卷餘録六卷

稿本（善本書目、古籍總目）

中科院

吹網録六卷

清同治八年陳德銘刻本（古籍總目）

香港中山

清同治八年謝文翰齋刻本（古籍總目、學苑汲古）

國圖　南圖　天津

清同治八年嘉興刻本（古籍總目）

南圖　北大

民國二十四年上海大達圖書供應社鉛印本（國圖目録、南圖目録）

國圖　南圖

吹網録六卷鷗陂漁話六卷

稿本（善本書目、古籍總目）

南圖

清同治八年刻本（古籍總目、普查目録、學苑汲古）

國圖　上圖　南圖　南開　哈爾濱師大

清末上海掃葉山房石印本（古籍總目、普查目録）

南圖　遼寧　吉林　東北師大　哈爾濱師大

王壽康（一七九五—一八五九）

字二如，上海人。諸生。年六十五卒。事迹具光緒《松江府續志》卷二十四及上海《王氏家譜》。

太原張太宜人節孝圖一卷

清道光間拓本（普查目録、學苑汲古）

平湖　北大

蘭言室藏帖四卷

清末拓本（清申江王氏刻石）（普查目録、學苑汲古）

吉林　北大　復旦

古文資鏡一卷（選）

清咸豐同治間刻詒安堂所刻書十種本（古籍總目、普查目録、學苑汲古）

國圖　天津　華東師大

自鳴稿二卷附詩餘一卷

清咸豐五年槎東別墅刻本（古籍總目、普查目録、學苑汲古）

國圖　首都　中科院　清華　復旦

顧廣譽（一八〇〇—一八六七）

字惟康，號訪溪，浙江平湖人。咸豐二年（一八五二）優貢。同治六年（一八六七）至光緒六年（一八八〇）主講上海龍門書院。著有《悔過齋文集》等。事迹具民國《上海縣續志》卷二十一。

學詩詳説三十卷

清光緒三年顧鴻昇刻平湖顧氏遺書本（古籍總目、普查目録、學苑汲古）

國圖　首都　上圖　北大　復旦

學詩正詁五卷

清光緒三年顧鴻昇刻平湖顧氏遺書本（古籍總目、普查目録、學苑汲古）

國圖　上圖　南圖　北大　復旦

四禮搉疑八卷

稿本（善本書目、古籍總目、普查目録）

復旦（清姚椿跋、佚名録清陳壽熊校注）

清通藝閣抄本（善本書目、古籍總目）

上圖

清平湖張氏躬厚堂抄本（普查目録）

平湖

清光緒十四年吴縣朱氏槐廬家塾刻槐廬叢書四十六種本（古籍總目、普查目録）

國圖　上圖　南圖　北大　復旦

説文辨疑一卷

清同治光緒間吴縣雷氏刻光緒十年彙印雷刻四種本（古籍總目）

湖北　中科院

陳養吾（希恕）家傳一卷

清刻本（古籍總目）

上圖

表貞録一卷

清光緒十五年刻本（普查目録）

蘇州

顧廣譽劄記一卷

清末顧鴻昇抄本（普查目録）

嘉興（清顧鴻昇跋）

悔過齋劄記一卷

清光緒三年顧鴻昇刻平湖顧氏遺書本（古籍總目）

國圖　上圖　南圖　中科院　復旦

人範六卷附録一卷（增輯）

清光緒十六年守拙軒刻本（古籍總目、普查目録）

國圖　上圖　浙江　杭州　嘉興
清光緒十六年平湖縣學署刻本（古籍總目、普查目録）
上圖　南圖　浙江　温州　嘉興
清光緒二十六年江南格致書院刻本（古籍總目、普查目録）
上圖　南圖　浙江　臨海
清光緒二十六年吉林恩壽鉛印本（普查目録）
國圖　湖南
清光緒二十七年廣雅書局刻本（古籍總目、普查目録）
國圖　上圖　南圖　湖南　香港中大
清光緒三十一年江北商務總局鉛印本（古籍總目）
南圖
清光緒間吴江沈氏鉛印本（古籍總目）
國圖
清末鉛印本（古籍總目）
國圖

悔過齋未定稿（悔過齋文稿）七卷

清咸豐七年朱壬林刻本（古籍總目、普查目録、學苑汲古）

浙江　内蒙古　吉林　中科院　北師大

悔過齋文集七卷

清同治十年刻本（普查目録、學苑汲古）

南開　吴江區

清光緒三年顧鴻昇刻平湖顧氏遺書本（古籍總目、普查目録、學苑汲古）

國圖　首都　上圖　北大　清華

悔過齋續集七卷補遺一卷

清光緒三年顧鴻昇刻平湖顧氏遺書本（古籍總目、普查目録）

國圖　上圖　南圖　復旦　福建師大

悔過齋文續稿十卷補遺一卷劄記一卷詩稿三十卷

清光緒三年朱之榛刻本（古籍總目）

社科院近代史所　山東

悔過齋文集六卷

清抄本（古籍總目）

社科院文學所

悔過齋集外文二卷

清平湖孫氏抄本（古籍總目）

上圖

詁經精舍文續八卷

清道光二十二年刻本（古籍總目）

蘇州

平湖顧氏遺書五種

清光緒三年顧鴻昇刻本（古籍總目、普查目録、學苑汲古）

國圖　上圖　浙江　復旦　浙大

學詩詳説三十卷

學詩正詁五卷

悔過齋文集七卷

劄記一卷

悔過齋續集七卷補遺一卷　清光緒四年補刻

趙　棻（?——一八七五）

字芳林。事迹具民國《上海縣續志》卷十八。

清雅堂詩草一卷

稿本（古籍總目）

山東博（張續田、楊紹程跋）

南宋宫闈雜詠一卷

清光緒三至二十六年錢塘丁氏嘉惠堂刻武林掌故叢編本（古籍總目、普查目録、學苑汲古）

國圖　上圖　南圖　北大　復旦

清宣統間國學扶輪社鉛印香艷叢書本（古籍總目）

國圖　上圖　南圖　黑龍江　北大

周　衡（一八〇五—一八八八）

字次夫，號歡醨老人。静遠子。事迹具民國《上海縣續志》卷十八。

歡醨殘客自記年譜一卷

稿本（古籍總目、普查目録）

國圖

抄本（古籍總目）

上圖

寶德堂詩抄十卷附存二卷

清光緒二年刻本（古籍總目、普查目録、學苑汲古）

國圖　上圖　浙江　北大　復旦

賈履上（一八〇八—一八七五）

字季超，號雲階，上海人。歲貢。太常寺典簿銜，就職訓導。事迹具民國《上海縣續志》卷十八。

咸豐六年丙辰科江蘇歲貢卷一卷

清咸豐間刻本（古籍總目）

上圖

性理輯要三卷

清咸豐二年刻本（普查目録）

黑龍江

訓蒙詩選二卷

清同治十三年刻本（古籍總目、普查目録）

上圖　内蒙古

李尚暲（一八一〇—一八七〇）

傳見本卷《善本稀見本經眼録》。

上海松江李氏族譜不分卷

清咸豐八年懷古堂寫本（古籍總目）

上圖

漢瓦研齋初編不分卷

清光緒二十四年影印本（普查目録）

陝西

優盋羅室稿二卷（優盋羅室詩稿一卷月來軒詩稿一卷）

清宣統元年鉛印本（古籍總目、普查目録、學苑汲古）

國圖　上圖　南圖　社科院文學所　復旦

優盋羅室詩稿一卷文稿一卷

民國二十九年鉛印上海李氏易園三代清芬集本（古籍總目、普查目録）

國圖　華東師大　河南大學

猶得住樓詩稿不分卷附詞一卷

民國二十九年鉛印上海李氏易園三代清芬集本（古籍總目、學苑汲古）

國圖　人大

莫友芝（一八一一—一八七一）

字子偲，號郘亭，貴州獨山人。道光十一年（一八三一）舉人。博學嗜古，精小學，工篆隸書。同治中，寓上海。事迹具民國《上海縣續志》卷二十一。

郘亭詩文稿不分卷書跋不分卷

稿本（善本書目、古籍總目、普查目録）

國圖

郘亭詩文稿不分卷

稿本（善本書目、古籍總目）

南圖（清徐子苓批並跋，清鄭珍、清黎兆勳跋）

李善蘭（一八一一—一八八二）

字壬叔，一字秋紉，浙江海昌人。咸豐二年（一八五二）來滬，居十年。事迹具民國《上海縣續志》卷二十一。

則古昔齋算學十三種

清同治六年海寧李善蘭金陵刻本（古籍總目、普查目録、學苑汲古）

國圖　首都　上圖　南圖　北大

清同治七年刻本（古籍總目、學苑汲古）

北大

清同治間五獨山刻本（古籍總目）

瀋陽

清光緒八年江寧藩署刻本（古籍總目、普查目録）

國圖
清光緒十四年上海大同書局石印本（普查目録、學苑汲古）
陝西　保定　平湖　紹興　北大
清光緒二十二年上海積山書局石印本（古籍總目、普查目録、學苑汲古）
國圖　上圖　南圖　川大　山大

方圓闡幽一卷
弧矢啓祕二卷
對數探源二卷
垛積比類四卷
四元解二卷
麟德術解三卷
橢圓正術解二卷
橢圓新術一卷
橢圓拾遺三卷
火器真訣一卷
對數尖錐變法釋一卷

級數回求一卷
天算或問一卷

則古昔齋文抄一卷

清徐氏汲脩齋抄汲脩齋叢書十六種本（善本書目）

國圖

楊長年（一八一一—一八九四）

字樸庵，江寧（今屬江蘇南京）人。同治九年（一八七〇）舉人。光緒初，主講敬業書院、鍾山書院。卒年八十餘。事迹具民國《上海縣續志》卷二十一。

慎獨齋周易省心録不分卷

清光緒八年上海敬業書院刻本（古籍總目、普查目録、學苑汲古）

國圖　南圖　山東　復旦　南大

清光緒二十一年壽州刻本（古籍總目）

南圖

春秋律身録二十二卷

清光緒元年刻本（古籍總目）

國圖　上圖　南圖

清光緒十年刻本（古籍總目）

復旦

清光緒十九年刻本（古籍總目、普查目録、學苑汲古）

上圖　南圖　湖北　金陵　復旦

春秋律身録不分卷

民國間抄本（普查目録）

湖南

同治九年庚午科並補元年壬戌恩科江南鄉試硃卷一卷

清同治間刻本（古籍總目）

上圖

妙香室集四卷

稿本（古籍總目）

南圖

清抄本（普查目録）

天一閣

民國三至五年上元蔣氏慎修書屋鉛印金陵叢書本（古籍總目、學苑汲古）

國圖　上圖　南圖　北大　復旦

毛祥麟（一八一二—？）

傳見本卷《善本稀見本經眼録》。

三略彙編十二卷

稿本（善本書目、古籍總目）

上圖

吴縣王氏蛾術軒抄本（復旦目録）

復旦

對山醫話（毛對山醫話）四卷

清光緒三十一年醫報館鉛印本（古籍總目、普查目録）

山西

清抄本（南圖目録）

南圖

抄本（古籍總目）

上海中醫大

民國十三年杭州三三醫社鉛印三三醫書本（古籍總目）

中醫科學院　上海中醫大　内蒙古　同濟醫　成都中醫大

民國二十五至二十六年大東書局鉛印中國醫學大成本（古籍總目）

國圖　上圖　中科院　中醫科學院　上海中醫大

增註達生編二卷（增注）

清宣統元年石印本（古籍總目、普查目録）

上圖　南圖　内蒙古　南通大學　暨大

對山書屋墨餘録十六卷

清同治九年上海毛氏亦可居刻本（學苑汲古、普查目録、上圖目録）

國圖　上圖　浙江　天一閣　天津師大

清同治九年湖州吴氏醉六堂刻本（古籍總目、普查目録、學苑汲古）

國圖　首都　上圖　北大　清華

清同治十年杭州楊氏文元堂刻本（古籍總目、普查目録、學苑汲古）

國圖　上圖　浙江　復旦　吉大

清同治十三年甲戌上海毛氏修定刻本（上圖目録）

上圖

清光緒三十二年京都琉璃廠文淵堂刻本（普查目録）

浙博

對山書屋墨餘録四卷

清末鉛印本（古籍總目）

北大

民國二年上海中華藝文社鉛印小醉經閣叢刻本（古籍總目、學苑汲古）

南圖　金陵　北大　復旦　東北師大

民國六年上海振民編社鉛印小醉經閣叢刻本（古籍總目）

上圖

民國十一年上海文明書局石印本（古籍總目、學苑汲古）

南圖　遼寧　錦州　復旦

民國間上海進步書局石印筆記小説大觀本（古籍總目、普查目録、學苑汲古）

國圖　上圖　南圖　北大　復旦

對山餘墨一卷

清宣統二年上海國學扶輪社鉛印香艷叢書本（學苑汲古）

北大　武大　浙江師大

快心醒睡録十六卷卷首一卷

清光緒二十一年上海書局石印本（普查目録、學苑汲古）

國圖　首都　上圖　浙江　北大

楚辭校文三卷

民國間金山姚氏抄本（上圖目録）

上圖

王慶勳（一八一四—一八六七）

傳見本卷《善本稀見本經眼録》。

上海王氏家譜六卷（纂修）

清咸豐十一年奉思堂刻本（古籍總目）

國圖　日本東京大學　美國斯坦福大學

清上海王氏抄本（古籍總目）

上圖

詒安堂詩初稿八卷二集八卷詩餘三卷試帖詩鈔一卷

清咸豐三至五年刻本（古籍總目、普查目録、學苑汲古）

國圖　上圖　中科院　社科院文學所　復旦

詒安堂詩初稿四卷

清抄本（古籍總目）

上圖

詒安堂詩二集三卷

稿本（古籍總目）

上圖

叔彝吟草不分卷

清抄本（古籍總目）

上圖

菽畦居士初集一卷

清抄本（古籍總目）

上圖

應求集四卷

清咸豐八年刻本（上圖目録）

上圖

曙海樓詩抄四卷

稿本（善本書目、古籍總目）

上圖

王叔彝詩稿二種不分卷

稿本（古籍總目）

上圖

叔彝詞稿一卷

清曙海樓刻本（古籍總目）

上圖

沿波舫詞一卷

清咸豐三年刻同人詞選本（古籍總目）

國圖

叔彝（詒安堂）詩餘不分卷

稿本（上圖目録）

上圖

清咸豐間刻詒安堂所刻書本（古籍總目、普查目録）

國圖

詒安堂全集六種

清道光至咸豐間上海王氏刻本（古籍總目）

國圖　上圖

詒安堂初稿八卷二稿八卷詩餘三卷試帖詩抄一卷

應求集四卷附閨秀一卷

可作集八卷

同人詩録

朱藤老屋詩抄一卷

誦清閣詩抄一卷

邃懷堂詩集一卷

過庭小草一卷

倚晴樓詩集一卷

棗花老屋集一卷

舒藝室詩一卷

舒嘯樓詩集一卷

伏敔堂詩集一卷

修竹軒詩抄一卷

淞溪遺稿二卷

城北草堂詩餘一卷詞餘一卷

詒安堂所刻書十種

清刻本（古籍總目）

國圖

王焕崧（一八一七—一八九〇）

字紀臺，森澍子。附貢。通經史。辦義舉，大吏奬五品銜訓導。卒年七十有四。事迹具民國《上海縣續志》卷十八。

冬榮室詩抄一卷

清光緒三十三年時中書局鉛印本（古籍總目、普查目録、學苑汲古）

國圖　南圖　吉林　中科院　復旦

鍾文烝（一八一八—一八七七）

傳見本卷《善本稀見本經眼録》。

穀梁補注（春秋穀梁經傳補注）二十四卷首一卷

清同治七年南菁書院刻本（古籍總目、普查目録、學苑汲古）

復旦　南開

清光緒二年鍾氏信美堂刻本（古籍總目、普查目録、學苑汲古）

國圖　中科院　北大　南大　復旦

清光緒十四年南菁書院刻皇清經解續編本（古籍總目、學苑汲古）

國圖　首都　上圖　中科院　北大

清光緒十五年上海蜚英館石印皇清經解續編本（古籍總目、學苑汲古）

國圖　首都　上圖　浙江師大

民國間上海中華書局鉛印四部備要本（學苑汲古）

南大　河南大學　天津師大

魯論語一卷

清光緒間刻豫恕堂叢書本（善本書目、古籍總目）

上圖

孝經義疏補訂補一卷

王欣夫抄本（古籍總目）

復旦

道光二十六年丙午科浙江鄉試硃卷一卷

清道光間刻本（古籍總目）

上圖

乙閏録不分卷

稿本[一]（善本書目、古籍總目）

上圖　臺圖

民國間王氏學禮齋抄本（復旦目録）

復旦

乙閏録二卷

清光緒間豫恕堂叢書寫樣本（善本書目、古籍總目）

上圖

[一] 係謄清稿本。

信美室集一卷

稿本（善本書目、古籍總目）

上圖

李士棻（？—一八八五）

字芋仙，忠州人。道光二十九年（一八四九）拔貢。寓本邑幾二十載。其所爲詩温靡綺麗，之中時寓蕉萃憂傷之思。光緒十一年（一八八五）卒，邑令莫祥芝經紀其喪，葬諸章門百花洲上。所著見藝文。事迹具民國《上海縣續志》卷二十一。

同治東鄉縣志十六卷首一卷末一卷（修）

清同治八年刻本（古籍總目、方志目録、普查目録、學苑汲古）

國圖　上圖　中科院　北大　南大

擬峴臺醱賢醼士録一卷

清同治十二年刻本（普查目録）

湖南

天瘦閣叢抄不分卷

稿本（古籍總目）

上圖

天瘦閣詩半六卷天補樓行記一卷

清光緒十一年上海木活字印本（古籍總目、普查目録、學苑汲古）

國圖　浙江　中科院　北大　清華

天瘦閣詩録一卷

民國十六年天津高凌霨蒼檜簃刻思舊集本（古籍總目）

國圖　首都

李芋仙刺史卧遊詩一卷

清末抄本（普查目録）

北師大

思貽令名齋詩稿不分卷

清稿本（普查目録）

天津

王維圻（？—一八九〇）

字蓀甫。官候補知府。光緒十六年庚寅（一八九〇）秋卒。事迹具民國《上海縣續志》卷十八。

重修嘉興府志八十八卷首二卷

清光緒四年鴛湖書院刻本（古籍總目、普查目録、學苑汲古）

國圖　上圖　南圖　浙江　北大

錢韞素（一八一八—一八九五）

傳見本卷《善本稀見本經眼録》。

月來軒詩稿一卷

清宣統元年鉛印本（古籍總目、學苑汲古）

福建　吉林　社科院文學所　復旦　華東師大

民國二十九年鉛印上海李氏易園三代清芬集本（古籍總目、學苑汲古）

國圖　南圖　山大　華東師大　河南大學

黄　裕（一八二〇—一八六四）

字問之，號樂全，江寧（今屬江蘇南京）人。文瀚父。工詩畫。事迹具民國《上海縣續志》卷二十一。

菜花塍語四卷

民國五年鉛印本（古籍總目、學苑汲古）

國圖　南圖　復旦　華東師大

俞　樾（一八二一—一九〇七）

傳見本卷《善本稀見本經眼録》。

同治上海縣志□卷存一卷

稿本（上圖目録）

上圖

艾德塤（一八二一—?）

號杏坪。諸生。事迹具民國《上海縣續志》卷二十六。

晚晴樓稿一卷

清光緒二十一年刻本（古籍總目、學苑汲古）

華東師大

黄　鐸（一八二三—一八七八）

字子宣，號小園，江寧（今屬江蘇南京）人。咸豐三年（一八五三）偕兄裕避亂，居三林塘。工詩書畫，兼精醫。事迹具民國《上海縣續志》卷二十一。

胠餘集四卷雜存一卷

清宣統三年鉛印本（古籍總目、學苑汲古、普查目録、南圖目録）

南圖　廣東　天津　蘇大　華東師大

賈步緯（一八二六—一九〇三）

傳見本卷《善本稀見本經眼録》。

校正萬年書不分卷

清光緒間則梅山房鉛印本（古籍總目）

上圖

王　韜（一八二八—一八九七）

傳見本卷《善本稀見本經眼録》。

春秋左氏傳集釋不分卷

稿本（古籍總目、上圖目録）

上圖

春秋朔閏至日考二卷

稿本（古籍總目、上圖目録）

上圖

春秋朔閏至日考三卷

清光緒間淞隱廬鉛印弢園經學輯存本（古籍總目、學苑汲古）

國圖　上圖　南圖　中科院　南大

春秋朔至表一卷

清光緒間淞隱廬鉛印弢園經學輯存本（古籍總目）

國圖　上圖　南圖　中科院

春秋日食考一卷

稿本（古籍總目、上圖目録）

上圖

春秋日食辯正一卷

清光緒間淞隱廬鉛印弢園經學輯存本（古籍總目、學苑汲古）

國圖　上圖　南圖　中科院　華東師大

蘅華館雜著七種七卷

稿本（善本書目、古籍總目、普查目録）

國圖

茗華廬日記二卷（道光二十八年十一月至二十九年閏四月）

蘅華館日記一卷（咸豐五年九月至十二月）

書目二卷

茗薌寮志一卷

瀛壖雜志一卷

弢園著述總目一卷

清光緒十五年王韜鉛印本（古籍總目）

國圖　上圖

書目二卷

蘅華館雜著稿本（古籍總目）

國圖

忠義録一卷

弢園叢書本（古籍總目）

上圖

麗農山人（蔣敦復）事實雜録一卷

清光緒十一年長洲王氏淞隱廬刻本（古籍總目）

國圖

鴛鴦誄（楊保艾）一卷

稿本（古籍總目）

上圖

弢園筆乘一卷

民國間成都昌福公司鉛印滿清野史本（古籍總目）

國圖　復旦

甕牖餘談八卷

清光緒間申報館鉛印申報館叢書本（古籍總目、普查目録、學苑汲古）

國圖　上圖　南圖　復旦　厦大

民國間上海進步書局石印筆記小説大觀本（古籍總目）

國圖　上圖　南圖　北大　復旦

民國上海文明書局石印清代筆記叢刊本（古籍總目）

國圖　首都　北師大　上圖　復旦

苕華廬日記二卷（清道光二十八年十一月至二十九年閏四月）

蘅華館雜著稿本（古籍總目）

國圖

蘅華館日記一卷（清咸豐五年九月至十二月）

蘅華館雜著稿本（古籍總目）

國圖

蘅華館日記不分卷（清咸豐八年正月至九月）

稿本（上圖目録）

上圖

蘅華館日記不分卷（清咸豐八年十月至十二月）

稿本（上圖目録）

上圖

蘅華館日記不分卷（清咸豐八年至十年）

稿本（古籍總目）

上圖

弢園日記（清光緒八年至十四年）

稿本（古籍總目、普查目録）

國圖

淞隱盧雜識不分卷（清光緒十二年）

稿本（古籍總目）

卧虎山人日記不分卷（清光緒十五年至二十五年）

稿本（古籍總目）

黄山

瑶臺小録一卷

民國二十三年北平邃雅齋排印清代燕都梨園史料本（古籍總目、上圖目録）

國圖　上圖　南圖

皇朝省州縣別名録一卷

清抄本（古籍總目）

上圖

瀛壖雜志一卷

稿本（古籍總目）

美國柏克萊加州大學

清光緒十七至二十三年上海著易堂鉛印小方壺齋輿地叢鈔本（古籍總目、學苑汲古）

國圖　上圖　南圖　北大　復旦

瀛壖雜志六卷

清光緒元年刻本（古籍總目）

南圖　浙江

民國間上海進步書局石印筆記小説大觀本（古籍總目）

國圖　上圖　南圖　北大　復旦

探地記一卷

清光緒十七至二十三年上海著易堂鉛印小方壺齋輿地叢鈔本（古籍總目、學苑汲古）

國圖　上圖　南圖　北大　復旦

琉球朝貢考一卷

清光緒十七至二十三年上海著易堂鉛印小方壺齋輿地叢鈔本（古籍總目、學苑汲古）

國圖　上圖　南圖　北大　復旦

琉球向歸日本辨一卷

清光緒十七至二十三年上海著易堂鉛印小方壺齋輿地叢鈔本（古籍總目、學苑汲古）

國圖　上圖　南圖　北大　復旦

日本通中國考一卷

清光緒十七至二十三年上海著易堂鉛印小方壺齋輿地叢鈔本（古籍總目、學苑汲古）

國圖　上圖　南圖　北大　復旦

扶桑游記一卷

清光緒十七至二十三年上海著易堂鉛印小方壺齋輿地叢鈔本（古籍總目、學苑汲古）

國圖　上圖　南圖　北大　復旦

吴中財賦考一卷

弢園叢書本（古籍總目）

上圖

清抄本（上圖目録）

上圖

弢園藏書目不分卷

稿本（古籍總目）

國圖

蘅華館書目乙卯季冬校存**不分卷**

稿本（國圖目録）

國圖

蘅華館藏書目録不分卷

稿本（國圖目録）

國圖

遯叟藏書目不分卷

稿本（上圖目録）

上圖

弢園藏書志二卷

稿本（古籍總目）

國圖

艷史叢抄十二種

清光緒四年弢園鉛印本（古籍總目）

國圖　上圖　南圖　山東　福建師大
清光緒宣統間紅蕤閣内史重校鉛印本（古籍總目）
上圖
民國十八年上海漢文淵書肆石印本（古籍總目）
上圖　吉林　長春

衡華館雜稿不分卷

稿本（古籍總目）
國圖

寄生山館隨筆一卷

稿本（古籍總目）
上圖

淞隱漫録一卷

清光緒十年稿本（古籍總目）

上圖

淞隱漫録十二卷

清光緒十年點石齋石印本（古籍總目）

上圖

清光緒十三年上海點石齋石印本（古籍總目）

國圖　上圖　南圖　遼寧　吉林社科院

清光緒二十二年上海書局石印本（古籍總目）

東北師大

淞隱漫録十二卷續録四卷

清光緒間石印本（古籍總目）

國圖

民國十年上海廣華書局石印本（古籍總目）

上圖

海陬冶游録三卷附録三卷（後聊齋志異圖説）

清光緒四年鉛印本（古籍總目）

國圖　上圖　北大

遯窟讕言十二卷

清光緒元年鉛印本（古籍總目）

國圖　上圖

清光緒間鉛印申報館叢書本（古籍總目）

國圖　上圖　南圖　吉林　哈爾濱師大

民國間石印本（古籍總目）

上圖　吉林　黑龍江　北大　東北師大

淞濱瑣話十二卷

清光緒十九年淞隱廬鉛印本（古籍總目）

國圖　上圖　復旦　吉大　哈爾濱師大

清宣統三年上海著易堂石印本（古籍總目）

國圖　南圖　東北師大
民國間鉛印本（古籍總目）
上圖　南圖
民國間上海進步書局石印本（古籍總目）
黑龍江　大連

眉珠盦憶語一卷

清光緒間刻本（古籍總目）
上圖
清光緒間上海申報館鉛印本（古籍總目）
國圖　上圖

老饕贅語二卷

清光緒十年稿本（古籍總目）
上圖

老饕贅語四卷

清光緒間字林滬報館鉛印本（古籍總目）

國圖　上圖　南圖

後聊齋志異圖説十二卷

清光緒十三年石印本（古籍總目）

上圖

清光緒二十二年上海積山局石印本（古籍總目）

國圖　遼寧　遼大

民國十年上海廣華書局石印本（古籍總目）

上圖

正續後聊齋志異不分卷

清光緒二十二年上海書局石印本（古籍總目）

上圖　吉林　東北師大

三續聊齋志異十卷

清光緒二十年袖海山房石印本（古籍總目）

上圖

衿陽雜録一卷

弢園叢書本（古籍總目）

上圖

農事直説一卷

弢園叢書本（古籍總目）

上圖

東人詩話二卷

弢園叢書本（古籍總目）

上圖

弢園鴻魚譜不分卷

稿本（上圖目録）

上圖

弢園未刻詩稿一卷

稿本（善本書目、古籍總目）

上圖

弢園雜録（弢園詩詞）一卷

稿本（古籍總目）

上圖　南圖

蘅華館詩録四卷

稿本（古籍總目）

日本京都大學

蘅華館詩録六卷

清光緒六至九年鉛印弢園叢書本（古籍總目）

國圖

蘅華館詩録附存一卷

清光緒九年長洲王氏香海鉛印本（古籍總目）

國圖

弢園集外詩存一卷

稿本（古籍總目）

上圖

弢園文録不分卷

稿本（古籍總目）

南圖

弢園文録八卷文録外編十二卷

清光緒九年鉛印本（古籍總目）

國圖　北師大

弢園文録外編五卷

清光緒九年長洲王氏香海鉛印本（古籍總目）

國圖

弢園文録外編八卷

清光緒間鉛印弢園叢書本（古籍總目）

國圖

弢園文録外編十卷

清光緒間鉛印本（古籍總目）

國圖

清光緒二十三年時務學社刻本（古籍總目）
中科院

弢園尺牘八卷

清光緒二年鉛印本（古籍總目）
國圖

弢園尺牘十二卷

清光緒十三年大文書局鉛印本（古籍總目）
國圖
清光緒十九年滬北淞隱盧鉛印本（古籍總目）
國圖

弢園尺牘續抄六卷

清光緒十五年鉛印本（古籍總目）
國圖

清光緒十九年鉛印弢園著述本（古籍總目）

國圖

弢園叢書十一種

清抄本（善本書目、古籍總目）

上圖

華蘅芳（一八三三——一九〇二）

字若汀，金匱（今江蘇無錫）人。同治初，滬上設製造局，蘅芳經始其事。咸稱其爲「李善蘭後一人」。事迹具民國《上海縣續志》卷二十一。

行素軒詩存一卷文存一卷

清光緒間刻本（古籍總目、普查目録、南圖目録）

國圖　南圖

楊伯潤（一八三七—一九一一）

字佩甫，號茶禪居士，浙江嘉興人。咸豐之季，避亂滬上。工山水。事迹具民國《上海縣續志》卷二十一。

西湖十八景圖不分卷

清光緒十二年畬經堂影印本（古籍總目、普查目録）

國圖　上圖　浙江　浙博　北大

語石齋畫譜不分卷

清光緒二十七年天津文美齋石印本（古籍總目、普查目録、學苑汲古）

國圖　天津　天津博　中大

海上九家畫譜不分卷

清宣統元年上海天爵堂銅版印本（古籍總目、普查目録）

國圖　浙江　紹興

楊伯潤張子祥二氏寫意不分卷

石印本（學苑汲古）

廈大

南湖草堂集六卷

清光緒八年上海語石齋刻本（普查目録、學苑汲古）

國圖　上圖　浙江　中大　華東師大

三朱遺編三卷（輯）

清光緒十五年嘉興楊氏刻本（古籍總目、普查目録、學苑汲古）

上圖　南圖　復旦　吉大　南開

政和堂遺稿一卷　清朱廣川撰

臞仙吟館遺稿一卷　清朱嘉金撰

清芬館詞草一卷　清朱光熾撰

張茂辰（一八三八—？）

傳見本卷《善本稀見本經眼録》。

先温和公（張祥河）年譜一卷

清同治間上海張氏刻本（古籍總目、普查目録、學苑汲古）

國圖　上圖　遼寧　南大

清光緒元年刻本（普查目録、學苑汲古）

浙江　蘇大

抄本（古籍總目）

上圖

蜨賓館詩存不分卷

民國五年石印本（學苑汲古）

南大

經元善（一八四一——一九〇三）

號蓮册，浙江上虞人。光緒七年辛巳（一八八一），李鴻章創辦電報，檄元善任其事。事迹具民國《上海縣續志》卷二十一。

趨庭記述（經緯）二卷（輯）

清光緒二十三年上虞經氏刻本（古籍總目、普查目録、學苑汲古）

國圖　上圖　南圖　北大　復旦

中國女學集議初編不分卷（輯）

清光緒二十四年鉛印本（古籍總目、普查目録、學苑汲古）

國圖　上圖　南圖　湖南　北師大

居易初集二卷

清光緒二十七年葡國濠鏡大石駮臺鉛印本（古籍總目、普查目録、學苑汲古）

國圖　上圖　南圖　清華　復旦

居易初集三卷

清光緒二十九年上海同文社鉛印本（古籍總目、普查目録、學苑汲古）

國圖　天津　廣西　北師大　安徽師大

秦榮光（一八四一——一九〇四）

字炳如，原名載瞻，號月汀，陳行鄉人。歲貢。就職訓導。事迹具民國《上海縣續志》卷十八。

陳行鄉土志一卷

民國間石印本（學苑汲古）

復旦

同治上海縣志札記六卷

清光緒二十八年松江振華德記印書館鉛印本（古籍總目、普查目録）

國圖　上圖　天津　北大　南大

補晉書藝文志四卷

民國四年鉛印本（學苑汲古）

清華　中海大

民國十九年鉛印本（學苑汲古）

北大　復旦　北師大　華東師大　蘇大

民國二十五至二十六年上海開明書店鉛印二十五史補編本（古籍總目）

國圖　上圖　南圖　北大　復旦

養真堂集五卷

民國八年鉛印本（古籍總目、學苑汲古）

國圖　北大　清華　復旦　人大

上海縣竹枝詞四卷

清宣統元年鉛印本（普查目録）

吉林市

民國元年鉛印本（古籍總目、學苑汲古）

國圖　上圖　南圖　北大　清華

葛士清（一八四三—一九〇二）

字仲廉，號子漣。士達弟，學禮子。光緒十四年（一八八八）舉人。二十四年（一八九八），大挑得教諭。董槃珠、龍門兩書院。卒年六十。事迹具民國《上海縣續志》卷十八。

參校詩傳説存二卷

清光緒間十五年上海守經堂依宋本重刻本（古籍總目、普查目録、學苑汲古）

國圖　上圖　南圖　復旦　中大

經文最新□種

清石印本（普查目録）

龍泉

光緒十四年戊子科江南鄉試硃卷一卷

清光緒間刻本（古籍總目）

上圖

張焕綸（一八四三—一九〇二）

傳見本卷《善本稀見本經眼録》。

尚書地名今釋九卷

稿本（善本書目、古籍總目）

上圖

歷代方略紀要十卷

稿本[一]（古籍總目）

上圖

自有樂地吟草一卷

民國八年鉛印梅溪張氏詩録本（古籍總目）

[一] 係謄清稿本。

上圖

徐建寅（一八四五—一九〇一）

字仲虎。壽子。研精理化製造之法。督造無煙火藥時殞命。追贈内閣學士，入祀昭忠祠。事迹具民國《上海縣續志》卷二十一。

兵學新書十六卷附一卷

清光緒二十四年刻本（古籍總目、普查目録、學苑汲古）

天津　遼寧　福建　北大　蘇大

清光緒間刻本（古籍總目、普查目録、學苑汲古）

上圖　北大　河南大學

清蘭州官書處木活字印本（普查目録）

寧夏

李邦黻（一八四七—一九一二）

傳見本卷《善本稀見本經眼録》。

春秋摘微一卷（輯）

清光緒十四年江陰南菁書院刻南菁書院叢書本（古籍總目、普查目録、學苑汲古）

國圖　天津　上圖　北大　復旦

切韻啓蒙不分卷

民國間吴縣王氏學禮齋抄本（古籍總目）

復旦

光緒以來軍機題名表一卷

抄本（學苑汲古）

北大

李徵士遺稿一卷

民國二十九年鉛印上海李氏易園三代清芬集本（古籍總目、學苑汲古）

國圖　華東師大　河南大學

黄文瀚（一八五〇—一八九五）

字瘦竹，江寧（今屬江蘇南京）人，咸豐間避亂滬上。擅詩詞，精篆刻。事迹具民國《上海縣續志》卷二十一《游寓》。

秋審實緩比較彙案一卷

清光緒三年刻本（普查目録）

福建　湖南社科院　石家莊

揖竹詞館吟草四卷詞草一卷

民國八年鉛印本（古籍總目、普查目録、學苑汲古）

國圖　首都　上圖　南圖　復旦

范本禮（一八五一—一八九四）

字荔泉，上海人。年十五游庠，入龍門書院。光緒二十年（一八九四）七月，聞繼母訃，冒海警歸，以毁卒，年止四十有餘。所著見藝文。事迹具民國《上海縣續志》卷十八。

光緒十四年戊子科江蘇優貢卷一卷

清光緒間刻本（古籍總目）

上圖

河源異同辨一卷

清光緒十七至二十三年上海著易堂鉛印小方壺齋輿地叢鈔本（古籍總目、學苑汲古）

國圖　上圖　南圖　北大　復旦

富良江源流考一卷

清光緒十七至二十三年上海著易堂鉛印小方壺齋輿地叢鈔本（古籍總目、學苑汲古）

國圖　上圖　南圖　北大　復旦

吴疆域圖説三卷

清光緒十四年江陰南菁書院刻南菁書院叢書本（古籍總目、學苑汲古）

國圖　上圖　南圖　北大　復旦

劉汝曾（一八五一——一九一四）

傳見本卷《善本稀見本經眼録》。

上海鄉土勝境地名集對不分卷

清抄本（普查目録、復旦目録）

復旦

劉　樞

字星旋，號鴻甫，上海人。嘉慶十八年（一八一三）舉人。官福安知縣等職。卒年七十六。

西澗舊廬詩稿四卷

清同治十一年刻本（古籍總目[一]、普查目録、學苑汲古）

上圖　浙江　南圖　北大　復旦

[一]《中國古籍總目》著録爲「清同治十一年鉛印本」。

紅樓酒譜二十四詠不分卷

清末抄本（普查目録、復旦目録）

復旦

葉　域

傳見本卷《善本稀見本經眼録》。

南浦草堂詩集一卷

清光緒間刻本（古籍總目、學苑汲古）

復旦

葉慶頤

字新儂，號策鼇游客，上海人。曾游日本。

策鼇雜摭八卷

清光緒十五年刻本（古籍總目、普查目録、學苑汲古）

國圖　上圖　南圖　北大　清華

周晉堃

原名載堃，字紀方，號鐵珊。同治十年（一八七一）進士，由庶吉士改知贊皇縣事。光緒十五年（一八八九）升吏部文選司主事。事迹具民國《上海縣續志》卷十八。

咸豐九年己未恩科並補行五年乙卯正科江南鄉試硃卷一卷

清咸豐間刻本（古籍總目）

上圖

同治十年辛未科會試硃卷一卷

清同治間刻本（古籍總目）

上圖

光緒豐潤縣志十二卷（續纂）

清光緒十七年刻本（古籍總目、普查目録、學苑汲古）

國圖　上圖　南圖　北大　南大

清光緒二十三年抄本（古籍總目、學苑汲古）

吉大

光緒豐潤縣志四卷

民國十年鉛印本（古籍總目、學苑汲古）

國圖　南圖　湖北　北大　復旦

光緒續修贊皇縣志二十九卷首一卷（修）

清光緒二年刻本（古籍總目、普查目録、學苑汲古）

國圖　上圖　南圖　北大　人大

葛士濬

字季源，號子源。士達季弟。諸生。光緒二十一年（一八九五）秋，嬰時疫卒。事迹具民國《上海縣續志》卷十八。

皇朝經世文續編一百二十卷

清光緒八年江右饒氏雙峰書屋刻本（普查目録）
上虞
清光緒十四年圖書集成局鉛印本（普查目録、學苑汲古）
國圖　上圖　南圖　北大　南大
清光緒十七年廣百宋齋鉛印本（學苑汲古）
北大　復旦　華東師大　人大　河南大學
清光緒二十二年上海寶善書局石印本（學苑汲古）
北大　人大　河南大學　吉大　南開
清光緒二十三年上海掃葉山房鉛印本（學苑汲古）
南大　北師大　南開
清光緒二十四年宏文閣石印本（學苑汲古）
北大　復旦　人大　厦大　南開
清光緒二十四年上海書局石印本（學苑汲古）
復旦　南開　人大
清光緒二十四年上海文盛書局石印本（學苑汲古）

鄭大

清光緒二十七年上海久敬齋鉛印本（學苑汲古）

北師大　河南大學　吉大　人大　南開

清光緒二十八年上海崇新書局石印本（學苑汲古）

武大

葛士濬文抄不分卷

清末抄本（普查目録）

國圖

葛士達

傳見本卷《善本稀見本經眼録》。

上海葛氏家譜三卷

民國十七年鉛印本（學苑汲古）

復旦　華東師大

光緒榆社縣志十卷首一卷末一卷

清光緒七年刻本（古籍總目、普查目録、學苑汲古）

國圖　上圖　南圖　中科院　北大

光緒平定州志補一卷

清光緒十八年刻本（古籍總目、普查目録、學苑汲古）

國圖　首都　上圖　南圖　北大

六壬兵占二卷

抄本（古籍總目、上圖目録）〔二〕

上圖

牧令須知六卷

清光緒十五年江蘇書局刻本（普查目録、學苑汲古）

〔二〕《中國古籍總目》、上圖目録均著録作者爲佚名。

吉林　中國民族　北大　南大
清光緒十八年粤東書局刻本（普查目録）
福建

審看論略十則一卷

清光緒十三年刻本（古籍總目）
山東
清光緒十五年江蘇書局刻本（古籍總目、普查目録）
南圖　浙江　天津
清光緒十八年浙江書局刻本（古籍總目）
上圖　南圖　浙江
清光緒二十五年京都榮禄堂刻本（古籍總目）
南圖

遠志齋文稿四卷詩稿二卷

清光緒九年黎陽邑署刻本（古籍總目、普查目録）

首都　浙江　中科院　山西大學　西南大學

曹樹翘

字春林，上海人。撰有《滇南雜志》二十四卷等。

夷雅一卷

稿本（古籍總目）

上圖

滇南雜志二十四卷

清同治光緒間申報館鉛印申報館叢書本（古籍總目、學苑汲古）

國圖　山大　北大　南大　北師大

滇南雜志一卷

小方壺齋輿地叢鈔稿本（善本書目、古籍總目）

國圖

清光緒十七至二十三年上海著易堂鉛印小方壺齋輿地叢鈔本（古籍總目、學苑汲古）

國圖　上圖　南圖　北大　復旦

烏斯藏考一卷

小方壺齋輿地叢鈔稿本（善本書目、古籍總目）

國圖

清光緒十七至二十三年上海著易堂鉛印小方壺齋輿地叢鈔本（古籍總目、學苑汲古）

國圖　上圖　南圖　北大　復旦

味經堂外集四卷

清抄本（普查目録）

浙江

沈志藩

字價人，號守封。習醫。年四十始游庠。習醫。事迹具民國《上海縣續志》卷十八。

藥性歌括一卷

民國二十六年誠廬鉛印本（古籍總目）

上圖

徐兆蘭

號少甫，吴縣（今屬江蘇蘇州）人。寓滬北行醫。卒年逾七十。事迹具民國《上海縣續志》卷二十一。

光緒二年丙子科湖南鄉試硃卷一卷

清光緒間刻本（古籍總目）

上圖

梅墅吟草四卷

清光緒二十六年鉛印本（普查目録、上圖目録）

上圖　浙江　吉林　内蒙古

張春華

號秋浦。廩生。事迹具同治《上海縣志》卷二十一《人物四》。

滬城歲事衢歌一卷〔一〕

清道光二十年刻本（古籍總目、學苑汲古）

國圖　上圖　南圖　華東師大

民國二十五年上海通社鉛印上海掌故叢書第一集本（古籍總目、學苑汲古）

國圖　上圖　南圖　北大　復旦

蔣　恩

傳見本卷《善本稀見本經眼録》。

兵災紀略二卷

民國十四年鉛印三公難記本（古籍總目、南圖目録）

〔一〕是書在上圖歸爲史部地理類，《中國古籍總目》史部、集部均有著録。

國圖　首都　南圖　上圖　復旦

葛其龍

傳見本卷《善本稀見本經眼録》。

光緒五年己卯科順天鄉試硃卷一卷

清光緒間刻本（古籍總目）

上圖

寄庵詩抄不分卷

稿本（古籍總目）

上圖

寄庵詩抄二卷

清光緒四年鋤經精舍刻本（古籍總目、普查目録、學苑汲古）

國圖　上圖　南圖　中科院　華東師大

清抄本（普查目録）
蘇州

東皋倡隨集兩種
清光緒八年刻本（學苑汲古）
華東師大

申報館文抄一卷
清抄本（普查目録）
平湖

擷英集一卷
清抄本（普查目録）
平湖

滬南竹枝詞一卷續滬南竹枝詞一卷

清抄本（普查目録、復旦目録）

復旦

張承頤

字飴香，上海人。恩貢。咸豐元年（一八五一）薦舉孝廉方正。事迹具光緒《松江府續志》卷二十五。

敦夙堂詩稿（敦夙堂集）二卷

清同治十二年刻本（古籍總目、普查目録、學苑汲古、南圖目録）

南圖　浙江　平湖　社科院文學所　華東師大

黄文達

號笠漁、石瓢，潢川人，江寧（今屬江蘇南京）籍。增生。寓滬。事迹具民國《重修婺源縣志》卷三十六。

石菖蒲館詩抄二卷

清光緒二十一年鉛印本（普查目録）

吉林

石菖蒲館詩抄四卷

民國八年鉛印本（古籍總目、學苑汲古、上圖目録、南圖目録）

國圖　上圖　南圖　中科院　南大

緑[一]梅花龕詞二卷

民國八年鉛印本（古籍總目、學苑汲古、上圖目録、南圖目録）

國圖　上圖　南圖　中科院　南大

凌　德

字蟄庵，號嘉禄、嘉六，歸安（今屬浙江湖州）人。咸豐間寓滬，與諸名流討論金石書畫。事迹具民國

[一]《中國古籍總目》作「紅」。

《上海縣續志》卷二十一。

咳論經旨四卷

民國十三年杭州三三醫社鉛印三三醫書本（古籍總目）

内蒙古　中醫科學院　上海中醫大　同濟醫　成都中醫大

抄本（古籍總目）

上海中醫大

温熱類編六卷

民國十六年杭州三三醫社鉛印讀有用書樓醫書選刊本（古籍總目、上圖目録、南圖目録）

上圖　南圖　中國醫科院　中醫科學院

抄本（古籍總目）

浙江中醫藥院

女科折衷纂要一卷

民國十三年杭州三三醫社鉛印三三醫書本（古籍總目）

内蒙古　中醫科學院　中華醫學會上海分會　上海中醫大　成都中醫大

抄本（古籍總目）

中華醫學會上海分會

專治麻痧初編六卷

民國十三年杭州三三醫社鉛印三三醫書本（古籍總目）

内蒙古　中醫科學院　中華醫學會上海分會　上海中醫大　成都中醫大

漢魏六朝文繡四卷續抄一卷

清光緒八年刻本（普查目録、學苑汲古、上圖目録）

國圖　上圖　天津　蘇州　北大

民國八年上海掃葉山房石印本（國圖目録、上圖目録、學苑汲古）

國圖　上圖　北大　北師大　中大

嚴鐵橋先生古文編目拾遺一卷補勘一卷（輯）

清稿本（普查目録[一]、學苑汲古）

南開

姚元鈺

號則夫，上海人。增廣生。事迹具民國《上海縣續志》卷十八。

鈍翁遺稿四卷

清光緒間鉛印本（古籍總目）

社科院文學所

民國間鉛印本（上圖目録）

上圖

張鶴

字静薌。出家爲道士，住邑廟玉清宫。事迹具民國《上海縣續志》卷二十六。

[一] 普查目録著録爲「清稿本」，學苑汲古著録爲「民國間抄本」。

琴學入門二卷

清同治六年張鶴刻本（古籍總目、學苑汲古、普查目録）

國圖　首都　南圖　浙江　南大

清同治十三年心嚮往齋刻本（古籍總目、普查目録、學苑汲古）

上圖　浙江　金陵　蘇州　復旦

清光緒七年刻本（古籍總目、學苑汲古、普查目録）

國圖　天津　南圖　上圖　北大

清末抄本（普查目録）

遼寧

民國間中華圖書館石印本（普查目録、學苑汲古）

國圖　上圖　南圖　北大　河南大學

琴學入門四卷

清宣統元年蘇州刻本（普查目録、學苑汲古）

廣西　重慶　杭州　北碚　吉大

琴學入門一卷

清抄本（古籍總目）

南圖

王　寅

字冶梅，上元（今屬江蘇南京）人，流寓上海。事迹具《上海縣續志》卷二十六《藝文》。

冶梅梅譜不分卷

清光緒六年上海朝記書莊石印本（古籍總目）

國圖　南圖

清光緒十八年石印本（古籍總目）

上圖　南圖　天津　北大

袁祖志

字翔甫，自號倉山舊主，錢塘（今屬浙江杭州）人。咸豐十年（一八六〇）署邑丞。解組後遂寓滬。時大難初平，祖志感事懷人，詩文恒寓抑鬱。晚年結廬爲吟社，顔曰楊柳樓臺。與諸名士郵筒唱和。年七十餘卒。生平著述不自收拾，惟《隨園瑣記》一卷刊入葛氏《嘯園叢書》。游歷歐美，著《談瀛録》，香山徐氏刊行之。事迹具民國《上海縣續志》卷二十一。

孤忠録二卷

清光緒十二年上海文瑞樓刻本（古籍總目）

國圖

清光緒十二年上海還讀樓刻本（古籍總目、學苑汲古）

國圖　北大　南開　蘇大

孤忠録（吴可讀）二卷

清光緒六年鉛印本（古籍總目、學苑汲古）

上圖　華東師大　吉大　人大

清光緒十二年刻本（古籍總目）

國圖

抄本（古籍總目）

北師大

抄本（學苑汲古）

蘇大

瀛海採問紀實一卷

清光緒十七年同文書局石印談瀛録本（古籍總目、普查目録）

國圖　上圖　南圖　南開　北師大

清光緒十七至二十三年上海著易堂鉛印小方壺齋輿地叢鈔本（古籍總目、學苑汲古）

國圖　上圖　南圖　北大　復旦

擇言尤雅録一卷

清光緒間仁和葛氏刻嘯園叢書本（古籍總目、普查目録、學苑汲古）

國圖　上圖　南圖　北大　復旦

談瀛閣詩稿八卷附詩餘一卷

清光緒十二年刻本（古籍總目）

北大

南北竹枝詞一卷

清光緒二年刻本（古籍總目）

南圖

海上竹枝詞一卷

清光緒二年刻本（古籍總目）

日本國會

談瀛録三卷

清光緒十七年同文書局石印本（古籍總目）

國圖

談瀛録四卷

清光緒十年刻本（普查目録）

首都

談瀛録六種六卷

清光緒十七年同文書局石印本（古籍總目、普查目録、學苑汲古）

國圖　上圖　南圖　南大　南開

瀛海採問紀實一卷

涉洋管見一卷

西俗雜誌一卷

出洋須知一卷

海外吟一卷

海上吟一卷

喬重禧

傳見本卷《善本稀見本經眼録》。

陔南池館詩抄□卷（存卷十三）

稿本（古籍總目、上圖目録）

上圖

陔南池館遺集二卷

清咸豐元年上海徐氏刻春暉堂叢書本（古籍總目、南圖目録、普查目録）

國圖　南圖　天津　復旦　暨大

柿澤亭文集不分卷

稿本（上圖目録）

上圖

王萃元

傳見本卷《善本稀見本經眼録》。

星周紀事一卷（清同治元年至三年）

稿本（善本書目、古籍總目）

上圖

星周紀事二卷

民國十四年鉛印三公難記本（古籍總目）

國圖　上圖　首都　復旦

民國二十五年上海通社鉛印上海掌故叢書第一集本（古籍總目、普查目録）

國圖　上圖　南圖　北大　復旦

賈振元

字新堂，號春江，上海人。庠生。好吟詠，兼習青烏家言。事迹具同治《上海縣志》卷二十二、光緒《松江府續志》卷二十六。

新棠存一草二卷附詩餘一卷

清咸豐九年刻本（古籍總目、普查目録、學苑汲古、南圖目録）

上圖　南圖　浙江　社科院文學所　華東師大

汪　藻

字鑑齋，吴縣（今屬江蘇蘇州）人。流寓上海。

靜怡軒詩抄五卷

清光緒四年吴縣汪氏刻本（古籍總目、普查目録、學苑汲古、上圖目録、南圖目録）

國圖　上圖　南圖　中科院　復旦

繡蜨盦詞抄五卷

清光緒四年吴縣汪氏刻本（古籍總目、普查目録、學苑汲古）

南圖　温州　天一閣　北大　復旦

清光緒四年長洲潘氏香禪精舍刻本（古籍總目）

國圖　上圖　香港中山　北大

李維清

傳見本卷《善本稀見本經眼録》。

光緒上海鄉土志一卷

清光緒三十三年上海著易堂鉛印本（古籍總目、普查目録、學苑汲古）

國圖　上圖　南圖　中科院　復旦

清光緒三十三年上海勸學所鉛印本（普查目録、學苑汲古）

浙江　鄭州　復旦

民國上海鄉土歷史志不分卷

民國十六年上海著易堂鉛印本（古籍總目）

上圖

民國上海鄉土歷史志不分卷

抄本（古籍總目）

上圖

上海鄉土地理志不分卷

清光緒三十三年上海著易堂鉛印本（古籍總目）

國圖

上海鄉土地理志不分卷

民國十六年上海著易堂鉛印本（古籍總目）

上圖

上海鄉土地理志不分卷

抄本（古籍總目）

上圖

古文選讀初編二卷

清光緒三十三年鉛印本（普查目録、學苑汲古）

北大　蘇州

民國元年江南製造局鉛印本（學苑汲古）

北大　復旦　南大　武大　北師大

周　鏞

字備笙，錢塘人，游寓上海。善山水。致力於詩古文詞，兼精雜藝。卒年二十有八。事迹具民國《上海縣續志》卷二十一。

禹貢集成不分卷

清抄本（古籍總目）

南圖

周臨芥子園畫傳五卷

清光緒十三年石印本（普查目録）

杭州　紹興　保定　齊齊哈爾

民國十八年影印本（上圖目録）

上圖

洗桐山館文抄一卷

清光緒二十四年漢川豐古堂劉氏刻本（古籍總目、上圖目録）

上圖　中科院

胡式鈺

傳見本卷《善本稀見本經眼録》。

干支月名歌不分卷

清光緒間二十七年南清河王錫麒小方壺齋鉛印牖蒙叢編本（國圖目録、復旦目録）

國圖　復旦

竇存四卷

清道光二十一年刻本（古籍總目、上圖目録）

國圖　上圖　南圖　天津　北大

胡固生先生遺詩一卷

民國七年鉛印本（上圖目録）

上圖

李學璜

傳見本卷《善本稀見本經眼録》。

枕善居詩賸一卷

清末抄本（善本書目、古籍總目）

上圖

朱孔陽

字寅谷，號邠裳，諸翟（今屬上海閔行）人。諸生。通堪輿之學。事迹具光緒《松江府續志》二十四。

歷朝陵寢備考五十卷歷代宗廟附考八卷

清光緒三年鉛印申報館叢書本（古籍總目、普查目録、學苑汲古）

國圖　上圖　南圖　首都　北師大

淞南詩抄不分卷

民國間抄本（國圖目録）

國圖

淞南詩抄續選一卷

抄本（上圖目録）

上圖

佚名

雲間故迹考訂不分卷

清光緒間抄本（上圖目録）

上圖

青浦縣

何長治（？—一八九二）

字鴻舫，青浦人。咸豐間寓漕河涇。工書能詩，尤長醫理，立起沈痾，時以國手推之。事迹具民國《上海縣續志》卷二十一。

何鴻舫曹智涵方案真迹不分卷

稿本（古籍總目）

蘇州中醫院

還如閣詩存二卷

清光緒十九年何振宇刻本（古籍總目、學苑汲古）

國圖　南圖　嘉善　北師大　華東師大

清末民初抄本（古籍總目）

國圖（佚名眉批，邵曾鑑觀款）

何其超（一八〇三——一八七一）

字古心，青浦人。恩貢。工詩。暇輒以詩自娱，著有《藏齋詩抄》。事迹具光緒《金山縣志》卷二十七。

咸豐二年壬子科四年甲寅年考准江蘇恩貢卷一卷

清咸豐間刻本（古籍總目、上圖目録）

上圖

青浦續詩傳八卷續一卷

清光緒三十一年木活字印本（古籍總目、普查目録、學苑汲古）

國圖　上圖　南圖　北大　復旦

藏齋詩抄六卷

清同治七年刻本（古籍總目、普查目録、學苑汲古）

國圖　南圖　浙江　中科院　復旦

棗花老屋集一卷

清道光咸豐間上海王氏刻詒安堂全集本（古籍總目）

國圖　上圖

光孝集（朱瑋）二卷

清道光二十六年嘉定朱氏歸硯齋刻本（古籍總目、普查目録、學苑汲古）

國圖　清華　華東師大

熊其光（一八一七—一八五五）

傳見本卷《善本稀見本經眼録》。

蘇林詩賸一卷

清光緒間刻二熊君詩賸本（古籍總目、普查目録、學苑汲古）

國圖　上圖　南圖　社科院文學所　復旦

海琴樓遺文一卷

清光緒間刻二熊君詩賸本（古籍總目、普查目録、學苑汲古）

國圖　上圖　南圖　社科院文學所　復旦

許錫祺（一八二〇—一八七六）

傳見本卷《善本稀見本經眼録》。

許松濱先生全集六種四十三卷卷首一卷卷末一卷

清光緒十九年劉汝錫等刻本（古籍總目、普查目録、學苑汲古）

國圖　首都　上圖　北大　清華

清光緒十九年劉汝錫等刻民國二十二年補修本（古籍總目、普查目録、學苑汲古）

浙江　中科院　華東師大　川大　武大

寤言三十卷附質疑一卷

周易臆解四卷

初學入門一卷

許淞濱先生條答四卷附評條答

許淞濱先生詩集二卷文集二卷

侍疾日記一卷

莊世驥（一八二一—一八七一）

字俠君。咸豐九年（一八五九）舉人。卒年五十有一。事迹具光緒《青浦縣志》卷十九《人物三》。

急就章考異一卷

稿本（古籍總目）

北大

清光緒十七年廣雅書局刻廣雅書局叢書本（普查目録、學苑汲古）

國圖　首都　天津　北大　復旦

清光緒十七年廣雅書局刻民國九年彙編重印廣雅書局叢書本（古籍總目、學苑汲古）

國圖　上圖　南圖　中科院　北大

咸豐九年己未恩科江南鄉試硃卷一卷

清咸豐間刻本（古籍總目）

上圖

姚承燕（一八二三—一九〇二）

字芑蓀，青浦人。附貢。寓滬上三十餘年。光緒二十八年（一九〇二），重游泮水。卒年八十有二。事迹具民國《青浦縣續志》卷十六。

松濱草堂詩抄（詩民漫詠）六卷

清同治九年刻本（古籍總目、普查目録）

首都　浙江　中科院

清光緒八年刻本（古籍總目、普查目録、學苑汲古）

上圖　湖南　華東師大

楊宗濂（一八三二—一九〇六）

字奉頤，號蓮塘，青浦人。諸生。工文詞。事迹具光緒《青浦縣志》卷十九。

合肥相國（李鴻章）七十賜壽圖一卷附壽言一卷

清光緒十八年海軍石印書局石印本（古籍總目、普查目録、學苑汲古）

國圖　上圖　浙江　天一閣　復旦

楊菊仙（延俊）行狀不分卷侯太夫人行述不分卷（楊延俊夫婦行狀不分卷）

清光緒十八年刻本（古籍總目、學苑汲古）

上圖　北大

小題文府不分卷

清光緒間石印本（普查目録）

國圖　儀徵　連雲港博

熊其英（一八三七—一八七九）

傳見本卷《善本稀見本經眼録》。

光緒青浦縣志三十卷圖首二卷末一卷（纂）

清光緒五年尊經閣刻本（古籍總目、普查目録、學苑汲古）

國圖　首都　上圖　南圖　北大

清光緒五年尊經閣刻民國三十三年印本（古籍總目、學苑汲古）

上圖　復旦　華東師大　厦大

光緒吴江縣續志四十卷首一卷（纂）

清光緒五年刻本（古籍總目、普查目録、學苑汲古）

國圖　首都　上圖　南圖　北大

吴江縣藝文志六卷（纂）

清光緒五年刻本（普查目録）

國圖

含齋詩賸一卷

清光緒間刻二熊君詩賸本（古籍總目、普查目録、學苑汲古）

國圖　上圖　南圖　社科院文學所　復旦

耻不逮齋文集三卷附録一卷補遺一卷

清光緒十七年蘇州五畝園刻本（古籍總目、普查目録、學苑汲古）

國圖　首都　南圖　復旦　南大

葉世熊（一八三七—一九〇九）

字培卿，青浦人。世騏從兄。由芟稼村遷居楓涇。附貢。以軍功保舉訓導。與婁縣沈祥龍訂文字交。事迹具民國《青浦縣續志》卷十六。

上海青浦葉氏家譜六卷

清光緒十六年刻本（普查目録、上圖目録）

上圖　嘉善

光緒蒸里志略十二卷

清光緒九年纂宣統二年青浦葉桐叔鉛印本（古籍總目、普查目録、學苑汲古）

國圖　首都　上圖　北大　復旦

醉月居詩抄一卷詞抄一卷

清光緒三十年刻本（古籍總目、普查目録、學苑汲古）

國圖　浙江　復旦　華東師大　吉大

清宣統二年刻本（普查目録、學苑汲古）

天津　北師大　南開

王鳳儀（一八四三—一八九六）

字韻存。增生。工詩古文詞，善畫。事迹具民國《青浦縣續志》卷十六。

梅影山房詩賸一卷

民國三十一年青浦朱雲樊鉛印鳳溪二王先生詩存本（古籍總目、學苑汲古）

上圖　復旦　華東師大

倪倬

傳見本卷《善本稀見本經眼録》。

讀左瑣言一卷

清道光間吴江沈氏世楷堂刻昭代叢書合刻本（古籍總目、學苑汲古）

國圖　上圖　南圖　北大　復旦

讀左瑣言六卷

清抄本（古籍總目、上圖目録）

上圖

抄本（上圖目録）

上圖

四書典要一卷典制便覽一卷

稿本（古籍總目〔一〕、南圖目録）

南圖

我我書屋吟稿八卷

清抄本（上圖目録）

上圖

何廷璋

字端夫，其超孫，横江人。諸生。以子棟興任南安府把總。敕贈修武校尉。事迹具同治《定南廳志》。

中庸集解不分卷

民國二十四年廣東清遠飛霞古洞鉛印本（學苑汲古）

中大

〔一〕《中國古籍總目》著録爲「□□撰」。

漢漢壽亭侯關壯繆世家不分卷

民國十年廣州市九曜坊粵華興鉛印本（學苑汲古）

中大

榦山何氏族譜不分卷

民國十三年鉛印本（上圖目録、學苑汲古）

上圖　吉大

金元益

字牧堂，珠溪（今朱家角）人。

讀書檐吟稿二卷

清光緒七年文彬齋刻本（普查目録、學苑汲古、上圖目録）

上圖　蘇大

仲咸熙

傳見本卷《善本稀見本經眼録》。

泖濱草堂詩存不分卷

清光緒二十年刻本（古籍總目、學苑汲古）

華東師大　山西大學

王炳華

原名誦堯，字伯瀛，青浦人。咸豐元年（一八五一）舉人。善承家學，以能文章著稱。熊其英少時嘗從之學制藝。事迹具民國《青浦縣續志》卷十六。

伯瀛詩草（伯瀛詩抄）一卷

民國四年上海國光書局鉛印青箱集本（古籍總目）

國圖　首都

陸日愛

字羲叔，吴江籍，世居金澤。例候補浙江府同知。同治三年（一八六四）母喪，旋病卒。事迹具光緒《青浦縣志》卷十九。

夢逋草堂詩文集十二卷

民國十六年吴江陸氏蘇齋刻松陵陸氏叢著本（古籍總目、學苑汲古）

國圖　中科院　北大　復旦　吉大

陸亘煇

字少蒙。日愛子。事迹具民國《青浦縣續志》卷十六《人物二》。

少蒙詩存一卷

民國十六年吴江陸氏蘇齋刻松陵陸氏叢著本（古籍總目、學苑汲古、國圖目録）

國圖　中科院　北大　復旦　吉大

陸亘昭

字蘭蓀。我嵩從子，廷楨父。事迹具民國《青浦縣續志》卷十六《人物二》。

誦芬館詩抄二卷

民國十六年吴江陸氏蘇齋刻松陵陸氏叢著本（古籍總目、學苑汲古、國圖目録）

國圖　中科院　北大　復旦　吉大

沈樹鋒

字鋭卿，南村人。咸同間，卜宅於婁之干山。嘗入上海關東公估局服務垂五十年。事迹具民國《青浦縣續志》卷十六。

佩萱室學吟草一卷

民國四年鉛印本（上圖目録）

上圖

王　浚

字賓竹，從陳畹受業，所學日進。事迹具光緒《青浦縣志》卷十九。

琴言館詩稿六卷

清王氏家刻本（古籍總目）

上圖

琴言館詩稿一卷

民國四年上海國光書局鉛印青箱集本（古籍總目）

國圖　首都

王清霞

字湘波，青浦人。顧夔妻。

小嫏嬛室詩餘殘稿一卷

清光緒十四年刻本（普查目録、學苑汲古、南圖目録）

國圖　上圖　南圖　華東師大　吉大

金式珪

字夔齋，青浦人。諸生。事迹具光緒《青浦縣志》卷二十七。

鳳栖山房稿不分卷

民國十年金詠棠抄本（學苑汲古）

中大

金　玉

字曼鴻，縵虹，青浦人。歲貢。青溪七子之一。避亂川沙，遷周浦。事迹具光緒《青浦縣志》卷十九《人物三》、民國《南匯縣續志》卷十六《人物志四》等。

猶存草堂詩抄十二卷

民國三年北京徐氏鉛印本（古籍總目、普查目録）

南圖　蘇大

葉珪

字桐君。廩貢。署吴江教諭。事迹具光緒《松江府續志》卷二十四《古今人傳》。

自怡園屏錦詩集二卷詞集二卷

清咸豐六年自怡園刻本（普查目録）

國圖　首都　吉林　黑龍江　復旦

王先琨

傳見本卷《善本稀見本經眼録》。

拘墟私語三卷

清刻本（古籍總目）

上圖（姚椿述贊，道光庚子林汝舟跋）

楊三俊

傳見本卷《善本稀見本經眼録》。

四勿齋五言排律詩稿一卷

清道光二十八年刻本（上圖目録）

上圖

佚名

江蘇省松江府青浦縣光緒拾伍年徵收地漕等項民欠徵信册不分卷

清光緒間刻本暨清光緒十六年張性淵木活字擺印本（南圖目録）

南圖

江蘇省松江府青浦縣光緒拾玖年征收地漕等項民欠徵信册不分卷

清光緒間刻本暨清光緒二十年張性淵木活字擺印本（復旦目録）

復旦

奉賢縣

熊昂碧（一七八〇？—一八五〇）

傳見本卷《善本稀見本經眼録》。

海棠巢詩抄六卷剩稿一卷

清道光間刻本（古籍總目）

上圖

海棠巢詩集六卷

民國間鉛印七家詩綜本（國圖目録、上圖目録）

國圖　上圖

姚前機（一七八三—一八五一）

字珊濱。歲貢。事迹具光緒《松江府續志》卷二十四。

井眉居詩録四卷雜著不分卷

清咸豐間刻本（古籍總目、普查目録）

國圖　浙江　嘉興　嘉善

井眉居詩録二卷

清光緒二年刻金山姚氏二先生集本（古籍總目、普查目録）

國圖　南圖　湖南　吴江區

朱家駒（一八五九—一九四二）

傳見本卷《善本稀見本經眼録》。

光緒五年己卯科江南鄉試硃卷一卷

清光緒間刻本（古籍總目）

上圖

紫陽宗祠記贈言彙刻不分卷

民國十年鉛印本（學苑汲古）

華東師大

重游泮水唱和詩不分卷

民國二十一年鉛印本（學苑汲古）

復旦　華東師大

稀齡酬唱集一卷

民國十五年鉛印本（學苑汲古）

復旦　華東師大

愛吾廬詩抄二卷（輯）

民國八年奉賢朱氏鉛印鹽溪橋梓詩存本（古籍總目）

上圖

聞妙香齋詩存八卷

民國十八年鉛印本（學苑汲古）

華東師大

民國三十一年鉛印本（學苑汲古）

復旦

一九五五年鉛印本（古籍總目、學苑汲古）

國圖　社科院文學所　中大

絮庭酬唱集一卷

清光緒十三年刻本（普查目録）

國圖　吉林

菽莊小蘭亭徵文録一卷

民國十七年林爾嘉鉛印本（學苑汲古）

復旦

吴式賢

傳見本卷《善本稀見本經眼録》。

翰春軒吟稿二卷

清道光二十八年刻本（古籍總目、學苑汲古）

社科院近代史所　華東師大

顧延吉

傳見本卷《善本稀見本經眼録》。

梅軒詩録二卷

清光緒二十二年顧文善齋刻本（普查目録、上圖目録）

上圖　福建　吉林

張振凡

字瘦峰。附貢。博覽群書，兼通二氏之學。事迹具光緒《松江府續志》卷二十四。

大吉祥（羊）室遺稿二卷附詞抄一卷

清道光二十六年刻本（古籍總目）

上圖

大吉祥（羊）室遺稿一卷

清道光三十年張家鼐刻本（古籍總目）

中科院　山西大學

清光緒五年刻本（古籍總目、普查目録）

南圖　浙江　福建　社科院近代史所　華東師大

朱鐸

字愚谷。父爲獄卒。借得高青邱集，讀而後能詩。以父老，更役爲獄卒。閲十年，赴水死。事迹具光緒《松江府續志》卷四十。

愚公遺詩一卷

清道光二十五年潁上學舍刻苧城三子詩合存本

上圖

民國二十五年華亭封氏刻苧城三子詩合存本

上圖　南圖　華東師大

姚清華

居絃詩塾，在姚家廊下。事迹具光緒《松江府續志》卷三八《名迹志》。

絃詩塾詩六卷

清光緒七年金山程國嘉補讀書齋刻本（古籍總目、普查目録、上圖目録）

國圖　上圖　南圖　福建　安徽師大

朱鴻儒

字黼山，奉賢人。恩貢。事迹具光緒《松江府續志》卷二十四。

鹽溪橋梓詩存三卷

民國八年奉賢朱氏鉛印本（上圖目録、學苑汲古）

上圖　南圖　華東師大　鄭大

院試金針不分卷

清道光二十年筆花書屋刻本（普查目録）

廣西

清同治七年掃葉山房刻本（學苑汲古）

蘇大

延經堂塾課初集不分卷二集不分卷

清道光二十年筆花書屋刻本（普查目録）

廣西

清同治七年掃葉山房刻本（學苑汲古、日本目録）

蘇大　日本國會

愛吾廬詩抄二卷讀月樓吟稿一卷

民國八年奉賢朱氏鉛印鹽溪橋梓詩存本（古籍總目、南圖目録）

上圖　南圖

朱　樟

字慧齋，野人村人。同治十年辛未（一八七一）優貢。事迹具光緒《重修奉賢縣志》卷十三《人物志四》。

里居雜詩一卷

清光緒間錢塘丁氏嘉惠堂刻武林掌故叢編本（古籍總目）

國圖　上圖　社科院　北大　復旦

陳　翀

字子淩，南橋人。事迹具光緒《重修奉賢縣志》卷十一《人物志二》。

瓠廣游歷日記二卷附北游日記南歸日記

民國十七年（一九二八）華陽陳氏鉛印本（國圖目録、學苑汲古）

國圖　清華　南大　吉大　川大

金山縣

錢熙輔（一七九〇—一八六一）

傳見本卷《善本稀見本經眼録》。

泉幣考二卷

抄本（復旦目録）

復旦

錢幣考二卷

清抄本（復旦目録）

復旦

楊　徽（一七九九—？）

傳見本卷《善本稀見本經眼録》。

五弗齋文稿一卷

清道光二十八年刻本（古籍總目）

上圖

顧觀光（一七九九—一八六二）

傳見本卷《善本稀見本經眼録》。

國策編年一卷

武陵山人遺書稿本（善本書目、古籍總目）

上圖

清光緒五年刻本（古籍總目）

南圖

清光緒二十八年刻本（古籍總目）

國圖　上圖　南圖

民國間抄本（國圖目録）

國圖

七國地理考七卷

清光緒五年金山高煌刻本（古籍總目、普查目録、學苑汲古）

國圖　上圖　南圖　北大　南大

清光緒九年獨山莫祥芝上海刻《武陵山人遺書》十種續刊二種本（古籍總目、普查目録、學苑汲古）

國圖　上圖　南圖　北大　復旦

清光緒九年獨山莫祥芝上海刻高桂續刻民國四年金山高煌修補彙印《武陵山人遺書》十種續刊二種

本（古籍總目、普查目録、學苑汲古）

上圖　南圖　湖北　遼寧　華東師大

清光緒二十八年刻本（古籍總目、普查目録、學苑汲古）

國圖　上圖　南圖　吉林　北師大

華陽國志校勘記十卷

武陵山人遺書稿本（善本書目、古籍總目）

上圖

中江考一卷南江考一卷

抄本（上圖目録）

上圖

清光緒間上海著易堂鉛印小方壺齋輿地叢鈔本（古籍總目）

國圖　上圖　南圖　北大　復旦

銅發貢圖説不分卷

武陵山人遺書稿本（善本書目、古籍總目）

上圖

顧尚之雜稿不分卷

稿本（善本書目、古籍總目、上圖目録）

上圖

顧尚之算學一卷

抄本（古籍總目、上圖目録）

上圖

算賸初編一卷

武陵山人遺書稿本（善本書目、古籍總目）

上圖

清同治十三年刻本（古籍總目）
上圖　東北師大

算賸續編一卷

武陵山人遺書稿本（善本書目、古籍總目）
上圖
清同治十三年刻本（古籍總目）
上圖　東北師大

算賸餘稿二卷

武陵山人遺書稿本（善本書目、古籍總目）
上圖

周髀算經校勘記二卷

武陵山人遺書稿本（善本書目、古籍總目）
上圖

清光緒二十四年上海算學書局石印古今算學叢書第三輯本
國圖　南圖

六曆通考不分卷

武陵山人遺書稿本（善本書目、古籍總目）
上圖

九執秝解不分卷

武陵山人遺書稿本（善本書目、古籍總目）
上圖

回回秝解不分卷

武陵山人遺書稿本（善本書目、古籍總目）
上圖

宋本傷寒雜病論注十卷宋本金匱方略三卷

稿本（上圖目録）

上圖

靈樞經校勘記一卷

武陵山人遺書稿本（善本書目、古籍總目）

上圖

民國間吴縣王氏學禮齋抄本（復旦目録）

復旦

神農本草經四卷（輯）

稿本（上圖目録）

上圖

古書逸文存一卷上

稿本（善本書目、古籍總目、上圖目録）

上圖
抄本（上圖目録）
上圖

武陵山人雜著（武陵山人文稿）一卷

稿本（善本書目、古籍總目、復旦目録）
復旦
清光緒四年錢培名刻小萬卷樓叢書本（善本書目、古籍總目、普查目録、學苑汲古）
國圖（傅增湘校跋）　上圖　南圖　中科院　北大

武陵山人制藝不分卷

清末民國初長洲章氏抄本（古籍總目、普查目録）
國圖
民國三十年藍曬印本（上圖目録）
上圖

武陵山人遺書二十六種副本六種

稿本（善本書目、古籍總目、上圖目録）

上圖

七緯拾遺不分卷

國策編年一卷

吴越春秋校勘記一卷

吴越春秋逸文一卷

列女傳校勘記一卷

華陽國志校勘記一卷

文子校勘記一卷

内經素問靈樞校勘記一卷

靈樞經校勘記一卷

宋本傷寒論注一卷

周髀算經校勘記一卷

諸家算術摘抄不分卷

日躔曆指一卷

六秝通考一卷
九執秝解一卷
回回秝解一卷
西月日補遺一卷
讀時憲書識疑一卷
星度表九執曆術一卷
算賸初編一卷續編一卷餘稿二卷
流質重學節録一卷
銅發貢圖一卷
古書逸文存一卷上
群書逸文一卷
雜抄不分卷
武陵山人遺稿一卷
吴越春秋校勘記一卷（副本）
列女傳校勘記一卷（副本）
華陽國志校勘記一卷（副本）

文子校勘記一卷（副本）

周髀算經校勘記一卷（副本）

六曆通考一卷（副本）

武陵山人遺書十種續刊二種

清光緒九年獨山莫祥芝上海刻本（古籍總目）

國圖　上圖　南圖　北大　復旦

清光緒九年獨山莫祥芝上海刻高桂續刻民國四年金山高煌修補彙印本（古籍總目）

上圖　南圖　湖北　遼寧

六秝通考一卷

九執秝解一卷

回回秝解一卷

算賸初編一卷續編一卷餘稿二卷

九數外録一卷

神農本草經四卷

周髀算經校勘記一卷

傷寒雜病論補注一卷
吴越春秋校勘記一卷
華陽國志校勘記一卷
七國地理考七卷（續刊）
國策編年一卷（續刊）

顧觀光遺著七種

抄本（復旦目録）

復旦

靈樞經校勘記一卷
周髀算經校勘記一卷
文子校勘記一卷
文子逸文一卷
列女傳校勘記一卷
吴越春秋校勘記一卷
吴越春秋逸文一卷

錢熙祚（一八〇〇—一八四四）

傳見本卷《善本稀見本經眼録》。

守山閣賸稿一卷

清抄本（善本書目、古籍總目、上圖目録）

上圖

清道光間金山錢氏刻指海本（善本書目、古籍總目）

國圖　上圖　南圖　浙江　清華

民國二十四年上海大東書局影印指海本（古籍總目、學苑汲古）

國圖　上海　浙江　北大　復旦

守山閣叢書一百一十二種（編）

清道光二十四年金山錢氏重編增刻墨海金壺本（善本書目、古籍總目、普查目録）

國圖　上圖（清王筠校跋、葉景葵跋）　天津　北大　復旦

清光緒十五年上海鴻文書局影印清金山錢氏重編增刻墨海金壺本（古籍總目、普查目録）

國圖　上圖　南圖　首都　北大
民國十一年上海博古齋影印清金山錢氏重編增刻墨海金壺本（古籍總目、普查目録）
國圖　上圖　南圖　北大　復旦

守山閣叢書存六種二十卷

清抄本（普查目録）
復旦

守山閣叢書校勘記六種

清玉海樓抄本（普查目録）
浙大（清孫詒讓批跋）

珠叢別録二十八種（編）

清道光間選輯補版重印清嘉慶間墨海金壺本（古籍總目、普查目録、學苑汲古）
國圖　上圖　南圖　北大　復旦
民國十一年上海博古齋影印清道光間重編增刻墨海金壺本（古籍總目、學苑汲古）

國圖　上圖　南圖　復旦　北師大

錢熙泰（一八一〇—一八五八）

傳見本卷《善本稀見本經眼録》。

咸豐金山縣志稿不分卷

清咸豐五年稿本（善本書目、古籍總目、方志目録）

上圖

咸豐金山縣志稿不分卷

清咸豐八年稿本（古籍總目、方志目録）

臺圖

西泠紀遊稿不分卷

稿本（善本書目、古籍總目）

金山

古松樓剩稿一卷

清光緒元年刻本（古籍總目、普查目録）

南圖　内蒙古　吴江區　華東師大

許光墉

字侍庭，金山楓涇人。辰珠孫。附貢。年逾五十遽卒。事迹具宣統《續修楓涇小志》卷六。

重輯楓涇小志十卷卷首一卷（增纂）

清光緒十七年鉛印本（古籍總目、普查目録、學苑汲古）

國圖　上圖　南圖　浙江　北大

蔣清瑞（一八五九—？）

傳見本卷《善本稀見本經眼録》。

柘湖宦游録一卷

清宣統間刻朱印本（華東師大目録）

華東師大

民國間歸安蔣氏月河草堂刻月河草堂叢書本（古籍總目、普查目録、學苑汲古）

浙江　北大　清華　北師大　華東師大

退結廬詩稿三卷

清光緒三十四年蔣壽祺校刻本（古籍總目、普查目録、學苑汲古、上圖目録）

上圖　浙江　臨海　蘇州　復旦

月河草堂叢書三種

民國間歸安蔣氏月河草堂刻本（古籍總目、普查目録、學苑汲古）

浙江　寧波　温州　清華　吉大

湖州十家詩選一卷

柘湖宦游録一卷

月河草堂叢抄一卷

錢培名

字賓之，號夢花，金山人。熙經子。藏書處曰小萬卷樓。

越絶書札記一卷

民國間潮陽鄭氏刻龍溪精舍叢書六十種本（古籍總目、學苑汲古）

國圖　上圖　南圖　北大　復旦

小萬卷樓叢書十七種

清咸豐四年刻本（古籍總目、學苑汲古）

上圖　安徽　江西　復旦　中大

清光緒四年金山錢氏重刻本〔一〕（古籍總目、普查目録、學苑汲古）

國圖（傅增湘校跋）　上圖　南圖　浙江　北大

〔一〕題作者「錢熙經輯」。

郁如金

字竹蘋，金山人。道光三年（一八二三）郡學歲貢。事迹具光緒《金山縣志》卷四。

井墟集二卷

清道光二十九年刻本（古籍總目、普查目録）

上圖　吉林　新疆

王廷燮

小傳未詳。

皇清處士序賓邢公墓銘（河北高陽）

民國間拓本（清宣統元年刻石）（學苑汲古）

復旦

金黼廷

傳見本卷《善本稀見本經眼録》。

觀瀾閣書畫題跋録二卷

稿本（上圖目録）

上圖

清末抄本（古籍總目、普查目録）

國圖（黄裳跋）

民國間抄本（古籍總目、上圖目録）

上圖

萍因蕉夢二卷松陰詩逸二卷

清光緒五年柘湖金氏刻本（普查目録、學苑汲古）

國圖　内蒙古　浙江　北大　復旦

王步蟾

字寒香。孫耀子。諸生。事迹具光緒《金山縣志》卷二十六。

小蘭雪堂詩集（小蘭雪堂吟稿）十一卷

清光緒二十七年石印本（古籍總目、普查目録、學苑汲古）

國圖　天津　浙江　北大　北師大

吴履剛

字子柔，號楣辛，金山人。同治九年庚午（一八七〇）優貢。光緒十三年（一八八七）署金山儒學。事迹具民國《吴縣志》卷六十四《名宦三》。

奇烈編不分卷

清光緒十五年刻本（普查目録）

國圖　首都　上圖　吉林　新疆

姚　汭

字水北。培益孫。廩監生。嘗與修邑志，未及竟而卒。事迹具光緒《金山縣志》卷二十一。

二十三桂草堂詩集八卷

清道光二十六年鎸耕雲仙館刻本（古籍總目、上圖目録）

上圖

陳　桂

字桂馨，號一山、白雲山人，臨海（今屬浙江）人。

白雲山人詩草不分卷

清咸豐間刻本（古籍總目）

上圖

白雲山人詩草三卷文草一卷

清同治間刻本（古籍總目、普查目録、學苑汲古）

上圖　南圖　浙江　天津　華東師大

白雲山人詩草二卷

清光緒間刻本（普查目録、學苑汲古）

臨海博　清華　西南大學

南匯縣

丁宜福（一七九九—一八七五）

傳見本卷《善本稀見本經眼録》。

光緒二年丙子補行同治十一年壬申科江南歲貢卷一卷

清光緒間刻本（古籍總目）

上圖

浦南白屋詩稿二卷

清光緒六年刻本（古籍總目、普查目録）

南圖　嘉興　湖南社科院　北師大

張文虎（一八〇八—一八八五）

傳見本卷《善本稀見本經眼録》。

舒藝室餘筆詩説一卷

民國間金山高氏食古書庫傳抄本（古籍總目）

復旦

顧尚之别傳一卷

清抄本（古籍總目、上圖目録）

上圖

懷舊雜記三卷撰聯偶記一卷

清光緒十九年刻本（古籍總目、學苑汲古）

國圖　南圖　北大　吉大　遼大

校刊史記集解索隱正義劄記五卷

稿本（善本書目、古籍總目）

浙江

清同治十一年金陵書局刻本（善本書目、古籍總目、普查目録、學苑汲古）

國圖　上圖　南圖　北大　清華

舒藝室日記不分卷（清同治三年至十一年）

稿本（善本書目、古籍總目、上圖目録）

上圖

光緒南匯縣志二十二卷首一卷末一卷（纂）

清光緒五年刻本（古籍總目、普查目録、學苑汲古）

國圖　上圖　南圖　北大　清華

光緒重修奉賢縣志二十卷首一卷末一卷（纂）

清光緒四年奉賢志書局刻本（古籍總目、普查目録、學苑汲古）

國圖　上圖　南圖　北大　清華

儒林外史評二卷

清光緒十一年寶文閣刻本（古籍總目、學苑汲古）

國圖　南圖　北大　華東師大　鄭大

清光緒間申報館鉛印申報館叢書本（古籍總目、普查目録、學苑汲古）

國圖　上圖　南圖　復旦　厦大

抄本（古籍總目）

上圖

舒藝齋隨筆六卷續筆一卷餘筆三卷

清光緒十三年金山錢銘璧等刻覆瓿集本（古籍總目、普查目録、學苑汲古）

國圖　上圖　南圖　浙江　北大

清刻本（古籍總目）

南圖　北大

舒藝室雜著甲編二卷乙編二卷剩稿一卷鼠壤餘蔬一卷隨筆六卷續筆一卷餘筆一卷詩存七卷
詩續存一卷索笑詞二卷

清同治光緒間刻本（古籍總目、學苑汲古）

國圖　首都　南大　武大　鄭大

舒藝室詩録二卷餘稿一卷

稿本（古籍總目）

上圖

覆瓿集十三種附一種

清同治光緒間刻本（古籍總目、普查目録、學苑汲古）

國圖　上圖　南圖　北大　清華

舒藝室隨筆六卷續筆一卷餘集三卷

舒藝室雜著甲編二卷乙編二卷賸稿一卷

舒藝室詩存七卷索笑詞二卷

鼠壤餘蔬一卷
舒藝室詩續存一卷
舒藝室尺牘偶存一卷
湖樓校書記一卷餘記一卷
西泠續記一卷
蓮龕尋夢記一卷
夢因録一卷
撰聯偶記一卷
懷舊雜記三卷
舒藝室雜存四種
　牧篴餘聲一卷
　廋辭偶存一卷
　俗語集對一卷
　記夢四則一卷
附：州判銜候選訓導張先生行狀

湖樓校書記一卷餘記一卷西泠續記一卷蓮龕尋夢記一卷

清抄本（古籍總目）

上圖

柘湖姚氏兩先生集（金山姚氏二先生集）三種（編）

清光緒二年刻本（古籍總目、普查目録、學苑汲古）

國圖　南圖　蘇州　復旦　暨大

姚其慶（一八三二—一八九二）

傳見本卷《善本稀見本經眼録》。

姚吉仙女史詩稿三卷（吟紅館詩草一卷雙聲詩草一卷古井居詩草一卷）

清光緒二十九年刻本（古籍總目、普查目録、學苑汲古、上圖目録、南圖目録）

上圖　南圖　浙江　北師大　華東師大

吉仙剩稿（姚吉仙女史剩稿）一卷

民國二十六年萬卷讀書齋鉛印周浦南蔭堂姚氏叢刊本（古籍總目）

上圖　南圖　首都

楊思義（一八五四—？）

字肯堂，一字蜀亭，號人崖，二團下北甲人。恩貢。事迹具民國《南匯縣續志》卷十三。

光緒十八年壬辰科江蘇恩貢卷一卷

清光緒間刻本（古籍總目）

上圖

次崖遺稿一卷

民國六年上海國光書局鉛印本（古籍總目、學苑汲古、南圖目録）

上圖　南圖　社科院文學所　華東師大　南京師大

于　鬯（一八六二—一九一九）

傳見本卷《善本稀見本經眼録》。

于氏易説不分卷

民國間吴縣王氏學禮齋抄本（古籍總目）

復旦

尚書讀異六卷

稿本（南圖目録）

南圖

于香草遺著叢輯稿本（善本書目、古籍總目）

上圖

留香閣詩問二卷

稿本（南圖目録）

南圖

清光緒十八年于香草遺著叢輯謄清稿本（古籍總目、上圖目録）

上圖

鄉黨補義一卷

于香草遺著叢輯稿本（古籍總目）

上圖

抄本（古籍總目）

上圖

説文集釋不分卷

清漢石經室抄本（善本書目、古籍總目）

南圖

説文職墨三卷

清光緒十四年江陰南菁書院刻南菁書院叢書本（古籍總目、普查目録、學苑汲古）

國圖　上圖　南圖　北大　復旦

爾雅釋親宗族考一卷

于香草遺著叢輯稿本（古籍總目）

上圖

香草校書二十八卷

清光緒間刻本（古籍總目、學苑汲古）

北大　吉大

香草校書四十二卷

清光緒間刻本（古籍總目、普查目録、學苑汲古）

復旦

香草校書六十卷

清光緒間刻本（古籍總目、普查目録、學苑汲古）

國圖　上圖　南圖　北大　華東師大

香草校書六十卷續二十二卷

于香草遺著叢輯稿本（古籍總目）

上圖（卷一至四十二卷清光緒宣統間刻）

讀周禮日記一卷

清光緒二十二年刻學古堂日記四十種本（古籍總目、普查目録、學苑汲古）

國圖　上圖　南圖　北大　復旦

讀儀禮日記一卷

清光緒二十二年刻學古堂日記四十種本（古籍總目、普查目録、學苑汲古）

國圖　上圖　南圖　北大　復旦

讀小戴日記一卷

清光緒二十二年刻學古堂日記四十種本（古籍總目、普查目録、學苑汲古）

國圖　上圖　南圖　北大　復旦

古女考六卷附古女補考一卷

于香草遺著叢輯稿本（善本書目、古籍總目）

上圖

香草談文不分卷

稿本（上圖目録）

上圖

香草續校書二十卷

稿本（上圖目録）

上圖

花燭閒談一卷

清光緒三十三年刻于香草遺著叢輯本（古籍總目、學苑汲古）

上圖　吉大

清宣統二年上海國學扶輪社鉛印香艷叢書本（古籍總目、學苑汲古）

國圖　上圖　南圖　湖北　北大

清末抄本（普查目録）

國圖

民國四年上海文明書局石印説庫本（古籍總目、學苑汲古）

國圖　上圖　南圖　天津　復旦

尺牘二卷

抄本（上圖目録）

上圖

香草文抄一卷

清宣統元年南匯于氏上海鉛印本（古籍總目、學苑汲古）

上圖　南圖　浙江　華東師大　日本京都大學

于香草遺著叢輯二十五種一百七十四卷

稿本（古籍總目、上圖目録）

上圖

香草校書六十卷續二十二卷（卷四十三以下稿本）

戰國策注三十三卷序録一卷年表一卷

周易讀異三卷

尚書讀異六卷

儀禮讀異二卷

四禮補注四卷

爾雅釋親宗族考一卷

殤服一卷殤服發揮一卷附兼祧議一篇

新定魯論語述二十卷

鄉黨補義一卷

孟子分章考一卷

說文平段一卷

夏小正家塾本一卷

香草談文一卷
史記散筆二卷
古女考六卷補考一卷
花燭閒談一卷（清光緒三十三年刻）
灃溪文集十一卷
卦氣直日考一卷
新方言眉語一卷
閒書四種一卷
香草尺牘一卷
留香閣詩問二卷

于香草遺著叢輯二十五種一百九十卷

稿本（南圖目録）

南圖

顧　麟

傳見本卷《善本稀見本經眼録》。

同治六年丁卯科並補行咸豐十一年辛酉科江南鄉試硃卷一卷

清同治間刻本（古籍總目、上圖目録）

上圖

臨池書屋試帖詳注八卷

抄本（南圖目録）

南圖

總宜居脞録一卷

民國間抄本（古籍總目）

國圖

花龕賸句不分卷
稿本（南圖目録）
南圖

漱緑山房雜抄一卷
稿本（南圖目録）
南圖

傅以康

字用霖，一字築初，五團七甲人。鎔子。諸生。事迹具民國《南匯縣續志》卷十三。

古文分類新編九卷
清宣統二年鉛印本（上圖目録）
上圖

康秀書

傳見本卷《善本稀見本經眼録》。

撫松軒詩稿不分卷詩餘不分卷

清同治十年刻本（古籍總目[一]、普查目録、學苑汲古）

吉林　社科院文學所　華東師大

朱克家

字蘭亭，號拙人，又號迂民，居二十保八圖。事迹具民國《南匯縣續志》卷十三。

見笑集四卷[二]

清光緒十年刻本（古籍總目、普查目録、學苑汲古）

[一]《中國古籍總目》此處作者作「康季書」。

[二]《中國古籍總目》此處作「十卷」。

國圖　上圖　遼寧　吉大　南開

見笑集四卷

清光緒十四年刻本（古籍總目）

國圖　遼寧

續刻見笑集四卷

清光緒十四年刻本（普查目録、學苑汲古）

遼寧　復旦

沈洪禧

字梅生，南匯人。事迹具《南匯縣續志》卷十二《藝文》。

碧落壺遺稿一卷

清同治十年刻本（普查目録、上圖目録）

上圖　浙江

楊嘉焕

傳見本卷《善本稀見本經眼録》。

晚香齋詩存不分卷

清光緒二十二年刻本（古籍總目、上圖目録）

上圖　社科院文學所

王應照

南沙人。諸生。居一團。事迹具民國《南滙縣續志》卷十二。

繪圖二十四孝錫類編二卷

清光緒二十八年周月記石印書局石印本（上圖目録）

上圖

民國十二年至元善堂石印本（上圖目録）

上圖

阿彌陀經直解一卷淨土要言一卷

民國十八年佛學書局鉛印本（學苑汲古、上圖目録）

上圖　川大

王震　撰

傳見本卷《善本稀見本經眼録》。

棲碧山莊詩草四卷

清光緒三十三年上海商務印書館鉛印本（古籍總目、學苑汲古）

南圖　華東師大

朱作霖　撰

傳見本卷《善本稀見本經眼録》。

含輝録不分卷

清光緒六年刻本（古籍總目、上圖目録）

上圖

民國凌源縣志三卷（續纂）

民國二十年油印本（古籍總目、方志目録）

遼寧（存卷一至二）　河北博　吉大　人大

刻眉別集二卷

民國十六年上海大東書局鉛印本（古籍總目、學苑汲古、國圖目録）

國圖　華東師大

朱雨蒼先生遺稿輯存四卷補刊一卷

民國二十八年傅佐衡鉛印本（古籍總目、學苑汲古、國圖目録）

國圖　中科院　華東師大　南開

民國三十七年鉛印本（學苑汲古）

復旦

紅樓雜著不分卷

民國間抄本（國圖目録）

國圖

大觀園記不分卷

民國間抄本（國圖目録）

國圖

十二釵贊不分卷

民國間朱絲欄抄本（國圖目録）

國圖

王樹森

字墨江，號默史。慶祥長子。光緒五年（一八七九）恩貢。事迹具民國《南匯縣續志》卷十三。

光緒十四年戊子補行五年己卯恩科江蘇恩貢卷一卷

清光緒間刻本（古籍總目）

上圖

達生編注一卷

民國二十四年大梁王氏浩然堂鉛印本（學苑汲古、國圖目録）

國圖　北大

默史遺稿四卷

民國九年鉛印本（古籍總目、學苑汲古、上圖目録、南圖目録）

上圖　南圖　蘇州　復旦　山大

閆邱德堅

字薌荑，周浦人。諸生。

道光十六年丙申科江蘇恩貢卷一卷

清道光間刻本（古籍總目）

上圖

薌萸詩抄二卷

民國十七年朱氏上家鉛印本（古籍總目、學苑汲古）

國圖　上圖　南圖　復旦　華東師大

倪承瓚

字西苓，號壬雲，五團人。廩貢。徧治羣經，著書十許種，皆見藝文。事迹具民國《南匯縣續志》卷十三。

詩句題解韻編四集十二卷

清光緒元年上海申報館鉛印申報館叢書本（古籍總目、普查目録、學苑汲古）

國圖　上圖　南圖　北大　中大

詩句題解韻編總彙不分卷

清光緒十二年上海點石齋石印本（普查目録）

蘇州　孔博

王珠樹

傳見本卷《善本稀見本經眼録》。

南沙輿頌一卷

清同治八年新秋刻本（學苑汲古、南圖目録）

南圖　北大

華孟玉

傳見本卷《善本稀見本經眼録》。

百花草堂詩詞稿（百花草堂集）一卷

稿本（古籍總目）

南圖

顧成順

傳見本卷《善本稀見本經眼録》。

曙彩樓詩抄一卷詩補抄一卷詞抄二卷詞補抄二卷

清道光二十五年刻本（古籍總目、普查目録）

上圖　南圖　蘇州　社科院文學所

清道光二十五年刻同治十三年補刻本（上圖目録、南圖目録）

上圖　南圖

芸香草堂諸子

青南輿頌六卷卷首一卷續刻一卷

清咸豐八年刻本（古籍總目、普查目録、學苑汲古）

國圖　上圖　浙江　復旦　中大

川沙撫民廳

顧曾銘

傳見本卷《善本稀見本經眼録》。

二壺中詩稿二卷

清光緒八年刻本（普查目録、上圖目録）

上圖　内蒙古

陸應梅（一八三六—一八九六）

傳見本卷《善本稀見本經眼録》。

居易室剩稿一卷

民國二年鉛印本（古籍總目）

上圖

居易室詩稿一卷

民國間抄本（國圖目録）

國圖

陸炳麟（一八五七—一九三八）

字蘅汀，川沙人。

鐵沙壽芹録一卷

民國十四年鉛印本（上圖目録）

上圖

陸培亮（一八八八—一九六九）

字叔昂，川沙人。炳麟子。光緒三十三年（一九〇七），畢業於龍門師範學堂。任川沙高小校長等職。

事迹具民國《南匯縣續志》卷十一。

川沙鄉土志一卷七十六課

民國七年鉛印本（古籍總目）

南圖

吴福根

傳見本卷《善本稀見本經眼録》。

重刊女二十四孝圖説一卷（女二十四孝圖説一卷車鑒録新編一卷）

清光緒二十年許墨林齋石印本（國圖目録、上圖目録、普查目録）

國圖　上圖

清光緒二十年上海宏大善書局石印本（普查目録）

浙江　嘉善

楊善培

字慶餘，八團人。錦榮子。業幼科，得莊貴嚴祕授。懸壺三十年，全活甚衆。著《經驗醫案》一卷。事迹具民國《川沙縣志》卷十六。

杭州楊氏宗譜不分卷

民國十八年序思堂抄本（國圖目録、上圖目録）

國圖　上圖

嘉定縣

李永修

字勉之。諸生。居南翔。事迹具民國《嘉定縣續志》卷十二。

蓮青詩館吟稿一卷

民國十一年鉛印槎溪李氏詩四種本（古籍總目、學苑汲古）

華東師大

陳慶甲（？—一八七九）

傳見本卷《善本稀見本經眼録》。

補愚詩存六卷

清宣統三年刻本（古籍總目、普查目録、學苑汲古）

南圖　天津　蘇州　北大　華東師大

郁松年（一七九九—一八六五）

字萬枝，字泰峰，南翔人。道光二十五年（一八四五）恩貢。富藏書。事迹具光緒《松江府續志》卷二十四。

宋蕭常續後漢書札記一卷

清道光間上海郁氏刻宜稼堂叢書本（古籍總目、普查目録、學苑汲古）

國圖　上圖　南圖　福建　北師大

民國二十四至二十六年上海商務印書館鉛印及影印叢書集成初編本（古籍總目）

國圖　上圖　天津　中科院　復旦

元郝經續後漢書札記四卷

清道光間上海郁氏刻宜稼堂叢書本（古籍總目、普查目録、學苑汲古）

國圖　上圖　南圖　福建　北師大

民國二十四至二十六年上海商務印書館鉛印及影印叢書集成初編本（古籍總目）

國圖　上圖　天津　中科院　復旦

宜稼堂書目不分卷

民國二十四年燕京大學圖書館抄本（學苑汲古）

北大

抄本（古籍總目）

國圖

一九五七年上海合衆圖書館抄稿本（上圖目録、南圖目録）

上圖　南圖

重刻剡源先生集續札記一卷

稿本（古籍總目、上圖目録）

上圖

剡源集三十卷重刻札記一卷（札記）

清道光二十年刻宜稼堂叢書本（古籍總目、普查目録、學苑汲古）

國圖（清沈炳垣校跋並録清何焯批校題識，傅增湘校跋）　天津　廣西　復旦（清王振聲校）　川大

民國二十四至二十六年上海商務印書館鉛印及影印叢書集成初編本（古籍總目）

國圖　上圖　天津　中科院　復旦

清容居士集札記一卷

清道光二十年刻宜稼堂叢書本（古籍總目、普查目録、學苑汲古）

國圖　上圖　南圖　復旦　河南大學

民國二十五年上海中華書局鉛印四部備要本（古籍總目、學苑汲古）

國圖　上圖　南圖　北大　復旦

民國二十四至二十六年上海商務印書館鉛印及影印叢書集成初編本（古籍總目）

國圖　上圖　天津　中科院　復旦

宜稼堂叢書七種（編）

清道光二十至二十二年上海郁氏刻本（古籍總目、普查目録、學苑汲古）

國圖　上圖　南圖　北大　復旦

周文禾（一八〇七—一八八七）

字尗米，號實君，晚號江左老米、青雪老人，嘉定人。諸生。卒年八十一。事迹具民國《嘉定縣續志》卷十一。

駕雲螭室别集一卷

清同治十年刻本（古籍總目、上圖目録）

上圖

清光緒六年刻本（南宋百一樂府）（古籍總目〔一〕、普查目録、學苑汲古）

上圖　浙江　蘇州　北大　吉大

〔一〕《中國古籍總目》史部、集部均有著録。

駕雲螭室論泉詩不分卷

清光緒七年奚世榮居易書屋朱絲欄稿本（普查目録、國圖目録）

國圖

駕雲螭室詩録六卷

清光緒十四年宋道南滬上文藝齋刻二十四年印本（古籍總目、普查目録、學苑汲古）

國圖　浙江　中科院（清錢枏、清葉廷琯、清沈慧孫、清黄宗起跋）　北大　復旦

李曾裕（一八一〇—一八八九）

字玉之，號小瀛，上海人。咸豐間寓居嘉定。官至湖州同知。事迹具《上海縣續志》卷二十六《藝文》。

宣統東明縣續志四卷（纂）

清宣統三年修民國十三年鉛印本（古籍總目、學苑汲古、方志目録）

上圖　南圖　中科院　北大　武大

舒嘯樓詩集一卷

清道光咸豐間上海王氏刻詒安堂全集本（古籍總目）

國圖　上圖

舒嘯樓詩稿四卷詞稿一卷

清同治九年刻本（古籍總目、普查目録、學苑汲古、上圖目録、南圖目録）

上圖　南圖　浙江　北大　復旦

舒嘯樓詞稿一卷

清咸豐七年刻本（古籍總目）

上圖

清同治十二年刻本（古籍總目、普查目録）

上圖　吉林　天一閣

枝安山房詞草一卷

清咸豐三年刻同人詞選本（古籍總目）

國圖　上圖

王惟成（一八二五—一八九四）

字惺庵，恩溥次子。諸生。

延桂山房制藝集不分卷

清光緒十九年刻本（學苑汲古）

蘇大

延桂山房詩古文詞全集十一卷（延桂山房吟稿八卷文集一卷詞草一卷别集一卷）

清光緒二十六年王氏刻本（古籍總目、普查目録、學苑汲古、南圖目録）

首都　南圖　吉林　北大　復旦

莊其坤（一八三〇—一八九四）

字蘊貞，號清吟女史，嘉定人。爾保女。許光第室。

清吟齋遺詩一卷

清光緒二十四年壽愷堂刻本（古籍總目、南圖目録）

國圖　南圖　復旦

楊恒福（一八三〇—一九〇六）

傳見本卷《善本稀見本經眼録》。

同治三年甲子科並補行咸豐八年戊午科江南鄉試硃卷一卷

清同治間刻本（古籍總目、上圖目録）

上圖

當湖書院課藝二編不分卷三編不分卷（選）

清同治七年至光緒二十二年當湖書院刻本（普查目録、學苑汲古）

蘇大

折漕彙編六卷末一卷（續輯）

清光緒八年刻本（古籍總目、普查目録、學苑汲古）

上圖　吉大　蘇大

嘉定縣倉案彙編七卷末一卷

清光緒八年刻本（普查目録、學苑汲古）

復旦

清光緒十六年嘉定縣義倉刻本（普查目録、國圖目録、上圖目録）

國圖　上圖　遼大

平洋元法圖説四卷

稿本（普查目録）

蘇州

玉銘詩稿一卷附南旋記略一卷

清同治三年稿本（善本書目、古籍總目、上圖目録）

上圖

雲岫退廬文稿不分卷

稿本（善本書目、古籍總目、上圖目録）

上圖

王文思（一八三二—一八八六）

字安甫，嘉定人。咸豐八年（一八五八）捷北闈，大挑二等，選靖江教諭。事迹具《嘉定縣續志》卷十二藝文志。

咸豐八年戊午科順天鄉試硃卷一卷

清咸豐間刻本（古籍總目）

上圖

昔夢録二卷

民國九年北京京師第一監獄刻先澤殘存本（古籍總目、學苑汲古、上圖目録、南圖目録）

上圖　南圖　北師大

恕堂存稿二卷附自訂年譜一卷

民國間嘉定王氏鉛印先澤殘存續編本（古籍總目、學苑汲古）

國圖　山大　河南大學

黄宗起（一八三一—一八九七）

字韓欽，别字嬾霞，自號盟樹生，晚號止盦。同治十二年（一八七三）舉人。著述頗豐。

同治十二年癸酉科江南鄉試硃卷一卷

清同治間刻本（古籍總目）

上圖

知止盦筆記三卷

民國九年黄世祚鉛印本（古籍總目、學苑汲古）

國圖　上圖　南圖　復旦　華東師大

知止盦詩録六卷補遺一卷續補遺一卷

清宣統二年試金石室刻本（古籍總目、普查目録、學苑汲古）

國圖　南圖　浙江　南大　復旦

知止盦文集四卷補遺一卷

民國四年鉛印本（古籍總目）

國圖　上圖　南圖　復旦　華東師大

葛起鵬（一八三三—一九〇三）

字飛千，亦字味荃，晚號倦翁。錫祚子。同治元年壬戌（一八六二）順天舉人。工詩古文詞，留心金石文字及泉幣。事迹具民國《嘉定縣續志》卷十一《人物志》。

食德齋小題文一卷

清光緒十七年濤閣刻本（普查目録）

蘇大

王惟和（一八三四—一八九〇）

傳見本卷《善本稀見本經眼録》。

寄影廬詩草一卷詞草一卷

清光緒二十七年木活字印本（普查目録、上圖目録）

上圖　天津

寄影廬剩稿二卷

清光緒二十七年秣陵木活字印本（古籍總目、普查目録）

國圖　南圖　蘇州

廖壽豐（一八三六—一九〇一）

傳見本卷《善本稀見本經眼録》。

浙江武鄉試録（清光緒二十年舉行甲午正科）

清光緒二十年刻本（普查目録、學苑汲古）

國圖　華東師大

浙省奏摺不分卷

清光緒十九至二十年刻本（普查目録）

首都

詒安堂奏議一卷

抄本（古籍總目、上圖目録）

上圖

續纂兩浙鹽法備考八卷（纂）

清光緒二十五年刻本（古籍總目、普查目録、學苑汲古）

上圖　南圖　浙江　復旦　遼大

徐致祥（一八三八—一八九九）

字季和。鄴子。咸豐十年（一八六〇）進士，選庶吉士，散館授編修。官至内閣學士兼禮部侍郎，卒於安徽學政任，年六十有二。事迹具民國《嘉定縣續志》卷十一。

咸豐九年己未恩科順天鄉試硃卷（徐致祥卷）

清咸豐間刻本（普查目録）

青海

咸豐十年庚申恩科會試硃卷一卷

清咸豐間刻本（古籍總目、上圖目録）

上圖

嘉定先生奏議二卷

清宣統二年京邸鉛印嘉定長白二先生奏議本（古籍總目、普查目録、學苑汲古）

國圖　上圖　浙江　北大　清華

民國五年安慶鉛印本（學苑汲古）

南大　南開　吉大

浙江試牘（兩浙校士録）六卷

清光緒二十三年刻本（普查目録、學苑汲古）

國圖　上圖　南圖　紹興　南開

姑妄存之詩抄一卷

民國十四年鉛印本（學苑汲古）

華東師大

民國三十二年鉛印徐季和喬梓遺稿本（古籍總目、學苑汲古）

國圖　首都　南圖　内蒙古　復旦

廖壽恒（一八三九—一九〇三）

傳見本卷《善本稀見本經眼録》。

咸豐十一年辛酉科順天鄉試硃卷一卷

清咸豐間刻本（古籍總目）

上圖

同治二年癸亥恩科會試硃卷一卷

清同治間刻本（古籍總目）

上圖

勸戒士子十則不分卷

清光緒五年刻本（普查目録）

新鄉

起居注後跋不分卷

清末抄本（普查目録）

國圖

抑抑齋日記不分卷（清光緒二十四年至二十七年）

稿本（善本書目、古籍總目、上圖目録）

上圖

中州試牘二卷附賦附詩律

清光緒八年河南學院刻本（普查目録、上圖目録）

上圖　新鄉

慕萊堂題詠前刻一卷後刻一卷

清光緒十七年刻本（普查目録）

暨大

周保珪（一八四四—一八八五）

字桐侯，自號環溪，嘉定人。同治十二年（一八七三）拔貢。光緒十一年（一八八五），客杭州王氏小和山莊，課文韶次子讀。冒暑爲人治疾，積勞感疫，卒年四十二。事迹具民國《嘉定縣續志》卷十一。

周君保珪庚午江南鄉試闈墨一卷

清末刻本（普查目録）

浙江

制服成誦編一卷

清光緒十三年武林紅蝠山房刻本（古籍總目、普查目録、學苑汲古）

國圖　上圖　南圖　北大　復旦

清光緒十五年長沙芋園李氏刻本（普查目録）

貴州

清光緒十六年雲南書局刻本（古籍總目、普查目録、學苑汲古）

國圖　廣西　貴州　北大　吉大

清光緒十七年湘西李氏鞠園刻讀禮叢抄十六種本（古籍總目）

上圖　南圖　湖北　中科院　北大

清光緒十八年山東書局刻本（古籍總目、普查目録、學苑汲古）

國圖　吉林　中科院　清華　北師大

清光緒二十一年武林紅蝠山房石印本（普查目録、學苑汲古）

國圖　首都　浙江　内蒙古　蘇大
抄本（上圖目録）
上圖

制服表一卷

清光緒十三年武林紅蝠山房刻本（古籍總目、普查目録、學苑汲古）
國圖　上圖　南圖　北大　復旦
清光緒十六年雲南書局刻本（古籍總目、普查目録、學苑汲古）
廣西　北大　吉大
清光緒十七年湘西李氏鞠園刻讀禮叢抄十六種本（古籍總目）
上圖　南圖　湖北　中科院　北大
清光緒十八年山東書局刻本（古籍總目、普查目録、學苑汲古）
吉林　中科院　北師大
清光緒二十一年武林紅蝠山房石印本（普查目録、學苑汲古）
浙江　内蒙古　吉林　蘇大

喪服通釋一卷

清光緒十三年武林紅蝠山房刻本（古籍總目、普查目録、學苑汲古）

國圖　上圖　南圖　北大　復旦

清光緒十六年雲南書局刻本（古籍總目、普查目録、學苑汲古）

廣西　北大　吉大

清光緒十七年湘西李氏鞠園刻讀禮叢抄十六種本（古籍總目）

上圖　南圖　湖北　中科院　北大

清光緒十八年山東書局刻本（古籍總目、普查目録、學苑汲古）

吉林　中科院　北師大

清光緒二十一年武林紅蝠山房石印本（普查目録、學苑汲古）

内蒙古　吉林　蘇大

周保璋（一八四四—一八九七）

傳見本卷《善本稀見本經眼録》。

同治九年庚午科並補元年壬戌恩科江南鄉試硃卷一卷

清同治間刻本（古籍總目）

上圖

蒙學歷史輿地歌括一卷

清光緒二十九年鉛印本（上圖目録、聯合目録）

上圖　内蒙古

節增三字經不分卷

抄本（南圖目録）

南圖

童蒙記誦編二卷

清光緒十九年刻本（普查目録）

國圖

清光緒二十三年嘉定高漱芳齋刻本（古籍總目、普查目録、學苑汲古）
浙江　黑龍江　復旦　華東師大　浙江師大
清光緒二十七年刻本（古籍總目、普查目録、學苑汲古）
國圖　福建　山西　北師大　奉化文管所

童蒙記誦編不分卷

潘肇齋抄本〔一〕（古籍總目）
南圖

鏡湄長短句四卷

民國元年嘉定周氏鉛印本（學苑汲古、國圖目録、上圖目録）
國圖　上圖　蘇大

〔一〕　蓋爲清抄本。

徐　鄂（一八四四—一九〇三）

字午閣，號棣華，别字汗漫道人。光緒十一年（一八八五）順天舉人。卒年六十。事迹具民國《嘉定縣續志》卷十一。

乙酉年誼游梁齒録不分卷

清光緒二十六年刻本（普查目録、學苑汲古）

開封　北大

白喉治法忌表抉微一卷附録三不可要訣一卷

清光緒十五年江左書林刻陳修園醫書十六種本（古籍總目）

河南中醫

清光緒十七年陳臧刻本（古籍總目）

國圖　南圖

清光緒十七年陳臧刻增修本（古籍總目）

南圖

清光緒十八年湖北官書處刻本（古籍總目、普查目録）
南圖　浙江　桂林　平湖　武大
清光緒十九年一瓣香堂刻本（古籍總目）
河南中醫
清光緒二十年刻本（古籍總目）
山東　北京中醫大
清光緒二十一年喀什葛爾刻本（古籍總目）
湖南
清光緒二十一年宏道堂刻陳修園醫書三十二種本（古籍總目）
重慶
清光緒二十二年昆明務本堂刻本（古籍總目）
雲南
清光緒二十二年石印本（古籍總目）
國圖
清光緒二十三年江西書局刻本（古籍總目）
南圖　江西

清光緒二十四年江南書局刻本（古籍總目）
上圖　浙江　山西　河南　中醫科學院
清光緒二十五年退思齋刻本（古籍總目）
天津
清光緒二十五年天津大公報館鉛印本（古籍總目）
天津
清光緒二十六年杭州刻本（普查目録）
浙江　紹興　嘉興　杭州　衢州博
清光緒二十六年劉耀麟刻本（古籍總目）
上圖　湖北　黑龍江　中醫科學院
清光緒二十七年上海圖書集成局鉛印本（古籍總目）
上圖
清光緒二十七年順成書局石印本（古籍總目、普查目録）
浙江　杭州
清光緒二十八年思補堂刻本（古籍總目）
國圖　上圖　山東

清光緒二十九年通州普善堂刻本（古籍總目）

南圖

清光緒三十年上海文禎堂刻本（古籍總目）

南通大學醫學院

清光緒三十一年上海文盛堂書局石印陳修園醫書四十八種本（古籍總目）

國圖　首都　河南　廣州中醫大

清光緒三十一年上海商務印書館鉛印陳修園醫書五十種本（古籍總目）

首都　上圖　南圖　浙江　天津中醫大

清光緒三十三年顧烺奎刻本（古籍總目）

南圖

清光緒三十四年林康侯鉛印本（古籍總目）

上海中醫大

清光緒間石印本（古籍總目）

南圖　安徽　南通　上海中醫大

清宣統元年仁和吴恩元鉛印本（普查目録）

餘杭

清宣統元年杭州永豐泰印書館鉛印本（古籍總目）
天津中醫大　河南中醫
清宣統元年上海廣雅啓新書局石印陳修園醫書七十種本（古籍總目）
哈爾濱　齊齊哈爾

白頭新六折

清光緒十三年上海大同書局石印誦荻齋第二種曲本（普查目録、學苑汲古）
國圖　上圖　南圖　南大　復旦
清光緒三十二年上海焕文書局石印本（普查目録、學苑汲古）
首都　吉大

梨花雪（白霓裳）十四折

清光緒十二年上海大同書局石印誦荻齋第一種曲本（普查目録、學苑汲古）
國圖　湖南　廣西　吉林　北大
清光緒二十一年上海書局石印本（普查目録、學苑汲古）
首都　吉林　北大　吉大　新疆大學

清光緒三十二年上海煥文書局石印本（普查目録、學苑汲古）
首都　浙江　紹興　復旦　人大
清宣統元年上海煥文書局石印本（普查目録、學苑汲古）
國圖　上圖　南圖　復旦　北師大

經界求真一卷

清光緒十一年刻本（普查目録、日本目録）
天津　遼寧　日本國會

誦荻齋曲二種

清光緒十二至十三年上海大同書局石印本（普查目録、學苑汲古）
國圖　首都　上圖　北大　復旦
清光緒二十一年上海書局石印本（普查目録、學苑汲古）
國圖　浙江　北大　浙大
梨花雪（白霓裳）十四折
白頭新六折

黄世榮（一八四八—一九一一）

字闇伯，晚號蝯叟。宗文子。廩貢。卒年六十四。事迹具民國《嘉定縣續志》卷十一。

天邑西湖八景圖

清光緒間稿本（普查目録）

湖南

味退居隨筆五卷補遺一卷

民國五年黄守恒鉛印本（古籍總目、學苑汲古）

南圖　北大

經學會議稿不分卷

清光緒二十二年石印本（學苑汲古）

清華

文惠全書八種十八卷

民國四至五年嘉定黄氏鉛印本（古籍總目、普查目録、學苑汲古）

國圖　上圖　南圖　北大　復旦

味退居文集三卷

味退居文外集二卷

書牘存稿二卷

蝯叟詩存一卷

爾雅釋言集解後案一卷

嘉定物産表二卷

治療偶記一卷

味退居隨筆五卷補遺一卷

曾　鑄（一八四九—一九〇八）

字少卿，原籍福建同安。少時，隨父經商海上。光緒二十五年（一八九九）己亥在西門外建瑞芝義莊。又創設振武宗社。光緒三十四年（一九〇八）四月卒，年六十。事迹具民國《嘉定縣續志》卷十一《人物志》、民國《上海縣續志》卷十八《人物》等。

上海曾氏瑞芝義莊全案二卷

清光緒二十六年曾氏瑞芝義莊刻本（普查目録、學苑汲古）

北大　復旦　華東師大　南開

王慶善（一八五一——一八七七）

傳見本卷《善本稀見本經眼録》。

同治九年庚午科並補元年壬戌恩科江南鄉試硃卷一卷

清同治間刻本（古籍總目）

上圖

燈虎談餘不分卷

清光緒二十八年金陵宜春閣木活字印本（古籍總目、普查目録）

國圖

也儂詩草十卷

清光緒二十八年金陵宜春閣木活字印本（古籍總目、普查目録、學苑汲古、南圖目録）

國圖　首都　南圖　北大　復旦

也儂遺稿四卷

清光緒二十八年金陵宜春閣木活字印本（古籍總目、普查目録、學苑汲古、南圖目録）

國圖　首都　南圖　北大　復旦

吴宗濂（一八五六—一九三三）

字挹清，號景周，嘉定人。光緒二年（一八七六），入上海廣方言館。後任駐法使館秘書、意大利欽差大臣等。事迹具一九九二年《嘉定縣志》。

條議存稿一卷

清光緒二十七年壽萱室鉛印本（古籍總目、普查目録、學苑汲古）

國圖　上圖　浙江　北大　人大

隨軺筆記四種四卷

清光緒二十八年上海著易堂鉛印本（古籍總目、普查目録、學苑汲古）

國圖　上圖　南圖　北大　清華

隨軺游紀初集四卷

清光緒間時務報館石印本（古籍總目、普查目録）

上圖　浙江　福建　海寧　杭州

隨軺游紀續集二卷

清光緒二十三年經世報館石印本（古籍總目、普查目録）

國圖　福建　黄巖

吴宗濂信稿不分卷

清宣統間稿本（古籍總目）

北大

黄世礽（一八五七—一九〇一）

字浚初，號雲孫，自號退齋。宗起子。光緒二十年（一八九四）舉人。肄業上海廣方言館。教授杭垣求是學堂。卒年四十五。事迹具民國《嘉定縣續志》卷十一。

光緒二十年甲午科江南鄉試硃卷一卷

清光緒間刻本（古籍總目）

上圖

退齋詩存一卷

清宣統二年試金石室刻本（普查目録、學苑汲古）

浙江　嘉興　華東師大　曉莊　江蘇師大

民國四年鉛印知止盦詩録附（古籍總目、學苑汲古）

國圖　南圖　吉大　人大

退齋文存一卷

民國四年鉛印知止盦詩録附（古籍總目、學苑汲古）

國圖　南圖　吉大　人大　蘇大

郁方董

字藻儒，一字舒帷，號小晉。博學工詩文。肄業國子監。年七十餘卒於家。事迹具民國《嘉定縣續志》卷十一《人物志》。

同治房縣志十二卷卷首一卷

清同治四年刻本（古籍總目、普查目録、學苑汲古）

國圖　上圖　南圖　北大　南大

民國二十四年房縣教育會鉛印本（古籍總目、學苑汲古）

中央黨校　川大　西北大學

濟荒記略一卷

清道光三十年刻本（學苑汲古）

吉大

周翊鑾

諸生。小傳未詳。

蔣三烈題辭不分卷

清光緒二十五年刻本（普查目録、學苑汲古）

蘇大

江　湄

字伊人，號添山，又號鶴柤山農。工隸，能詩，尤善鐵筆。卒年七十二。事迹具民國《嘉定縣續志》卷十一。

秋水軒印存四卷

清同治十年鈐印本（古籍總目、普查目録、學苑汲古）

國圖　哈爾濱　美國哈佛燕京

秋水軒詩稿十二卷二稿十卷

稿本（善本書目、古籍總目）
上圖（詩稿缺卷五至八）
抄本（南圖目録）
南圖

宋道南

原名書升，字問青，號枚卿。恩貢。周文禾館甥。晚年主講羅陽書院，後移居真如。事迹具民國《寶山縣續志》卷十四。

麦（淩）雲堂賸稿二卷（文賸一卷詩賸一卷）

清光緒二十九年刻本（古籍總目、普查目録、學苑汲古）
南圖　新疆　北大（存文賸）　吉大（存文賸）

曹孔昭

字桐孫，一字起溟。諸生。居紀王廟。爲文古茂淵樸，工近體詩。事迹具民國《嘉定縣續志》卷十一。

抱玉堂詩集一卷

清宣統二年鉛印本（古籍總目、學苑汲古、上圖目録〔一〕）

上圖　南圖　華東師大

陳　松

小傳未詳。

槎浦櫂歌百首一卷

清光緒十九年拜梅山房刻本（古籍總目、上圖目録）

上圖　南圖

廖壽熙

字緝臣。惟璜次子，世功父。諸生。事迹具民國《嘉定縣續志》卷十二。

〔一〕上圖目録著録爲刻本。

侶槑軒詩稿（侶梅軒偶存稿）一卷

清光緒間木活字印本（古籍總目、普查目録）

國圖　南圖　天津

王其康

字紫蘧，鳴盛玄孫，元和學諸生。事迹具民國《嘉定縣續志》卷十二。

續王氏世譜十一卷

民國十四年鉛印本（學苑汲古）

吉大

北艖留稿不分卷

民國間抄本（上圖目録）

上圖

王氏藝文目一卷

民國九年鉛印先澤殘存本（學苑汲古、國圖目録、南圖目録）

國圖　南圖　河南大學

王汝潤

字子雨，嘉定人。諸生。事迹具民國《嘉定縣續志》卷十二。

馥芬居日記一卷

民國間嘉定王氏鉛印先澤殘存續編本（古籍總目、學苑汲古）

國圖　山大　河南大學

宣昌緒

字桂伯，一字桂山，陳奎子。諸生。卒年七十餘。事迹具民國《嘉定縣續志》卷十一。

留讀齋詩集（賸稿）六卷手札一卷

清宣統元年崑山支南昌木活字印本（古籍總目、普查目録、學苑汲古）

國圖　上圖　南圖　復旦　南開

楊震福

傳見本卷《善本稀見本經眼録》。

光緒嘉定縣志三十二卷首一卷補遺一卷

清光緒八年刻本（古籍總目、普查目録、學苑汲古、方志目録）

國圖　首都　上圖　北大　清華

嘉定縣志藝文志五卷

清光緒八年刻本（國圖目録）

國圖

嘉定縣志金石志一卷

清光緒八年刻本（國圖目録）

國圖

國朝練水文存初編不分卷二編不分卷

清光緒十四年尊經閣刻本（古籍總目、上圖目録）

上圖

趙觀瀾

字伯琴，仁翔子。世居紀王鎮西北趙家閣。精咽喉及内外科。事迹具民國《嘉定縣續志》卷十一。

還讀廬吟稿一卷詩餘一卷

稿本（學苑汲古）

華東師大

王慶昌

字雨湘，上海人，僑寓嘉定。壽康子，慶勳弟。歲貢。候選訓導。尤工詩詞。卒年六十有三。事迹具民國《嘉定縣續志》卷十一。

昔夢詞一卷

民國十七年上海王氏鉛印本（國圖目録、南圖目録、上圖目録、學苑汲古）

國圖　上圖　南圖　北大　復旦

民國三十年上海王氏鉛印本（國圖目録、上圖目録）

國圖　上圖

朱國鑾

居紀王鎮。小傳未詳。

曲垣遺稿三卷

民國十年朱承驤鉛印本（古籍總目、學苑汲古、上圖目録）

上圖　南圖　人大　華東師大

章樹福

傳見本卷《善本稀見本經眼録》。

咸豐黄渡鎮志十卷首一卷（纂輯）

清咸豐三年章氏壽研堂刻本（古籍總目）

上圖

民國十二年章欽亮鉛印本（古籍總目、學苑汲古）

國圖　上圖　南圖　復旦　華東師大

黄渡鎮志藝文一卷

民國十二年章氏壽研堂鉛印本（國圖目録）

國圖

竹隖詞稿一卷

清咸豐四年刻本（古籍總目）

上圖

竹隖詞續稿一卷

清光緒八年嘉定章氏刻本（古籍總目、普查目録）

上圖　吉林　蘇州　香港中山　北師大

寶山縣

袁　翼（一七八九—一八六三）

原名書培，字谷廉，一字仲甫，寶山人。文炤長子。道光二年（一八二二）舉人。歷任大庾、廣豐等知縣。道光二十年庚子（一八四〇）爲鄉試同考官。著述宏富。事迹具光緒《寶山縣志》卷十《人物志》、民國十年《寶山縣續志》卷十五等。

大庾縣續志二卷

清咸豐元年刻本（古籍總目）

吉大

小清容山館詞抄[一]**二卷**

清咸豐七年刻本（古籍總目）

[一] 與《邃懷堂文集》合訂。

上圖

清光緒十四年袁鎮嵩刻本（古籍總目、學苑汲古）

國圖　中科院　復旦　川大

邃懷堂文集箋註十六卷

清咸豐八年古唐朱氏古懽齋刻本（古籍總目、普查目録）

國圖　上圖　重慶　陝西　中科院

邃懷堂文集四卷

清光緒十四年袁鎮嵩刻本（古籍總目）

國圖　上圖　南圖　中科院　人大

袁　翟

文炤第四子，鎮嵩父。諸生。

淞逸詩存一卷

清光緒十四年刻本（國圖目録）

國圖　上圖　南圖

印銘祚（一七九二—一八五四）

傳見本卷《善本稀見本經眼録》。

安處廬稿十卷

清同治間抄本（古籍總目）

復旦（錢士鑣批）

安處廬稿一卷

清潘鍾瑞抄十家詩本（善本書目、古籍總目）

蘇州

蔣敦復（一八〇八—一八六七）

傳見本卷《善本稀見本經眼録》。

兵鑒不分卷

稿本（上圖目録）

上圖

萬言書不分卷

謄清稿本（善本書目、古籍總目、國圖目録）

國圖

嘯古堂文鈔不分卷

謄清稿本（善本書目、古籍總目、國圖目録）

國圖

嘯古堂外集不分卷

清抄本（善本書目、古籍總目、復旦目録）

復旦

山中和白雲不分卷

稿本（善本書目、國圖目録）

國圖

拈花詞不分卷

稿本（善本書目、國圖目録）

國圖

芬陀利室詞話三卷

清光緒十一年長洲王韜淞隱廬刻本（古籍總目、上圖目録）

國圖　上圖　南圖　天津

清刻本（古籍總目）

國圖

朱　燾（？—一八五八）

傳見本卷《善本稀見本經眼録》。

北窗囈語一卷

清光緒十九年石埭徐氏刻觀自得齋叢書本（古籍總目、學苑汲古）

國圖　上圖　南圖　中科院　北大

民國元年上海國學扶輪社鉛印古今説部叢書二集本（古籍總目、學苑汲古）

武大　香港新亞

滄江樂府七卷

民國五年聽邠館刻本（學苑汲古）

北師大

黛敎聞詠不分卷

清咸豐八年寶山朱氏斜月杏花屋刻本（學苑汲古）

北大

洗鏡室詩稿六卷

抄本（南圖目録）

南圖

簫材琴德廬詞稿一卷

清咸豐七年刻本（古籍總目、普查目録）

國圖　上圖　吴江區

民國五年錢溯耆刻滄江樂府本（古籍總目）

首都　上圖　遼寧　青海　清華

劉熙載（一八一三—一八八一）

字伯簡，號融齋，興化人。道光二十四年（一八四四）進士。督學廣東，引疾歸。主講龍門書院歷十四年。事迹具民國《上海縣續志》。

説文疊韻二卷首一卷末一卷

清同治光緒間刻古桐書屋六種本（古籍總目）

國圖　上圖　南圖　清華　復旦

清光緒二十五年番禺端溪書院刻端溪叢書十九種本（古籍總目）

上圖　北大　北師大

四音定切四卷

清同治光緒間刻古桐書屋六種本（古籍總目）

國圖　上圖　南圖　清華　復旦

古桐書屋六種續刻三種

清同治光緒間刻本（古籍總目）

國圖　上圖　南圖　清華　復旦

四音定切四卷

說文雙聲二卷

說文疊韻二卷首一卷續編一卷

昨非集四卷

持志塾言二卷

藝概六卷

古桐書屋劄記一卷（續刻）

遊藝約言一卷（續刻）

制藝書存一卷（續刻）

朱詒泰（一八三〇—一九〇八）

字少卿，晚號滌軒。慶昌子。光緒元年（一八七五）舉人。主講學海書院十餘年。卒年七十有九。事迹具民國《寶山縣續志》卷十四。

秋濤閣吟草三卷

清光緒三十一年刻本（古籍總目、南圖目録、學苑汲古）

南圖　首都　華東師大

清宣統三年刻本（古籍總目）

中科院

李昌熾（一八三一—一八六六）

傳見本卷《善本稀見本經眼録》。

種藍室詩抄一卷

清光緒十四年琳瑯新館刻本（古籍總目、學苑汲古）

首都　復旦

錢慧安（一八三三—一九一一）

一名貴昌，字吉生，寳山人。

海上二大名家畫譜

民國十三年民强書局石印本（上圖目録）

上圖

七十二候箋不分卷

清光緒二十四年上海華文書局石印本（古籍總目、普查目録）

國圖　上圖　遼寧

文美齋畫譜一卷

清末文美齋刻本（古籍總目）

吉林

錢吉生先生人物畫譜不分卷

清宣統三年上海文寶書局石印本（古籍總目）

南圖

清宣統三年懷古山房石印本（普查目録）

汕頭　吴江區　西南大學

袁鎮郕

字晉甫。翼子，李蘭芬夫。宛平籍，改回原籍。道光十五年（一八三五）順天舉人。年未及冠，齎志以歿。事迹具光緒《寶山縣志》卷十。

井夫詩存一卷

清光緒間邃雅堂刻袁氏家集本（古籍總目、普查目録）

上圖　南圖＊　南開

袁鎮嵩（一八三六——一九〇二）

字晉堂，號霓孫。文炤孫，翟子。居城。署長山巡檢、德清典史等職。卒年六十有七。事迹具民國《寶山縣續志》卷十四。

浙江東防念汛三限石塘工築圖説（海寧念汛大口門二限三限石塘圖説）一卷

清光緒七年刻本（古籍總目、普查目録、學苑汲古、上圖目録）

國圖　上圖　浙江　北大　清華

清光緒七年武林任有容齋刻本（普查目録、學苑汲古）

國圖　湖南　北大　清華

袁氏家集八種十二卷

清光緒十四至十六年寶山袁氏邃懷堂彙印本（普查目録、學苑汲古）

南圖　内蒙古　北大　復旦　人大

邃懷堂全集四十二卷

清光緒十三年至十四年寶山袁氏彙刻本（古籍總目、學苑汲古）

國圖　中科院　復旦　人大　吉大

陳觀圻（一八四二—一九一七）

字起霞，晚號息盦，寶山人。居月浦。工詩古文辭，尤嫻習牋牘。兼通醫術。以縣試第一入泮。光緒八年壬午（一八八二）舉正榜。歷署新泰、陽谷、范縣等縣事，後署東昌府同知，由河工出力保加知府銜。宣統初，乞歸。事迹具《寶山縣續志》卷十四。

光緒諸城縣鄉土志二卷

民國九年諸城縣署石印本（古籍總目）

國圖　山東　無錫　北大　清華

抄本（古籍總目）

上圖

息盦賸稿四卷

清宣統三年公益印書局鉛印本（古籍總目、學苑汲古）

廣東　復旦　華東師大

息盦尺牘二卷

清光緒十年上海申報館鉛印申報館叢書本（古籍總目）

國圖　南圖　浙江　北大　山大

潘鴻鼎（一八六三—一九一五）

字鑄禹，啓圖子。居羅店。光緒二十四年（一八九八）進士，選庶吉士，辛丑散館授編修，充國史館協修。甲辰於江灣籌設蠶桑學堂，提倡實業。宣統元年（一九〇九），舉爲資政院議員。事迹具民國《寶山縣續志》卷十四。

（光緒）續東華録二百二十卷

清光緒十七年上海廣百宋齋鉛印本（普查目録）

吉林

邵曾鑑（一八六四—一八九五）

字心炯，如燧子。補諸生。肄業龍門書院。卒年三十有二。事迹具民國《寶山縣續志》卷十四。

艾廬遺稿六卷

清光緒二十三年陳世垣刻本（古籍總目、普查目録）

國圖　南圖　浙江　北大　復旦

集句詞一卷

民國六年上海掃葉山房石印娱萱室小品六十種本（古籍總目）

國圖　首都　上圖　復旦　華東師大

袁希濤（一八六六—一九三〇）

字觀瀾，號霓孫。居城廂。光緒二十三年（一八九七）舉人。任教育部次長等職。事迹具民國《寶山縣續志》卷十三《選舉志》。

寶山袁霓孫〔二〕先生事略一卷

民國六年石印本（古籍總目、國圖目録）

國圖　上圖

陳慶濤

字文灝，號鱸江，寶山人。精内科。著有《醫學提要》二卷，其宗旨悉本前人六氣六疫之説，彙集群書以成。事迹具民國《川沙縣志》卷十六。

醫學提要二卷

稿本（古籍總目）

〔二〕　袁鎮嵩（一八三六—一九〇二），號霓孫。

上海中醫大
清光緒十一年康雪香抄本（古籍總目）
上海中醫大
抄本（上圖目録）
上圖
抄本（上圖目録）
上圖

陳如升

字同叔，居羅店，寶山人。以詩古文辭鳴於時，尤精目録之學。光緒初，任校勘邑志之職。晚年爲王樹菜編家集叢刊。卒年七十有四。事迹具民國《寶山縣續志》卷十四。

病榻懷人詩一卷

稿本（普查目録）
國圖

病榻懷人詩賸稿一卷

清光緒三十年刻本（學苑汲古）

北大　復旦

尺雲樓詞抄一卷

稿本（上圖目録）

上圖

清咸豐八年刻本（古籍總目）

南圖

清光緒二十三年刻本（古籍總目）

國圖　上圖　華東師大

民國五年錢氏聽邠館刻本（普查目録）

國圖　上圖　南圖　内蒙古

潘履祥

傳見本卷《善本稀見本經眼録》。

寶山縣志藝文志一卷

清光緒八年刻本（國圖目録）

國圖

光緒羅店鎮志八卷羅溪文徵一卷

清光緒十五年鉛印本（古籍總目、國圖目録、南圖目録、學苑汲古）

國圖　上圖　南圖　北大　復旦

湖游小識一卷

清光緒九年刻本（上圖目録）

上圖

清光緒三十二年排印本（普查目録）

復旦

侯錫恩

字春覃，晉雲子，居真如。光緒元年（一八七五）舉孝廉方正。所著半燬於兵火。事迹具民國《寶山縣續志》卷十四。

詒桂堂遺集一卷

清光緒十七年鉛印本（學苑汲古）

華東師大

民國三年上海民新社鉛印本（南圖目録、學苑汲古）

南圖　遼大

孫寶仁

字英達，號蓮君，自城遷居月浦。補諸生。卒年七十餘。事迹具民國《寶山縣續志》卷十四。

杕左堂自娱集二卷

清光緒十四年刻本（古籍總目、學苑汲古）

南圖　華東師大

王有堂

字逸樵。居羅店。事迹具民國《寶山縣續志》卷十五。

槐蔭堂詩抄一卷

清宣統二年排印本（普查目録）

內蒙古

民國間鉛印槐蔭堂遺詩合刊本（古籍總目、學苑汲古、普查目録、上圖目録、南圖目録）〔一〕

國圖　上圖　南圖　復旦　南開

抄本（古籍總目）

南圖

王元鑅

字少樵。居羅店。隱於市而能詩。事迹具民國《寶山縣續志》卷十五。

〔一〕《中國古籍總目》作「民國間刻槐蔭堂遺詩附」。

鋤月山房遺稿一卷

清宣統二年排印本（普查目録）

内蒙古

民國間鉛印槐蔭堂遺詩合刊本（古籍總目、學苑汲古普查目録、上圖目録、南圖目録）

國圖　上圖　南圖　復旦　南開

張人鏡

字蓉臺，寶山人。諸生。月浦舊有志稿，爲陳鈞所輯録，賴其保存而裒益之，與詩文稿並見藝文。事迹具民國《寶山縣續志》卷十四。

光緒月浦志十卷

清光緒十四年稿本（古籍總目）

上博

月浦文徵不分卷

民國二十四年南京國華印書館鉛印本（學苑汲古）

人大

金世琛

字獻廷，號蘭坡。諸生。性直品高。事迹具光緒《月浦志》卷五《人物志上》。

敬竈全書一卷

清同治十三年刻本（古籍總目）
國圖
清光緒元年刻本（古籍總目）
吉林
清光緒四年刻本（古籍總目）
國圖
清光緒九年石印本（古籍總目）
國圖
清光緒二十年上洋觀瀾閣排印本（日本目録）
日本長崎大學

清末金陵湯明林聚珍書局刻本（古籍總目）

南圖

陸宿海

字星發。盛大鏞外孫。居江灣。事迹具民國《江灣里志》卷十二《人物志》。

陸氏聚屋記（平原陸氏聚居尾記）不分卷

清同治三年稿本（古籍總目、學苑汲古）

吉大

朱延射

傳見本卷《善本稀見本經眼録》。

光緒寶山縣志十四卷（纂）

稿本（古籍總目）

南圖（存卷一至二、五、十二）

清光緒八年學海書院刻本（古籍總目）
國圖　上圖　南圖　北大　復旦

寶山縣志藝文志一卷
清光緒八年刻本（國圖目録）
國圖

崇明縣

童葉庚（一八二八—一八九九）

字友蓮，一字松君，晚年自號睫巢、巢睫山人，崇明人。諸生。由佐貳歷官至知縣，以不解苞苴獲咎罷官。寓吴所，撰《益智圖》。卒年七十有二。事迹具民國《吴縣志》卷七十六上。

鐵嶺申君傳（申祜）不分卷
清光緒年間刻本（學苑汲古）
清華

睫巢鏡影二卷

稿本（普查目録）

浙江

睫巢鏡影十二卷

清光緒十六年武林任有容齋刻本（古籍總目）

國圖　上圖　南圖　北大　清華

睫巢鏡影二卷

清末抄本（普查目録）

浙江

益智圖二卷

清光緒四年童葉庚刻本（古籍總目、學苑汲古）

國圖　上圖　南圖　遼寧　北師大

清光緒七年刻本（古籍總目）

南圖

清光緒十一年刻本（古籍總目）

國圖　上圖

清光緒二十五年竹陽楊春蕃刻本（學苑汲古）

北大

清宣統元年蘇州振新書社刻本（古籍總目、普查目録）

首都　長春

清末虎林任有容齋刻本（古籍總目）

國圖（存卷下）

清抄本（上圖目録）

上圖

清抄本（古籍總目）

北大

益智圖三卷

清光緒二十三年老二酉堂刻十五巧益智圖本（學苑汲古）

北大　吉大

益智圖四卷

清光緒三十二年來青閣刻本（普查目録）

國圖　遼寧

益智圖節本不分卷

民國八年上海商務印書館石印本（古籍總目）

上圖

益智燕几圖一卷

清光緒十六年刻本（古籍總目、普查目録）

長春　安州　金華博　蘇大

民國六年上海商務印書館石印本（學苑汲古）
北大　復旦　厦大　浙江師大
民國二十二年上海商務印書館石印本（學苑汲古）
清華

益智圖千字文八卷

清光緒二十四年上海商務印書館鉛印本（普查目録）
國圖
清光緒二十五年石印本（普查目録）
中國民族
民國間上海商務印書館石印本（古籍總目、學苑汲古）
上圖　遼寧　川大

黄清憲（一八二九—一九〇五）

字德卿，崇明人。歲貢。安貧力學，介然自持。光緒初，主纂邑志，審體例，損益舊志，詳略有法。事迹具墓表及民國《崇明縣志》卷十二。

半弓居文抄（文集）六卷

民國十四年鉛印本（古籍總目、學苑汲古）
國圖　北大　清華　復旦　北師大

李鳳苞（一八三四—一八八七）

傳見本卷《善本稀見本經眼録》。

使德日記一卷

小方壺齋輿地叢鈔稿本（善本書目、普查目録）
國圖
清光緒十七年上海著易堂鉛印小方壺齋輿地叢鈔本（國圖目録、學苑汲古）
國圖　北大　河南大學
清光緒二十三年湖南新學書局刻游記彙刊本（古籍總目、普查目録、學苑汲古）
國圖　首都　上圖　北大　蘇大
清光緒間江氏湖南使院刻靈鶼閣叢書五十六種本（古籍總目、普查目録、學苑汲古）
國圖　上圖　南圖　北大　復旦

民國間抄游記叢抄本（國圖目録）
國圖
民國二十四年至二十六年上海商務印書館鉛印及影印叢書集成初編本（古籍總目）
國圖　上圖　浙江　中科院　復旦

三才紀要四卷

清光緒宣統間上海江南製造局刻本（古籍總目、普查目録、學苑汲古）
國圖　上圖　南圖　北大　清華
清上海著易堂石印本（普查目録）
綏德縣子洲

李鳳苞任内卷略不分卷

中國史學叢書駐德使館檔案抄本（日本目録）
日本東京大學

李星使來去信二十四卷

清光緒間抄本（學苑汲古）

北大

清抄本（學苑汲古）

南大

江蘇布政司屬府廳州縣輿圖

清同治七年江蘇布政司署刻本（學苑汲古）

北大　中大

海洋山島圖説一卷

清同治間刻本（南圖目録）

南圖

江浙外洋山島説一卷附緝捕事宜一卷

清抄本（南圖目録）

南圖

黄超曾

字吟梅，崇明人。縣學生。例授同知。嘗從黎庶昌出使日本。事迹具民國《崇明縣志》卷十二《人物志》。

東瀛游草六卷

清光緒十一年（日本明治十八年）鉛印本（普查目録、日本目録）

南開　日本東京

同文集一卷

清咸豐九年刻本（普查目録）

鹽城

清宣統至民國間江浦陳氏刻房山山房叢書十一種本（古籍總目、學苑汲古）

國圖　上圖　南圖　中科院　北大

黄汝梅

字燮堂。咸豐十年（一八六〇）恩貢。事迹具民國《崇明縣志》卷十三《人物志》。

榆次縣續志四卷

清光緒十一年榆次縣署刻本（古籍總目、普查目録、學苑汲古）

國圖　上圖　南圖　北大　復旦

觀空詩稿一卷

民國元年嘉定黄氏鉛印本（學苑汲古）

南大

張慶祖

傳見本卷《善本稀見本經眼録》。

我鳴草一卷

清刻兩世心聲本（古籍總目、學苑汲古）

上圖　華東師大

張復初

傳見本卷《善本稀見本經眼録》。

也吟草一卷

清刻兩世心聲本（古籍總目、學苑汲古）

上圖　華東師大

張務實

傳見本卷《善本稀見本經眼録》。

吟詩草一卷

清刻兩世心聲本（古籍總目、學苑汲古）

上圖　華東師大

二、未見著述總目

（略以著者姓名拼音爲序）

序號	書名	著者	出處
一	鴻雪記略一卷	艾承禧撰	民國《川沙縣志》卷十五《藝文志·著述類》
二	雜詠日記一卷	艾承禧撰	民國《川沙縣志》卷十五《藝文志·著述類》
三	雪鴻記略	艾承禧撰	民國《上海縣續志》卷二十六《藝文》
四	懷舊小録一卷	艾承禧撰	民國《上海縣續志》卷二十六《藝文》；民國《川沙縣志》卷十五《藝文志·著述類》
五	螟巢璅記六卷	艾德塤撰	民國《上海縣續志》卷二十六《藝文》
六	滬乘綴遺二卷	艾德塤撰	民國《上海縣續志》卷二十六《藝文》
七	醬瓿殘牋	艾德塤撰	民國《上海縣續志》卷二十六《藝文》
八	默老妄談一卷	艾德塤撰	民國《上海縣續志》卷二十六《藝文》

續表

序號	書名	著者	出處
九	茜江館續稿四卷	艾德塤撰	民國《上海縣續志》卷二十六《藝文》
一〇	秋帆集一卷	艾德塤撰	民國《上海縣續志》卷二十六《藝文》
一一	獨松閣集一卷	艾德塤撰	民國《上海縣續志》卷二十六《藝文》
一二	敬業樓詩文稿	蔡朝杰著	光緒《松江府續志》卷三十七《藝文志》
一三	北遊雜詠	蔡朝杰著	光緒《松江府續志》卷三十七《藝文志》
一四	敦素堂詩存	蔡春榜著	光緒《松江府續志》卷三十七《藝文志》
一五	意有餘齋初二集	蔡春雷著	光緒《松江府續志》卷三十七《藝文志》
一六	槐石山房詩鈔十六卷續鈔甲乙編	蔡春祺著	光緒《松江府續志》卷三十七《藝文志》
一七	毅堂學治編十六卷	蔡鳳池著	光緒《松江府續志》卷三十七《藝文志》
一八	畹香書屋稿	蔡鳳瀛著	光緒《松江府續志》卷三十七《藝文志》
一九	六半樓詞鈔	蔡鵬飛著	光緒《婁縣續志》卷十《藝文志》
二〇	六半樓詩詞稿	蔡鵬飛著	光緒《松江府續志》卷三十七《藝文志》
二一	漱芳閣詩鈔	蔡瑞宣著	光緒《松江府續志》卷三十七《藝文志》

續表

序號	書名	著者	出處
二二	藜雲詩文稿	蔡乙青著	光緒《松江府續志》卷三十七《藝文志》
二三	幼科摘要一卷	蔡元瓚著	民國《川沙縣志》卷十五《藝文志·著述類》
二四	面圃軒詩文稿	蔡雲桂著	光緒《松江府續志》卷三十七《藝文志》
二五	楚游紀述	蔡之容著	光緒《松江府續志》卷三十七《藝文志》
二六	硯北小言	蔡忠立著	光緒《松江府續志》卷三十七《藝文志》
二七	蕉簃吟稿	曹逢澤撰	民國《崇明縣志》卷十六《藝文志》
二八	咫聞暇録	曹復元著	光緒《婁縣續志》卷十《藝文志》
二九	筆耕雜録	曹復元著	光緒《婁縣續志》卷十《藝文志》
三〇	齊物類鈔	曹復元著	光緒《婁縣續志》卷十《藝文志》
三一	頌清偶吟草	曹基鏡撰	民國《上海縣續志》卷二十六《藝文》
三二	童蒙曉二卷	曹基鏡撰	民國《上海縣續志》卷二十六《藝文》
三三	紀王鎮志	曹孔昭著	民國《嘉定縣續志》卷十二《藝文志》
三四	惜餘吟館詩稿	曹銘綬著	光緒《松江府續志》卷三十七《藝文志》；光緒《重修奉賢縣志》卷十一《人物志》

續表

序號	書名	著者	出處
三五	渡海集一卷	曹銘綬著	光緒《重修奉賢縣志》卷十一《人物志》
三六	視夜樓詩集	曹柔嘉(黄煜妻)撰	光緒《川沙廳志》卷十二《藝文志》
三七	賦學津梁	曹樹翹編	光緒《松江府續志》卷三十七《藝文志》
三八	皇朝賦典二十卷	曹樹翹編	光緒《松江府續志》卷三十七《藝文志》
三九	國朝賦綜四十卷	曹樹翹編	光緒《松江府續志》卷三十七《藝文志》
四〇	譙國文鈔四十卷	曹樹翹編	光緒《松江府續志》卷三十七《藝文志》
四一	今四六文	曹樹翹編	光緒《松江府續志》卷三十七《藝文志》
四二	苗蠻合誌三卷	曹樹翹著	光緒《松江府續志》卷三十七《藝文志》
四三	滇小記十二卷	曹樹翹著	光緒《松江府續志》卷三十七《藝文志》
四四	味經堂全集二十八卷	曹樹翹著	光緒《松江府續志》卷三十七《藝文志》
四五	賦苑叢談二十四卷	曹樹翹著	光緒《松江府續志》卷三十七《藝文志》
四六	黔小記四卷	曹樹翹著	光緒《松江府續志》卷三十七《藝文志》
四七	續滇考一卷	曹樹翹著	光緒《松江府續志》卷三十七《藝文志》

續表

序號	書名	著者	出處
四八	求志居詩稿二卷	曹耀圻撰	民國《上海縣續志》卷二十六《藝文》
四九	鈍留齋集	曹燴撰	光緒《婁縣續志》卷十《藝文志》
五〇	愛日草堂詩	曹湛恩著	光緒《松江府續志》卷三十七《藝文志》
五一	了緣集二十二卷	曹鍾焌輯	民國《上海縣續志》卷二十六《藝文》
五二	鏤冰琢雪詞二卷	曹鍾焌撰	民國《上海縣續志》卷二十六《藝文》
五三	機器圖畫録	曹鍾秀撰	民國《上海縣續志》卷二十六《藝文》
五四	孟子補罅	曹組城著	光緒《松江府續志》卷三十七《藝文志》
五五	連山歸藏卦象諦二卷	曹組城著	光緒《松江府續志》卷三十七《藝文志》
五六	論語移是説	曹組城著	光緒《松江府續志》卷三十七《藝文志》
五七	歧音集二卷	陳曾琅著	民國《寶山縣續志》卷十五《藝文志·書目》
五八	琴言月話廬詩選	陳曾琅著	民國《寶山縣續志》卷十五《藝文志·書目》
五九	面場軒詩稿	陳超然著	民國《青浦縣續志》卷二十一《藝文上》
六〇	善養居詩鈔三卷	陳承禄著	民國《嘉定縣續志》卷十二《藝文志》

續表

序號	書名	著者	出處
六一	愛日堂稿	陳玶著	光緒《松江府續志》卷三十七《藝文志》
六二	練湖漁唱一卷	陳純鈞著	民國《嘉定縣續志》卷十二《藝文志》
六三	詩癡擊缽一卷	陳純鈞著	民國《嘉定縣續志》卷十二《藝文志》
六四	夏小正箋注	陳琮著	光緒《松江府續志》卷三十七《藝文志》
六五	吴下常談	陳琮著	光緒《松江府續志》卷三十七《藝文志》
六六	茸城事迹考	陳琮著	光緒《松江府續志》卷三十七《藝文志》
六七	雲間山史	陳琮著	光緒《松江府續志》卷三十七《藝文志》
六八	墨稼堂稿十二卷	陳琮著	光緒《松江府續志》卷三十七《藝文志》
六九	四診纂要	陳大積著	民國《嘉定縣續志》卷十二《藝文志》
七〇	息盦續稿	陳觀圻著	民國《寶山縣續志》卷十五《藝文志·書目》
七一	三友園詩草	陳光鑑著	民國《南匯縣續志》卷十二《藝文志》
七二	木棉十詠	陳光适著	光緒《重修奉賢縣志》卷十一《人物志》
七三	茹蘗齋稿	陳桂著	光緒《松江府續志》卷三十七《藝文志》

續表

序號	書名	著者	出處
七四	三魚堂賸言	陳嘉綬撰	光緒《婁縣續志》卷十《藝文志》
七五	淞南唱和集	陳晉著	民國《寶山縣續志》卷十五《藝文志·書目》
七六	易經提解要覽	陳鈞著	民國《寶山縣續志》卷十五《藝文志·書目》
七七	太乙圖説	陳良著	民國《寶山縣續志》卷十五《藝文志·書目》
七八	天文演筆	陳良著	民國《寶山縣續志》卷十五《藝文志·書目》
七九	雲間藝苑叢談	陳瓏著	光緒《松江府續志》卷三十七《藝文志》
八〇	韻雅草堂詩稿八卷	陳瓏著	光緒《松江府續志》卷三十七《藝文志》
八一	匳月簃隨筆	陳瓏著	光緒《松江府續志》卷三十七《藝文志》
八二	泉香印譜	陳夢鯤著	光緒《松江府續志》卷三十七《藝文志》
八三	厚甫詩存	陳凝福著	民國《嘉定縣續志》卷十二《藝文志》
八四	冶春詞草	陳凝福著	民國《嘉定縣續志》卷十二《藝文志》
八五	尺雲樓詩集	陳如升著	民國《寶山縣續志》卷十五《藝文志·書目》
八六	尺雲軒詩	陳如升撰	民國《上海縣續志》卷二十六《藝文》

續表

序號	書名	著者	出處
八七	綠香堂詩稿四卷	陳汝霖撰	民國《崇明縣志》卷十六《藝文志》
八八	説餅四卷	陳汝霖撰	民國《崇明縣志》卷十六《藝文志》
八九	梅莊小志三卷	陳韶著	光緒《松江府續志》卷三十七《藝文志》
九〇	紅葉山房稿	陳昇著	光緒《松江府續志》卷三十七《藝文志》
九一	望杏山莊吟稿	陳世昌著	光緒《松江府續志》卷三十七《藝文志》
九二	内科祕方	陳世珍著	民國《南匯縣續志》卷十二《藝文志》
九三	學醫摘要	陳世珍著	民國《南匯縣續志》卷十二《藝文志》
九四	耕讀居詩餘	陳世珍著	民國《南匯縣續志》卷十二《藝文志》
九五	耕讀居集	陳世珍著	民國《南匯縣續志》卷十二《藝文志》
九六	耕讀居札記四卷	陳世珍著	民國《南匯縣續志》卷十二《藝文志》
九七	紅餘小草	陳淑英著	光緒《松江府續志》卷三十七《藝文志》
九八	紫薇吟館詩草	陳廷溥著	光緒《松江府續志》卷三十七《藝文志》
九九	書葉軒稿	陳廷贊著	光緒《松江府續志》卷三十七《藝文志》

續表

序號	書名	著者	出處
一〇〇	卻雨篷詩鈔	陳畹著	光緒《松江府續志》卷三十七《藝文志》
一〇一	時惕居讀詩記	陳維禮著	光緒《松江府續志》卷三十七《藝文志》
一〇二	尅擇秘旨注解一卷	陳希尹著	民國《青浦縣續志》卷二十一《藝文上》
一〇三	半舫居詩稿	陳心怡著	光緒《松江府續志》卷三十七《藝文志》
一〇四	易解蒙求	陳興宗著	光緒《松江府續志》卷三十七《藝文志》
一〇五	蘇齋集	陳興宗著	光緒《松江府續志》卷三十七《藝文志》
一〇六	烈承瑣言	陳興宗著	光緒《松江府續志》卷三十七《藝文志》
一〇七	小洲雜録一卷	陳學濂著	民國《寶山縣續志》卷十五《藝文志・書目》
一〇八	益齋集	陳以謙著	光緒《松江府續志》卷三十七《藝文志》
一〇九	自訟齋醫案四卷	陳亦保撰	民國《上海縣續志》卷二十六《藝文》
一一〇	吉祥止止室詩稿	陳淵泰著	光緒《松江府續志》卷三十七《藝文志》
一一一	南臺詩草	陳元豹著	光緒《松江府續志》卷三十七《藝文志》
一一二	醉月齋詩稿	陳兆虎撰	民國《崇明縣志》卷十六《藝文志》

續表

序號	書名	著者	出處
一一一三	益神智室詩二卷	程秉裕著	光緒《松江府續志》卷三十七《藝文志》
一一一四	紅杏山莊詩鈔	程大赤著	民國《南匯縣續志》卷十二《藝文志》
一一一五	慎餘吟稿	程爾松著	光緒《寶山縣志》卷十二
一一一六	詩鈔四卷	程懷珍撰	民國《上海縣續志》卷二十六《藝文》
一一一七	味吾廬文鈔二卷	程懷珍撰	民國《上海縣續志》卷二十六《藝文》
一一一八	輟績閒吟	程嘉則著	民國《寶山縣續志》卷十五《藝文志·書目》
一一一九	千草堂集	程珣河著	光緒《婁縣續志》卷十《藝文志》
一一二〇	香節居詩文集	褚一心著	光緒《婁縣續志》卷十《藝文志》
一一二一	道融詩文草	戴保衷著	民國《青浦縣續志》卷二十一《藝文上》
一一二二	醫門一得	戴承澍著	民國《青浦縣續志》卷二十一《藝文上》
一一二三	俟秋吟館詩詞稿一卷	戴承澍著	民國《青浦縣續志》卷二十一《藝文上》
一一二四	歷代議禮考一卷	戴承澍著	民國《青浦縣續志》卷二十一《藝文上》
一一二五	讀易補義六卷	戴承澍著	民國《青浦縣續志》卷二十一《藝文上》

序號	書名	著者	出處
一二六	止淞日記一卷	戴承澍著	民國《青浦縣續志》卷二十一《藝文上》
一二七	臨證退思録	戴承澍著	民國《青浦縣續志》卷二十一《藝文上》
一二八	聽鸝山房集	戴輔堯著	民國《寶山縣續志》卷十五《藝文志·書目》
一二九	書窗遺稿	戴見元著	光緒《婁縣續志》卷十《藝文志》
一三〇	治目管見	戴培椿著	光緒《婁縣續志》卷十《藝文志》
一三一	花谿醉漁稿	戴培椿著	光緒《松江府續志》卷三十七《藝文志》；光緒《婁縣續志》卷十《藝文志》
一三二	月村詩鈔	戴書芬著	光緒《松江府續志》卷三十七《藝文志》
一三三	小石屏館詩稿五卷	戴羲著	民國《寶山縣續志》卷十五《藝文志·書目》
一三四	平遠山莊詩文集	戴曉河著	光緒《松江府續志》卷三十七《藝文志》；光緒《重修奉賢縣志》卷十一《人物志》
一三五	十笏居詩鈔	戴因本著	光緒《松江府續志》卷三十七《藝文志》
一三六	鳴秋集	戴淵著	光緒《松江府續志》卷三十七《藝文志》

續表

序號	書名	著者	出處
一三七	映月山房詩集	戴梓著	民國《寶山縣續志》卷十五《藝文志·書目》
一三八	敦仁堂詩草	刁宗協著	光緒《松江府續志》卷三十七《藝文志》
一三九	史鑑集成四卷	丁鳳笙撰	民國《川沙縣志》卷十五《藝文志·著述類》
一四〇	讀史分類四卷	丁鳳笙撰	民國《川沙縣志》卷十五《藝文志·著述類》
一四一	歷代年號韻編一卷	丁興民撰	民國《上海縣續志》卷二十六《藝文》
一四二	讀書札記	丁興民撰	民國《上海縣續志》卷二十六《藝文》
一四三	竹窗夜話	丁宜福著	民國《南匯縣續志》卷十二《藝文志》
一四四	海曲詩話	丁宜福著	光緒《松江府續志》卷三十七《藝文志》
一四五	家庭醫話	董繩武撰	民國《上海縣續志》卷二十六《藝文》
一四六	鏡園印譜	杜超著	光緒《婁縣續志》卷十《藝文志》
一四七	大學日程小學日程二卷	范寶龢撰	民國《上海縣續志》卷二十六《藝文》
一四八	漢令長考	范本禮撰	民國《上海縣續志》卷二十六《藝文》

續表

序號	書名	著者	出處
一四九	師曾室文集	范本禮撰	民國《上海縣續志》卷二十六《藝文》
一五〇	羅溪詩選	范朝佐、嘉定林大中同輯	民國《寶山縣續志》卷十五《藝文志·書目》
一五一	游美日記	方仁裕著	民國《青浦縣續志》卷二十一《藝文上》
一五二	海國春秋	方仁裕著	民國《青浦縣續志》卷二十一《藝文上》
一五三	憶蘐草堂詩文集	馮純壽撰	民國《上海縣續志》卷二十六《藝文》
一五四	静寄樓詩詞鈔	馮玉芬著	光緒《松江府續志》卷三十七《藝文志》
一五五	勸戒便讀四卷	鳳怡庭撰	民國《川沙縣志》卷十五《藝文志·著述類》
一五六	歷代詠史詩	傅弼輯	民國《南匯縣續志》卷十二《藝文志》
一五七	歷朝詠物詩	傅弼輯	民國《南匯縣續志》卷十二《藝文志》
一五八	國朝詠物詩	傅弼輯	民國《南匯縣續志》卷十二《藝文志》
一五九	雲間古迹物産詩	傅弼輯	民國《南匯縣續志》卷十二《藝文志》
一六〇	蛾術居詩稿	傅弼著	民國《南匯縣續志》卷十二《藝文志》

續表

序號	書名	著者	出處
一六一	古唐詩選讀	傅以康輯	民國《南匯縣續志》卷十二《藝文志》
一六二	古文新編	傅以康輯	民國《南匯縣續志》卷十二《藝文志》
一六三	古文約編	傅以霖輯	民國《南匯縣續志》卷十二《藝文志》
一六四	玩花樓集	傅茱娥著	民國《南匯縣續志》卷十二《藝文志》
一六五	醫學入門	甘德溥著	民國《寶山縣續志》卷十五《藝文志·書目》
一六六	鋤雲草堂集	甘燾著	民國《寶山縣續志》卷十五《藝文志·書目》
一六七	卦變存疑	甘姚都著	民國《嘉定縣續志》卷十二《藝文志》
一六八	卦爻名例	甘姚都著	民國《嘉定縣續志》卷十二《藝文志》
一六九	納甲詳考	甘姚都著	民國《嘉定縣續志》卷十二《藝文志》
一七〇	易解偶輯	甘姚都著	民國《嘉定縣續志》卷十二《藝文志》
一七一	河洛述	甘姚都著	民國《嘉定縣續志》卷十二《藝文志》
一七二	周易爻變	甘姚都著	民國《嘉定縣續志》卷十二《藝文志》
一七三	易象集解	甘姚都著	民國《嘉定縣續志》卷十二《藝文志》

序號	書名	著者	出處
一七四	經傳分合考六卷	甘姚都著	民國《嘉定縣續志》卷十二《藝文志》
一七五	卦變述八卷	甘姚都著	民國《嘉定縣續志》卷十二《藝文志》
一七六	易象分類	甘姚都著	民國《嘉定縣續志》卷十二《藝文志》
一七七	毛詩心解二卷	高成基著	光緒《松江府續志》卷三十七《藝文志》
一七八	燕臺吟草二卷	高成基著	光緒《松江府續志》卷三十七《藝文志》
一七九	秋風笑語集	高崇瑚著	光緒《松江府續志》卷三十七《藝文志》
一八〇	松下清齋集一卷	高崇瑚著	光緒《松江府續志》卷三十七《藝文志》
一八一	寒緑齋詩古文詞十六卷	高崇瑞著	光緒《松江府續志》卷三十七《藝文志》
一八二	外集四卷	高崇瑞著	光緒《松江府續志》卷三十七《藝文志》
一八三	蘭翹詩鈔	高萬培著	光緒《婁縣續志》卷十《藝文志》
一八四	寶篆山房詩稿二卷	高鋆著	民國《寶山縣續志》卷十五《藝文志・書目》
一八五	薇雲詞館吟草	葛其龍撰	民國《上海縣續志》卷二十六《藝文》
一八六	吟秋山館文賸	葛其龍撰	民國《上海縣續志》卷二十六《藝文》

續表

序號	書名	著者	出處
一八七	古字分韻一卷	葛起鵬著	民國《嘉定縣續志》卷十二《藝文志》
一八八	嘉定竹人續録二卷	葛起鵬著	民國《嘉定縣續志》卷十二《藝文志》
一八九	越東卧游録四卷	葛起鵬著	民國《嘉定縣續志》卷十二《藝文志》
一九〇	歷代治河考略一卷	葛起鵬著	民國《嘉定縣續志》卷十二《藝文志》
一九一	泉幣刀布錢鈔集録二卷	葛起鵬著	民國《嘉定縣續志》卷十二《藝文志》
一九二	耄學齋雜俎四卷	葛起鵬著	民國《嘉定縣續志》卷十二《藝文志》
一九三	食德齋詩文集十二卷	葛起鵬著	民國《嘉定縣續志》卷十二《藝文志》
一九四	嘉定錢氏藝文分類四卷	葛起鵬著	民國《嘉定縣續志》卷十二《藝文志》
一九五	食德齋懷人詩二卷	葛起鵬著	民國《嘉定縣續志》卷十二《藝文志》
一九六	知非學人自訂年譜二卷	葛起鵬著	民國《嘉定縣續志》卷十二《藝文志》
一九七	孫氏十家志辨十卷	葛士達撰	民國《上海縣續志》卷二十六《藝文》
一九八	從戎日記二卷	葛士達撰	民國《上海縣續志》卷二十六《藝文》
一九九	遂志齋初集六卷續集八卷	葛士達撰	民國《上海縣續志》卷二十六《藝文》

續表

序號	書名	著者	出處
二〇〇	味腴室詩文稿	葛士清撰	民國《上海縣續志》卷二十六《藝文》
二〇一	兩漢王子侯封國考正	葛士濬撰	民國《上海縣續志》卷二十六《藝文》
二〇二	臥廬詩文稿四卷	葛士濬撰	民國《上海縣續志》卷二十六《藝文》
二〇三	外洋咫聞録一卷	葛士濬撰	民國《上海縣續志》卷二十六《藝文》
二〇四	吾園鬧紅集一卷	葛士濬撰	民國《上海縣續志》卷二十六《藝文》
二〇五	邊防贅述二卷	葛士濬撰	民國《上海縣續志》卷二十六《藝文》
二〇六	湘游草一卷	葛士濬撰	民國《上海縣續志》卷二十六《藝文》
二〇七	換蘿詩鈔	葛受朋著	光緒《松江府續志》卷三十七《藝文志》
二〇八	聽濤軒遺詩	葛湯臣著	民國《嘉定縣續志》卷十二《藝文志》
二〇九	蘆坪詩鈔	葛維崇著	光緒《婁縣續志》卷十《藝文志》
二一〇	寄村居詩文檢存稿	葛學禮著	光緒《松江府續志》卷三十七《藝文志》
二一一	釋經劄記	葛學禮著	光緒《松江府續志》卷三十七《藝文志》
二一二	傷科指要三卷	龔浩然撰	民國《上海縣續志》卷二十六《藝文》

續表

序號	書名	著者	出處
二一一三	鳳巢醫案一卷	龔鳴盛撰	民國《崇明縣志》卷十六《藝文志》
二一一四	婺輝草一卷	龔譜韶著	民國《寶山縣續志》卷十五《藝文志・書目》
二一一五	雛學草一卷	龔譜韶著	民國《寶山縣續志》卷十五《藝文志・書目》
二一一六	藏雲館詩稿一卷	龔其相撰	民國《崇明縣志》卷十六《藝文志》
二一一七	併音連聲詩韻	龔泰著	光緒《松江府續志》卷三十七《藝文志》
二一一八	爾雅音義	龔泰著	光緒《松江府續志》卷三十七《藝文志》
二一一九	全嬰秘要	龔星臺著	民國《寶山縣續志》卷十五《藝文志・書目》
二一二〇	顧氏懷德堂支譜	顧秉圻、顧秉垣同修	民國《上海縣續志》卷二十六《藝文》
二一二一	怡軒雜著	顧秉圻撰	民國《上海縣續志》卷二十六《藝文》
二一二二	秋濤詩稿	顧秉圻撰	民國《上海縣續志》卷二十六《藝文》
二一二三	筠卿吟草	顧秉垣撰	民國《上海縣續志》卷二十六《藝文》
二一二四	三禮輯要	顧德言輯	光緒《松江府續志》卷三十七《藝文志》
二一二五	奉橘軒詩集	顧德言著	光緒《松江府續志》卷三十七《藝文志》

序號	書名	著者	出處
二二六	儒門筏喻	顧德言著	光緒《松江府續志》卷三十七《藝文志》
二二七	讀史備忘	顧德言著	光緒《松江府續志》卷三十七《藝文志》
二二八	書畫録	顧德言著	光緒《松江府續志》卷三十七《藝文志》
二二九	三益軒文集	顧德言著	光緒《松江府續志》卷三十七《藝文志》
二三〇	聽筠楹詩稿	顧鼎華著	光緒《松江府續志》卷三十七《藝文志》；光緒《重修奉賢縣志》卷十一《人物志》
二三一	四書考異	顧觀光著	光緒《松江府續志》卷三十七《藝文志》
二三二	鄉黨圖考補正	顧廣譽撰	民國《上海縣續志》卷二十六《藝文》
二三三	武陵漁隱詞	顧金書著	民國《南匯縣續志》卷十二《藝文志》
二三四	九霞軒劫餘草一卷	顧晉撰	民國《川沙縣志》卷十五《藝文志·著述類》
二三五	行文必讀一卷	顧晉撰	民國《川沙縣志》卷十五《藝文志·著述類》
二三六	張大爔愛吾廬醫案注釋	顧逵著	民國《青浦縣續志》卷二十一《藝文上》
二三七	蝤溪吟稿	顧麟著	民國《南匯縣續志》卷十二《藝文志》

續表

序號	書名	著者	出處
二三八	内經疏證	顧麟著	民國《南匯縣續志》卷十二《藝文志》
二三九	靈素表微	顧麟著	民國《南匯縣續志》卷十二《藝文志》
二四〇	怡顔書屋稿	顧麟著	民國《南匯縣續志》卷十二《藝文志》
二四一	總宜居詞稿	顧麟著	民國《南匯縣續志》卷十二《藝文志》
二四二	雙紅豆館詩存	顧麟著	民國《南匯縣續志》卷十二《藝文志》
二四三	臨池小草	顧麟著	民國《南匯縣續志》卷十二《藝文志》
二四四	醫學心得	顧明珮著	民國《南匯縣續志》卷十二《藝文志》
二四五	静逸軒賸稿	顧乃嘉著	民國《南匯縣續志》卷十二《藝文志》
二四六	鴻緣詩譜	顧淇著	民國《南匯縣續志》卷十二《藝文志》
二四七	錢塘陟屺小稿	顧世傑著	光緒《婁縣續志》卷十《藝文志》
二四八	引玉瑣言	顧世俊著	光緒《松江府續志》卷三十七《藝文志》
二四九	竹廬詩鈔	顧世俊著	光緒《松江府續志》卷三十七《藝文志》
二五〇	浙游草	顧世俊著	光緒《松江府續志》卷三十七《藝文志》

續表

序號	書名	著者	出處
二五一	詠菊小品	顧世俊著	光緒《松江府續志》卷三十七《藝文志》
二五二	晼西草堂詩稿	顧舜華著	光緒《松江府續志》卷三十七《藝文志》
二五三	粵匪紀事	顧顯章著	光緒《松江府續志》卷三十七《藝文志》
二五四	檢心碎語	顧顯章著	光緒《松江府續志》卷三十七《藝文志》
二五五	顧氏家乘	顧修祉修	民國《南匯縣續志》卷十二《藝文志》
二五六	志隱詩草	顧修著	民國《南匯縣續志》卷十二《藝文志》
二五七	蕉窗小草一卷	顧瑛著	民國《嘉定縣續志》卷十二《藝文志》
二五八	增補韻府拾遺切音一卷	顧元辰著	民國《青浦縣續志》卷二十一《藝文上》
二五九	采韻堂詩稿	顧子瀛著	光緒《婁縣續志》卷十《藝文志》
二六〇	日新堂古文	顧子瀛著	光緒《婁縣續志》卷十《藝文志》
二六一	日新堂詩古文集	顧子瀛著	光緒《松江府續志》卷三十七《藝文志》
二六二	繡餘三草	歸懋儀著	光緒《松江府續志》卷三十七《藝文志》
二六三	墨英詩鈔二卷	郭墨英著	光緒《松江府續志》卷三十七《藝文志》

續表

序號	書名	著者	出處
二六四	韓申甫文鈔	韓柳文著	民國《南匯縣續志》卷十二《藝文志》
二六五	讀有用書齋算學	韓應陛著	光緒《松江府續志》卷三十七《藝文志》
二六六	蘭雪草堂稿	韓正泰著	光緒《松江府續志》卷三十七《藝文志》
二六七	燼餘詩鈔二卷	何昌梓著	民國《青浦縣續志》卷二十一《藝文上》
二六八	香雪軒醫案四卷	何昌梓著	民國《青浦縣續志》卷二十一《藝文上》
二六九	枕經緒論	何道著	光緒《松江府續志》卷三十七《藝文志》
二七〇	禮疑集要四卷	何道著	光緒《婁縣續志》卷十《藝文志》
二七一	簳山草堂小稿	何其偉著	光緒《松江府續志》卷三十七《藝文志》
二七二	竹梧書屋吟稿	何潤著	民國《寶山縣續志》卷十五《藝文志·書目》
二七三	十國宮詞	何世莫著	光緒《松江府續志》卷三十七《藝文志》
二七四	十六國宮詞	何世莫著	光緒《松江府續志》卷三十七《藝文志》
二七五	南宋雜事詩	何世莫著	光緒《松江府續志》卷三十七《藝文志》
二七六	涵碧山房詩鈔	何世莫著	光緒《松江府續志》卷三十七《藝文志》

續表

序號	書名	著者	出處
二七七	醫鏡三卷	何壽彭著	民國《青浦縣續志》卷二十一《藝文上》
二七八	易義駢言四卷	何四勿著	光緒《重修奉賢縣志》卷十一《人物志》
二七九	詩集四卷	何四勿著	光緒《重修奉賢縣志》卷十一《人物志》
二八〇	干山志略一卷	何廷璋著	民國《青浦縣續志》卷二十一《藝文上》
二八一	鵤咏軒詩稿	何應昌著	民國《寶山縣續志》卷十五《藝文志·書目》
二八二	蘭玉堂吟稿	何元章著	民國《寶山縣續志》卷十五《藝文志·書目》
二八三	桂林居稿	洪兆甲著	民國《寶山縣續志》卷十五《藝文志·書目》
二八四	蒙青集	洪兆甲著	民國《寶山縣續志》卷十五《藝文志·書目》
二八五	自怡賦草二卷	侯敞撰	民國《上海縣續志》卷二十六《藝文》
二八六	詩句揀金四卷	侯敞撰	民國《上海縣續志》卷二十六《藝文》
二八七	資畫録十卷	侯敞撰	民國《上海縣續志》卷二十六《藝文》
二八八	名詩碎錦集	侯敞撰	民國《上海縣續志》卷二十六《藝文》
二八九	四書姓氏考略一卷	侯敞撰	民國《上海縣續志》卷二十六《藝文》

續表

序號	書名	著者	出處
二九〇	讀史論補三卷	侯敞撰	民國《上海縣續志》卷二十六《藝文》
二九一	勝迹聯珠三卷	侯敞撰	民國《上海縣續志》卷二十六《藝文》
二九二	桃溪風雅集	侯鴻誥輯	民國《寶山縣續志》卷十五《藝文志·書目》
二九三	蓉坪詩鈔	侯紳著	光緒《松江府續志》卷三十七《藝文志》
二九四	真如志	侯錫恩輯	民國《寶山縣續志》卷十五《藝文志·書目》
二九五	桂芬書屋詩稿	侯應珏著	民國《寶山縣續志》卷十五《藝文志·書目》
二九六	三統術	胡迪彝著	光緒《松江府續志》卷三十七《藝文志》
二九七	松溪詩文集	胡鼎蓉著	光緒《婁縣續志》卷十《藝文志》
二九八	雲間十二家文鈔	胡繁苞（郎山）編	光緒《松江府續志》卷三十七《藝文志》
二九九	律吕考略	胡繁苞（郎山）著	光緒《松江府續志》卷三十七《藝文志》
三〇〇	道德經解二卷	胡衮著	光緒《松江府續志》卷三十七《藝文志》
三〇一	古文選八十卷	胡衮輯	光緒《松江府續志》卷三十七《藝文志》
三〇二	詩彙五十卷	胡衮輯	光緒《松江府續志》卷三十七《藝文志》

續表

序號	書名	著者	出處
三〇三	隨寓草廬賸稿	胡衮著	光緒《松江府續志》卷三十七《藝文志》
三〇四	漁村初稿	胡焕著	光緒《松江府續志》卷三十七《藝文志》
三〇五	山冉詩稿	胡家濂著	光緒《松江府續志》卷三十七《藝文志》
三〇六	織餘草	胡家萱著	光緒《松江府續志》卷三十七《藝文志》
三〇七	郎山詩草	胡連玉著	光緒《松江府續志》卷三十七《藝文志》
三〇八	理生居詩稿	胡履吉著	光緒《松江府續志》卷三十七《藝文志》
三〇九	怡紅吟舘稿	胡祥椿著	民國《南匯縣續志》卷十二《藝文志》
三一〇	正已居詩稿	胡聿田撰	民國《上海縣續志》卷二十六《藝文》
三一一	吟絮集	胡筠著	民國《寶山縣續志》卷十五《藝文志·書目》
三一二	彙辨音釋	華昌朝著	光緒《松江府續志》卷三十七《藝文志》
三一三	地理淺釋	華蘅芳撰	民國《上海縣續志》卷二十六《藝文》
三一四	測候叢話	華蘅芳撰	民國《上海縣續志》卷二十六《藝文》
三一五	訥盦草一卷	黃彬撰	民國《上海縣續志》卷二十六《藝文》；民國《川沙縣志》卷十五《藝文志·著述類》

續表

序號	書名	著者	出處
三一六	學古堂詩集二卷	黄步瀛撰	民國《上海縣續志》卷二十六《藝文》
三一七	吟梅先生集外詩一卷	黄超曾撰	民國《崇明縣志》卷十六《藝文志》
三一八	自省録一卷	黄琮撰	民國《川沙縣志》卷十五《藝文志・著述類》
三一九	金剛經注釋一卷	黄琮撰	民國《上海縣續志》卷二十六《藝文》
三二〇	蝸廬雜詠	黄琮撰	民國《上海縣續志》卷二十六《藝文》
三二一	古香仙館詩草一卷	黄琮撰	民國《川沙縣志》卷十五《藝文志・著述類》
三二二	煙霞閣後詩鈔	黄大昕著	光緒《松江府續志》卷三十七《藝文志》
三二三	馨秋遺稿一卷	黄桂姑著	民國《嘉定縣續志》卷十二《藝文志》
三二四	歷朝詩文選	黄惠疇輯	民國《寶山縣續志》卷十五《藝文志・書目》
三二五	耕餘吟草	黄金鐘著	光緒《松江府續志》卷三十七《藝文志》
三二六	湘華館集	黄鞠著	光緒《松江府續志》卷三十七《藝文志》；光緒《婁縣續志》卷十《藝文志》
三二七	讀我書屋吟草	黄茂著	光緒《松江府續志》卷三十七《藝文志》
三二八	月令辨正	黄茂著	光緒《松江府續志》卷三十七《藝文志》

續表

序號	書名	著者	出處
三二九	毛詩徵典	黄茂著	光緒《松江府續志》卷三十七《藝文志》
三三〇	易學	黄茂著	光緒《松江府續志》卷三十七《藝文志》
三三一	消寒集	黄仁輯	光緒《松江府續志》卷三十七《藝文志》
三三二	逭夏集	黄仁輯	光緒《松江府續志》卷三十七《藝文志》
三三三	迎秋集	黄仁輯	光緒《松江府續志》卷三十七《藝文志》
三三四	嬉春集	黄仁輯	光緒《松江府續志》卷三十七《藝文志》
三三五	容安草堂詩文集	黄鎔著	光緒《松江府續志》卷三十七《藝文志》
三三六	多野意齋詩文集	黄汝玉著	光緒《松江府續志》卷三十七《藝文志》
三三七	紀遊詩鈔	黄士銓撰	民國《崇明縣志》卷十六《藝文志》
三三八	深柳讀書堂詩鈔	黄士銓撰	民國《崇明縣志》卷十六《藝文志》
三三九	女教詩二卷	黄世榮輯	民國《嘉定縣續志》卷十二《藝文志》
三四〇	嘐文麟角補編	黄世榮輯	民國《嘉定縣續志》卷十二《藝文志》
三四一	味退居書牘存稿二卷	黄世榮著	民國《嘉定縣續志》卷十二《藝文志》

續表

序號	書名	著者	出處
三四二	重訂外科證治全生八卷	黄世榮著	民國《嘉定縣續志》卷十二《藝文志》
三四三	測圓海鏡贅解二卷	黄泰生撰	民國《崇明縣志》卷十六《藝文志》
三四四	聽彝録	黄廷銓著	光緒《松江府續志》卷三十七《藝文志》
三四五	印存四卷	黄文瀚撰	民國《上海縣續志》卷二十六《藝文》
三四六	蒼莨軒詩詞各一卷	黄文瀚撰	民國《上海縣續志》卷二十六《藝文》
三四七	星廬吟草	黄文瀚撰	民國《上海縣續志》卷二十六《藝文》
三四八	菰野詩集	黄旭撰	民國《崇明縣志》卷十六《藝文志》
三四九	菰野文集	黄旭撰	民國《崇明縣志》卷十六《藝文志》
三五〇	延青屋詩草	黄學詩撰	民國《崇明縣志》卷十六《藝文志》
三五一	邀翠簃詩稿一卷	黄燡榮撰	民國《川沙縣志》卷十五《藝文志·著述類》
三五二	黄氏日記十四卷	黄雲鶚撰	民國《崇明縣志》卷十六《藝文志》
三五三	風鑑心得四卷	黄雲鶚撰	民國《崇明縣志》卷十六《藝文志》
三五四	相家随缘二卷	黄雲鶚撰	民國《崇明縣志》卷十六《藝文志》

序號	書名	著者	出處
三三五五	半弓居詩草	黄雲鶚撰	民國《崇明縣志》卷十六《藝文志》
三三五六	楚游吟草一卷	黄宗發著	民國《嘉定縣續志》卷十二《藝文志》
三三五七	古芸書屋詩鈔一卷	黄宗冕著	民國《嘉定縣續志》卷十二《藝文志》
三三五八	棄物治病方彙編一卷	黄宗起輯	民國《嘉定縣續志》卷十二《藝文志》
三三五九	知止盦書牘存稿二卷	黄宗起著	民國《嘉定縣續志》卷十二《藝文志》
三三六〇	課孫書訣一卷	黄宗起著	民國《嘉定縣續志》卷十二《藝文志》
三三六一	知止盦詩餘一卷	黄宗起著	民國《嘉定縣續志》卷十二《藝文志》
三三六二	知止盦日記五種	黄宗起著	民國《嘉定縣續志》卷十二《藝文志》
三三六三	訓學箴言	黄宗起著	民國《嘉定縣續志》卷十二《藝文志》
三三六四	漱芳山館吟草	黄祖憲著	光緒《松江府續志》卷三十七《藝文志》
三三六五	浣花軒吟稿	黄祖耀著	光緒《松江府續志》卷三十七《藝文志》
三三六六	小瑶池吟草	火始然著	光緒《松江府續志》卷三十七《藝文志》
三三六七	夢花齋詩稿	火文焕著	光緒《松江府續志》卷三十七《藝文志》

續表

序號	書名	著者	出處
三六八	徐氏斜弧邊相求術一册	賈步緯校	民國《南匯縣續志》卷十二《藝文志》
三六九	九術外録一册	賈步緯校	民國《南匯縣續志》卷十二《藝文志》
三七〇	黄河全圖	賈步緯著	民國《南匯縣續志》卷十二《藝文志》
三七一	南匯輿地全圖	賈步緯著	民國《南匯縣續志》卷十二《藝文志》
三七二	算法一册	賈步緯著	民國《南匯縣續志》卷十二《藝文志》
三七三	整勾股引伸表一册	賈步緯著	民國《南匯縣續志》卷十二《藝文志》
三七四	步緯算法	賈步緯撰	民國《上海縣續志》卷二十六《藝文》
三七五	日月交食引蒙	賈步緯撰	民國《上海縣續志》卷二十六《藝文》
三七六	懷新堂集	賈履上撰	民國《上海縣續志》卷二十六《藝文》
三七七	湖山展墓詩二卷	賈履上撰	民國《上海縣續志》卷二十六《藝文》
三七八	夕陽介壽集二卷	賈履上撰	民國《上海縣續志》卷二十六《藝文》
三七九	小蓬萊唱和集一卷	賈履上撰	民國《上海縣續志》卷二十六《藝文》
三八〇	水竹居燕賀集一卷	賈勛撰	民國《上海縣續志》卷二十六《藝文》

續表

序號	書名	著者	出處
三八一	同官詩録一卷	賈勛撰	民國《上海縣續志》卷二十六《藝文》
三八二	涇原金石誌	賈勛撰	民國《上海縣續志》卷二十六《藝文》
三八三	夕陽衍慶集二卷	賈勛撰	民國《上海縣續志》卷二十六《藝文》
三八四	宫閨百詠二卷	賈勛撰	民國《上海縣續志》卷二十六《藝文》
三八五	涇州八景詩	賈勛撰	民國《上海縣續志》卷二十六《藝文》
三八六	望雲草堂文集詩集	賈勛撰	民國《上海縣續志》卷二十六《藝文》
三八七	蓮社詩盟一卷	賈勛撰	民國《上海縣續志》卷二十六《藝文》
三八八	詩餘所見集八卷	賈振元輯	光緒《松江府續志》卷三十七《藝文志》
三八九	唐詩近體六卷	賈振元輯	光緒《松江府續志》卷三十七《藝文志》
三九〇	詩學淵源	簡而文著	光緒《婁縣續志》卷十《藝文志》
三九一	詩韻輯要	簡而文著	光緒《婁縣續志》卷十《藝文志》
三九二	繡餘吟稿一卷	江芳蓀著	民國《嘉定縣續志》卷十二《藝文志》
三九三	夢花廬印譜	江湄著	民國《嘉定縣續志》卷十二《藝文志》

續表

序號	書名	著者	出處
三九四	秋水軒雜文稿二卷	江湄著	民國《嘉定縣續志》卷十二《藝文志》
三九五	秋水軒吟稿	江湄著	民國《嘉定縣續志》卷十二《藝文志》
三九六	壬寅紀事詩一卷	姜皋著	光緒《松江府續志》卷三十七《藝文志》
三九七	杏園詩鈔	姜雋著	光緒《松江府續志》卷三十七《藝文志》
三九八	姜氏族譜	姜熙輯	光緒《松江府續志》卷三十七《藝文志》
三九九	洗紅軒詩集	姜壎著	光緒《松江府續志》卷三十七《藝文志》；光緒《婁縣續志》卷十《藝文志》
四〇〇	嘯古堂詩話	蔣敦復著	光緒《寶山縣志》卷十二
四〇一	柳堂詩鈔	蔣吉士著	光緒《松江府續志》卷三十七《藝文志》
四〇二	清華閣現存書畫録	蔣壽祺、楊葆光輯訂	民國《青浦縣續志》卷二十一《藝文上》
四〇三	萊南詩文草	蔣壽祺著	民國《青浦縣續志》卷二十一《藝文上》
四〇四	敦復堂家乘	蔣壽祺著	民國《青浦縣續志》卷二十一《藝文上》

續表

序號	書名	著者	出處
四〇五	職思居稿	蔣維淦著	光緒《松江府續志》卷三十七《藝文志》
四〇六	傳心集	蔣元烺著	民國《青浦縣續志》卷二十一《藝文上》
四〇七	研溪偶存草	焦文達著	光緒《松江府續志》卷三十七《藝文志》
四〇八	論語秉燭編八卷	金潮著	民國《寶山縣續志》卷十五《藝文志・書目》
四〇九	雪鴻樓書畫贅言	金黼廷著	光緒《松江府續志》卷三十七《藝文志》
四一〇	雪鴻樓書畫題跋録	金黼廷著	光緒《松江府續志》卷三十七《藝文志》
四一一	奚囊賸句	金黼廷著	光緒《松江府續志》卷三十七《藝文志》
四一二	雪鴻樓古器銘文考	金黼廷著	光緒《松江府續志》卷三十七《藝文志》
四一三	清省堂遺稿五卷	金鴻書著	光緒《松江府續志》卷三十七《藝文志》
四一四	筆耕齋文集	金健德著	民國《南匯縣續志》卷十二《藝文志》
四一五	學算心得	金健德著	民國《南匯縣續志》卷十二《藝文志》
四一六	緑海桴文鈔一卷	金仁容著	民國《嘉定縣續志》卷十二《藝文志》

續表

序號	書名	著者	出處
四一七	蘆中小草	金仁容著	民國《嘉定縣續志》卷十二《藝文志》
四一八	龍沙蚓唱	金仁容著	民國《嘉定縣續志》卷十二《藝文志》
四一九	自怡軒詩稿	金生著	光緒《松江府續志》卷三十七《藝文志》
四二〇	半繭齋詩集	金世琛著	民國《寶山縣續志》卷十五《藝文志・書目》
四二一	蟠龍鎮志	金維鼇著	民國《青浦縣續志》卷二十一《藝文上》
四二二	雙榆草堂詩文集詩八卷文十六卷	金維鼇著	民國《青浦縣續志》卷二十一《藝文上》
四二三	龍江水利考二卷	金維鼇著	民國《青浦縣續志》卷二十一《藝文上》
四二四	安齋日記	金維鼇著	民國《青浦縣續志》卷二十一《藝文上》
四二五	林陰仰雪廬詩鈔	金文朝著	民國《青浦縣續志》卷二十一《藝文上》
四二六	鷹房紀事詩五十首	金文起著	民國《嘉定縣續志》卷十二《藝文志》
四二七	莎湄居詩集	金熙著	光緒《松江府續志》卷三十七《藝文志》
四二八	静學齋印譜	金熙撰	民國《上海縣續志》卷二十六《藝文》
四二九	左傳人名辨異一卷	金藴光著	民國《青浦縣續志》卷二十一《藝文上》

續表

序號	書名	著者	出處
四三〇	春秋世族譜二卷	金蘊光著	民國《青浦縣續志》卷二十一《藝文上》
四三一	春秋職官考略一卷	金蘊光著	民國《青浦縣續志》卷二十一《藝文上》
四三二	春秋諸國世次傳略一卷	金蘊光著	民國《青浦縣續志》卷二十一《藝文上》
四三三	田家要言	金蘊光著	民國《青浦縣續志》卷二十一《藝文上》
四三四	孫峻築圩圖説補注	金蘊光著	民國《青浦縣續志》卷二十一《藝文上》
四三五	温病正軌	金蘊光著	民國《青浦縣續志》卷二十一《藝文上》
四三六	簡明雜症治法	金蘊光著	民國《青浦縣續志》卷二十一《藝文上》
四三七	知止齋詩稿四卷	金蘊光著	民國《青浦縣續志》卷二十一《藝文上》
四三八	横泖山莊詩稿	金章著	光緒《松江府續志》卷三十七《藝文志》
四三九	職思其居文集	金章著	光緒《松江府續志》卷三十七《藝文志》
四四〇	詠史十略	金祖錫著	光緒《松江府續志》卷三十七《藝文志》
四四一	鞠氏家譜	鞠元卿重修	民國《南匯縣續志》卷十二《藝文志》
四四二	琴園遺稿	康秀書著	民國《南匯縣續志》卷十二《藝文志》

續表

序號	書名	著者	出處
四四三	海粟集	康中理著	民國《南匯縣續志》卷十二《藝文志》
四四四	沈氏四聲非古音論	康中理著	民國《南匯縣續志》卷十二《藝文志》
四四五	蓮君駢體文	孔廣琳著	光緒《松江府續志》卷三十七《藝文志》
四四六	藥方歌訣	匡謙吉著	民國《嘉定縣續志》卷十二《藝文志》
四四七	女科摘要	匡謙吉著	民國《嘉定縣續志》卷十二《藝文志》
四四八	湘秋閣詩鈔	雷畹著	光緒《松江府續志》卷三十七《藝文志》
四四九	玉岵山莊詩鈔	雷瑩著	光緒《松江府續志》卷三十七《藝文志》
四五〇	法華李氏家乘	李曾鼎輯，光緒五年李曾鈺修	民國《上海縣續志》卷二十六《藝文》
四五一	舒嘯樓詞二卷	李曾裕撰	民國《上海縣續志》卷二十六《藝文》
四五二	十二梅花館詩稿四卷	李宸鳳著	民國《嘉定縣續志》卷十二《藝文志》
四五三	廣韻考正	李鳳苞著	民國《崇明縣志》卷十六《藝文志》
四五四	文藻齋詩文集	李鳳苞撰	民國《崇明縣志》卷十六《藝文志》

序號	書名	著者	出處
四五五	崇明晷度更漏表	李鳳苞撰	民國《崇明縣志》卷十六《藝文志》
四五六	自怡軒算書	李鳳苞撰	民國《崇明縣志》卷十六《藝文志》
四五七	來復堂稿	李根著	光緒《松江府續志》卷三十七《藝文志》
四五八	瓶笙吟稿六卷	李根著	光緒《松江府續志》卷三十七《藝文志》
四五九	夢花廬詩稿	李雋著	光緒《松江府續志》卷三十七《藝文志》
四六〇	守約居遺詩	李康坫著	民國《嘉定縣續志》卷十二《藝文志》
四六一	十國宫詞	李霖著	光緒《松江府續志》卷三十七《藝文志》
四六二	西堂存草	李霖著	光緒《松江府續志》卷三十七《藝文志》
四六三	農學淺説	李培禧撰	民國《上海縣續志》卷二十六《藝文》；民國《南匯縣續志》卷十二《藝文志》
四六四	隴西學吟集三卷	李培禧撰	民國《上海縣續志》卷二十六《藝文》；民國《南匯縣續志》卷十二《藝文志》
四六五	三徑草堂文集	李培因著	民國《南匯縣續志》卷十二《藝文志》

續表

序號	書名	著者	出處
四六六	敝帚千金集	李慶熊著	光緒《松江府續志》卷三十七《藝文志》
四六七	白石窩詩稿	李榮滋撰	民國《上海縣續志》卷二十六《藝文》
四六八	癲叟吟稿	李如珪著	民國《寶山縣續志》卷十五《藝文志・書目》
四六九	此木軒年號纂補正	李尚暲著	光緒《松江府續志》卷三十七《藝文志》；民國《上海縣續志》卷二十六《藝文》
四七〇	優盋羅室印譜	李尚暲著	光緒《松江府續志》卷三十七《藝文志》；民國《上海縣續志》卷二十六《藝文》
四七一	優盋羅室詩古文鈔	李尚暲著	光緒《松江府續志》卷三十七《藝文志》
四七二	漢瓦硯齋雜録	李尚暲撰	民國《上海縣續志》卷二十六《藝文》；光緒《松江府續志》卷三十七《藝文志》
四七三	敝帚千金集	李樹昆	光緒《重修奉賢縣志》卷十一《人物志》
四七四	吟香詩稿	李吟香著	民國《嘉定縣續志》卷十二《藝文志》
四七五	一樂軒吟稿	李鍾恩著	民國《寶山縣續志》卷十五《藝文志・書目》
四七六	易安樓詩集	李鍾瀚著	光緒《松江府續志》卷三十七《藝文志》

序號	書名	著者	出處
四七七	雙芝仙館詩鈔	李鍾潢著	光緒《松江府續志》卷三十七《藝文志》
四七八	養真詩集	練頌清著	民國《嘉定縣續志》卷十二《藝文志》
四七九	廖中丞奏議	廖壽豐著	民國《嘉定縣續志》卷十二《藝文志》
四八〇	廖宗伯奏議	廖壽恒著	民國《嘉定縣續志》卷十二《藝文志》
四八一	仙霞閣集	廖雲錦著	光緒《松江府續志》卷三十七《藝文志》
四八二	仲葵詩鈔	林懌煒著	光緒《松江府續志》卷三十七《藝文志》
四八三	滄洲吟草	凌承樞著	光緒《松江府續志》卷三十七《藝文志》
四八四	内經素靈要旨二卷	凌德撰	民國《上海縣續志》卷二十六《藝文》
四八五	麻痧專治初編	凌德撰	民國《上海縣續志》卷二十六《藝文》
四八六	麻痘初編	凌德撰	民國《上海縣續志》卷二十六《藝文》
四八七	蟄庵醫話	凌德撰	民國《上海縣續志》卷二十六《藝文》
四八八	江蘇錢穀要旨	凌德撰	民國《上海縣續志》卷二十六《藝文》
四八九	上古漢魏六朝文致十二卷	凌德撰	民國《上海縣續志》卷二十六《藝文》

續表

序號	書名	著者	出處
四九〇	半瓢居詩稿	凌甫著	民國《寶山縣續志》卷十五《藝文志·書目》
四九一	三高遺墨樓集	凌霞撰	民國《上海縣續志》卷二十六《藝文》
四九二	飛卿遺草	凌孝熊著	光緒《松江府續志》卷三十七《藝文志》
四九三	秋艇居吟稿	凌寅著	民國《寶山縣續志》卷十五《藝文志·書目》
四九四	萬卷樓詩文遺稿	凌貞一著	光緒《寶山縣志》卷十二
四九五	頤志居詩草	凌貞佑著	民國《寶山縣續志》卷十五《藝文志·書目》
四九六	宋書録要八十卷	劉汲著	光緒《松江府續志》卷三十七《藝文志》
四九七	書樵詩鈔	劉汲著	光緒《松江府續志》卷三十七《藝文志》
四九八	絜矩齋代數勾股草	劉其偉著	民國《寶山縣續志》卷十五《藝文志·書目》
四九九	卷石山房詩稿	劉琦撰	民國《崇明縣志》卷十六《藝文志》
五〇〇	不遠復齋詩文稿	劉汝錫著	民國《青浦縣續志》卷二十一《藝文上》
五〇一	然乙山房筆録二卷	劉瑞琮著	民國《寶山縣續志》卷十五《藝文志·書目》
五〇二	深柳堂詩賸	劉紹基著	民國《青浦縣續志》卷二十一《藝文上》

續表

序號	書名	著者	出處
五〇三	上黨歸途草	劉時中著	民國《寶山縣續志》卷十五《藝文志·書目》
五〇四	鴻甫年録	劉樞著	光緒《松江府續志》卷三十七《藝文志》
五〇五	菊泉里志	劉棫輯	民國《寶山縣續志》卷十五《藝文志·書目》
五〇六	吴淞文獻備考	劉棫著	民國《寶山縣續志》卷十五《藝文志·書目》
五〇七	詩話勸戒	劉棫著	民國《寶山縣續志》卷十五《藝文志·書目》
五〇八	課餘録	劉棫著	民國《寶山縣續志》卷十五《藝文志·書目》
五〇九	經解集腋	劉棫著	民國《寶山縣續志》卷十五《藝文志·書目》
五一〇	練水先賢遺音録	劉棫著	民國《寶山縣續志》卷十五《藝文志·書目》
五一一	聽雨樓詩文集	劉棫著	民國《寶山縣續志》卷十五《藝文志·書目》
五一二	藥孫詩稿	劉橒著	民國《寶山縣續志》卷十五《藝文志·書目》
五一三	片石山房文稿二卷	陸炳麟撰	民國《川沙縣志》卷十五《藝文志·著述類》
五一四	片石山房詩稿三卷	陸炳麟撰	民國《川沙縣志》卷十五《藝文志·著述類》
五一五	瞜城忠節記	陸澄江輯	民國《寶山縣續志》卷十五《藝文志·書目》

續表

序號	書名	著者	出處
五一六	紅影小莊詩鈔	陸大均著	光緒《松江府續志》卷三十七《藝文志》
五一七	牆東一笏吟廬詩鈔	陸旦華著	光緒《松江府續志》卷三十七《藝文志》
五一八	鳴盛詩鈔	陸鳳苞著	民國《南匯縣續志》卷十二《藝文志》
五一九	易卦類聯一卷	陸鳳翽撰	民國《川沙縣志》卷十五《藝文志·著述類》
五二〇	傷寒易曉八卷	陸光裕著	民國《青浦縣續志》卷二十一《藝文上》
五二一	一枝春館吟稿	陸海著	光緒《松江府續志》卷三十七《藝文志》
五二二	甦香畫録	陸惠撰	民國《上海縣續志》卷二十六《藝文》
五二三	璞卿詩賸	陸惠撰	民國《上海縣續志》卷二十六《藝文》
五二四	二知室文集	陸見瑗著	光緒《松江府續志》卷三十七《藝文志》
五二五	雪樵吟稿	陸見瑗著	光緒《松江府續志》卷三十七《藝文志》
五二六	温熱條辨補義	陸建侯撰	民國《崇明縣志》卷十六《藝文志》
五二七	晚香廬詩稿	陸錦林著	民國《嘉定縣續志》卷十二《藝文志》
五二八	橫溪散人詩集	陸銘撰	民國《上海縣續志》卷二十六《藝文》

序號	書名	著者	出處
五二九	嘉慶上海縣志修例	陸慶循著	光緒《松江府續志》卷三十七《藝文志》
五三〇	麗土見聞	陸日壽著	光緒《松江府續志》卷三十七《藝文志》
五三一	醫學要旨	陸榮著	民國《嘉定縣續志》卷十二《藝文志》
五三二	覆甌草	陸時英著	光緒《松江府續志》卷三十七《藝文志》
五三三	花草堂詩存	陸時英著	光緒《松江府續志》卷三十七《藝文志》
五三四	刼餘草	陸樹滋著	民國《南匯縣續志》卷十二《藝文志》
五三五	江灣續志十卷	陸宿海輯	民國《寶山縣續志》卷十五《藝文志・書目》
五三六	田家行五行志	陸宿海著	民國《寶山縣續志》卷十五《藝文志・書目》
五三七	敬亭詩文稿	陸旭照著	光緒《松江府續志》卷三十七《藝文志》
五三八	珠筆合演一卷	陸志熙撰	民國《川沙縣志》卷十五《藝文志・著述類》
五三九	曉珂初稿	陸鍾秀著	光緒《松江府續志》卷三十七《藝文志》
五四〇	花陰深處詩稿	陸鍾秀著	光緒《松江府續志》卷三十七《藝文志》
五四一	滇游筆記	陸宗鄭著	民國《青浦縣續志》卷二十一《藝文上》

續表

序號	書名	著者	出處
五四二	行半齋詩文稿	陸宗鄭著	民國《青浦縣續志》卷二十一《藝文上》
五四三	東甯聞見雜志	陸祖庚著	光緒《松江府續志》卷三十七《藝文志》
五四四	石鼓山莊詩集	羅燾著	光緒《松江府續志》卷三十七《藝文志》
五四五	幻題百詠	馬夢蓮著	光緒《婁縣續志》卷十《藝文志》；光緒《松江府續志》卷三十七《藝文志》
五四六	拱辰書屋詩詞草	馬樹濤著	民國《南匯縣續志》卷十二《藝文志》
五四七	地理辨正淺釋	馬斯才撰	民國《上海縣續志》卷二十六《藝文》
五四八	蔣氏古鏡歌句解	馬斯才撰	民國《上海縣續志》卷二十六《藝文》
五四九	坦素居吟草	馬元德著	民國《南匯縣續志》卷十二《藝文志》
五五〇	江蘇糧臺文牘	馬元德著	民國《南匯縣續志》卷十二《藝文志》
五五一	澄懷園寓齋吟草	馬元德著	民國《南匯縣續志》卷十二《藝文志》
五五二	毛氏族譜	毛祥麟輯	民國《上海縣續志》卷二十六《藝文》
五五三	養性格言四卷	毛祥麟撰	民國《上海縣續志》卷二十六《藝文》

續表

序號	書名	著者	出處
五五四	史乘探珠	毛祥麟撰	民國《上海縣續志》卷二十六《藝文》
五五五	畫話	毛祥麟撰	民國《上海縣續志》卷二十六《藝文》
五五六	亦可居吟草	毛祥麟撰	民國《上海縣續志》卷二十六《藝文》
五五七	侍親一得	毛祥麟撰	民國《上海縣續志》卷二十六《藝文》
五五八	詩話	毛祥麟撰	民國《上海縣續志》卷二十六《藝文》
五五九	詩稿拾遺	毛祥麟撰	民國《上海縣續志》卷二十六《藝文》
五六〇	三味齋集	梅春著	光緒《松江府續志》卷三十七《藝文志》
五六一	大吉祥室集	梅春著	光緒《松江府續志》卷三十七《藝文志》
五六二	相花雜俎一卷	梅爾元著	民國《嘉定縣續志》卷十二《藝文志》
五六三	相花詩存一卷	梅爾元著	民國《嘉定縣續志》卷十二《藝文志》
五六四	恐知生詩賸	梅永清著	民國《嘉定縣續志》卷十二《藝文志》
五六五	慕澓子稿	倪補著	光緒《松江府續志》卷三十七《藝文志》
五六六	周禮偶釋	倪承瓚著	民國《南匯縣續志》卷十二《藝文志》

續表

序號	書名	著者	出處
五六七	漢地學三卷	倪承瓚著	民國《南匯縣續志》卷十二《藝文志》
五六八	詩經長編十四卷	倪承瓚著	民國《南匯縣續志》卷十二《藝文志》
五六九	老子輯注二卷	倪承瓚著	民國《南匯縣續志》卷十二《藝文志》
五七〇	字典補闕	倪承瓚著	民國《南匯縣續志》卷十二《藝文志》
五七一	段説文補注四卷	倪承瓚著	民國《南匯縣續志》卷十二《藝文志》
五七二	爾雅義指三卷	倪承瓚著	民國《南匯縣續志》卷十二《藝文志》
五七三	論語參案四卷	倪承瓚著	民國《南匯縣續志》卷十二《藝文志》
五七四	漢經學	倪承瓚著	民國《南匯縣續志》卷十二《藝文志》
五七五	孝經參案八卷	倪承瓚著	民國《南匯縣續志》卷十二《藝文志》
五七六	女子德育鑑十二卷	倪承瓚著	民國《南匯縣續志》卷十二《藝文志》
五七七	梅屋詩草四卷	倪駿煦著	光緒《松江府續志》卷三十七《藝文志》
五七八	甕餘十卷	倪駿煦著	光緒《松江府續志》卷三十七《藝文志》
五七九	經鋤草堂遺稿	倪繩範著	民國《南匯縣續志》卷十二《藝文志》

續表

序號	書名	著者	出處
五八〇	黔游草	倪錫湛著	光緒《松江府續志》卷三十七《藝文志》
五八一	儀禮節本	倪以琮著	民國《青浦縣續志》卷二十一《藝文上》
五八二	詩經注解	倪以琮著	民國《青浦縣續志》卷二十一《藝文上》
五八三	讀易瑣言	倪以琮著	民國《青浦縣續志》卷二十一《藝文上》
五八四	榆陰叢話	倪以琮著	民國《青浦縣續志》卷二十一《藝文上》
五八五	翦燭窗吟稿	倪以琮著	民國《青浦縣續志》卷二十一《藝文上》
五八六	萼輝堂文稿	倪以琮著	民國《青浦縣續志》卷二十一《藝文上》
五八七	讀古文訣	倪倬編	光緒《松江府續志》卷三十七《藝文志》
五八八	爲慟集一卷	倪倬著	民國《青浦縣續志》卷二十一《藝文上》
五八九	存善堂文集十卷	倪倬著	光緒《松江府續志》卷三十七《藝文志》
五九〇	讀書拾四十卷	倪倬著	光緒《松江府續志》卷三十七《藝文志》
五九一	續編四卷	鈕椒著	光緒《松江府續志》卷三十七《藝文志》
五九二	經書字音裒録八卷	鈕椒著	光緒《松江府續志》卷三十七《藝文志》

續表

序號	書名	著者	出處
五九三	韻重收諸字分解	鈕椒著	光緒《松江府續志》卷三十七《藝文志》
五九四	琴韻樓詩文集	鈕世章撰	民國《上海縣續志》卷二十六《藝文》
五九五	晏子春秋校釋	鈕永昭撰	民國《上海縣續志》卷二十六《藝文》
五九六	掞藻堂集八卷	鈕沅著	光緒《松江府續志》卷三十七《藝文志》
五九七	潘氏家儀	潘潮清著	民國《青浦縣續志》卷二十一《藝文上》
五九八	竹泉遺稿	潘恭敏著	民國《嘉定縣續志》卷十二《藝文志》
五九九	城南吟	潘禮耕著	光緒《松江府續志》卷三十七《藝文志》
六〇〇	岑溪吟	潘禮耕著	光緒《松江府續志》卷三十七《藝文志》
六〇一	備忘隨筆六卷	潘履祥著	民國《寶山縣續志》卷十五《藝文志・書目》
六〇二	枕葄山莊詩文稿	潘履祥著	民國《寶山縣續志》卷十五《藝文志・書目》
六〇三	墨林居詩草四卷	潘啓圖著	民國《寶山縣續志》卷十五《藝文志・書目》
六〇四	芝雲居雜録	潘紹芬撰	民國《上海縣續志》卷二十六《藝文》
六〇五	秋聲館吟稿一卷	潘世珍著	民國《寶山縣續志》卷十五《藝文志・書目》

序號	書名	著者	出處
六〇六	盛懷三十律秋閨十首	潘素春撰	光緒《川沙廳志》卷十二《藝文志》閨秀
六〇七	遠香吟稿	潘以殷著	光緒《松江府續志》卷三十七《藝文志》
六〇八	緑雨軒詩稿二卷	潘亦圃著	民國《嘉定縣續志》卷十二《藝文志》
六〇九	感秋吟	潘徵蘭著	光緒《松江府續志》卷三十七《藝文志》
六一〇	四書講義	裴祁生著	光緒《松江府續志》卷三十七《藝文志》
六一一	周易講義	裴祈生著	光緒《松江府續志》卷三十七《藝文志》
六一二	東皋詩鈔	裴宗城著	光緒《松江府續志》卷三十七《藝文志》
六一三	脈望窠詩鈔	錢秉珏著	民國《寶山縣續志》卷十五《藝文志·書目》
六一四	星衢詩稿	錢浩著	民國《寶山縣續志》卷十五《藝文志·書目》
六一五	暢適盦算稿	錢衡戠著	民國《寶山縣續志》卷十五《藝文志·書目》
六一六	燕宜堂學吟草	錢鈞韶著	民國《寶山縣續志》卷十五《藝文志·書目》
六一七	葭汀鐵筆	錢良源著	光緒《松江府續志》卷三十七《藝文志》
六一八	金石考七卷	錢鑾著	民國《寶山縣續志》卷十五《藝文志·書目》

續表

序號	書名	著者	出處
六一九	義韻附通五卷	錢鑾著	民國《寶山縣續志》卷十五《藝文志·書目》
六二〇	千里共明月圖徵詩一卷	錢枬輯	民國《寶山縣續志》卷十五《藝文志·書目》
六二一	寸草軒詩賸	錢枬著	民國《寶山縣續志》卷十五《藝文志·書目》
六二二	粹言銘座録	錢枬著	民國《寶山縣續志》卷十五《藝文志·書目》
六二三	錢氏彙刻書目	錢培名著	光緒《松江府續志》卷三十七《藝文志》
六二四	菉園遺稿	錢淇著	民國《寶山縣續志》卷十五《藝文志·書目》
六二五	耘梅詩草	錢若霖著	民國《寶山縣續志》卷十五《藝文志·書目》
六二六	蘭谷留案四卷	錢若洲著	民國《寶山縣續志》卷十五《藝文志·書目》
六二七	觀自得廬詩存一卷	錢若洲著	民國《寶山縣續志》卷十五《藝文志·書目》
六二八	一點閣文選	錢樹本輯	光緒《松江府續志》卷三十七《藝文志》
六二九	石峰遺稿	錢碩著	民國《寶山縣續志》卷十五《藝文志·書目》
六三〇	藥性辨論	錢維翰撰	民國《上海縣續志》卷二十六《藝文》
六三一	雲間文萃六十卷	錢熙載輯	光緒《松江府續志》卷三十七《藝文志》

續表

序號	書名	著者	出處
六三二	叢書別録	錢熙祚輯	光緒《松江府續志》卷三十七《藝文志》
六三三	學稼樓詩存	錢倚雲著	光緒《松江府續志》卷三十七《藝文志》；光緒《婁縣續志》卷十《藝文志》
六三四	怡亭吟草	錢玉貞著	光緒《松江府續志》卷三十七《藝文志》
六三五	湘靈精舍文稿	錢宰著	民國《寶山縣續志》卷十五《藝文志·書目》
六三六	梅花老屋存稿	錢振聲著	光緒《松江府續志》卷三十七《藝文志》；光緒《婁縣續志》卷十《藝文志》
六三七	臥游五嶽之齋韻語	錢之筠著	民國《寶山縣續志》卷十五《藝文志·書目》
六三八	葆堂詩草	喬洤著	光緒《松江府續志》卷三十七《藝文志》；光緒《婁縣續志》卷十《藝文志》
六三九	夢紅仙館集	喬重禧著	光緒《松江府續志》卷三十七《藝文志》
六四〇	吟詩月滿樓集	喬重禧著	光緒《松江府續志》卷三十七《藝文志》
六四一	棣鄂居詩集	秦成基撰	民國《崇明縣志》卷十六《藝文志》
六四二	虬仙小草一卷	秦冠瑞著	民國《嘉定縣續志》卷十二《藝文志》

續表

序號	書名	著者	出處
六四三	醒迷輯要	秦開基撰	民國《崇明縣志》卷十六《藝文志》
六四四	陳行秦氏支譜	秦榮光輯	民國《上海縣續志》卷二十六《藝文》
六四五	梓鄉聞見録	秦榮光撰	民國《上海縣續志》卷二十六《藝文》
六四六	梓鄉雜録	秦榮光撰	民國《上海縣續志》卷二十六《藝文》
六四七	皕琴樓詩集	秦榮光撰	民國《上海縣續志》卷二十六《藝文》
六四八	養真堂集十卷	秦榮光撰	民國《上海縣續志》卷二十六《藝文》
六四九	校訂泰西聞見録	秦始奮撰	民國《上海縣續志》卷二十六《藝文》
六五〇	看雲草堂印存二卷	秦始奮撰	民國《上海縣續志》卷二十六《藝文》
六五一	鯨鶴館稿	秦士醇著	光緒《重修奉賢縣志》卷十一《人物志》
六五二	鯨鶴館詩	秦士醇著	光緒《松江府續志》卷三十七《藝文志》
六五三	南華經注	秦淵著	光緒《松江府續志》卷三十七《藝文志》
六五四	曉沅詞一卷	秦兆蘭著	民國《嘉定縣續志》卷十二《藝文志》
六五五	淮海閒居詩稿	秦兆熊著	民國《南匯縣續志》卷十二《藝文志》

序號	書名	著者	出處
六五六	課餘吟草一卷	秦祖瑞著	民國《嘉定縣續志》卷十二《藝文志》
六五七	煙雲供養齋詩鈔四卷	邱焕著	光緒《松江府續志》卷三十七《藝文志》
六五八	午橋吟草	邱均煃著	光緒《松江府續志》卷三十七《藝文志》
六五九	切韻指掌	邱汝鉞著	民國《青浦縣續志》卷二十一《藝文上》
六六〇	巧雲樓詩稿	邱瑩著	光緒《松江府續志》卷三十七《藝文志》
六六一	春秋水道圖一卷	瞿慶賢撰	民國《上海縣續志》卷二十六《藝文》
六六二	雜著二卷	瞿慶賢撰	民國《上海縣續志》卷二十六《藝文》
六六三	讀書日記	瞿慶賢撰	民國《上海縣續志》卷二十六《藝文》
六六四	三角術大全一卷	瞿肇基撰	民國《川沙縣志》卷十五《藝文志·著述類》
六六五	金魚考異	任澂著	光緒《松江府續志》卷三十七《藝文志》
六六六	勤補拙齋詩稿	汝霖著	光緒《松江府續志》卷三十七《藝文志》；光緒《重修奉賢縣志》卷十一《人物志》
六六七	泖塔小志	阮文善著	民國《青浦縣續志》卷二十一《藝文上》

續表

序號	書名	著者	出處
六六八	天上人間集二卷	邵曾鑑輯	民國《寶山縣續志》卷十五《藝文志·書目》
六六九	質影録	邵曾鑑著	民國《寶山縣續志》卷十五《藝文志·書目》
六七〇	緑窗絮語二卷	邵曾鑑著	民國《寶山縣續志》卷十五《藝文志·書目》
六七一	澹庵詩草三卷	邵如燧著	民國《寶山縣續志》卷十五《藝文志·書目》
六七二	秋湄遺稿	邵如藻著	民國《寶山縣續志》卷十五《藝文志·書目》
六七三	痧原大略	邵如藻著	民國《寶山縣續志》卷十五《藝文志·書目》
六七四	謙益堂詩鈔	申錫奎著	光緒《松江府續志》卷三十七《藝文志》
六七五	過庭草	沈碧理著	民國《青浦縣續志》卷二十一《藝文上》
六七六	水經補注	沈秉綱著	民國《青浦縣續志》卷二十一《藝文上》
六七七	沈氏支譜	沈昌翼修	民國《南匯縣續志》卷十二《藝文志》
六七八	穀燕詩存	沈昌翼著	民國《南匯縣續志》卷十二《藝文志》
六七九	泖東書屋詩詞稿	沈辰吉著	光緒《松江府續志》卷三十七《藝文志》；光緒《婁縣續志》卷十《藝文志》

續表

序號	書名	著者	出處
六八〇	青浦志備采	沈道著	光緒《松江府續志》卷三十七《藝文志》
六八一	裁花詩館吟稿	沈道著	光緒《松江府續志》卷三十七《藝文志》
六八二	海上閒鷗館吟草一卷	沈德昌撰	民國《崇明縣志》卷十六《藝文志》
六八三	一尺月亭詩稿	沈端著	光緒《寶山縣志》卷十二
六八四	秋燈夢醒録	沈端著	光緒《寶山縣志》卷十二
六八五	鶴林詩草	沈見著	光緒《松江府續志》卷三十七《藝文志》
六八六	沈氏醫案	沈景鳳著	民國《青浦縣續志》卷二十一《藝文上》
六八七	星嚴吟草一卷	沈景福撰	民國《川沙縣志》卷十五《藝文志·著述類》；民國《南匯縣續志》卷十二《藝文志》
六八八	積堂尺牘詩稿	沈迴潛	光緒《婁縣續志》卷十《藝文志》
六八九	周易全旨便讀二卷	沈葵著	光緒《松江府續志》卷三十七《藝文志》
六九〇	希亭算草	沈蓮著	光緒《松江府續志》卷三十七《藝文志》
六九一	迎暉書齋吟稿	沈林著	民國《寶山縣續志》卷十五《藝文志·書目》

續表

序號	書名	著者	出處
六九二	松風集詩稿	沈慕曾著	民國《寶山縣續志》卷十五《藝文志・書目》
六九三	滙塘詩鈔	沈紹虞著	光緒《松江府續志》卷三十七《藝文志》
六九四	蘭陔室醫案輯存	沈壽齡輯	民國《寶山縣續志》卷十五《藝文志・書目》
六九五	養真醫案	沈壽齡著	民國《寶山縣續志》卷十五《藝文志・書目》
六九六	佩萱室遺稿一卷	沈樹鋒著	民國《青浦縣續志》卷二十一《藝文上》
六九七	傍水廬詩草	沈廷僚著	民國《南滙縣續志》卷十二《藝文志》
六九八	上清宫詞一卷	沈維裕撰	民國《上海縣續志》卷二十六《藝文》
六九九	林仙詩稿一卷	沈文杏撰	《歷代婦女著作考》
七〇〇	盤蝸齋詩稿	沈顯曾著	民國《寶山縣續志》卷十五《藝文志・書目》
七〇一	海隅見聞録	沈鑫著	光緒《松江府續志》卷三十七《藝文志》
七〇二	碧落壺懷舊集	沈秀甲輯	民國《南滙縣續志》卷十二《藝文志》
七〇三	六廉耕墅題辭	沈秀甲輯	民國《南滙縣續志》卷十二《藝文志》
七〇四	環谿詩稿	沈學詩撰	民國《上海縣續志》卷二十六《藝文》

續表

序號	書名	著者	出處
七〇五	榴皮仙館詩文集	沈燕孫著	光緒《寶山縣志》卷十二
七〇六	榴皮仙館駢體文	沈燕孫著	光緒《寶山縣志》卷十二
七〇七	紅餘詩鈔	沈玉撰	《歷代婦女著作考》
七〇八	爾雅釋親注一卷	沈毓慶撰	民國《川沙縣志》卷十五《藝文志·著述類》
七〇九	茶魔山房詩稿	沈祚錫著	民國《嘉定縣續志》卷十二《藝文志》
七一〇	碧雲精舍醫案	慎元福著	民國《青浦縣續志》卷二十一《藝文上》
七一一	燕超堂詩集	盛當時著	光緒《婁縣續志》卷十《藝文志》
七一二	稷風草堂詩稿	盛當時著	光緒《婁縣續志》卷十《藝文志》
七一三	玉海集	盛蓮著	光緒《松江府續志》卷三十七《藝文志》；光緒《婁縣續志》卷十《藝文志》
七一四	性理名言	盛麟著	光緒《松江府續志》卷三十七《藝文志》；光緒《婁縣續志》卷十《藝文志》
七一五	明心寶鏡説	盛麟著	光緒《婁縣續志》卷十《藝文志》；光緒《松江府續志》卷三十七《藝文志》

續表

序號	書名	著者	出處
七一六	龍山集	盛嶠著	光緒《松江府續志》卷三十七《藝文志》；光緒《婁縣續志》卷十《藝文志》
七一七	愛吾廬學吟草	盛爲翰著	民國《南滙縣續志》卷十二《藝文志》
七一八	虹亭存稿	盛炆模著	光緒《松江府續志》卷三十七《藝文志》
七一九	響山文稿	盛元燮著	光緒《婁縣續志》卷十《藝文志》
七二〇	鶴湖集	盛照著	光緒《松江府續志》卷三十七《藝文志》
七二一	易義彙參	施邦甸撰	民國《崇明縣志》卷十六《藝文志》
七二二	毛詩集解	施邦甸撰	民國《崇明縣志》卷十六《藝文志》
七二三	春秋分類駢編	施邦甸撰	民國《崇明縣志》卷十六《藝文志》
七二四	鎖煙樓詩稿	施邦甸撰	民國《崇明縣志》卷十六《藝文志》
七二五	惜分書屋詩草	施城撰	民國《崇明縣志》卷十六《藝文志》
七二六	友瓢詩鈔	施純奐著	民國《寶山縣續志》卷十五《藝文志·書目》
七二七	春蓀自怡草	施恩溥著	民國《寶山縣續志》卷十五《藝文志·書目》

續表

序號	書名	著者	出處
七二八	鏡齋詩稿	施國鼎撰	民國《崇明縣志》卷十六《藝文志》
七二九	讀畫樓詩稿	施器瑞撰	民國《崇明縣志》卷十六《藝文志》
七三〇	爾爾軒詩鈔	施恕著	民國《寶山縣續志》卷十五《藝文志・書目》
七三一	古香齋詩稿	施耀祖撰	民國《崇明縣志》卷十六《藝文志》
七三二	也是詩草	施應奎撰	民國《崇明縣志》卷十六《藝文志》
七三三	西湖訪古録	施於身撰	民國《崇明縣志》卷十六《藝文志》
七三四	硯譜三册	施在鈺撰	民國《崇明縣志》卷十六《藝文志》
七三五	敦好居吟草	石震生著	民國《嘉定縣續志》卷十二《藝文志》
七三六	淑芬遺稿	史淑芬著	民國《南匯縣續志》卷十二《藝文志》
七三七	梵香林詩草	釋梵生著	光緒《婁縣續志》卷十《藝文志》
七三八	尊古堂集	釋覺圓著	光緒《婁縣續志》卷十《藝文志》
七三九	西林詩鈔	釋覺圓著	光緒《松江府續志》卷三十七《藝文志》
七四〇	法雨樓詩鈔	釋仁介著	光緒《松江府續志》卷三十七《藝文志》；光緒《川沙廳志》卷十二《藝文志》

續表

序號	書名	著者	出處
七四一	傷科闡微	釋鐵舟撰	民國《上海縣續志》卷二十六《藝文》
七四二	蓮鉢集	釋儀塵著	光緒《松江府續志》卷三十七《藝文志》
七四三	醫案選存	壽炳昌輯	民國《青浦縣續志》卷二十一《藝文上》
七四四	説文斠	宋道南著	民國《嘉定縣續志》卷十二《藝文志》
七四五	一味軒駢文	宋洪著	光緒《松江府續志》卷三十七《藝文志》
七四六	養正第一書	宋學祁著	民國《南匯縣續志》卷十二《藝文志》
七四七	闡幽集	宋學祁著	民國《南匯縣續志》卷十二《藝文志》
七四八	研齋詩鈔	宋玉詔著	光緒《松江府續志》卷三十七《藝文志》
七四九	天籟閣集	宋貞撰	民國《上海縣續志》卷二十六《藝文》
七五〇	自娱書屋詩稿	蘇春溶著	民國《南匯縣續志》卷十二《藝文志》
七五一	舒嘯山房詩鈔	孫鏊著	光緒《寶山縣志》卷十二
七五二	讀書説	孫鏊著	民國《寶山縣續志》卷十五《藝文志·書目》
七五三	忠孝寶誥	孫寶仁著	民國《寶山縣續志》卷十五《藝文志·書目》

序號	書名	著者	出處
七五四	石廬詩草	孫璧著	光緒《松江府續志》卷三十七《藝文志》
七五五	緑窗遺草	孫蘭仙著	光緒《松江府續志》卷三十七《藝文志》
七五六	孫御史奏疏遺稿一卷	孫培元撰	民國《崇明縣志》卷十六《藝文志》
七五七	同聲集	孫錫鬯輯輓陳忠愍公詩	光緒《寶山縣志》卷十二
七五八	澹吟小草	孫震川著	光緒《松江府續志》卷三十七《藝文志》
七五九	讀史雜詠	孫震川著	光緒《松江府續志》卷三十七《藝文志》
七六〇	芳草廬吟稿	孫鍾泰撰	光緒《寶山縣志》卷十二
七六一	潘溪小草	譚景軾著	民國《寶山縣續志》卷十五《藝文志・書目》
七六二	鐵花山館詩集	湯顯業著	光緒《松江府續志》卷三十七《藝文志》
七六三	紺珠雜記	湯顯業著	光緒《松江府續志》卷三十七《藝文志》
七六四	僩齋筆記	湯章明著	光緒《松江府續志》卷三十七《藝文志》
七六五	楊忠愍公遺事	湯章明著	光緒《松江府續志》卷三十七《藝文志》

續表

序號	書名	著者	出處
七六六	粵游草	湯祖燾著	光緒《松江府續志》卷三十七《藝文志》
七六七	聽琴軒詩稿	唐曾颺著	光緒《松江府續志》卷三十七《藝文志》
七六八	挹翠軒詩稿	唐大經著	民國《青浦縣續志》卷二十一《藝文上》
七六九	醉夢閒詩草	唐集著	光緒《松江府續志》卷三十七《藝文志》
七七〇	筆花閣古文集	唐模著	光緒《婁縣續志》卷十《藝文志》
七七一	二十四孝詩	唐汝黻著	民國《南匯縣續志》卷十二《藝文志》
七七二	丹徒縣志	唐錫榮撰	民國《上海縣續志》卷二十六《藝文》
七七三	唐氏族譜	唐心柏輯	民國《上海縣續志》卷二十六《藝文》
七七四	地理解酲	唐學川著	民國《南匯縣續志》卷十二《藝文志》
七七五	易理三元口訣	唐學川著	民國《南匯縣續志》卷十二《藝文志》
七七六	地學指迷	唐學川著	民國《南匯縣續志》卷十二《藝文志》
七七七	平津祕書	唐學川著	民國《南匯縣續志》卷十二《藝文志》
七七八	籥雲軒賸稿	唐堯卿著	民國《青浦縣續志》卷二十一《藝文上》

續表

序號	書名	著者	出處
七七九	籥雲醫案	唐堯卿著	民國《青浦縣續志》卷二十一《藝文上》
七八〇	述山前後詩稿八卷	唐祖樾著	光緒《松江府續志》卷三十七《藝文志》
七八一	課餘吟	唐尊恒撰	民國《上海縣續志》卷二十六《藝文》
七八二	淞南詩草	陶本華著	光緒《松江府續志》卷三十七《藝文志》
七八三	茜江詩學	陶耕書編	光緒《松江府續志》卷三十七《藝文志》
七八四	淺江雜志	陶耕書著	光緒《松江府續志》卷三十七《藝文志》
七八五	孝經纂言	陶耕書著	光緒《松江府續志》卷三十七《藝文志》
七八六	深柳居詩鈔	陶健著	民國《南匯縣續志》卷十二《藝文志》
七八七	酸窩碎墨	陶慶洪著	民國《南匯縣續志》卷十二《藝文志》
七八八	讀史隨筆	陶翼著	民國《南匯縣續志》卷十二《藝文志》
七八九	南沙竹枝詞	陶翼著	民國《南匯縣續志》卷十二《藝文志》
七九〇	詩經分韻	陶翼著	民國《南匯縣續志》卷十二《藝文志》
七九一	自是齋吟草一卷	陶應鵠著	民國《寶山縣續志》卷十五《藝文志・書目》

續表

序號	書名	著者	出處
七九二	静寄軒遺墨	陶元石著	民國《南匯縣續志》卷十二《藝文志》
七九三	説鯖	童式穀著	民國《嘉定縣續志》卷十二《藝文志》
七九四	謝縑室蔓記	童式穀著	民國《嘉定縣續志》卷十二《藝文志》
七九五	劫餘編一卷	童奏雲著	民國《嘉定縣續志》卷十二《藝文志》
七九六	棲枳閣小集	汪鳳芬著	《歷代婦女著作考》
七九七	譚水書屋詩稿	汪家鼎著	民國《青浦縣續志》卷二十一《藝文上》
七九八	詩琴雜詠	汪家俊著	民國《青浦縣續志》卷二十一《藝文上》
七九九	寄園吟草	汪夢雷著	光緒《松江府續志》卷三十七《藝文志》
八〇〇	扶雲吟稿	汪紉青著	光緒《松江府續志》卷三十七《藝文志》
八〇一	龍江汪氏家乘（光緒元年）	汪世森輯	民國《上海縣續志》卷二十六《藝文》
八〇二	漣兮吟	汪熙著	光緒《婁縣續志》卷十《藝文志》；光緒《松江府續志》卷三十七《藝文志》
八〇三	翠雲簃詩文草	汪錫濤著	民國《青浦縣續志》卷二十一《藝文上》

序號	書名	著者	出處
八〇四	臨症雜誌	汪煜著	民國《寶山縣續志》卷十五《藝文志·書目》
八〇五	病閒齋隨筆	王安著	民國《嘉定縣續志》卷十二《藝文志》
八〇六	楚岫雲痕筆記	王安著	民國《嘉定縣續志》卷十二《藝文志》
八〇七	帚珍集吟草一卷	王安著	民國《嘉定縣續志》卷十二《藝文志》
八〇八	貫三詩稿	王保合撰	民國《崇明縣志》卷十六《藝文志》
八〇九	盲左類編	王保衡著	民國《南匯縣續志》卷十二《藝文志》
八一〇	經史類編	王保衡著	民國《南匯縣續志》卷十二《藝文志》
八一一	抱膝吟廬稿	王保衡著	民國《南匯縣續志》卷十二《藝文志》
八一二	静怡軒吟稿	王保如撰	民國《崇明縣志》卷十六《藝文志》
八一三	雙薇吟舘詩稿	王保奭著	民國《南匯縣續志》卷十二《藝文志》
八一四	青桐書屋詩稿	王彬撰	民國《上海縣續志》卷二十六《藝文》
八一五	還讀齋詩草	王步蟾著	光緒《松江府續志》卷三十七《藝文志》
八一六	綴芳樓詩賸	王才著	民國《南匯縣續志》卷十二《藝文志》

續表

序號	書名	著者	出處
八一七	王氏家乘（光緒五年）	王承基輯	民國《上海縣續志》卷二十六《藝文》
八一八	韻學彙編二卷	王萃龢撰	民國《上海縣續志》卷二十六《藝文》
八一九	説文札記十卷	王萃龢撰	民國《上海縣續志》卷二十六《藝文》
八二〇	審一居詩文雜著三卷	王萃龢撰	民國《上海縣續志》卷二十六《藝文》
八二一	碧紗籠詩集	王萃仁撰	民國《上海縣續志》卷二十六《藝文》
八二二	易防	王萃元撰	民國《上海縣續志》卷二十六《藝文》
八二三	易文別裁	王萃元撰	民國《上海縣續志》卷二十六《藝文》
八二四	王氏族譜	王端撰，裔孫王興堯修	光緒《婁縣續志》卷十《藝文志》
八二五	玉壺詩存一卷	王恩溥撰	民國《上海縣續志》卷二十六《藝文》
八二六	結網餘聞三卷	王恩溥撰	民國《上海縣續志》卷二十六《藝文》
八二七	玉壺詞存一卷	王恩溥撰	民國《上海縣續志》卷二十六《藝文》
八二八	紅茎館詩文詞稿	王爾焜著	民國《寶山縣續志》卷十五《藝文志·書目》

序號	書名	著者	出處
八二九	綱鑑論事集覽十二卷	王棻輯	民國《寶山縣續志》卷十五《藝文志·書目》
八三〇	曼士詩稿	王穀詒撰	民國《崇明縣志》卷十六《藝文志》
八三一	董公選吉	王貫芬著	民國《南匯縣續志》卷十二《藝文志》
八三二	右竽詩稿	王鶴江著	光緒《婁縣續志》卷十《藝文志》
八三三	石梅詩稿	王焕義撰	民國《上海縣續志》卷二十六《藝文》
八三四	醫方切韻續編	王焕對撰	民國《上海縣續志》卷二十六《藝文》
八三五	引翔鄉志一卷	王焕崧撰	民國《上海縣續志》卷二十六《藝文》
八三六	采臣遺稿	王亮達著	民國《南匯縣續志》卷十二《藝文志》
八三七	味燈軒集	王孟洮撰	民國《上海縣續志》卷二十六《藝文》
八三八	柳塘吟稿	王勉撰	民國《崇明縣志》卷十六《藝文志》
八三九	萬緑山莊詩文集	王念昭著	光緒《松江府續志》卷三十七《藝文志》
八四〇	潰癰流毒四卷	王清亮著	光緒《松江府續志》卷三十七《藝文志》
八四一	六朝文選一卷	王慶麟編	光緒《松江府續志》卷三十七《藝文志》

續表

序號	書名	著者	出處
八四二	三國文選一卷	王慶麟編	光緒《松江府續志》卷三十七《藝文志》
八四三	唐文選一卷	王慶麟編	光緒《松江府續志》卷三十七《藝文志》
八四四	八家文選十二卷	王慶麟編	光緒《松江府續志》卷三十七《藝文志》
八四五	五代文選一卷	王慶麟編	光緒《松江府續志》卷三十七《藝文志》
八四六	羅浮夢傳奇	王蓉生著	民國《南匯縣續志》卷十二《藝文志》
八四七	綠窗夢傳奇	王蓉生著	民國《南匯縣續志》卷十二《藝文志》
八四八	好古堂集	王蓉生著	民國《南匯縣續志》卷十二《藝文志》
八四九	結網閒吟集	王紹基著	光緒《松江府續志》卷三十七《藝文志》
八五〇	淡園詩鈔	王紹舒著	光緒《松江府續志》卷三十七《藝文志》
八五一	喉症經驗良方	王士芬著	民國《寶山縣續志》卷十五《藝文志·書目》
八五二	不遠復齋詩集	王室藩著	光緒《重修奉賢縣志》卷十一《人物志》
八五三	醫範八卷	王受福撰	民國《川沙縣志》卷十五《藝文志·著述類》
八五四	古文經訓	王壽康輯	光緒《松江府續志》卷三十七《藝文志》

序號	書名	著者	出處
八五五	水利荒政合刻	王壽康輯	光緒《松江府續志》卷三十七《藝文志》
八五六	繡餘吟稿	王頌椒著	民國《南滙縣續志》卷十二《藝文志》
八五七	拂珊遺稿	王廷黼著	民國《嘉定縣續志》卷十二《藝文志》
八五八	劍花齋吟稿	王廷燮著	民國《嘉定縣續志》卷十二《藝文志》
八五九	讀書隨筆	王維楨著	民國《寶山縣續志》卷十五《藝文志·書目》
八六〇	雪蕉館詩古文合稿	王維楨著	民國《寶山縣續志》卷十五《藝文志·書目》
八六一	論孟繹	王維楨著	民國《寶山縣續志》卷十五《藝文志·書目》
八六二	讀史會事	王維楨著	民國《寶山縣續志》卷十五《藝文志·書目》
八六三	春秋四傳分國提綱	王未央著	光緒《松江府續志》卷三十七《藝文志》
八六四	端居室詩集	王蔚宗著	光緒《婁縣續志》卷十《藝文志》
八六五	鷓鴣館文集	王蔚宗著	光緒《松江府續志》卷三十七《藝文志》；光緒《婁縣續志》卷十《藝文志》
八六六	王文勤奏議	王文韶著	民國《嘉定縣續志》卷十二《藝文志》

續表

序號	書名	著者	出處
八六七	伯靈吟稿	王訓詒撰	民國《崇明縣志》卷十六《藝文志》
八六八	容膝廬詩稿六卷	王寅亮著	民國《嘉定縣續志》卷十二《藝文志》
八六九	九疇詩稿	王寅清著	民國《嘉定縣續志》卷十二《藝文志》
八七〇	敬勝堂詩集	王瑛著	光緒《松江府續志》卷三十七《藝文志》
八七一	詹言	王友光著	光緒《松江府續志》卷三十七《藝文志》
八七二	槐蔭堂稿	王有堂著	光緒《寶山縣志》卷十二
八七三	夢草集三卷	王鈺、王銘、王錚著	光緒《松江府續志》卷三十七《藝文志》
八七四	春盎齋詩稿	王元宇著	光緒《松江府續志》卷三十七《藝文志》
八七五	惋春遺稿	王元珠撰	民國《上海縣續志》卷二十六《藝文》
八七六	雪鴻亭詩鈔	王增禧撰	民國《上海縣續志》卷二十六《藝文》
八七七	鳴秋集	王兆均著	民國《嘉定縣續志》卷十二《藝文志》
八七八	醫案	王鎮著	光緒《婁縣續志》卷十《藝文志》
八七九	史記評	王之泗輯	民國《寶山縣續志》卷十五《藝文志・書目》

序號	書名	著者	出處
八八〇	李義山詩集評注	王之泗輯	民國《寶山縣續志》卷十五《藝文志·書目》
八八一	鳳溪雜志	王之勳著	民國《青浦縣續志》卷二十一《藝文上》
八八二	楊莊詩草	王之勳著	民國《青浦縣續志》卷二十一《藝文上》
八八三	譜薫賸稿	王仲華著	民國《青浦縣續志》卷二十一《藝文上》
八八四	鑽紙吟	王珠樹著	民國《南匯縣續志》卷十二《藝文志》
八八五	醫驗類方四卷	衛朝棟著	民國《青浦縣續志》卷二十一《藝文上》
八八六	明堂分類圖解四卷	衛朝棟著	民國《青浦縣續志》卷二十一《藝文上》
八八七	衛氏家譜（光緒六年）	衛鍾駿輯	民國《上海縣續志》卷二十六《藝文》
八八八	蕉雪齋詩稿	聞人軾著	光緒《松江府續志》卷三十七《藝文志》；光緒《婁縣續志》卷十《藝文志》作者題「聞人蘇」
八八九	浣香詩稿	鄔浣香著	光緒《松江府續志》卷三十七《藝文志》；光緒《婁縣續志》卷十《藝文志》
八九〇	知非廬詩稿	吴存鉅撰	民國《上海縣續志》卷二十六《藝文》

續表

序號	書名	著者	出處
八九一	京華雜記	吴恩藻著	民國《南匯縣續志》卷十二《藝文志》
八九二	去毒彙編	吴福根撰	民國《上海縣續志》卷二十六《藝文》
八九三	去毒編一卷	吴福根撰	民國《川沙縣志》卷十五《藝文志・著述類》
八九四	明史紀事本末補	吴廣成著	光緒《松江府續志》卷三十七《藝文志》
八九五	歷朝名年紀略	吴廣成著	光緒《松江府續志》卷三十七《藝文志》
八九六	二十一史金石考異	吴廣成著	光緒《松江府續志》卷三十七《藝文志》
八九七	秋江詩草	吴珩撰	民國《崇明縣志》卷十六《藝文志》
八九八	可娱草堂詩鈔	吴淮著	光緒《松江府續志》卷三十七《藝文志》
八九九	四眉紙閣稿	吴蕙著	光緒《松江府續志》卷三十七《藝文志》
九〇〇	彷佛山房吟草	吴基枋著	光緒《松江府續志》卷三十七《藝文志》
九〇一	近聖居詩草	吴家鼎著	光緒《松江府續志》卷三十七《藝文志》
九〇二	地理圭臬	吴家桂著	光緒《松江府續志》卷三十七《藝文志》
九〇三	時還讀我書室詩集	吴洽撰	民國《上海縣續志》卷二十六《藝文》

續表

序號	書名	著者	出處
九〇四	時還讀我書屋詩稿二卷	吴洽撰	民國《川沙縣志》卷十五《藝文志·著述類》
九〇五	推拿真訣	吴時行著	民國《青浦縣續志》卷二十一《藝文上》
九〇六	幼科經驗	吴時行著	民國《青浦縣續志》卷二十一《藝文上》
九〇七	清真閣集	吴樹本著	光緒《婁縣續志》卷十《藝文志》
九〇八	摩鴻書屋詩鈔	吴文徽著	光緒《松江府續志》卷三十七《藝文志》
九〇九	申江草	吴脩之撰	民國《上海縣續志》卷二十六《藝文》；民國《南匯縣續志》卷十二《藝文志》
九一〇	吴下贅人詩稿	吴瀠著	民國《嘉定縣續志》卷十二《藝文志》
九一一	中林山館詩鈔四卷	吴永清著	民國《寶山縣續志》卷十五《藝文志·書目》
九一二	粤游詞草	吴永雯著	光緒《婁縣續志》卷十《藝文志》
九一三	湛溪綺語	吴永雯著	光緒《婁縣續志》卷十《藝文志》
九一四	漁盟詩鈔	吴雲鵬著	光緒《松江府續志》卷三十七《藝文志》
九一五	吴氏族譜	吴之琦輯	光緒《松江府續志》卷三十七《藝文志》

續表

序號	書名	著者	出處
九一六	補拙録	吴之琦著	光緒《婁縣續志》卷十《藝文志》；光緒《松江府續志》卷三十七《藝文志》
九一七	鸚猩語	吴之琦著	光緒《婁縣續志》卷十《藝文志》
九一八	生學鈔略	吴之琦著	光緒《婁縣續志》卷十《藝文志》
九一九	定齋日記	吴之琦著	光緒《婁縣續志》卷十《藝文志》；光緒《松江府續志》卷三十七《藝文志》
九二〇	語園吟稿	吴志喜著	光緒《松江府續志》卷三十七《藝文志》
九二一	歷代祥異志	吴中弼編	民國《川沙縣志》卷十五《藝文志·著述類》
九二二	歷代大風雨及祁寒盛暑考稿	吴中弼編	民國《川沙縣志》卷十五《藝文志·著述類》
九二三	歷代江湖術士考	吴中弼編	民國《川沙縣志》卷十五《藝文志·著述類》
九二四	怡園吟稿	吴祖德著	光緒《松江府續志》卷三十七《藝文志》
九二五	談諧集	奚桂森輯	民國《南匯縣續志》卷十二《藝文志》
九二六	純孝録	奚聖輝編	民國《寶山縣續志》卷十五《藝文志·書目》

序號	書名	著者	出處
九二七	讀碑考史録	奚世榮著	民國《南匯縣續志》卷十二《藝文志》
九二八	鑄古龕印譜六卷	奚世榮著	民國《南匯縣續志》卷十二《藝文志》
九二九	鑄古龕詩稿	奚世榮著	民國《南匯縣續志》卷十二《藝文志》
九三〇	兩漢鄉亭考四卷	奚世榮著	民國《南匯縣續志》卷十二《藝文志》
九三一	鑄古録六卷	奚世榮著	民國《南匯縣續志》卷十二《藝文志》
九三二	三魚堂述略	席威著	民國《青浦縣續志》卷二十一《藝文上》
九三三	晦甫隨筆	席元章著	民國《青浦縣續志》卷二十一《藝文上》
九三四	尚書古義	席元章著	民國《青浦縣續志》卷二十一《藝文上》
九三五	讀史輯要四卷	夏承曜著	民國《青浦縣續志》卷二十一《藝文上》
九三六	笑鴻仙館詩稿一卷	夏錦書著	民國《嘉定縣續志》卷十二《藝文志》
九三七	風月雙清樓詩鈔	夏其釗撰	民國《上海縣續志》卷二十六《藝文》
九三八	東曦草一卷	夏清藻著	民國《嘉定縣續志》卷十二《藝文志》
九三九	雪腴香館詩稿一卷	夏清藻著	民國《嘉定縣續志》卷十二《藝文志》

續表

序號	書名	著者	出處
九四〇	蘭徵堂詩鈔一卷	夏世熙撰	民國《上海縣續志》卷二十六《藝文》
九四一	蔬香筆記二卷	夏思椿著	光緒《松江府續志》卷三十七《藝文志》
九四二	宗經廬詩鈔	夏祖耀著	光緒《松江府續志》卷三十七《藝文志》
九四三	適志吟	相枚著	光緒《松江府續志》卷三十七《藝文志》
九四四	日本游學記	項文瑞撰	民國《上海縣續志》卷二十六《藝文》
九四五	敬孚遺稿四卷	蕭穆撰	民國《上海縣續志》卷二十六《藝文》
九四六	天悔閣文集	蕭雲經撰	民國《上海縣續志》卷二十六《藝文》
九四七	懷湘閣詩集	蕭雲經撰	民國《上海縣續志》卷二十六《藝文》
九四八	澹然室吟稿	謝家樹著	民國《南匯縣續志》卷十二《藝文志》
九四九	傷寒摘要	謝鵬著	光緒《婁縣續志》卷十《藝文志》
九五〇	北堂詩稿	謝鵬著	光緒《婁縣續志》卷十《藝文志》
九五一	味芳舘草	謝起鳳著	民國《南匯縣續志》卷十二《藝文志》
九五二	春草堂詩集	謝穎元著	光緒《婁縣續志》卷十《藝文志》

續表

序號	書名	著者	出處
九五三	海嶠一塵	熊昂碧編	光緒《松江府續志》卷三十七《藝文志》
九五四	南宋文選二卷	熊昂碧編	光緒《松江府續志》卷三十七《藝文志》
九五五	海琴樓集	熊其光著	光緒《松江府續志》卷三十七《藝文志》
九五六	余蓮村年譜	熊其英編	民國《青浦縣續志》卷二十一《藝文上》
九五七	松陵文録	熊其英輯	民國《青浦縣續志》卷二十一《藝文上》
九五八	國朝古文鈔	熊其英輯	光緒《松江府續志》卷三十七《藝文志》
九五九	西堂吟草	熊紉蘭著	光緒《松江府續志》卷三十七《藝文志》
九六〇	清一齋閒士詩文稿二卷	須昌著	民國《寶山縣續志》卷十五《藝文志·書目》
九六一	平方捷密	徐鄂著	民國《嘉定縣續志》卷十二《藝文志》
九六二	點額妝傳奇	徐鄂著	民國《嘉定縣續志》卷十二《藝文志》
九六三	奇門反約	徐鄂著	民國《嘉定縣續志》卷十二《藝文志》
九六四	籌算洪由	徐鄂著	民國《嘉定縣續志》卷十二《藝文志》
九六五	隸體尋源	徐鄂著	民國《嘉定縣續志》卷十二《藝文志》

續表

序號	書名	著者	出處
九六六	吉良合璧	徐鄂著	民國《嘉定縣續志》卷十二《藝文志》
九六七	奇方放觀	徐鄂著	民國《嘉定縣續志》卷十二《藝文志》
九六八	洛水犀傳奇	徐鄂著	民國《嘉定縣續志》卷十二《藝文志》
九六九	六士射履子平行運臆説十種	徐鄂著	民國《嘉定縣續志》卷十二《藝文志》
九七〇	脚氣芻言四卷	徐公桓著	民國《青浦縣續志》卷二十一《藝文上》
九七一	心源匙鍾二卷	徐公桓著	民國《青浦縣續志》卷二十一《藝文上》
九七二	書疑辯證八卷	徐拱長撰	民國《上海縣續志》卷二十六《藝文》
九七三	匏繫山房詩稿	徐光福著	民國《青浦縣續志》卷二十一《藝文上》
九七四	吟月樓詩稿	徐行著	民國《青浦縣續志》卷二十一《藝文上》
九七五	礪卿印草十二卷	徐基德撰	民國《上海縣續志》卷二十六《藝文》
九七六	石板印法	徐建寅撰	民國《上海縣續志》卷二十六《藝文》
九七七	年代表	徐建寅撰	民國《上海縣續志》卷二十六《藝文》
九七八	傷寒論辨正四卷	徐楗撰	民國《上海縣續志》卷二十六《藝文》

續表

序號	書名	著者	出處
九七九	喉科摘要二卷	徐鑑亨撰	民國《上海縣續志》卷二十六《藝文》
九八〇	醫學彙論四卷	徐鑑亨撰	民國《上海縣續志》卷二十六《藝文》
九八一	牛痘集説	徐晉侯撰	民國《上海縣續志》卷二十六《藝文》
九八二	推拿輯要	徐晉侯撰	民國《上海縣續志》卷二十六《藝文》
九八三	伴梅草堂吟稿一卷	徐經璋撰	民國《川沙縣志》卷十五《藝文志·著述類》
九八四	傳彩集	徐克瀚著	光緒《松江府續志》卷三十七《藝文志》
九八五	餘澤堂詩鈔	徐匡垣著	光緒《松江府續志》卷三十七《藝文志》
九八六	談經齋詩鈔	徐良鈺著	光緒《松江府續志》卷三十七《藝文志》
九八七	玉屏山人樂府詩集	徐樵著	光緒《婁縣續志》卷十《藝文志》
九八八	清平山館詩鈔九卷	徐訒著	光緒《松江府續志》卷三十七《藝文志》
九八九	雲舫詩鈔	徐士泰著	光緒《松江府續志》卷三十七《藝文志》；光緒《婁縣續志》卷十《藝文志》
九九〇	營陣揭要二卷	徐壽撰	民國《上海縣續志》卷二十六《藝文》

續表

序號	書名	著者	出處
九九一	淞南詩草	徐嗣源著	民國《青浦縣續志》卷二十一《藝文上》
九九二	鏡心堂稿	徐文藻著	民國《南匯縣續志》卷十二《藝文志》
九九三	蕉窗吟稿	徐文貞著	民國《南匯縣續志》卷十二《藝文志》
九九四	復嬰詩鈔	徐興文撰	民國《崇明縣志》卷十六《藝文志》
九九五	易説二卷	徐燕著	民國《南匯縣續志》卷十二《藝文志》
九九六	春柳倡和詩一卷	徐俠、李春祺等著	光緒《松江府續志》卷三十七《藝文志》
九九七	大椿齋詩稿	徐元龍著	民國《青浦縣續志》卷二十一《藝文上》
九九八	毛詩叶韻切音一卷	徐鉞撰	民國《川沙縣志》卷十五《藝文志・著述類》
九九九	愛日軒詩鈔	徐樂緯著	民國《南匯縣續志》卷十二《藝文志》
一〇〇〇	可談風月軒詩稿	徐雲璥撰	民國《崇明縣志》卷十六《藝文志》
一〇〇一	徐韻蘭詩存	徐韻蘭著	民國《南匯縣續志》卷十二《藝文志》
一〇〇二	醫林正鵠	徐兆蘭撰	民國《上海縣續志》卷二十六《藝文》
一〇〇三	梓卿詩稿	徐兆枏著	民國《南匯縣續志》卷十二《藝文志》

序號	書名	著者	出處
一〇〇四	傷寒論	徐子石著	民國《南匯縣續志》卷十二《藝文志》
一〇〇五	臨沚詩文鈔	徐宗仁著	光緒《婁縣續志》卷十《藝文志》
一〇〇六	吟薰閣詩草	許辰珠著	光緒《松江府續志》卷三十七《藝文志》
一〇〇七	栽菊軒遺稿	許康瑞著	民國《寶山縣續志》卷十五《藝文志・書目》
一〇〇八	滋善堂詩存一卷	許立勳著	民國《嘉定縣續志》卷十二《藝文志》
一〇〇九	姓氏備考	許汝梅著	光緒《松江府續志》卷三十七《藝文志》
一〇一〇	淞濱詩文稿	許錫祺著	光緒《松江府續志》卷三十七《藝文志》
一〇一一	妙香樓集印十六卷	許熊著	民國《南匯縣續志》卷十二《藝文志》
一〇一二	特秀集	薛鳳三撰	民國《上海縣續志》卷二十六《藝文》
一〇一三	課餘雜記	薛鳳三撰	民國《上海縣續志》卷二十六《藝文》
一〇一四	雲間同登録	薛鳳三撰	民國《上海縣續志》卷二十六《藝文》
一〇一五	觀物偶記	薛乃疇著	光緒《松江府續志》卷三十七《藝文志》
一〇一六	儀禮津逮	薛日熙著	光緒《松江府續志》卷三十七《藝文志》

續表

序號	書名	著者	出處
一〇一七	春秋傳撏秀十二卷	薛日熙著	光緒《松江府續志》卷三十七《藝文志》
一〇一八	溲勃叢殘	嚴坤著	光緒《婁縣續志》卷十《藝文志》
一〇一九	養心贅言	嚴日煜著	民國《寶山縣續志》卷十五《藝文志·書目》
一〇二〇	千字四聲辨	嚴日煜著	民國《寶山縣續志》卷十五《藝文志·書目》
一〇二一	筆耕齋詩賦草	嚴祥彬著	民國《南匯縣續志》卷十二《藝文志》
一〇二二	醉月山房遺稿	楊寶書著	民國《寶山縣續志》卷十五《藝文志·書目》
一〇二三	石齋畫識	楊伯潤撰	民國《上海縣續志》卷二十六《藝文》
一〇二四	未庵集	楊朝藩著	光緒《婁縣續志》卷十《藝文志》
一〇二五	八綫辨僞一卷	楊朝貴撰	民國《川沙縣志》卷十五《藝文志·著述類》
一〇二六	地理入門一卷	楊朝貴撰	民國《川沙縣志》卷十五《藝文志·著述類》
一〇二七	體心延壽編	楊琛撰	民國《上海縣續志》卷二十六《藝文》
一〇二八	采石游草	楊承吉著	民國《寶山縣續志》卷十五《藝文志·書目》
一〇二九	東浦草堂詩集	楊大澂著	光緒《寶山縣志》卷十二藝文志

續表

序號	書名	著者	出處
一〇三〇	莅湯拙牘	楊黼著	光緒《婁縣續志》卷十《藝文志》
一〇三一	濟美堂稿	楊黼著	光緒《婁縣續志》卷十《藝文志》
一〇三二	養恬書屋詩草	楊顧裔撰	民國《崇明縣志》卷十六《藝文志》
一〇三三	鶴書堂文稿	楊光輔著	光緒《松江府續志》卷三十七《藝文志》
一〇三四	鳴秋草	楊桂著	民國《寶山縣續志》卷十五《藝文志·書目》
一〇三五	修志備采一卷	楊恒福著	民國《嘉定縣續志》卷十二《藝文志》
一〇三六	玉銘賦鈔一卷	楊恒福著	民國《嘉定縣續志》卷十二《藝文志》
一〇三七	闡幽録八卷	楊恒福著	民國《嘉定縣續志》卷十二《藝文志》
一〇三八	平洋圓法圖説四卷	楊恒福著	民國《嘉定縣續志》卷十二《藝文志》
一〇三九	楊氏清芬録一卷	楊恒福著	民國《嘉定縣續志》卷十二《藝文志》
一〇四〇	補琴室詞集	楊瑾著	光緒《寶山縣志》卷十二
一〇四一	敝帚集	楊藎忠撰	民國《上海縣續志》卷二十六《藝文》
一〇四二	甕牖日記	楊藎忠撰	民國《上海縣續志》卷二十六《藝文》

續表

序號	書名	著者	出處
一〇四三	雪鴻綴筆	楊均著	民國《寶山縣續志》卷十五《藝文志·書目》
一〇四四	似憶良朋齋詩文稿	楊均著	民國《寶山縣續志》卷十五《藝文志·書目》
一〇四五	修梅生詩文遺稿一卷	楊魯田撰	民國《上海縣續志》卷二十六《藝文》
一〇四六	誦芬集	楊潘凱撰	民國《崇明縣志》卷十六《藝文志》
一〇四七	洞橋居古文四卷	楊潘凱撰	民國《崇明縣志》卷十六《藝文志》
一〇四八	洞橋居詩二十卷	楊潘凱撰	民國《崇明縣志》卷十六《藝文志》
一〇四九	消寒隨意録	楊汝連著	光緒《婁縣續志》卷十《藝文志》
一〇五〇	豫游日記	楊汝連著	光緒《松江府續志》卷三十七《藝文志》；光緒《婁縣續志》卷十《藝文志》
一〇五一	楊氏經驗醫案一卷	楊善培撰	民國《川沙縣志》卷十五《藝文志·著述類》
一〇五二	夢花軒詩文稿	楊士雄著	光緒《松江府續志》卷三十七《藝文志》
一〇五三	盥香樓吟草	楊氏畹叙著	民國《寶山縣續志》卷十五《藝文志·書目》
一〇五四	迎月齋詩稿	楊素修著	光緒《松江府續志》卷三十七《藝文志》

續表

序號	書名	著者	出處
一〇五五	藕花舊館詩稿	楊文彬撰	民國《上海縣續志》卷二十六《藝文》
一〇五六	容研居文稿	楊錫鏕著	光緒《松江府續志》卷三十七《藝文志》
一〇五七	庸齋文集	楊峴撰	民國《上海縣續志》卷二十六《藝文》
一〇五八	古錢考	楊應環著	民國《寶山縣續志》卷十五《藝文志·書目》
一〇五九	撫桐軒隨筆	楊應環著	民國《寶山縣續志》卷十五《藝文志·書目》
一〇六〇	佩象外史詩草	楊應環著	民國《寶山縣續志》卷十五《藝文志·書目》
一〇六一	壎篪合稿二卷	楊元燨、楊元耀撰	民國《上海縣續志》卷二十六《藝文》
一〇六二	省過編	楊占鼇著	光緒《松江府續志》卷三十七《藝文志》
一〇六三	半憩書屋尺牘	楊振著	民國《寶山縣續志》卷十五《藝文志·書目》
一〇六四	半憩書屋詩稿	楊振著	民國《寶山縣續志》卷十五《藝文志·書目》
一〇六五	依韻求母	楊震福著	民國《嘉定縣續志》卷十二《藝文志》
一〇六六	五經集解	楊震福著	民國《嘉定縣續志》卷十二《藝文志》
一〇六七	六書啓蒙四卷	楊震福著	民國《嘉定縣續志》卷十二《藝文志》

序號	書名	著者	出處
一〇六八	珁荷譜	楊鍾慶著	光緒《松江府續志》卷三十七《藝文志》
一〇六九	蓮塘詩集	楊宗濂著	光緒《松江府續志》卷三十七《藝文志》
一〇七〇	古文辭類纂續	姚椿編	光緒《松江府續志》卷三十七《藝文志》
一〇七一	别録詞録	姚椿著	光緒《婁縣續志》卷十《藝文志》
一〇七二	詩後録	姚椿著	光緒《婁縣續志》卷十《藝文志》
一〇七三	茸城筆記	姚椿著	光緒《松江府續志》卷三十七《藝文志》；光緒《婁縣續志》卷十《藝文志》
一〇七四	夏小正注一卷	姚椿著	光緒《婁縣續志》卷十《藝文志》
一〇七五	姚氏家藏書目	姚椿著	光緒《松江府續志》卷三十七《藝文志》
一〇七六	晚學齋古文	姚椿著	光緒《松江府續志》卷三十七《藝文志》
一〇七七	望雲樓詩鈔	姚桂心著	光緒《松江府續志》卷三十七《藝文志》
一〇七八	西江游草	姚海著	光緒《松江府續志》卷三十七《藝文志》
一〇七九	秋塘遺稿三卷	姚蘭泉著	光緒《松江府續志》卷三十七《藝文志》

續表

序號	書名	著者	出處
一〇八〇	周浦紀略	姚其鈞著	民國《南匯縣續志》卷十二《藝文志》
一〇八一	雙聲閣集	姚其慶著	民國《南匯縣續志》卷十二《藝文志》
一〇八二	六宜樓筆記	姚其慶著	民國《南匯縣續志》卷十二《藝文志》
一〇八三	古井居集	姚其慶著	民國《南匯縣續志》卷十二《藝文志》
一〇八四	金山縣志稿	姚汭著	光緒《松江府續志》卷三十七《藝文志》
一〇八五	守愚詩稿	姚尚志撰	民國《上海縣續志》卷二十六《藝文》
一〇八六	風人説夢	姚樹聲著	民國《寶山縣續志》卷十五《藝文志·書目》
一〇八七	荒政輯要八卷	姚天樸著	光緒《松江府續志》卷三十七《藝文志》
一〇八八	分省水利圖説	姚煒琛著	光緒《松江府續志》卷三十七《藝文志》
一〇八九	前明治河圖考	姚煒琛著	光緒《松江府續志》卷三十七《藝文志》
一〇九〇	洪景堂詩集	姚煒琛著	光緒《松江府續志》卷三十七《藝文志》
一〇九一	黄河源委圖考	姚煒琛著	光緒《松江府續志》卷三十七《藝文志》
一〇九二	女子修齊録	姚文福著	民國《南匯縣續志》卷十二《藝文志》

續表

序號	書名	著者	出處
一〇九三	栖雲館詩稿	姚湘著	光緒《松江府續志》卷三十七《藝文志》
一〇九四	此静軒印稿二卷	姚濬熙著	民國《嘉定縣續志》卷十二《藝文志》
一〇九五	小隱居吟稿	姚有元著	民國《南匯縣續志》卷十二《藝文志》
一〇九六	姚氏族譜（光緒七年）	姚元弼修	民國《上海縣續志》卷二十六《藝文
一〇九七	匏瓜集	姚元鈺撰	民國《上海縣續志》卷二十六《藝文
一〇九八	養拙山房詩鈔	姚元鈺撰	民國《上海縣續志》卷二十六《藝文
一〇九九	拈紅豆寮詞稿	姚元鈺撰	民國《上海縣續志》卷二十六《藝文
一一〇〇	姚潤生文稿一卷詩稿一卷	姚元滋撰	民國《上海縣續志》卷二十六《藝文
一一〇一	易解瑣言四卷圖説一卷	葉德懋著	光緒《松江府續志》卷三十七《藝文志》
一一〇二	邀翠簃稿	葉洪源著	民國《南匯縣續志》卷十二《藝文志》
一一〇三	畹圃要言	葉洪源著	民國《南匯縣續志》卷十二《藝文志》
一一〇四	載兵日記	葉佳鎮撰	民國《上海縣續志》卷二十六《藝文
一一〇五	荷净軒稿	葉家麒著	民國《南匯縣續志》卷十二《藝文志》

續表

序號	書名	著者	出處
一二〇六	惜寸陰館遺稿	葉俊生著	民國《南匯縣續志》卷十二《藝文志》
一二〇七	紅林擒館賦鈔	葉蘭笙著	光緒《婁縣續志》卷十《藝文志》
一二〇八	耐冷居詩稿	葉世騏著	民國《青浦縣續志》卷二十一《藝文上》
一二〇九	同人詩略	葉廷琯撰	民國《上海縣續志》卷二十六《藝文》
一二一〇	繡餘集	葉英著	光緒《松江府續志》卷三十七《藝文志》；光緒《婁縣續志》卷十《藝文志》
一二一一	蓮洗館駢體文二卷	殷慈祜著	光緒《松江府續志》卷三十七《藝文志》
一二一二	舊圭齋文稿	尹湘著	光緒《婁縣續志》卷十《藝文志》
一二一三	曉秋山莊詩集	尹湘著	光緒《松江府續志》卷三十七《藝文志》；光緒《婁縣續志》卷十《藝文志》
一二一四	知止居賦草	尹湘著	光緒《婁縣續志》卷十《藝文志》
一二一五	地理核要三卷	應文烈撰	民國《上海縣續志》卷二十六《藝文》
一二一六	周易讀異三卷	于鬯著	民國《南匯縣續志》卷十二《藝文志》

續表

序號	書名	著者	出處
一一一七	史記散筆	于鬯著	民國《南匯縣續志》卷十二《藝文志》
一一一八	戰國策注三十三卷年表一卷序録一卷	于鬯著	民國《南匯縣續志》卷十二《藝文志》
一一一九	四禮補注	于鬯著	民國《南匯縣續志》卷十二《藝文志》
一一二〇	新方言眉語一卷	于鬯著	民國《南匯縣續志》卷十二《藝文志》
一一二一	香草隨筆	于鬯著	民國《南匯縣續志》卷十二《藝文志》
一一二二	澧溪文集	于鬯著	民國《南匯縣續志》卷十二《藝文志》
一一二三	閒書四種	于鬯著	民國《南匯縣續志》卷十二《藝文志》
一一二四	說文平段一卷	于鬯著	民國《南匯縣續志》卷十二《藝文志》
一一二五	楚詞新志	于鬯著	民國《南匯縣續志》卷十二《藝文志》
一一二六	香草談文	于鬯著	民國《南匯縣續志》卷十二《藝文志》
一一二七	新定魯論語疏正	于鬯著	民國《南匯縣續志》卷十二《藝文志》
一一二八	夏小正塾本一卷	于鬯著	民國《南匯縣續志》卷十二《藝文志》

續表

序號	書名	著者	出處
一一二九	殤服一卷又發揮一卷附兼祧續注兼祧議	于鬯著	民國《南匯縣續志》卷十二《藝文志》
一一三〇	卦氣直日考一卷	于鬯著	民國《南匯縣續志》卷十二《藝文志》
一一三一	素問校	于鬯著	民國《南匯縣續志》卷十二《藝文志》
一一三二	水經注校	于鬯著	民國《南匯縣續志》卷十二《藝文志》
一一三三	爾雅讀異一卷	于鬯著	民國《南匯縣續志》卷十二《藝文志》
一一三四	儀禮讀異二卷	于鬯著	民國《南匯縣續志》卷十二《藝文志》
一一三五	種樹璅聞	于鬯著	民國《南匯縣續志》卷十二《藝文志》
一一三六	周易述古	俞律時著	光緒《松江府續志》卷三十七《藝文志》；光緒《婁縣續志》卷十《藝文志》
一一三七	孫子液存	俞律時著	光緒《松江府續志》卷三十七《藝文志》；光緒《婁縣續志》卷十《藝文志》
一一三八	百和香詩稿一卷	俞廷颺著	光緒《松江府續志》卷三十七《藝文志》

續表

序號	書名	著者	出處
一一三九	讀史樓詩	俞瑛著	光緒《松江府續志》卷三十七《藝文志》
一一四〇	郇塾紀年詩四卷	俞玉海著	光緒《松江府續志》卷三十七《藝文志》
一一四一	赤壁重游唱和集	郁方董輯	民國《嘉定縣續志》卷十二《藝文志》
一一四二	説研齋文集	郁方董著	民國《嘉定縣續志》卷十二《藝文志》
一一四三	説研齋吟稿三十卷	郁方董著	民國《嘉定縣續志》卷十二《藝文志》
一一四四	學吟稿	袁禾著	光緒《重修奉賢縣志》卷十一《人物志》
一一四五	永著堂詩文集	袁禾著	光緒《松江府續志》卷三十七《藝文志》
一一四六	花溪日記	袁禾著	光緒《重修奉賢縣志》卷十七《藝文志》
一一四七	詩話一卷	袁鴻鑣撰	民國《崇明縣志》卷十六《藝文志》
一一四八	冷觀廬詩草一卷	袁鴻鑣撰	民國《崇明縣志》卷十六《藝文志》
一一四九	雪窗類咏	袁佳士著	民國《寶山縣續志》卷十五《藝文志·書目》
一一五〇	鄭箋引用三家舊説考一卷	袁康著	民國《寶山縣續志》卷十五《藝文志·書目》
一一五一	孏窟叢談一卷	袁康著	民國《寶山縣續志》卷十五《藝文志·書目》

續表

序號	書名	著者	出處
一一五二	四花雨亭詩文稿	袁康著	民國《寶山縣續志》卷十五《藝文志·書目》
一一五三	説文古文考一卷	袁康著	民國《寶山縣續志》卷十五《藝文志·書目》
一一五四	病機卑邇集	袁謙著	民國《寶山縣續志》卷十五《藝文志·書目》
一一五五	傷寒卑邇集	袁謙著	民國《寶山縣續志》卷十五《藝文志·書目》
一一五六	業醫必讀	袁謙著	民國《寶山縣續志》卷十五《藝文志·書目》
一一五七	藥能廣集	袁謙著	民國《寶山縣續志》卷十五《藝文志·書目》
一一五八	蛾術山房文鈔三卷	袁文炤著	民國《寶山縣續志》卷十五《藝文志·書目》
一一五九	學吟稿七卷	袁以介著	光緒《松江府續志》卷三十七《藝文志》
一一六〇	吴淞軼事二卷	袁翼著	民國《寶山縣續志》卷十五《藝文志·書目》
一一六一	倦遊草	袁璋著	光緒《松江府續志》卷三十七《藝文志》
一一六二	山水畫法入門一卷	袁鎮嵩著	民國《寶山縣續志》卷十五《藝文志·書目》
一一六三	詠雩吟稿	曾鈺撰	民國《上海縣續志》卷二十六《藝文》
一一六四	尊聞瑣記	章德棨著	婁縣續志卷十七人物志下

續表

序號	書名	著者	出處
一一六五	詩經雜説	章德棨著	光緒《婁縣續志》卷十《藝文志》
一一六六	絙波詞館詩草	章光旦著	民國《嘉定縣續志》卷十二《藝文志》
一一六七	話稼草堂印存一卷	章光孚著	民國《嘉定縣續志》卷十二《藝文志》
一一六八	性理真詮四卷	章光偉著	民國《嘉定縣續志》卷十二《藝文志》
一一六九	一壺藏詩稿四卷	章光偉著	民國《嘉定縣續志》卷十二《藝文志》
一一七〇	易經約四卷	章煥著	光緒《松江府續志》卷三十七《藝文志》
一一七一	友石居讀書記	章煥著	光緒《松江府續志》卷三十七《藝文志》
一一七二	友石居詩鈔	章煥著	光緒《松江府續志》卷三十七《藝文志》
一一七三	章氏一家言	章倬輯	光緒《松江府續志》卷三十七《藝文志》
一一七四	鄉黨翼注	章倬著	光緒《松江府續志》卷三十七《藝文志》
一一七五	尊聞書屋詩草	章倬著	光緒《松江府續志》卷三十七《藝文志》
一一七六	傷寒論增注	張寶仁著	光緒《婁縣續志》卷十《藝文志》
一一七七	三瘧正虚論	張寶仁著	光緒《婁縣續志》卷十《藝文志》

序號	書名	著者	出處
一一七八	蕉雪山房詩鈔	張寶嶼著	光緒《松江府續志》卷三十七《藝文志》
一一七九	竹溪書屋詩稿	張炳樞撰	民國《上海縣續志》卷二十六《藝文》
一一八〇	宣南日記	張承柏著	民國《嘉定縣續志》卷十二《藝文志》
一一八一	渴睡仙吟稿	張承柏著	民國《嘉定縣續志》卷十二《藝文志》
一一八二	尚志居詩文草	張崇柄著	光緒《松江府續志》卷三十七《藝文志》
一一八三	春熙堂稿	張崇達著	光緒《婁縣續志》卷十《藝文志》；光緒《松江府續志》卷三十七《藝文志》
一一八四	西冷唱和詩	張崇敬著	光緒《婁縣續志》卷十《藝文志》
一一八五	狀山堂集	張崇敬著	光緒《婁縣續志》卷十《藝文志》
一一八六	珠江竹枝詞	張崇鈞著	光緒《松江府續志》卷三十七《藝文志》；光緒《婁縣續志》卷十《藝文志》
一一八七	綠村詩文稿	張崇鈞撰	光緒《婁縣續志》卷十《藝文志》；光緒《松江府續志》卷三十七《藝文志》
一一八八	張氏族譜	張崇銘修	光緒《婁縣續志》卷十《藝文志》；光緒《松江府續志》卷三十七《藝文志》

續　表

序號	書　名	著　者	出　處
一一八九	十三經彙要	張醇爔著	光緒《松江府續志》卷三十七《藝文志》
一一九〇	開一草堂詩文集	張醇爔著	光緒《松江府續志》卷三十七《藝文志》
一一九一	霽飄琴譜二卷	張慈著	民國《寶山縣續志》卷十五《藝文志·書目》
一一九二	燕游詩草四卷	張聰著	光緒《松江府續志》卷三十七《藝文志》
一一九三	題畫詩存八卷	張聰著	光緒《松江府續志》卷三十七《藝文志》
一一九四	越游安陽吟稿	張存誠著	光緒《松江府續志》卷三十七《藝文志》；光緒《婁縣續志》卷十《藝文志》
一一九五	天趣軒集	張存誠著	光緒《松江府續志》卷三十七《藝文志》；光緒《婁縣續志》卷十《藝文志》
一一九六	玉燕巢印萃	張澮著	光緒《婁縣續志》卷十《藝文志》；光緒《婁縣續志》卷二十《流寓》
一一九七	天香閣詩稿	張道恒著	光緒《松江府續志》卷三十七《藝文志》
一一九八	槎北草堂詩鈔	張爾銘著	民國《嘉定縣續志》卷十二《藝文志》
一一九九	經義蒙求	張拱著	光緒《松江府續志》卷三十七《藝文志》

序號	書名	著者	出處
一二〇〇	流觀瑣録	張拱著	光緒《松江府續志》卷三十七《藝文志》
一二〇一	拙存詩草八卷	張拱著	光緒《松江府續志》卷三十七《藝文志》
一二〇二	遼東紀遊十二卷	張拱著	光緒《松江府續志》卷三十七《藝文志》
一二〇三	學庸講義	張國垿著	光緒《松江府續志》卷三十七《藝文志》
一二〇四	宦游雜草	張宏緒著	民國《寶山縣續志》卷十五《藝文志·書目》
一二〇五	野樓詩鈔三卷	張紘著	光緒《松江府續志》卷三十七《藝文志》
一二〇六	性理翼	張鴻著	光緒《松江府續志》卷三十七《藝文志》
一二〇七	超心録	張化麒撰	民國《上海縣續志》卷二十六《藝文》
一二〇八	暴萌録	張煥綸撰	民國《上海縣續志》卷二十六《藝文》
一二〇九	小壺天詩鈔	張輝祖撰	民國《崇明縣志》卷十六《藝文志》
一二一〇	敬山齋古文	張慧静著	光緒《婁縣續志》卷十《藝文志》
一二一一	葩經心得	張慧著	光緒《婁縣續志》卷十《藝文志》
一二一二	南園唱和集	張佳梅撰	民國《上海縣續志》卷二十六《藝文》

續表

序號	書名	著者	出處
一二一三	癸甲雜詠	張佳梅撰	民國《上海縣續志》卷二十六《藝文》
一二一四	補梅書屋詩稿	張佳梅撰	民國《上海縣續志》卷二十六《藝文》
一二一五	鵓鴿譜	張家駿著	民國《寶山縣續志》卷十五《藝文志・書目》
一二一六	時症直訣一卷	張金照撰	民國《川沙縣志》卷十五《藝文志・著述類》
一二一七	證治彙補一卷	張金照撰	民國《川沙縣志》卷十五《藝文志・著述類》
一二一八	察舌辨症一卷	張金照撰	民國《川沙縣志》卷十五《藝文志・著述類》
一二一九	素靈匯要三卷	張金照撰	民國《川沙縣志》卷十五《藝文志・著述類》
一二二〇	薛石山房詩存	張進著	光緒《松江府續志》卷三十七《藝文志》
一二二一	秋莼書屋詩鈔	張禮著	光緒《松江府續志》卷三十七《藝文志》
一二二二	後覺録	張亮撰	民國《上海縣續志》卷二十六《藝文》
一二二三	覺後録	張亮撰	民國《上海縣續志》卷二十六《藝文》
一二二四	醫論治案	張乃修撰	民國《上海縣續志》卷二十六《藝文》
一二二五	學古齋集	張起麟著	光緒《婁縣續志》卷十《藝文志》

續表

序號	書名	著者	出處
一二二六	女科撮要一卷	張清湛撰	民國《川沙縣志》卷十五《藝文志·著述類》
一二二七	張氏疑難雜症校補一卷	張清湛撰	民國《川沙縣志》卷十五《藝文志·著述類》
一二二八	花韻居詩草三卷	張慶松撰	民國《上海縣續志》卷二十六《藝文》
一二二九	月浦續志十卷	張人鏡輯	民國《寶山縣續志》卷十五《藝文志·書目》
一二三〇	月溪風雅集	張人鏡輯	民國《寶山縣續志》卷十五《藝文志·書目》
一二三一	師古堂詩稿一卷	張人鏡著	民國《寶山縣續志》卷十五《藝文志·書目》
一二三二	攬芳室詞稿	張人鏡著	民國《寶山縣續志》卷十五《藝文志·書目》
一二三三	冰壺詩餘	張尚純著	民國《南匯縣續志》卷十二《藝文志》
一二三四	呻吟草	張尚純著	民國《南匯縣續志》卷十二《藝文志》
一二三五	蕉陰消夏詩	張尚純著	民國《南匯縣續志》卷十二《藝文志》
一二三六	聽鸚館詩鈔四卷	張烒著	光緒《松江府續志》卷三十七《藝文志》
一二三七	羅陽風雅集	張思銘輯	民國《寶山縣續志》卷十五《藝文志·書目》
一二三八	後覺録二卷	張思銘輯	民國《寶山縣續志》卷十五《藝文志·書目》

續表

序號	書名	著者	出處
一二三九	小識不寐鈔	張思銘著	民國《寶山縣續志》卷十五《藝文志・書目》
一二四〇	喉痧要旨一卷	張思義撰	民國《川沙縣志》卷十五《藝文志・著述類》
一二四一	竹岡詩鈔二卷	張偉撰	民國《上海縣續志》卷二十六《藝文》
一二四二	俞塘聯吟二卷	張偉撰	民國《上海縣續志》卷二十六《藝文》
一二四三	四書匯參商	張渭著	光緒《松江府續志》卷三十七《藝文志》
一二四四	周初朔望考	張文虎著	民國《南匯縣續志》卷十二《藝文志》
一二四五	药洲詩集	張錫德著	光緒《婁縣續志》卷十《藝文志》
一二四六	覆瓿草	張錫卣著	民國《南匯縣續志》卷十二《藝文志》
一二四七	試帖二卷	張祥河著	光緒《婁縣續志》卷十《藝文志》
一二四八	小重山房賦二卷	張祥河著	光緒《松江府續志》卷三十七《藝文志》；光緒《婁縣續志》卷十《藝文志》
一二四九	餘齋詩鈔	張孝鍈著	光緒《婁縣續志》卷十《藝文志》
一二五〇	清河家乘（光緒九年）	張孝庸、張翰同修	民國《上海縣續志》卷二十六《藝文》

續表

序號	書名	著者	出處
一二五一	恒齋詩鈔	張孝煜著	光緒《婁縣續志》卷十《藝文志》
一二五二	北垞詩稿	張貽青著	民國《寶山縣續志》卷十五《藝文志・書目》
一二五三	貞恪遺稿	張應穀撰	民國《崇明縣志》卷十六《藝文志》
一二五四	湧峰吟草	張永清著	民國《寶山縣續志》卷十五《藝文志・書目》
一二五五	玉堂醫案五卷	張玉堂撰	民國《川沙縣志》卷十五《藝文志・著述類》
一二五六	燕臺雜録	張淵著	光緒《婁縣續志》卷十《藝文志》
一二五七	賜錦堂詩集	張昀著	光緒《婁縣續志》卷十《藝文志》
一二五八	推拿秘要一卷	張雲川撰	民國《川沙縣志》卷十五《藝文志・著述類》
一二五九	黄梅花館詩鈔	張振翮著	光緒《松江府續志》卷三十七《藝文志》
一二六〇	貞白堂稿	張治著	光緒《婁縣續志》卷十《藝文志》
一二六一	瘦石山房詩草八卷	張鍾杰著	光緒《松江府續志》卷三十七《藝文志》
一二六二	澄懷書屋吟稿	張鍾秀著	民國《寶山縣續志》卷十五《藝文志・書目》
一二六三	麗瀛小志	張宗懿著	光緒《松江府續志》卷三十七《藝文志》

續表

序號	書名	著者	出處
一二六四	趙給諫奏疏	趙柄著	光緒《松江府續志》卷三十七《藝文志》
一二六五	春秋分類編	趙曾裕著	光緒《松江府續志》卷三十七《藝文志》
一二六六	野館叢談二卷	趙莪著	民國《嘉定縣續志》卷十二《藝文志》
一二六七	歸省詩草	趙逢源著	光緒《松江府續志》卷三十七《藝文志》
一二六八	超心録四卷	趙觀瀾著	民國《嘉定縣續志》卷十二《藝文志》
一二六九	葛隆鎮志	趙翰輯	民國《嘉定縣續志》卷十二《藝文志》
一二七〇	水竹居詩	趙禮著	光緒《婁縣續志》卷十《藝文志》；光緒《松江府續志》卷三十七《藝文志》
一二七一	竹窗詞稿	趙履中撰	民國《上海縣續志》卷二十六《藝文》
一二七二	冷鷗堂集	趙潛著	光緒《婁縣續志》卷十《藝文志》；光緒《松江府續志》卷三十七《藝文志》
一二七三	平庵詩集	趙汝霖著	光緒《松江府續志》卷三十七《藝文志》
一二七四	清娱書屋詩賦草二卷	趙壽昌撰	民國《上海縣續志》卷二十六《藝文》

續表

序號	書名	著者	出處
一二七五	愛蓮説印譜	趙煦著	光緒《婁縣續志》卷十《藝文志》
一二七六	瓢隱居吟草	趙煦著	光緒《婁縣續志》卷十《藝文志》
一二七七	藥圃醫案一卷	趙濬著	民國《嘉定縣續志》卷十二《藝文志》
一二七八	瀹圃遺詩一卷	趙濬著	民國《嘉定縣續志》卷十二《藝文志》
一二七九	鐵如意齋治驗録	趙增恪撰	民國《上海縣續志》卷二十六《藝文》
一二八〇	鄉黨辨正	鍾聲著	光緒《松江府續志》卷三十七《藝文志》；重修奉賢縣志卷十七藝文志
一二八一	容研居稿	鍾聲著	光緒《重修奉賢縣志》卷十一《人物志》
一二八二	漱石居吟稿	鍾斯盛著	民國《南匯縣續志》卷十二《藝文志》
一二八三	漱石居詞稿	鍾斯盛著	民國《南匯縣續志》卷十二《藝文志》
一二八四	漱六軒詩稿	仲恒省著	光緒《松江府續志》卷三十七《藝文志》
一二八五	環溪詩録	周保珪著	民國《嘉定縣續志》卷十二《藝文志》
一二八六	環溪雜識	周保珪著	民國《嘉定縣續志》卷十二《藝文志》

續表

序號	書名	著者	出處
一二八七	古音編	周保璋著	民國《嘉定縣續志》卷十二《藝文志》
一二八八	聲韻雜論一卷	周保璋著	民國《嘉定縣續志》卷十二《藝文志》
一二八九	蠶桑輯説製器説導俗説合一卷	周保璋著	民國《嘉定縣續志》卷十二《藝文志》
一二九〇	鏡湄隨筆一卷	周保璋著	民國《嘉定縣續志》卷十二《藝文志》
一二九一	客游日乘四卷	周保璋著	民國《嘉定縣續志》卷十二《藝文志》
一二九二	周官吾學録八卷	周保璋著	民國《嘉定縣續志》卷十二《藝文志》
一二九三	鏡湄詩鈔三卷	周保璋著	民國《嘉定縣續志》卷十二《藝文志》
一二九四	鏡湄文存一卷	周保璋著	民國《嘉定縣續志》卷十二《藝文志》
一二九五	白柰花室詩詞稿	周爾鍇著	民國《寶山縣續志》卷十五《藝文志·書目》
一二九六	蓮香室文稿	周鳳著	民國《南匯縣續志》卷十二《藝文志》
一二九七	西樵古今體詩	周翰著	光緒《松江府續志》卷三十七《藝文志》；光緒《婁縣續志》卷十《藝文志》
一二九八	閒翁詩詞草	周厚基著	光緒《婁縣續志》卷十《藝文志》

序號	書名	著者	出處
一二九九	花鬘詩鈔	周景賢撰	民國《上海縣續志》卷二十六《藝文》
一三〇〇	静觀樓印言	周魯著	光緒《松江府續志》卷三十七《藝文志》
一三〇一	我貴編	周紹元著	光緒《婁縣續志》卷十《藝文志》
一三〇二	寄閒居雜録	周時亮著	民國《寶山縣續志》卷十五《藝文志·書目》
一三〇三	蛩吟小草二卷	周時亮著	民國《寶山縣續志》卷十五《藝文志·書目》
一三〇四	味菘軒詩集	周樹蓮撰	民國《上海縣續志》卷二十六《藝文》
一三〇五	碧琉璃館詩稿	周樹馨撰	民國《上海縣續志》卷二十六《藝文》
一三〇六	詞話一卷	周文禾著	民國《嘉定縣續志》卷十二《藝文志》
一三〇七	辨正圖説條辨一卷	周文禾著	民國《嘉定縣續志》卷十二《藝文志》
一三〇八	雙鏡緣傳奇	周文禾著	民國《嘉定縣續志》卷十二《藝文志》
一三〇九	顧曲小言一卷	周文禾著	民國《嘉定縣續志》卷十二《藝文志》
一三一〇	駕雲螭室詩話二卷	周文禾著	民國《嘉定縣續志》卷十二《藝文志》
一三一一	圖訣糾謬二卷	周文禾著	民國《嘉定縣續志》卷十二《藝文志》

續表

序號	書名	著者	出處
一三一二	形家贅言一卷	周文禾著	民國《嘉定縣續志》卷十二《藝文志》
一三一三	碎金録一卷	周文禾著	民國《嘉定縣續志》卷十二《藝文志》
一三一四	惠迪録八卷	周文禾著	民國《嘉定縣續志》卷十二《藝文志》
一三一五	歸厚録集説四卷	周文禾著	民國《嘉定縣續志》卷十二《藝文志》
一三一六	葬書注一卷	周文禾著	民國《嘉定縣續志》卷十二《藝文志》
一三一七	甲子省闈瑣記一卷	周文禾著	民國《嘉定縣續志》卷十二《藝文志》
一三一八	元珠心印一卷	周文禾著	民國《嘉定縣續志》卷十二《藝文志》
一三一九	右泉詩帙四卷	周文禾著	民國《嘉定縣續志》卷十二《藝文志》
一三二〇	七音苔偈一卷	周文禾著	民國《嘉定縣續志》卷十二《藝文志》
一三二一	西湖覽古詩二卷	周文禾著	民國《嘉定縣續志》卷十二《藝文志》
一三二二	心蓮華室詩稿	周鏞撰	民國《上海縣續志》卷二十六《藝文》
一三二三	菉竹居文集	朱澳著	光緒《重修奉賢縣志》卷十一《人物志》

續表

序號	書名	著者	出處
一三二四	菉竹居吟稿	朱澳著	光緒《松江府續志》卷三十七《藝文志》；光緒《重修奉賢縣志》卷十一《人物志》
一三二五	滄洲五老圖徵詩一卷	朱丙昆輯	民國《寶山縣續志》卷十五《藝文志・書目》
一三二六	峰泖補遺	朱采撰	民國《上海縣續志》卷二十六《藝文》
一三二七	雲間名勝	朱采撰	民國《上海縣續志》卷二十六《藝文》
一三二八	織鳳閣古文	朱大源著	光緒《松江府續志》卷三十七《藝文志》；光緒《婁縣續志》卷十《藝文志》
一三二九	自怡集	朱鼎玉著	光緒《松江府續志》卷三十七《藝文志》；光緒《婁縣續志》卷十《藝文志》
一三三〇	人鏡廬詩鈔	朱棟煇著	光緒《松江府續志》卷三十七《藝文志》
一三三一	聞樨龕詩集	朱鳳藻著	民國《南匯縣續志》卷十二《藝文志》
一三三二	晚甘堂詩鈔	朱甘澍著	光緒《松江府續志》卷三十七《藝文志》；光緒《婁縣續志》卷十《藝文志》
一三三三	愛秋詩藁	朱庚著	光緒《松江府續志》卷三十七《藝文志》

續表

序號	書名	著者	出處
一三三四	賞詠堂詞賸	朱國鑾著	民國《嘉定縣續志》卷十二《藝文志》
一三三五	規我栘詩存一卷	朱國鑾著	民國《嘉定縣續志》卷十二《藝文志》
一三三六	賞詠堂文存一卷	朱國鑾著	民國《嘉定縣續志》卷十二《藝文志》
一三三七	求己山房詩稿	朱恒著	光緒《松江府續志》卷三十七《藝文志》
一三三八	一味軒駢體文	朱洪著	光緒《重修奉賢縣志》卷十一《人物志》
一三三九	敦本堂詩文集	朱洪著	光緒《重修奉賢縣志》卷十一《人物志》
一三四〇	養餘吟	朱鴻儒著	光緒《松江府續志》卷三十七《藝文志》
一三四一	筆花書屋吟草	朱鴻儒著	光緒《松江府續志》卷三十七《藝文志》
一三四二	鯉庭集	朱華著	民國《寶山縣續志》卷十五《藝文志・書目》
一三四三	濟生寶筏一百十卷	朱繼昌輯	民國《寶山縣續志》卷十五《藝文志・書目》
一三四四	宗廟備考八卷	朱孔陽輯	光緒《松江府續志》卷三十七《藝文志》
一三四五	餐英集	朱孔陽著	光緒《松江府續志》卷三十七《藝文志》
一三四六	書經串解六卷	朱孔陽著	光緒《松江府續志》卷三十七《藝文志》

續表

序號	書名	著者	出處
一三四七	梅園遺稿	朱孔陽著	光緒《松江府續志》卷三十七《藝文志》
一三四八	雪爪集	朱孔陽著	光緒《松江府續志》卷三十七《藝文志》
一三四九	瘍科治驗心得一卷	朱澧濤著	民國《嘉定縣續志》卷十二《藝文志》
一三五〇	臨證醫案四卷	朱澧濤著	民國《嘉定縣續志》卷十二《藝文志》
一三五一	續内外合參八卷	朱澧濤著	民國《嘉定縣續志》卷十二《藝文志》
一三五二	幽香書屋吟稿	朱美常著	民國《嘉定縣續志》卷十二《藝文志》
一三五三	毛詩或問埤記	朱啓華著	光緒《松江府續志》卷三十七《藝文志》
一三五四	讀詩録八卷	朱啓華著	光緒《松江府續志》卷三十七《藝文志》
一三五五	管窺雜詠二卷	朱全惠撰	民國《崇明縣志》卷十六《藝文志》
一三五六	藥方叶韻一卷	朱書撰	民國《上海縣續志》卷二十六《藝文》
一三五七	醫學述要十一卷	朱書撰	民國《上海縣續志》卷二十六《藝文》
一三五八	悟非齋吟草	朱書撰	民國《上海縣續志》卷二十六《藝文》
一三五九	續人譜	朱樹新撰	民國《上海縣續志》卷二十六《藝文》

續表

序號	書名	著者	出處
一三六〇	讀書日記	朱樹新撰	民國《上海縣續志》卷二十六《藝文》
一三六一	讀書日記	朱樹滋撰	民國《上海縣續志》卷二十六《藝文》
一三六二	今雨詞存	朱燾輯	民國《寶山縣續志》卷十五《藝文志·書目》
一三六三	東溪漁唱	朱燾著	光緒《寶山縣志》卷十二
一三六四	吴淞鄉土小志二卷	朱庭祿著	民國《寶山縣續志》卷十五《藝文志·書目》
一三六五	傳家令範	朱文焕著	民國《南匯縣續志》卷十二《藝文志》
一三六六	旦華樓草	朱文毓著	光緒《松江府續志》卷三十七《藝文志》
一三六七	醫案全集六卷	朱祫著	民國《嘉定縣續志》卷十二《藝文志》
一三六八	草窗詞選一卷	朱延射輯	民國《寶山縣續志》卷十五《藝文志·書目》
一三六九	雨窗剪燭填詞圖一册	朱延射輯	民國《寶山縣續志》卷十五《藝文志·書目》
一三七〇	小南垞詩稿一卷	朱延射著	民國《寶山縣續志》卷十五《藝文志·書目》
一三七一	紅秋館詞稿二卷	朱延射著	民國《寶山縣續志》卷十五《藝文志·書目》
一三七二	紅秋館詩鈔	朱延射著	民國《寶山縣續志》卷十五《藝文志·書目》

續表

序號	書名	著者	出處
一三七三	治療要略	朱也亭著	民國《南匯縣續志》卷十二《藝文志》
一三七四	朱氏叢鈔文類十種	朱詒泰編	民國《寶山縣續志》卷十五《藝文志·書目》
一三七五	朱氏叢鈔詩類十種	朱詒泰編	民國《寶山縣續志》卷十五《藝文志·書目》
一三七六	名家小序鈔存	朱詒泰輯	民國《寶山縣續志》卷十五《藝文志·書目》
一三七七	坐忘齋讀書録三種	朱詒泰輯	民國《寶山縣續志》卷十五《藝文志·書目》
一三七八	五朝記文補鈔三卷	朱詒泰輯	民國《寶山縣續志》卷十五《藝文志·書目》
一三七九	五朝序文補鈔三卷	朱詒泰輯	民國《寶山縣續志》卷十五《藝文志·書目》
一三八〇	五代史序論輯録二卷	朱詒泰輯	民國《寶山縣續志》卷十五《藝文志·書目》
一三八一	偶然居偶筆	朱詒泰著	民國《寶山縣續志》卷十五《藝文志·書目》
一三八二	醫學補旨二卷	朱詒緒著	民國《寶山縣續志》卷十五《藝文志·書目》
一三八三	聽蕉山館詩鈔	朱英著	光緒《重修奉賢縣志》卷十一《人物志》；光緒《松江府續志》卷三十七《藝文志》
一三八四	雪鴻初稿	朱英撰	民國《上海縣續志》卷二十六《藝文》

續表

序號	書名	著者	出處
一三八五	地理正宗六卷	朱應陽著	光緒《松江府續志》卷三十七《藝文志》
一三八六	閬巖文集	朱鏞著	光緒《重修奉賢縣志》卷十一《人物志》；光緒《松江府續志》卷三十七《藝文志》
一三八七	閬岩小草一卷	朱鏞著	光緒《重修奉賢縣志》卷十一《人物志》
一三八八	醉餘小草	朱垣著	民國《嘉定縣續志》卷十二《藝文志》
一三八九	菊譜	朱澐著	民國《嘉定縣續志》卷十二《藝文志》
一三九〇	菊隱居詩存	朱澐著	民國《嘉定縣續志》卷十二《藝文志》
一三九一	幼科推拿法一卷	朱占春撰	民國《上海縣續志》卷二十六《藝文》
一三九二	野人吟稿	朱璋著	光緒《松江府續志》卷三十七《藝文志》
一三九三	寓園叢稿	朱紫綬著	民國《南匯縣續志》卷十二《藝文志》
一三九四	墨稼莊吟草	朱紫綬著	民國《南匯縣續志》卷十二《藝文志》
一三九五	一曲草堂課徒草一卷	朱宗泮撰	民國《川沙縣志》卷十五《藝文志·著述類》
一三九六	南匯縣全境地圖	朱祖堯著	民國《南匯縣續志》卷十二《藝文志》

續表

序號	書名	著者	出處
一三九七	怡雲仙館集	朱作霖著	民國《南匯縣續志》卷十二《藝文志》
一三九八	情禪詩鈔一卷	諸維銓著	民國《嘉定縣續志》卷十二《藝文志》
一三九九	瞜文麟角編八卷	諸維銓著	民國《嘉定縣續志》卷十二《藝文志》
一四〇〇	練川百詠一卷	諸維銓著	民國《嘉定縣續志》卷十二《藝文志》
一四〇一	同治氏族譜四卷	諸維銓著	民國《嘉定縣續志》卷十二《藝文志》
一四〇二	汴粱記事四卷	諸維銓著	民國《嘉定縣續志》卷十二《藝文志》
一四〇三	餐勝聆善齋詩文集十二卷	諸維銓著	民國《嘉定縣續志》卷十二《藝文志》
一四〇四	瞜鄉詩話紀事四卷	諸維銓著	民國《嘉定縣續志》卷十二《藝文志》
一四〇五	湖湘叢識四卷	諸維銓著	民國《嘉定縣續志》卷十二《藝文志》
一四〇六	談碑二卷	諸維銓著	民國《嘉定縣續志》卷十二《藝文志》
一四〇七	練川續畫徵録四卷	諸維銓著	民國《嘉定縣續志》卷十二《藝文志》
一四〇八	抱膝叢談八卷	諸維銓著	民國《嘉定縣續志》卷十二《藝文志》
一四〇九	象緯二卷	諸維銓著	民國《嘉定縣續志》卷十二《藝文志》

續表

序號	書名	著者	出處
一四一〇	來復軒詩稿	祝椿年撰	光緒《川沙廳志》卷十二《藝文志》
一四一一	樂存詩二十餘卷	莊純熙著	光緒《重修奉賢縣志》卷十一《人物志》
一四一二	坐花草堂詩集一卷	莊世驥著	光緒《松江府續志》卷三十七《藝文志》
一四一三	開卷有益二卷	莊思謙著	民國《嘉定縣續志》卷十二《藝文志》
一四一四	咫聞書屋雜稿	莊元俊著	民國《嘉定縣續志》卷十二《藝文志》
一四一五	退掃閒軒詩稿	鄒華藻著	光緒《松江府續志》卷三十七《藝文志》
一四一六	字備二十四卷	鄒華著	光緒《松江府續志》卷三十七《藝文志》
一四一七	慎齋詩草	鄒維安著	光緒《松江府續志》卷三十七《藝文志》
一四一八	樸齋詩鈔	鄒維安著	光緒《松江府續志》卷三十七《藝文志》
一四一九	廢圃吟草	鄒維安著	光緒《松江府續志》卷三十七《藝文志》
一四二〇	黄圃遺詩一卷	鄒硯著	光緒《松江府續志》卷三十七《藝文志》

附録

一、出處全、簡稱對照表

［説明］《現存著述簡目》之版本項，注明書目出處來源。謹臚列所參考之主要書目之全稱、簡稱於左。

出處全稱	出處簡稱
中國古籍善本書目	善本書目
中國古籍總目	古籍總目
中國地方志聯合目録	方志目録
全國古籍普查登記基本數據庫	普查目録
學苑汲古——高校古文獻資源庫	學苑汲古
中國國家圖書館網絡目録	國圖目録
上海圖書館網絡目録	上圖目録
南京圖書館網絡目録	南圖目録

續表

出處全稱	出處簡稱
復旦大學圖書館網絡目録	復旦目録
華東師範大學圖書館網絡目録	華東師大目録
臺北圖書館中文古籍聯合目録	聯合目録
日本所藏中文古籍數據庫	日本目録

二、主要收藏單位全稱簡稱對照表

［説明］《現存著述簡目》中，各版本注明收藏單位（收藏地）。謹臚列主要收藏單位之全稱、簡稱於左。

收藏單位全稱	收藏單位簡稱
中國國家圖書館	國圖
中央黨校圖書館	中央黨校
北京大學圖書館	北大
清華大學圖書館	清華
北京師範大學圖書館	北師大
中國人民大學圖書館	人大
北京中醫藥大學圖書館	北京中醫大
中國科學院文獻情報中心	中科院

續表

收藏單位全稱	收藏單位簡稱
中國民族圖書館	中國民族
中國社會科學院文學研究所	社科院文學所
中國社會科學院近代史研究所	社科院近代史所
中國醫學科學院	中國醫科院
中國中醫科學院	中醫科學院
軍事科學院圖書館	軍科院
首都圖書館	首都
上海圖書館	上圖
上海市金山區圖書館	金山
上海市松江區博物館	松江博
上海博物館	上博
復旦大學圖書館	復旦

續表

收藏單位全稱	收藏單位簡稱
華東師範大學圖書館	華東師大
上海中醫藥大學圖書館	上海中醫大
中華醫學會上海分會圖書館	中華醫學會上海分會
天津圖書館	天津
天津博物館	天津博
南開大學圖書館	南開
天津師範大學圖書館	天津師大
天津中醫藥大學圖書館	天津中醫大
重慶市圖書館	重慶
重慶市北碚圖書館	北碚
西南大學圖書館	西南大學
河北省圖書館	河北

續表

收藏單位全稱	收藏單位簡稱
河北省石家莊市圖書館	石家莊
河北省保定市圖書館	保定
河北省博物館	河北博
山西省圖書館	山西
山西大學圖書館	山西大學
内蒙古自治區圖書館	内蒙古
遼寧省圖書館	遼寧
遼寧省瀋陽市圖書館	瀋陽
遼寧省錦州市圖書館	錦州
遼寧大學圖書館	遼大
瀋陽魯迅美術學院	瀋陽魯迅美院
吉林省圖書館	吉林

續表

收藏單位全稱	收藏單位簡稱
吉林省吉林市圖書館	吉林市
吉林省長春市圖書館	長春
吉林省社會科學院圖書館	吉林社科院
吉林大學圖書館	吉大
東北師範大學圖書館	東北師大
黑龍江省圖書館	黑龍江
黑龍江省哈爾濱市圖書館	哈爾濱
黑龍江省齊齊哈爾市圖書館	齊齊哈爾
哈爾濱師範大學圖書館	哈爾濱師大
陝西省圖書館	陝西
陝西省綏德縣子洲圖書館	綏德縣子洲
西北大學圖書館	西北大學

續表

收藏單位全稱	收藏單位簡稱
甘肅省圖書館	甘肅
蘭州大學圖書館	蘭大
寧夏回族自治區圖書館	寧夏
青海省圖書館	青海
新疆維吾爾自治區圖書館	新疆
新疆社會科學院圖書館	新疆社科院
新疆大學圖書館	新疆大學
山東省圖書館	山東
山東省博物館	山東博
孔子博物館	孔博
慕湘藏書館	慕湘
山東大學圖書館	山大

續表

收藏單位全稱	收藏單位簡稱
南京圖書館	南圖
江蘇省金陵圖書館	金陵
江蘇省蘇州市圖書館	蘇州
江蘇省無錫市圖書館	無錫
江蘇省鹽城市圖書館	鹽城
江蘇省南通市圖書館	南通
江蘇省儀徵市图书馆	儀徵
江蘇省蘇州市吴江區圖書館	吴江區
江蘇省連雲港市博物館	連雲港博
江蘇省常熟博物館	常熟博
南京大學圖書館	南大
南京師範大學圖書館	南京師大

續表

收藏單位全稱	收藏單位簡稱
南京曉莊學院圖書館	曉莊
蘇州大學圖書館	蘇大
南通大學圖書館	南通大學
南通大學醫學院圖書館	南通大學醫學院
江蘇師範大學圖書館	江蘇師大
蘇州市中醫醫院	蘇州中醫院
浙江圖書館	浙江
浙江博物館	浙博
浙江省杭州市圖書館	杭州
浙江省杭州市餘杭區圖書館	餘杭
浙江省嘉興市圖書館	嘉興
浙江省海寧市圖書館	海寧

續表

收藏單位全稱	收藏單位簡稱
浙江省平湖市圖書館	平湖
浙江省嘉善縣圖書館	嘉善
浙江省寧波市圖書館	寧波
浙江省龍泉市圖書館	龍泉
浙江省温州市圖書館	温州
浙江省紹興市圖書館	紹興
浙江省上虞區圖書館	上虞
浙江省臨海市圖書館	臨海
浙江省台州市黄巖區圖書館	黄巖
浙江省金華市博物館	金華博
浙江省衢州市博物館	衢州博
浙江省臨海市博物館	臨海博

續　表

收藏單位全稱	收藏單位簡稱
浙江省紹興市文物局	紹興文物局
浙江省寧波市奉化區文物保護管理所	奉化文管所
浙江省中醫藥研究院	浙江中醫藥院
浙江大學圖書館	浙大
浙江師範大學圖書館	浙江師大
天一閣博物院	天一閣
浙江省平湖市莫氏莊園陳列館	莫氏莊園
安徽省圖書館	安徽
安徽師範大學圖書館	安徽師大
江西省圖書館	江西
江西省景德鎮市圖書館	景德鎮
福建省圖書館	福建

續表

收藏單位全稱	收藏單位簡稱
厦門大學圖書館	厦大
福建師範大學圖書館	福建師大
河南省圖書館	河南
河南省鄭州市圖書館	鄭州
河南省開封市圖書館	開封
河南省新鄉市圖書館	新鄉
鄭州大學圖書館	鄭大
河南大學圖書館	河南大學
河南中醫藥大學圖書館	河南中醫
湖北省圖書館	湖北
武漢大學圖書館	武大
華中科技大學同濟醫學院	同濟醫

續表

收藏單位全稱	收藏單位簡稱
湖南省圖書館	湖南
湖南省社會科學院圖書館	湖南社科院
四川省綿陽市安州區圖書館	安州
四川大學圖書館	川大
成都中醫藥大學圖書館	成都中醫大
貴州省圖書館	貴州
廣東省中山圖書館	廣東
廣東省佛山市圖書館	佛山
廣東省汕頭市圖書館	汕頭
中山大學圖書館	中大
暨南大學圖書館	暨大
廣州中醫藥大學圖書館	廣州中醫大

續表

收藏單位全稱	收藏單位簡稱
廣西壯族自治區圖書館	廣西
廣西壯族自治區桂林市圖書館	桂林
香港新亞研究所圖書館	香港新亞
香港中山圖書館	香港中山
香港中文大學圖書館	香港中大
臺灣圖書館	臺圖
日本國會圖書館	日本國會
日本東京都立圖書館	日本東京
日本東京大學東洋文化研究所	日本東京大學
日本京都大學人文科學研究所	日本京都大學
日本奈良大學圖書館	日本奈良大學
日本長崎大學圖書館	日本長崎大學

續表

收藏單位全稱	收藏單位簡稱
美國哈佛大學哈佛燕京圖書館	美國哈佛燕京
美國斯坦福大學東亞圖書館	美國斯坦福大學
美國加州大學柏克萊分校東亞圖書館	美國柏克萊加州大學

參考文獻

一、古代部分（不含已撰寫經眼録的二百餘種）

（一）經部

十三經注疏十三種　明末毛氏汲古閣刻本
周禮注疏四十二卷　漢鄭玄注　唐賈公彦疏　明萬曆二十一年北監本
周易集解十七卷　唐李鼎祚撰　清同治十二年刻本
周易四卷　宋朱熹本義　清宣統二年上海廣益書局石印本
大戴禮記十三卷　漢戴德撰　北周盧辯注　清乾隆二十五年雅雨堂刻本
禮記二十卷　漢鄭玄注　唐陸德明音義　民國十四年上海中華書局鉛印本
三禮通釋二百八十卷　清林昌彝撰　清同治三年刻本
爾雅注疏十一卷　晉郭璞注　宋邢昺疏　明嘉靖間刻本

爾雅正義二十卷　清邵晉涵撰　清乾隆五十三年刻本
爾雅匡名二十卷　清嚴元照撰　清光緒十一年刻本

（二）史部

漢書一百二十卷　漢班固撰　唐顔師古注　清同治八年金陵書局刻本
續後漢書九十卷札記四卷　元郝經撰　清郁松年札記　清道光二十一年刻本
續後漢書四十二卷札記一卷　宋蕭常撰　清郁松年札記　清道光二十一年刻本
上海年表八卷　上海市通志館籌備委員會輯　稿本　八册
上海縣節孝貞烈闡幽録四卷　清徐渭仁、金樹濤撰　清道光間刻本
清代閨閣詩人徵略十七卷　施淑儀撰　民國九年鉛印本
梓鄉叢録四卷　清秦錫田撰　民國秦氏適庵鉛印本
光緒寶山縣志十四卷　清梁蒲貴等修　清光緒八年刻本
光緒川沙廳志十四卷　清陳方瀛修　清光緒五年刻本
光緒重修奉賢縣志二十卷　清韓佩金修　清光緒四年刻本
光緒嘉定縣志三十二卷　清程其珏等修　清光緒間刻本
光緒金山縣志　清龔寶琦修　清光緒四年刻本

光緒婁縣續志二十卷　清汪原坤修　清光緒五年刻本
光緒松江府續志　清博潤修　清光緒九年刻本
光緒青浦縣志三十卷　清汪祖綬等修　清光緒五年刻本
七國考十四卷　明董説撰　清光緒十五年上海鴻文書局影印本
上海圖　清佚名繪　復旦大學圖書館藏
上海格致書院藏書樓書目　清佚名編　清光緒三十三年商務印書館鉛印本
松江人物摘要不分卷　清佚名　清抄本　一册
雲間科第考不分卷　清佚名　清抄本　一册

（三）子部

九數存古九卷　清顧觀光撰　清光緒十八年江蘇書局刻本
傷寒雜病論集不分卷　清顧觀光撰　清刻本
瀛壖雜誌六卷　清王韜撰　清光緒二年刻本
繪圖上海雜記　清蘂牀卧讀生輯　清光緒三十一年文寶書局石印本

（四）集部

淵雅堂全集　清王芑孫撰　清嘉慶間刻本

大吉羊室遺稿不分卷　清張振凡撰　清道光二十六年刻本

寶奎堂集十二卷　清陸錫熊撰　清道光二十九年刻本

素心簃集七卷　清顧蓮著　民國三年刻本

愁不來齋詩鈔不分卷　清趙煦撰　清咸豐二年刻本

青浦閨秀詩存不分卷　清錢學坤編　民國十九年一月雙影廬鉛印本

蘅華館詩録六卷　清王韜撰　清光緒十六年鉛印本

嘯古堂詩集八卷　清蔣敦復撰　清光緒十一年刻本

知退齋稿七卷　清張瑛撰　清光緒二十四年刻本

舒藝室雜著甲編二卷　清張文虎撰　清光緒五年刻本

舒藝室詩存七卷索笑詞二卷　清張文虎撰　清光緒七年刻本

青浦續詩傳八卷　清何其超編　清光緒三十一年木活字本

上海李氏易園三代清芬集　李味青輯　民國二十九年鉛印本

閔行詩存四卷　清黄蘊深　民國二十四年九月鉛印本

上海縣竹枝詞　清秦榮光撰　民國元年鉛印本

續刻上海竹枝詞　清佚名撰　清光緒六年刻本

（五）叢書部

墨海金壺一百十五種　清張海鵬編　清嘉慶十三年至十六年刻本

墨海金壺一百十五種　清張海鵬編　民國十年上海博古齋影印本

借月山房彙鈔一百三十五種　清張海鵬輯　民國九年上海博古齋影印本

宜稼堂叢書十二種　清郁松年輯　清道光二十二年刻本

武陵山人遺書十二種　清顧觀光撰　清光緒九年刻本

學津討原二十集　清張海鵬　清嘉慶十年刻本

婁東雜著五十六種　清邵廷烈　清道光二十五年刻本

覆瓿集十三種　清張文虎撰　清同治光緒間刻本

婁東周氏叢刊四種　周愨　民國二十六年影印本

二、現代部分

（一）著作

民國上海縣續志三十卷　吴馨修　民國七年鉛印本

民國寶山縣續志十七卷　張允高等修　民國十年鉛印本

民國南匯縣續志二十二卷　嚴偉修　民國十八年刻本

晚晴簃詩匯二百卷　徐世昌輯　民國十八年刻本

民國嘉定縣續志十五卷　黄世祚等修　民國十九年鉛印本

民國崇明縣志十八卷　王清穆修　民國十九年刻本

民國寶山縣再續志七卷　王鍾琦修　民國二十年鉛印本

民國青浦縣續志二十四卷　于定等修　民國二十三年刻本

關於上海的書目提要　胡懷琛主編　上海市通志館　一九三五年

上海掌故叢書第一集　上海通社編　民國二十四年上海通社鉛印本

上海研究資料　上海通社編　中華書局　一九三六年

上海竹枝詞匯抄　上海通志館編　民國二十五年上海市通志館抄本

上海文獻展覽會概要　上海文獻展覽會編　上海文獻展覽會一九三七年
清儒學案二百八卷　徐世昌輯　民國二十七年刻本
上海研究資料續集　上海通社編　中華書局一九三九年
上海鄉賢文物過眼録目録　顧樹炘輯　民國三十一年鉛印本
涵芬樓燼餘書録　張元濟編　商務印書館鉛印本一九五一年
上海圖書館館藏方志目　上海圖書館編　一九五七年油印本
上海圖書館館藏年譜一卷　上海圖書館編　一九五七年油印本
上海圖書館善本書目　上海圖書館編　一九五七年鉛印本
上海市歷史文獻圖書館藏書目録五卷　上海歷史文獻圖書館編　一九五七年油印本
上海市文物保管委員會善本書目三編　上海文管會編　一九五八年油印本
文獻目録　上海市歷史與建設博物館籌備處編　一九五八年油印本
復旦大學圖書館善本書目　復旦大學圖書館編　一九五九年油印本
華東師範大學圖書館善本書目　華東師範大學圖書館編　一九六四年油印本
書目類編　嚴靈峰主編　臺北成文出版社一九七八年
南京大學圖書館館藏古籍善本書目録　南京大學圖書館編　一九八〇年
中國古籍裝訂修補技術　肖振棠著　書目文獻出版社一九八〇年

江浙藏書家史略　吴晗著　中華書局一九八一年
古小説簡目　程毅中編　中華書局一九八一年
中國文言小説書目　袁行霈　侯忠義編　北京大學出版社一九八一年
倫敦所見中國小説書目提要　柳存仁編　書目文獻出版社一九八二年
中國叢書目録及子目索引彙編　南京大學圖書館、歷史系編印一九八二年
上海地方史資料　上海文化史館編著　上海社會科學院出版社一九八二年
江浙藏書家史略　吴辰伯著　文史哲出版社一九八二年
清代日記匯抄　上海人民出版社編　上海人民出版社一九八二年
中國善本書提要　王重民編　上海古籍出版社一九八三年
上海史研究　譙樞銘主編　學林出版社一九八四年
中國地方志聯合目録　中科院天文臺編　中華書局一九八五年
上海近代史　劉惠吾著　華東師範大學出版社一九八五年
中國叢書綜録　上海圖書館編　上海古籍出版社一九八六年
上海文獻叢書　上海大學古籍整理研究室編　華東師範大學出版社一九八七—一九九一年
上海方志資料考録　上海師範大學圖書館編　上海書店出版社一九八七年
中國藏書家考略　金步瀛編　上海古籍出版社一九八七年

上海史研究二編　唐振常主編　學林出版社一九八八年
中國印刷史　張秀民著　上海人民出版社一九八九年
中國古籍善本書目・經部　善本書目編委會編　上海古籍出版社一九八九年
近代上海大事記　湯志鈞編　上海　上海辭書出版社一九八九年
上海史　唐振常撰　上海人民出版社一九八九年
古籍版本學概論　嚴佐之著　華東師範大學出版社一九八九年
中國方志叢書　臺北成文出版社一九八九年
中國古籍善本書目・叢部　善本書目編委會編　上海古籍出版社一九九〇年
王韜評傳　忻平著　華東師範大學出版社一九九〇年
江蘇省通志稿・文化志　江蘇地方志編委會編　江蘇古籍出版社一九九一年
張元濟年譜　張樹年編　商務印書館一九九一年
古籍版本題記索引　羅偉國　胡平編　上海書店出版社一九九一年
中國善本書提要補編　王重民編　書目文獻出版社一九九一年
清代硃卷集成　顧廷龍主編　臺北成文出版社一九九二年
中國小説世界　内田道夫編　李慶譯　上海古籍出版社一九九二年
中國地方志集成・上海府縣志輯　上海書店出版社編　上海書店出版社一九九二年

中國地方志集成·鄉鎮志專輯　上海書店出版社編　上海書店出版社一九九二年
中國古籍善本書目·史部　善本書目編委會編　上海古籍出版社一九九三年
上海近代藏書紀事詩　周退密　宋路霞撰　華東師範大學出版社一九九三年
江蘇省通志稿·選舉志　江蘇地方志編委會編　江蘇古籍出版社一九九三年
近代上海探索録　唐振常著　上海書店出版社一九九四年
近三百年古籍目録舉要　嚴佐之著　華東師範大學出版社一九九四年
江蘇藝文志·蘇州卷　南京師大古籍所編　江蘇人民出版社一九九六年
中國古籍善本書目·子部　善本書目編委會編　上海古籍出版社一九九六年
上海洋場竹枝詞　顧炳權編　上海書店出版社一九九六年
續修四庫全書　顧廷龍主編　上海古籍出版社一九九六年
續修四庫全書總目提要稿本　中國科學院圖書館整理　齊魯書社一九九六年
古刻名抄經眼録　江澄波著　江蘇人民出版社一九九七年
清詞别集知見目録彙編　吴熊和等編　臺北文哲研究所籌備處一九九七年
中國古籍善本書目·集部　善本書目編委會編　上海古籍出版社一九九八年
西諦書跋　鄭振鐸撰　吴曉鈴整理　文物出版社一九九八年
在傳統與現代性之間：王韜與晚清革命　［美］柯文著　江蘇人民出版社一九九八年

上海通史　熊月之編　上海人民出版社一九九九年
上海歷史地圖集　周振鶴編　上海人民出版社一九九九年
高燮集　高銛著　中國人民大學出版社一九九九年
北京圖書館藏珍本年譜叢刊　北京圖書館編　北京圖書館出版社一九九九年
北京大學圖書館藏古籍善本書目　北京大學圖書館編　北京大學出版社一九九九年
美國哈佛大學哈佛燕京圖書館中文善本書志　沈津撰　上海辭書出版社一九九九年
嘉定古代著作類聚　顧吉辰編　中華書局一九九九年
弢園老民自傳　王韜撰　江蘇人民出版社一九九九年
近代江蘇藏書研究　江慶柏著　安徽文藝出版社二〇〇〇年
逸周書全譯　張聞玉著　貴州人民出版社二〇〇〇年
晚清西方地理學在中國　鄒振環著　上海古籍出版社二〇〇〇年
日本中國語教學書志　［日］六角恒廣著　北京語言文化大學出版社二〇〇〇年
姚光集　姚昆群編　社會科學文獻出版社二〇〇〇年
清史稿藝文志拾遺　王紹曾編　中華書局二〇〇〇年
上海名人辭典　吴成平編　上海辭書出版社二〇〇一年
張文虎日記　清張文虎撰　陳大康校點　上海書店出版社二〇〇一年

中國金屬活字印刷技術史　潘吉星撰　遼寧科學技術出版社二〇〇一年
百年中國文學史　于潤琦著　四川人民出版社二〇〇二年
歷代名人室名别號辭典增訂本　池秀云編　山西古籍出版社二〇〇二年
北京師範大學圖書館古籍善本書目　北京師大圖書館編　書目文獻出版社二〇〇二年
蛾術軒篋存善本書録　王欣夫著　上海古籍出版社二〇〇二年
浙江省圖書館古籍善本書目　浙江圖書館編　浙江教育出版社二〇〇二年
古文獻的形製和裝修技法　童芷珍著　上海科學技術文獻出版社二〇〇二年
中國歷代印章邊欄演變簡史　王本興著　遼寧美術出版社二〇〇二年
上海晚清詩學系年初編　程華平編　上海教育出版社二〇〇三年
上海的外國人　熊月之著　上海古籍出版社二〇〇三年
中國叢書題識　施廷鏞編　北京圖書館出版社二〇〇三年
日本藏漢籍善本書志書目集成　賈貴榮輯　北京圖書館出版社二〇〇三年
海外上海學　熊月之編　上海古籍出版社二〇〇四年
近代詞人考録　朱德慈著　中國社會科學出版社二〇〇四年
古籍版本學　黄永年著　江蘇教育出版社二〇〇五年
中國叢書知見録　施廷鏞編　北京圖書館出版社二〇〇五年

清代人物生卒年表　江慶柏編　人民文學出版社二〇〇五年
古籍印本鑒定概説　陳正宏　梁穎編　上海辭書出版社二〇〇五年
江南舊書店古書價格目録　竇水勇著　廣陵書社二〇〇五年
造紙與印刷　路甬祥編　大象出版社二〇〇五年
清人筆記隨録　來新夏著　中華書局二〇〇五年
中國文學編年史·晚清卷　王同舟著　湖南人民出版社二〇〇六年
歷代日記叢鈔　李德龍　俞冰主編　學苑出版社二〇〇六年
王子霖古籍版本學文集　王雨著　上海古籍出版社二〇〇六年
清代科舉人物家傳資料彙編　來新夏編　學苑出版社二〇〇六年
中國古代印刷圖志　徐憶農著　廣陵書社二〇〇六年
明清上海稀見文獻五種　明李紹文等著　劉永翔等校點　人民文學出版社二〇〇六年
山東大學圖書館古籍善本書目　山東大學圖書館編　齊魯書社二〇〇六年
上海鄉鎮舊志叢書　上海方志辦編　上海社會科學院出版社二〇〇四—二〇〇六年
上海方志通考　陳金林　徐恭時著　上海辭書出版社二〇〇七年
蒙學之冠——《三字經》及其作者王應麟　鄞州政協編　寧波出版社二〇〇七年
西方傳教士與晚清西史東漸　鄒振環著　上海古籍出版社二〇〇七年

清朝進士題名録　江慶柏編　中華書局二〇〇七年
清代地方人物傳記叢刊　江慶柏編　廣陵書社二〇〇七年
日藏漢籍善本書録　嚴紹璗編　中華書局二〇〇七年
天津圖書館活字本書目　天津圖書館編　國家圖書館出版社二〇〇八年
天津圖書館古籍善本書目　天津圖書館編　國家圖書館出版社二〇〇八年
明清江蘇文人年表　張慧劍著　上海古籍出版社二〇〇八年
莫友芝年譜長編　張劍編　中華書局二〇〇八年
歷代婦女著作考（增訂本）　胡文楷編　上海古籍出版社二〇〇八年
中國古籍善本書目索引　南京圖書館編　上海古籍出版社二〇〇九年
上海：一座現代化都市的編年史　熊月之著　上海書店出版社二〇〇九年
儀顧堂書目題跋彙編　陸心源著　中華書局二〇〇九年
浦東古舊書經眼録　柴志光著　上海遠東出版社二〇〇九年
明清江南著姓望族史　吴仁安著　上海人民出版社二〇〇九年
中國古籍總目　總目編委會編　中華書局　上海古籍出版社二〇〇九—二〇一二年
松江歷史文化概述　張汝皋主編　上海古籍出版社二〇〇九年
中國古籍稿鈔校本圖録　陳先行等編　上海書店出版社二〇〇九年

歷代史志書目叢刊　李萬建編　國家圖書館出版社二〇〇九年
中國近代文學史　任訪秋著　河南大學出版社二〇〇九年
海外上海研究書目　印永清著　上海辭書出版社二〇〇九年
清代詩文集彙編　紀寶成主編　上海古籍出版社二〇一〇年
增訂叢書舉要　楊守敬原編　李之鼎補編　國家圖書館出版社二〇一〇年
華東文獻叢書編委會　華東史地文獻　甘肅古籍編譯中心編　學苑出版社二〇一〇年
王韜評傳　張海林著　南京大學出版社二〇一一年
張元濟年譜長編　張人鳳編　上海交通大學出版社二〇一一年
明清以來江南城市發展與文化交流　鄒振環著　復旦大學出版社二〇一一年
浙江印刷出版史　顧志興著　杭州出版社二〇一一年
姚燮年譜　汪超宏著　中國社會科學出版社二〇一一年
疏通知譯史　鄒振環著　上海人民出版社二〇一二年
廣東省立中山圖書館古籍善本書目　中山圖書館編　國家圖書館出版社二〇一二年
尚書譯注　李民著　上海古籍出版社二〇一二年
中國行政區劃通史·清代卷　周振鶴主編　復旦大學出版社二〇一三年
清詞序跋彙編　馮乾編校　鳳凰出版社二〇一三年

浙江印刷史　王東著　杭州出版社二〇一三年
清代松江府文學世家述考　徐俠著　上海三聯書店二〇一三年
中國古籍珍本叢刊・天津卷　天津圖書館編　國家圖書館出版社二〇一三年
雲間韓氏藏書題識彙録　鄒百耐纂　石菲整理　陳先行審定　上海古籍出版社二〇一三年
東亞漢籍版本學初探　陳正宏著　中西書局二〇一四年
古籍修復技術　童芷珍著　上海古籍出版社二〇一四年
上海圖書館藏稿本日記　上海圖書館編　上海古籍出版社二〇一四年
清詩話三編　張寅彭選輯　上海古籍出版社二〇一四年
上海文獻彙編・史地卷　上海文獻彙編編委會編　天津古籍出版社二〇一四年

（二）論文

讀《墨餘録》　畢萬忱　文史哲一九八四年第一期
上海行政建置沿革述略　周振鶴　傅林祥　上海研究論叢第十輯　一九九五年
清人詩文集作者生卒年續考　江慶柏　古籍研究二〇〇四年卷上
從寫樣到紅印　陳正宏　中國典籍與文化二〇〇八年第一期
近代上海詞人的遺民身份與文化網絡　李康化　中國文學研究第十三輯　二〇〇九年

論清代宗族類總集的概貌與特征　夏勇　中國石油大學學報二〇一一年第六期
松江讀有用書齋韓氏家世考　李軍　中國典籍與文化二〇一二年第四期
南社湖湘巨子傅尃研究　郝麗秀　孫之梅指導　山東大學二〇一一年碩士學位論文
現存上海明代著述簡目　張霞　錢振民指導　復旦大學二〇一一年碩士學位論文
上海清代中前期著述研究　杜怡順　錢振民指導　復旦大學二〇一二年博士學位論文
鍾文烝交游及未刊稿乙閏録研究　顏敏翔　楊光輝指導　復旦大學二〇一二年碩士論文
《墨餘録》研究　劉懷香　莊逸雲指導　四川師範大學二〇一三年碩士學位論文
上海元代以前著述研究　楊婧　錢振民指導　復旦大學二〇一三年博士學位論文
上海晚清新學著述目録　欒曉明　錢振民指導　復旦大學二〇一四年碩士學位論文

（三）電子資源

孔夫子舊書網　http://www.kongfz.com/
上海市地方志辦公室　http://www.shtong.gov.cn/
南京圖書館中文文獻檢索系統　http://opac.jslib.org.cn/F/
上海圖書館古籍書目查詢系統　http://search.library.sh.cn/guji/
中國大陸各省地方志書目查詢系統　http://webgis.sinica.edu.tw/place/

高校古文獻資源庫　http://rbsc.calis.edu.cn:8086/aopac/jsp/indexXyjg.jsp
日本所藏中文古籍數據庫　http://www.kanji.zinbun.kyoto-u.ac.jp/kanseki
北京大學圖書館古文獻資源庫　http://rbdl.calis.edu.cn/aopac/indexold.jsp
復旦大學圖書館古籍書目系統　http://www.library.fudan.edu.cn:8080/guji/xza.htm